名师名校新形态
通识教育系列教材

山东大学数学学院
1930 School of Mathematics * Shandong University
新 形 态 系 列 教 材

# 经济数学
## ——线性代数
慕课版

U0747365

王光辉 张天德 孙钦福 主编
谭蕾 李燕 周峰 副主编

人 民 邮 电 出 版 社
北 京

图书在版编目（CIP）数据

经济数学. 线性代数 : 慕课版 / 王光辉, 张天德, 孙钦福主编. -- 北京 : 人民邮电出版社, 2022.9
名师名校新形态通识教育系列教材
ISBN 978-7-115-59471-6

Ⅰ. ①经… Ⅱ. ①王… ②张… ③孙… Ⅲ. ①经济数学—高等学校—教材②线性代数—高等学校—教材 Ⅳ. ①F224.0②O151.2

中国版本图书馆CIP数据核字(2022)第100472号

## 内 容 提 要

本书根据经济和管理类本科数学基础课程教学基本要求编写，在编写过程中不仅借鉴了国内外优秀教材的优点，而且结合了山东大学数学团队多年的教学经验. 全书共 5 章，内容包括矩阵、行列式、向量、线性方程组、相似矩阵及二次型. 每章后设有相应的核心知识点的思维导图. 本书还以附录形式呈现各章典型习题的 Python 编程求解过程. 本书秉承“新商科”建设理念，侧重线性代数知识的实用性，每节的习题采用分层模式，每章的总复习题均选编自历年考研真题，并配套完备的数字化教学资源.

本书可作为高等学校经济和管理类专业“线性代数”课程的教材，也可作为报考硕士研究生的人员和科技工作者学习线性代数知识的参考书.

◆ 主　　编　王光辉　张天德　孙钦福
副 主 编　谭　蕾　李　燕　周　峰
责任编辑　刘　定
责任印制　王　郁　陈　犇

◆ 人民邮电出版社出版发行　　北京市丰台区成寿寺路 11 号
邮编　100164　　电子邮件　315@ptpress.com.cn
网址　https://www.ptpress.com.cn
三河市君旺印务有限公司印刷

◆ 开本：787×1092　1/16
印张：11.75　　2022 年 9 月第 1 版
字数：299 千字　　2025 年 3 月河北第 3 次印刷

定价：49.80 元

读者服务热线：(010)81055256　印装质量热线：(010)81055316
反盗版热线：(010)81055315

# 丛书顾问委员会

# 丛书序

山东大学数学学院成立于1930年，是山东大学历史最悠久的学院之一. 经过90多年的努力，山东大学数学学院汇聚了一批进取心强、基础扎实、知识面宽、具有创新意识的人才，著名数学家黄际遇、潘承洞、彭实戈、王小云等先后在此执教，夏道行、郭雷、文兰、张继平等院士先后从这里攀上科学的高峰，成为各自领域的杰出人才，是山东大学数学学院杰出校友的代表.

经过几代人的辛勤耕耘，山东大学数学学院已发展成为在国内外有重要影响力的数学科学研究中心和人才培养中心，在全国第四轮学科评估中，山东大学数学学科荣获A+(3所学校并列). 数学学院将牢牢把握国家“双一流”建设的重大机遇，秉承山东大学“为天下储人才、为国家图富强”的办学宗旨，践行“学无止境，气有浩然”的校训，认真落实国家的人才培养方针，努力打造优秀的教学团队与精品教材.

张天德教授多年来一直从事偏微分方程数值解的研究，以及高等学校数学基础课程的教学与研究工作，主讲高等数学(微积分)、线性代数、概率论与数理统计、复变函数、积分变换等课程，是国家精品在线开放课程负责人. 经过30多年的教学实践，他在教书育人方面形成了独到的理论，多次荣获表彰和奖励，如“国家级教学成果奖二等奖”“泰山学堂卓越教师”“泰山学堂毕业生最喜欢的老师”等. 他还是中学生“英才计划”导师，并负责全国大学生数学竞赛工作10余年，在人才培养方面积累了丰富的、立体化的经验.

由人民邮电出版社出版的这套大学数学系列教材，凝聚了山东大学数学学院的优秀教学师资和人民邮电出版社的优质出版资源，是在教育部“六卓越一拔尖”计划2.0全面落实“四新”建设，着力实施“双万计划”的背景下，打造的大学数学精品教材. 本套教材的核心理念是保持大学数学教学的严谨性，落实立德树人根本任务，在编写过程中结合了专业领域的新型案例，录制了精心打磨的在线课程，有效地践行了教育部在新时期对大学数学教学的期望和要求.

专业背景元素和各种形式的新形态资源，极大地丰富了知识的呈现形式，在提升课程效果的同时，为高等学校数学老师的教学工作提供了便利，为教学改革提供了参考样本，也为有效激发学生的自主学习模式提供了探索的空间.

陈增敬

教育部高等学校统计学类专业教学指导委员会副主任委员

山东大学金融研究院院长

2021年6月

# 前 言

## 一、山东大学数学系列教材

### 1. 系列教材的定位

2019 年，教育部启动实施"六卓越一拔尖"计划 2.0，着力实施"双万计划"，全面推进"四新"建设，这对高等学校的教学改革提出了更加迫切、更高标准的要求. 立德树人融入教育教学、在线教学的形式创新与效果考核等，成为高校教育工作者必须思考和解决的问题. 在此背景下，编者策划了山东大学数学系列教材.

本系列教材能够适应国家对高等教育的新要求，并且充分体现了大学数学与其他学科的交叉性，突出了数学的实用性和易用性，能满足线上与线下教学的需求. 在内容方面，参考了国内外院校的优秀教学思路，对教材进行了全新设计，对传统的例题模式进行了优化，无论是内容结构、概念表述，还是例题、习题，都力求与专业应用紧密结合.

### 2. 系列教材的结构特色

(1) 认真落实立德树人根本任务

育人的根本在于立德. 全面贯彻党的教育方针，落实立德树人根本任务，培养德智体美劳全面发展的社会主义建设者和接班人，是党的二十大报告对办好人民满意的教育提出的要求. 为此，教材在每章最后都会介绍古今中国优秀数学家和伟大数学成就，不仅体现了数学家的爱国情怀、学术贡献及人格魅力，而且有利于激发学生的民族荣誉感. 同时，相应内容专门制作了 PPT，并录制了微课，以丰富多样的形式帮助高等学校落实立德树人根本任务.

中国数学学者

个人成就

数学家，中国科学院院士，曾任中国科学院数学研究所研究员、所长. 华罗庚是中国解析数论、典型群、矩阵几何学、自守函数论与多复变函数论等方面研究的创始人与开拓者.

华罗庚

(2) 用思维导图呈现知识脉络

每章核心知识点的总结通过思维导图的形式呈现，并对存在逻辑相关性的知识点进行关联，有助于学生理解、掌握知识脉络.

(3) 紧密结合 Python 应用

本系列教材引入 Python 应用，用 Python 编程对典型习题求解. Python 编程内容自成体系，既有利于教师辅导学生理解数学的实用价值，培养其应用数学知识解决实际问题的能力，也方便学生自学.

### 3. 支持线上教学，提供直播演示

党的二十大报告要求推进教育数字化. 为此，编者借鉴国内外优秀慕课形式，精心录制了全系列教材的配套慕课，并在每章的定义、定理、例题、习题等内容中选取重点、难点，单独录制微课，同时每章还设置了章首导学微课、章末小结微课，附录部分提供了 Python 微课，学生扫描书中相应位置的二维码即可观看.

慕课演示

配套慕课可以有效地支撑各院校开展线上教学，帮助学生提高自学效果；微课视频能帮助数学教师实现翻转课堂的教学模式，帮助学生更好地开展课前预习、课下复习和考研练习.

编者还将在实际教学中适当开展线上直播课教学演示，既能让更多的学生受益，又能给广大一线数学教师提供示范参考.

微课演示

### 4. 提供优质的教师服务

为便于更好地发挥本系列教材的教学价值，编者精心准备了教学辅助资源，并组织教学研讨会，与更多的大学数学教师共同研讨，尽快达到国家对教学改革的高标准要求.

## 二、本书特色

### 1. 优化知识结构

党的二十大报告要求加强基础学科建设. 数学作为自然科学的基础，也是重大技术创新发展的基础. 在编写本书的过程中，编者对教材体系、内容安排和例题配置等方面开展了广泛的调研，对大学商科线性代数教材的知识结构进行了优化，定义、定理的表述既兼顾严谨性，又考虑了易懂性，尽量使线性代数知识简单化、形象化，保证教材难易适中，注重培养学生的线性代数素养与应用能力.

### 2. 侧重知识应用

本书结合新商科的要求，在内容安排上更加注重大学商科线性代数知识在行业中的应用，因此弱化了不必要的推导过程，更新了“老旧”的例题背景，尽量结合商科专业背景，培养学生解决实际问题的能力，以期从育人角度为提升基础研究培育源头创新力，为科技创新培育基础动力.

例如，投入产出模型、利益的最大化等，这些知识点及例题的背景与商科专业密切相关，学生在学习线性代数知识的同时，能直观地与所学专业相结合，融会贯通，在应用中感受到线性代数的魅力.

### 3. 兼顾考研需求

本书内容紧扣教学大纲的同时，兼顾了学生的考研需求，每节后面配套的“提高题”及每章总复习题大多选编自考研真题，既方便教师开展分层教学，又可让学有余力的学生通过考研真题的演练，深入了解各个知识点的命题方向，为以后考研打好基础.

### 4. 习题丰富且分层次

本书的习题按难度进行了分层，每节后面的习题分为“基础题”和“提高题”两个层次，“基

础题”与该节知识点紧密呼应，“提高题”则选取了与该节知识相关的难度较大的题目，每章设有综合性较强的“总复习题”. 全书习题题量较大，且层次分明，方便教师授课和测验，也可以满足各类学生的需求.

## 三、致谢

本书由山东大学张天德教授设计整体框架和编写思路，由王光辉、张天德、孙钦福担任主编，由谭蕾、李燕、周峰担任副主编.

本书是教育部新文科研究与改革实践项目“基于数学思维培养视域下新文科课程体系和教材体系建设实践研究”(项目编号：2021070051)的重要成果，也是2021年度山东省本科教学改革研究项目重点项目“大学数学一流课程与新形态系列教材建设研究”(项目编号：Z2021049)的重要成果. 本书在编写过程中得到了山东大学本科生院、山东大学数学学院的大力支持与帮助，获得山东大学“双一流”人才培养专项建设支持. 多位数学教授对书稿进行了全面审读，从实际教学角度对本书提出了中肯的修改建议，在此表示衷心的感谢.

# 目 录

# 03

## 第 3 章 向量



# 04

## 第 4 章 线性方程组

# 05

## 第 5 章 相似矩阵及二次型



## 附录 使用 Python 解决经济数学问题



## 参考答案

# 第 1 章

# 矩阵

矩阵是线性代数中非常重要的概念，它在经济学、管理学、工程技术等领域有着广泛的应用：矩阵乘法是神经网络的基本数学运算，是人工智能的基础；量子信息的基本问题就是各种矩阵变换；卫星导航定位与抗干扰技术同样依赖高效的矩阵运算……同时，矩阵也是求解方程组、研究线性变换、研究向量的线性相关性等的有力工具，在数字经济及其相关的经济学领域有着不可替代的作用. 值得指出的是，矩阵在经济学领域有诸多应用案例，比如经济学家里昂惕夫（Leontief）提出的投入产出模型、计量经济学中的线性回归模型、高级微观经济学中的价格矩阵等.

本章导学

## 1.1 从一个经济问题谈起——处理数表

企业的相关部门经常要对生产过程中的诸多数据进行分析、处理，以对生产成本进行管理和调控. 对大量数据进行处理的过程，实质上就是对一些表格或者数表进行研究，这些表格或者数表均可视为矩阵.

**例 1.1** 某公司生产 3 种产品，每种产品每件的成本情况如表 1.1 所示，每季度生产每种产品的数量如表 1.2 所示.

表 1.1　　　　单位：百元/件

| 成本 | 产品 | | |
|---|---|---|---|
| | A | B | C |
| 原料费 | 0. 10 | 0. 30 | 0. 15 |
| 人工费用 | 0. 30 | 0. 40 | 0. 25 |
| 管理费用 | 0. 10 | 0. 20 | 0. 15 |

表 1.2　　　　单位：件

| 产品 | 季度 | | | |
|---|---|---|---|---|
| | 春季 | 夏季 | 秋季 | 冬季 |
| A | 4 000 | 4 000 | 4 500 | 4 500 |
| B | 2 200 | 2 000 | 2 600 | 2 400 |
| C | 6 000 | 5 800 | 6 200 | 6 000 |

该公司希望在股东会议上用一个表格展示以下情况：

(1) 每一季度中每一项成本的总金额；

(2) 每一季度 3 项成本的总金额；

(3) 4 个季度每一项成本的总金额.

这个实际问题就转化为对上述表格的分析研究. 后面会对本例做进一步讨论.

**例 1.2** 某车间在 4 批次生产过程中得到的 4 种产品的数量，以及每批次的生产总成本，如表 1.3 所示.

表 1.3

| 生产批次 | 产品数量/吨 | | | | 总成本/万元 |
|---|---|---|---|---|---|
| | A | B | C | D | |
| 1 | 100 | 200 | 300 | 100 | 1 800 |
| 2 | 100 | 200 | 300 | 50 | 1 600 |
| 3 | 50 | 50 | 300 | 150 | 1 650 |
| 4 | 50 | 50 | 200 | 150 | 1 350 |

问：每种产品每吨的生产成本是多少？

该问题可以转化为对数表

$$\begin{pmatrix} 100 & 200 & 300 & 100 & 1\,800 \\ 100 & 200 & 300 & 50 & 1\,600 \\ 50 & 50 & 300 & 150 & 1\,650 \\ 50 & 50 & 200 & 150 & 1\,350 \end{pmatrix}$$

的研究，或者说上述产品每吨的生产成本就取决于该数表中的数据.

**例 1.3** 现假设某个国家有 $n$ 个经济部门.

$x_i(i=1,2,\cdots,n)$ 表示第 $i$ 部门生产的总产品数.

$x_{ij}(i,j=1,2,\cdots,n)$ 表示第 $i$ 部门分配给第 $j$ 部门的产品量，或者说第 $j$ 部门消耗第 $i$ 部门的产品量.

$a_{ij}$ 表示第 $j$ 部门生产单位产品直接消耗第 $i$ 部门的产品量，称为第 $j$ 部门对第 $i$ 部门的直接消耗系数，即

$$a_{ij}=\frac{x_{ij}}{x_j}(i,j=1,2,\cdots,n).$$

换句话说，$a_{ij}$ 也就是第 $j$ 部门生产单位产品需要第 $i$ 部门直接分配给第 $j$ 部门的产品量.

各部门的直接消耗系数可以通过数表

$$\boldsymbol{A}=\begin{pmatrix} a_{11} & a_{12} & \cdots & a_{1n} \\ a_{21} & a_{22} & \cdots & a_{2n} \\ \vdots & \vdots & & \vdots \\ a_{n1} & a_{n2} & \cdots & a_{nn} \end{pmatrix}$$

来刻画，称之为直接消耗系数矩阵.

另外，大量的科学问题会涉及求解线性方程(组)，而线性方程组

$$\begin{cases} a_{11}x_1+a_{12}x_2+\cdots+a_{1n}x_n=b_1, \\ a_{21}x_1+a_{22}x_2+\cdots+a_{2n}x_n=b_2, \\ \cdots\cdots\cdots \\ a_{n1}x_1+a_{n2}x_2+\cdots+a_{nn}x_n=b_n \end{cases} \tag{1.1}$$

的解，与未知量的表示记号 $x_1,x_2,\cdots,x_n$ 无关，而仅与系数 $a_{ij}(i,j=1,2,\cdots,n)$ 及常数项 $b_j(j=1,2,\cdots,n)$ 密切相关. 也就是说，讨论方程组[式(1.1)]的解，可以转化为对数表

$$\begin{pmatrix} a_{11} & a_{12} & \cdots & a_{1n} & b_1 \\ a_{21} & a_{22} & \cdots & a_{2n} & b_2 \\ \vdots & \vdots & & \vdots & \vdots \\ a_{n1} & a_{n2} & \cdots & a_{nn} & b_n \end{pmatrix}$$

进行研究.

以上例题表明，研究数表非常重要. 鉴于此，下面给出矩阵的定义.

## 1.2 矩阵的定义和运算

### 1.2.1 矩阵的定义

**定义 1.1** 由 $m\times n$ 个数 $a_{ij}(i=1,2,\cdots,m;j=1,2,\cdots,n)$ 排成的 $m$ 行 $n$ 列的数表

$$\begin{matrix} a_{11} & a_{12} & \cdots & a_{1n} \\ a_{21} & a_{22} & \cdots & a_{2n} \\ \vdots & \vdots & & \vdots \\ a_{m1} & a_{m2} & \cdots & a_{mn} \end{matrix}$$

叫作 $m$ 行 $n$ 列矩阵，简称 $m\times n$ 矩阵. 为表明数表是一个整体，常加一个括号，并用大写字母 $\boldsymbol{A},\boldsymbol{B},\boldsymbol{C}$ 等表示，上面的数表可记作

$$\boldsymbol{A}=\begin{pmatrix} a_{11} & a_{12} & \cdots & a_{1n} \\ a_{21} & a_{22} & \cdots & a_{2n} \\ \vdots & \vdots & & \vdots \\ a_{m1} & a_{m2} & \cdots & a_{mn} \end{pmatrix}, \tag{1.2}$$

数 $a_{ij}$ 叫作矩阵 $\boldsymbol{A}$ 的第 $i$ 行第 $j$ 列元素. 元素是实数的矩阵称为实矩阵，元素是复数的矩阵称为复矩阵. 本书中的矩阵除特别说明外都是指实矩阵. 式(1.2)中的矩阵可简记为 $\boldsymbol{A}=(a_{ij})_{m\times n}$，在不引起混淆的情况下，写成 $\boldsymbol{A}=(a_{ij})$ 或者 $\boldsymbol{A}_{m\times n}$，当 $m=n$ 时，$\boldsymbol{A}$ 称为 $n$ 阶方阵.

元素都是零的矩阵称为零矩阵，记作 $\boldsymbol{O}$. 例如

$$\boldsymbol{O}=\begin{pmatrix} 0 & 0 \\ 0 & 0 \end{pmatrix},\quad \boldsymbol{O}=\begin{pmatrix} 0 \\ 0 \\ 0 \\ 0 \end{pmatrix}.$$

只有一列的矩阵

$$\boldsymbol{B}=\begin{pmatrix} b_1 \\ b_2 \\ \vdots \\ b_n \end{pmatrix}$$

称为列矩阵(或列向量).

只有一行的矩阵

$$A=(a_1,a_2,\cdots,a_n)$$

称为行矩阵(或行向量).

$n$ 阶方阵

$$\begin{pmatrix} 1 & 0 & \cdots & 0 \\ 0 & 1 & \cdots & 0 \\ \vdots & \vdots & & \vdots \\ 0 & 0 & \cdots & 1 \end{pmatrix}$$

称为 $n$ 阶单位矩阵，常用记号 $E_n$ 表示，在不引起混淆的情况下，简记为 $E$(有时也用 $I_n$ 表示 $n$ 阶单位矩阵).

$n$ 阶方阵

$$\Lambda_n=\begin{pmatrix} \lambda_1 & 0 & \cdots & 0 \\ 0 & \lambda_2 & \cdots & 0 \\ \vdots & \vdots & & \vdots \\ 0 & 0 & \cdots & \lambda_n \end{pmatrix}$$

称为对角阵，常表示为 $\Lambda=\mathrm{diag}(\lambda_1,\lambda_2,\cdots,\lambda_n)$.

$n$ 阶方阵

$$\begin{pmatrix} a_{11} & a_{12} & \cdots & a_{1n} \\ 0 & a_{22} & \cdots & a_{2n} \\ \vdots & \vdots & & \vdots \\ 0 & 0 & \cdots & a_{nn} \end{pmatrix}$$

称为上三角矩阵；而

$$\begin{pmatrix} a_{11} & 0 & \cdots & 0 \\ a_{21} & a_{22} & \cdots & 0 \\ \vdots & \vdots & & \vdots \\ a_{n1} & a_{n2} & \cdots & a_{nn} \end{pmatrix}$$

称为下三角矩阵.

上、下三角矩阵统称为三角矩阵.

当两个矩阵的行数相等、列数也相等时，就称它们是同型矩阵.

### 1.2.2　矩阵的运算

本小节引入矩阵的一些运算，主要包括矩阵的加法与减法、矩阵的数乘、矩阵的乘法、矩阵的转置等.

1. 矩阵的加法与减法

**定义 1.2**　设矩阵 $A=(a_{ij})_{m\times n}$ 和 $B=(b_{ij})_{m\times n}$ 是同型矩阵，且它们的对应元素相等，即

$$a_{ij}=b_{ij}(i=1,2,\cdots,m;j=1,2,\cdots,n),$$

此时称矩阵 $A$ 与矩阵 $B$ 相等，记作 $A=B$. 即完全相同的两个矩阵才相等.

**定义 1.3**　设矩阵 $A=(a_{ij})_{m\times n}$ 和 $B=(b_{ij})_{m\times n}$ 是同型矩阵，称 $C=(c_{ij})_{m\times n}=(a_{ij}+b_{ij})_{m\times n}$ 为矩阵 $A$ 与 $B$ 的和，记作 $C=A+B$，即

$$C=A+B=\begin{pmatrix} a_{11}+b_{11} & a_{12}+b_{12} & \cdots & a_{1n}+b_{1n} \\ a_{21}+b_{21} & a_{22}+b_{22} & \cdots & a_{2n}+b_{2n} \\ \vdots & \vdots & & \vdots \\ a_{m1}+b_{m1} & a_{m2}+b_{m2} & \cdots & a_{mn}+b_{mn} \end{pmatrix}.$$

**注** 只有两个同型矩阵才能做加法运算.

矩阵的加法就是把两个矩阵中的对应元素相加，由于数的加法满足交换律和结合律，因此矩阵加法也满足交换律和结合律.

**性质 1.1** 设 $\boldsymbol{A},\boldsymbol{B},\boldsymbol{C}$ 均为 $m\times n$ 矩阵，有下列运算规律成立.

(1) 交换律：$\boldsymbol{A}+\boldsymbol{B}=\boldsymbol{B}+\boldsymbol{A}$.

(2) 结合律：$(\boldsymbol{A}+\boldsymbol{B})+\boldsymbol{C}=\boldsymbol{A}+(\boldsymbol{B}+\boldsymbol{C})$.

若矩阵 $\boldsymbol{A}=(a_{ij})_{m\times n}$，记 $-\boldsymbol{A}=(-a_{ij})_{m\times n}$，称 $-\boldsymbol{A}$ 为 $\boldsymbol{A}$ 的负矩阵.

显然有 $\boldsymbol{A}+\boldsymbol{O}=\boldsymbol{A},\boldsymbol{A}+(-\boldsymbol{A})=\boldsymbol{O}$，这里 $\boldsymbol{A}$ 与 $\boldsymbol{O}$ 为同型矩阵.

由此规定矩阵的减法为 $\boldsymbol{A}-\boldsymbol{B}=\boldsymbol{A}+(-\boldsymbol{B})$，称 $\boldsymbol{A}-\boldsymbol{B}$ 为矩阵 $\boldsymbol{A}$ 与 $\boldsymbol{B}$ 的差.

### 2. 矩阵的数乘(数乘以矩阵)

**定义 1.4** 将数 $\lambda$ 与矩阵 $\boldsymbol{A}=(a_{ij})_{m\times n}$ 的乘积记作 $\lambda\boldsymbol{A}$，规定 $\lambda\boldsymbol{A}=(\lambda a_{ij})_{m\times n}$，即

$$\lambda\boldsymbol{A}=\begin{pmatrix} \lambda a_{11} & \lambda a_{12} & \cdots & \lambda a_{1n} \\ \lambda a_{21} & \lambda a_{22} & \cdots & \lambda a_{2n} \\ \vdots & \vdots & & \vdots \\ \lambda a_{m1} & \lambda a_{m2} & \cdots & \lambda a_{mn} \end{pmatrix}.$$

由此可见，矩阵的数乘就是用数去乘矩阵中的每个元素. 因此，由数与数的运算规律可以直接验证出矩阵的数乘应该满足的运算规律.

**性质 1.2** 设 $\boldsymbol{A}$ 与 $\boldsymbol{B}$ 为同型矩阵，$\lambda$ 与 $\mu$ 是数.

(1) $\lambda\boldsymbol{A}=\boldsymbol{A}\lambda$. (2) $(\lambda\mu)\boldsymbol{A}=\lambda(\mu\boldsymbol{A})$.

(3) $(\lambda+\mu)\boldsymbol{A}=\lambda\boldsymbol{A}+\mu\boldsymbol{A}$. (4) $\lambda(\boldsymbol{A}+\boldsymbol{B})=\lambda\boldsymbol{A}+\lambda\boldsymbol{B}$.

矩阵的加法与减法、数与矩阵的乘法，统称为矩阵的线性运算.

**例 1.4** 设 $\boldsymbol{A}=\begin{pmatrix} 1 & 4 & 0 \\ 2 & 0 & 1 \end{pmatrix},\boldsymbol{B}=\begin{pmatrix} 0 & 0 & -7 \\ -1 & 0 & 2 \end{pmatrix}$，求 $2\boldsymbol{A}-3\boldsymbol{B}$.

**解** 根据矩阵的线性运算法则，容易求得

$$\begin{aligned} 2\boldsymbol{A}-3\boldsymbol{B} &= 2\begin{pmatrix} 1 & 4 & 0 \\ 2 & 0 & 1 \end{pmatrix}-3\begin{pmatrix} 0 & 0 & -7 \\ -1 & 0 & 2 \end{pmatrix} \\ &= \begin{pmatrix} 2 & 8 & 0 \\ 4 & 0 & 2 \end{pmatrix}-\begin{pmatrix} 0 & 0 & -21 \\ -3 & 0 & 6 \end{pmatrix}=\begin{pmatrix} 2 & 8 & 21 \\ 7 & 0 & -4 \end{pmatrix}. \end{aligned}$$

### 3. 矩阵乘法

在许多实际问题中，经常遇到 $m$ 个变量 $y_1,y_2,\cdots,y_m$ 用 $n$ 个变量 $x_1,x_2,\cdots,x_n$ 线性表示的情况，即

$$\begin{cases} y_1=a_{11}x_1+a_{12}x_2+\cdots+a_{1n}x_n, \\ y_2=a_{21}x_1+a_{22}x_2+\cdots+a_{2n}x_n, \\ \cdots\cdots\cdots \\ y_m=a_{m1}x_1+a_{m2}x_2+\cdots+a_{mn}x_n. \end{cases}$$

给定 $n$ 个数 $x_1,x_2,\cdots,x_n$，经过线性运算得到了 $m$ 个数 $y_1,y_2,\cdots,y_m$，上式从变量 $x_1,x_2,\cdots,x_n$ 到变量 $y_1,y_2,\cdots,y_m$ 的变换就称为**线性变换**. 线性变换的系数 $a_{ij}$ 构成矩阵 $\boldsymbol{A}=(a_{ij})_{m\times n}$，称为系数矩阵.

给定了线性变换，就确定了一个系数矩阵；反之，若给出一个矩阵作为线性变换的系数矩阵，则线性变换也就确定了. 在这个意义上，线性变换与矩阵之间存在一一对应的关系.

设有以下两个线性变换：

$$\begin{cases} y_1=a_{11}x_1+a_{12}x_2+a_{13}x_3, \\ y_2=a_{21}x_1+a_{22}x_2+a_{23}x_3, \end{cases} \tag{1.3}$$

$$\begin{cases} x_1=b_{11}t_1+b_{12}t_2, \\ x_2=b_{21}t_1+b_{22}t_2, \\ x_3=b_{31}t_1+b_{32}t_2, \end{cases} \tag{1.4}$$

式(1.3)对应的矩阵记为 $\boldsymbol{A}=\begin{pmatrix} a_{11} & a_{12} & a_{13} \\ a_{21} & a_{22} & a_{23} \end{pmatrix}$，式(1.4)对应的矩阵记为 $\boldsymbol{B}=\begin{pmatrix} b_{11} & b_{12} \\ b_{21} & b_{22} \\ b_{31} & b_{32} \end{pmatrix}$，为了求出从 $t_1,t_2$ 到 $y_1,y_2$ 的线性变换，可将式(1.4)代入式(1.3)，得

$$\begin{cases} y_1=(a_{11}b_{11}+a_{12}b_{21}+a_{13}b_{31})t_1+(a_{11}b_{12}+a_{12}b_{22}+a_{13}b_{32})t_2, \\ y_2=(a_{21}b_{11}+a_{22}b_{21}+a_{23}b_{31})t_1+(a_{21}b_{12}+a_{22}b_{22}+a_{23}b_{32})t_2. \end{cases} \tag{1.5}$$

式(1.5)可看成先按式(1.3)进行线性变换再按式(1.4)进行线性变换的结果. 把式(1.5)对应的矩阵记为

$$\boldsymbol{C}=\begin{pmatrix} a_{11}b_{11}+a_{12}b_{21}+a_{13}b_{31} & a_{11}b_{12}+a_{12}b_{22}+a_{13}b_{32} \\ a_{21}b_{11}+a_{22}b_{21}+a_{23}b_{31} & a_{21}b_{12}+a_{22}b_{22}+a_{23}b_{32} \end{pmatrix}.$$

把式(1.5)称为式(1.3)与式(1.4)的乘积. 相应地，把式(1.5)所对应的矩阵定义为式(1.3)与式(1.4)所对应的矩阵的乘积，即

$$\begin{pmatrix} a_{11} & a_{12} & a_{13} \\ a_{21} & a_{22} & a_{23} \end{pmatrix}\begin{pmatrix} b_{11} & b_{12} \\ b_{21} & b_{22} \\ b_{31} & b_{32} \end{pmatrix}=\begin{pmatrix} a_{11}b_{11}+a_{12}b_{21}+a_{13}b_{31} & a_{11}b_{12}+a_{12}b_{22}+a_{13}b_{32} \\ a_{21}b_{11}+a_{22}b_{21}+a_{23}b_{31} & a_{21}b_{12}+a_{22}b_{22}+a_{23}b_{32} \end{pmatrix}.$$

由此推广，可得到一般矩阵乘法的定义.

**定义 1.5** 设矩阵 $\boldsymbol{A}=(a_{ij})_{m\times s}$，矩阵 $\boldsymbol{B}=(b_{ij})_{s\times n}$，则它们的乘积 $\boldsymbol{AB}$ 等于矩阵 $\boldsymbol{C}=(c_{ij})_{m\times n}$，记作 $\boldsymbol{AB}=\boldsymbol{C}$，其中

$$c_{ij}=(a_{i1},a_{i2},\cdots,a_{is})\begin{pmatrix} b_{1j} \\ b_{2j} \\ \vdots \\ b_{sj} \end{pmatrix}=a_{i1}b_{1j}+a_{i2}b_{2j}+\cdots+a_{is}b_{sj}\quad (i=1,2,\cdots,m;j=1,2,\cdots,n).$$

需要注意的是，第 1 个矩阵的列数等于第 2 个矩阵的行数，两个矩阵的乘法才有意义，即应有 $\boldsymbol{A}_{m\times s}\boldsymbol{B}_{s\times n}=\boldsymbol{C}_{m\times n}$. 而乘积矩阵 $\boldsymbol{C}$ 的元素 $c_{ij}$ 是把矩阵 $\boldsymbol{A}$ 的第 $i$ 行元素与矩阵 $\boldsymbol{B}$ 的第 $j$ 列元素对应相乘后再相加得到的，即 $c_{ij}=\sum\limits_{t=1}^{s}a_{it}b_{tj}$.

**例 1.5** 设 $\boldsymbol{A}=\begin{pmatrix}a_1\\a_2\\\vdots\\a_n\end{pmatrix},\boldsymbol{B}=(b_1,b_2,\cdots,b_n)$，求 $\boldsymbol{AB}$ 与 $\boldsymbol{BA}$.

**解** 根据矩阵乘法的运算法则，可以求得

$$\boldsymbol{AB}=\begin{pmatrix}a_1\\a_2\\\vdots\\a_n\end{pmatrix}(b_1,b_2,\cdots,b_n)=\begin{pmatrix}a_1b_1&a_1b_2&\cdots&a_1b_n\\a_2b_1&a_2b_2&\cdots&a_2b_n\\\vdots&\vdots&&\vdots\\a_nb_1&a_nb_2&\cdots&a_nb_n\end{pmatrix},$$

$$\boldsymbol{BA}=(b_1,b_2,\cdots,b_n)\begin{pmatrix}a_1\\a_2\\\vdots\\a_n\end{pmatrix}=b_1a_1+b_2a_2+\cdots+b_na_n.$$

从以上运算可以看出，即使 $\boldsymbol{AB}$ 与 $\boldsymbol{BA}$ 都有意义，也未必是同型矩阵，当然也不能保证相等.

**例 1.6** 计算矩阵乘积 $\boldsymbol{AB}$ 与 $\boldsymbol{BA}$，其中 $\boldsymbol{A}=\begin{pmatrix}3&3\\-3&-3\end{pmatrix},\boldsymbol{B}=\begin{pmatrix}1\\-1\end{pmatrix}$.

微课：例 1.6

**解** 因为 $\boldsymbol{A}$ 是 2×2 矩阵，$\boldsymbol{B}$ 是 2×1 矩阵，所以 $\boldsymbol{AB}$ 是 2×1 矩阵. 由于 $\boldsymbol{B}$ 矩阵的列数不等于 $\boldsymbol{A}$ 矩阵的行数，所以 $\boldsymbol{BA}$ 无意义.

$$\boldsymbol{AB}=\begin{pmatrix}3&3\\-3&-3\end{pmatrix}\begin{pmatrix}1\\-1\end{pmatrix}=\begin{pmatrix}0\\0\end{pmatrix}.$$

**例 1.7** 设 $\boldsymbol{A}=\begin{pmatrix}2&2\\-2&-2\end{pmatrix},\boldsymbol{B}=\begin{pmatrix}-2&1\\2&-1\end{pmatrix},\boldsymbol{C}=\begin{pmatrix}2&3\\1&-3\end{pmatrix},\boldsymbol{D}=\begin{pmatrix}1&-1\\2&1\end{pmatrix}$，计算 $\boldsymbol{AB},\boldsymbol{BA},\boldsymbol{AC},\boldsymbol{AD}$.

**解** 根据矩阵乘法的运算法则，不难求得

$$\boldsymbol{AB}=\begin{pmatrix}2&2\\-2&-2\end{pmatrix}\begin{pmatrix}-2&1\\2&-1\end{pmatrix}=\begin{pmatrix}0&0\\0&0\end{pmatrix},\boldsymbol{BA}=\begin{pmatrix}-2&1\\2&-1\end{pmatrix}\begin{pmatrix}2&2\\-2&-2\end{pmatrix}=\begin{pmatrix}-6&-6\\6&6\end{pmatrix},$$

$$\boldsymbol{AC}=\begin{pmatrix}2&2\\-2&-2\end{pmatrix}\begin{pmatrix}2&3\\1&-3\end{pmatrix}=\begin{pmatrix}6&0\\-6&0\end{pmatrix},\boldsymbol{AD}=\begin{pmatrix}2&2\\-2&-2\end{pmatrix}\begin{pmatrix}1&-1\\2&1\end{pmatrix}=\begin{pmatrix}6&0\\-6&0\end{pmatrix}.$$

由此可见，矩阵乘法与数的乘法在运算中有许多不同之处. 需要注意以下 3 点.

(1) 矩阵乘法不满足交换律，即 $\boldsymbol{AB}\neq\boldsymbol{BA}$. 这是因为 $\boldsymbol{AB}$ 与 $\boldsymbol{BA}$ 不一定都有意义；即使 $\boldsymbol{AB}$ 与 $\boldsymbol{BA}$ 都有意义，也不一定有 $\boldsymbol{AB}=\boldsymbol{BA}$ 成立(见例 1.5).

特别地，对于方阵 $\boldsymbol{A},\boldsymbol{B}$，如果 $\boldsymbol{AB}=\boldsymbol{BA}$，则称矩阵 $\boldsymbol{A},\boldsymbol{B}$ 可交换.

(2) 在矩阵乘法的运算中，“若 $\boldsymbol{AB}=\boldsymbol{O}$，则必有 $\boldsymbol{A}=\boldsymbol{O}$ 或 $\boldsymbol{B}=\boldsymbol{O}$”这个结论不一定成立(见例 1.6).

(3) 矩阵乘法的消去律不成立，即“若 $\boldsymbol{AD}=\boldsymbol{AC}$ 且 $\boldsymbol{A}\neq\boldsymbol{O}$，则 $\boldsymbol{D}=\boldsymbol{C}$”这个结论不一定成立(见例 1.7).

矩阵乘法虽然不满足交换律，但它满足如下运算规律.

**性质 1.3** 假设以下运算都有意义.

(1) 结合律：$(\boldsymbol{AB})\boldsymbol{C}=\boldsymbol{A}(\boldsymbol{BC})$.

(2) 分配律：$\boldsymbol{A}(\boldsymbol{B}+\boldsymbol{C})=\boldsymbol{AB}+\boldsymbol{AC},(\boldsymbol{B}+\boldsymbol{C})\boldsymbol{A}=\boldsymbol{BA}+\boldsymbol{CA}$.

(3) $\lambda\boldsymbol{AB}=(\lambda\boldsymbol{A})\boldsymbol{B}=\boldsymbol{A}(\lambda\boldsymbol{B})$.

不难得到以下结论.

(1) $\boldsymbol{E}_m\boldsymbol{A}_{m\times n}=\boldsymbol{A}_{m\times n},\boldsymbol{A}_{m\times n}\boldsymbol{E}_n=\boldsymbol{A}_{m\times n}$，或者写成 $\boldsymbol{EA}=\boldsymbol{AE}=\boldsymbol{A}$，即单位矩阵 $\boldsymbol{E}$ 在矩阵乘法中的作用类似于实数运算中的数 1.

(2) 由于 $n$ 阶方阵 $\boldsymbol{A}$ 可以自乘，所以给出方阵 $\boldsymbol{A}$ 幂的运算定义：设 $\boldsymbol{A}$ 为 $n$ 阶方阵，$k$ 是正整数，规定 $\boldsymbol{A}^k=\overbrace{\boldsymbol{AA}\cdots\boldsymbol{A}}^{k}$. 特别地，当 $\boldsymbol{A}$ 为非零方阵时，规定 $\boldsymbol{A}^0=\boldsymbol{E}$.

由此易证 $\boldsymbol{A}^m\boldsymbol{A}^n=\boldsymbol{A}^{m+n},(\boldsymbol{A}^m)^n=\boldsymbol{A}^{mn}(m,n$ 是正整数).

(3) 设 $\boldsymbol{A},\boldsymbol{B}$ 均为 $n$ 阶方阵，$k$ 是正整数，因为 $\boldsymbol{AB}\neq\boldsymbol{BA}$，所以 $(\boldsymbol{AB})^k\neq\boldsymbol{A}^k\boldsymbol{B}^k$.

设函数 $f(x)=a_mx^m+a_{m-1}x^{m-1}+\cdots+a_1x+a_0(a_m\neq0)$，它是变量 $x$ 的一个 $m$ 次多项式，现用 $n$ 阶方阵 $\boldsymbol{A}$ 代替变量 $x$，就得到一个矩阵 $\boldsymbol{A}$ 的计算式，记作

$$f(\boldsymbol{A})=a_m\boldsymbol{A}^m+a_{m-1}\boldsymbol{A}^{m-1}+\cdots+a_1\boldsymbol{A}+a_0\boldsymbol{E},$$

称其为矩阵 $\boldsymbol{A}$ 的 $m$ 次多项式. 计算结果 $f(\boldsymbol{A})$ 仍然是 $n$ 阶方阵.

**例 1.8** 设 $f(x)=x^2+4x+1,\boldsymbol{A}=\begin{pmatrix}1&0&1\\0&1&0\\0&1&1\end{pmatrix}$，求 $f(\boldsymbol{A})$.

**解** 先计算 $\boldsymbol{A}^2$. $\boldsymbol{A}^2=\begin{pmatrix}1&0&1\\0&1&0\\0&1&1\end{pmatrix}\begin{pmatrix}1&0&1\\0&1&0\\0&1&1\end{pmatrix}=\begin{pmatrix}1&1&2\\0&1&0\\0&2&1\end{pmatrix}$,

$$f(\boldsymbol{A})=\boldsymbol{A}^2+4\boldsymbol{A}+\boldsymbol{E}$$
$$=\begin{pmatrix}1&1&2\\0&1&0\\0&2&1\end{pmatrix}+\begin{pmatrix}4&0&4\\0&4&0\\0&4&4\end{pmatrix}+\begin{pmatrix}1&0&0\\0&1&0\\0&0&1\end{pmatrix}=\begin{pmatrix}6&1&6\\0&6&0\\0&6&6\end{pmatrix}.$$

在本例中，不能将矩阵 $\boldsymbol{A}$ 的多项式 $f(\boldsymbol{A})=\boldsymbol{A}^2+4\boldsymbol{A}+\boldsymbol{E}$ 写成 $f(\boldsymbol{A})=\boldsymbol{A}^2+4\boldsymbol{A}+1$ 的形式.

**例 1.9** 已知 $\boldsymbol{A}=\begin{pmatrix}1&2&3\\2&4&6\\3&6&9\end{pmatrix}$，求 $\boldsymbol{A}^n$.

**解** 根据矩阵乘法的运算法则，可得

$$\boldsymbol{A}^2=\begin{pmatrix}1&2&3\\2&4&6\\3&6&9\end{pmatrix}\begin{pmatrix}1&2&3\\2&4&6\\3&6&9\end{pmatrix}=14\begin{pmatrix}1&2&3\\2&4&6\\3&6&9\end{pmatrix}=14\boldsymbol{A}.$$

$\boldsymbol{A}^3=\boldsymbol{A}^2\boldsymbol{A}=14\boldsymbol{AA}=14^2\boldsymbol{A}$，以此类推，有 $\boldsymbol{A}^n=14^{n-1}\boldsymbol{A}=14^{n-1}\begin{pmatrix}1&2&3\\2&4&6\\3&6&9\end{pmatrix}$.

### 4. 矩阵的转置

**定义 1.6** 设 $m\times n$ 矩阵

$$\boldsymbol{A}=\begin{pmatrix}a_{11}&a_{12}&\cdots&a_{1n}\\a_{21}&a_{22}&\cdots&a_{2n}\\\vdots&\vdots&&\vdots\\a_{m1}&a_{m2}&\cdots&a_{mn}\end{pmatrix},$$

将其对应的行与列互换位置，得到一个 $n\times m$ 的新矩阵

$$\begin{pmatrix} a_{11} & a_{21} & \cdots & a_{m1} \\ a_{12} & a_{22} & \cdots & a_{m2} \\ \vdots & \vdots & & \vdots \\ a_{1n} & a_{2n} & \cdots & a_{mn} \end{pmatrix},$$

称为矩阵 $\boldsymbol{A}$ 的转置矩阵，记作 $\boldsymbol{A}^{\mathrm{T}}$.

例如，矩阵 $\boldsymbol{A}=\begin{pmatrix} 0 & -1 & 5 \\ 2 & 9 & 8 \end{pmatrix}$，$\boldsymbol{A}^{\mathrm{T}}=\begin{pmatrix} 0 & 2 \\ -1 & 9 \\ 5 & 8 \end{pmatrix}$.

又如，行矩阵 $\boldsymbol{A}=(5,2,-1)$，它的转置矩阵为列矩阵 $\boldsymbol{A}^{\mathrm{T}}=\begin{pmatrix} 5 \\ 2 \\ -1 \end{pmatrix}$.

矩阵的转置满足以下运算规律.

**性质 1.4** 设以下运算都有意义，$k$ 是常数.

(1) $(\boldsymbol{A}^{\mathrm{T}})^{\mathrm{T}}=\boldsymbol{A}$.　　(2) $(\boldsymbol{A}+\boldsymbol{B})^{\mathrm{T}}=\boldsymbol{A}^{\mathrm{T}}+\boldsymbol{B}^{\mathrm{T}}$.

(3) $(k\boldsymbol{A})^{\mathrm{T}}=k\boldsymbol{A}^{\mathrm{T}}$.　　(4) $(\boldsymbol{AB})^{\mathrm{T}}=\boldsymbol{B}^{\mathrm{T}}\boldsymbol{A}^{\mathrm{T}}$.

由定义 1.6 很容易验证(1)~(3)成立，现在证明(4).

设 $\boldsymbol{A}=(a_{ij})_{m\times t},\boldsymbol{B}=(b_{ij})_{t\times n}$，则 $\boldsymbol{AB}=\boldsymbol{C}=(c_{ij})_{m\times n}$，$(\boldsymbol{AB})^{\mathrm{T}}=\boldsymbol{C}^{\mathrm{T}}=(u_{ij})_{n\times m}$，其中

$$u_{ij}=c_{ji}=\sum_{k=1}^{t}a_{jk}b_{ki}$$

又设 $\boldsymbol{B}^{\mathrm{T}}\boldsymbol{A}^{\mathrm{T}}=\boldsymbol{D}=(d_{ij})_{m\times n}$，则 $\boldsymbol{B}^{\mathrm{T}}$ 的第 $i$ 行为$(b_{1i},b_{2i},\cdots,b_{ti})$，$\boldsymbol{A}^{\mathrm{T}}$ 的第 $j$ 列为$(a_{j1},a_{j2},\cdots,a_{jt})^{\mathrm{T}}$，于是 $d_{ij}=\sum_{k=1}^{t}b_{ki}a_{jk}$，所以 $d_{ij}=u_{ij}(i=1,2,\cdots,n;j=1,2,\cdots,m)$，即 $\boldsymbol{D}=\boldsymbol{C}^{\mathrm{T}}$，或$(\boldsymbol{AB})^{\mathrm{T}}=\boldsymbol{B}^{\mathrm{T}}\boldsymbol{A}^{\mathrm{T}}$.

设 $\boldsymbol{A}$ 为 $n$ 阶方阵，如果满足 $\boldsymbol{A}^{\mathrm{T}}=\boldsymbol{A}$，即 $a_{ij}=a_{ji}(i,j=1,2,\cdots,n)$，则称 $\boldsymbol{A}$ 为 $n$ 阶对称矩阵. 例如

$$\boldsymbol{A}=\begin{pmatrix} 1 & 2 & -3 \\ 2 & 7 & 5 \\ -3 & 5 & 6 \end{pmatrix}$$

是三阶对称矩阵. 对称矩阵的特点：关于主对角线对称的元素相等，这里实线所示为主对角线，虚线所示为副对角线.

设 $\boldsymbol{A}$ 为 $n$ 阶方阵，如果满足 $\boldsymbol{A}^{\mathrm{T}}=-\boldsymbol{A}$，即 $a_{ij}=-a_{ji}(i\neq j),a_{ii}=0(i=1,2,\cdots,n)$，则称 $\boldsymbol{A}$ 为 $n$ 阶反对称矩阵. 例如

$$\boldsymbol{A}=\begin{pmatrix} 0 & 2 & -3 \\ -2 & 0 & 5 \\ 3 & -5 & 0 \end{pmatrix}$$

是三阶反对称矩阵. 反对称矩阵的特点：主对角线元素全为 0，而关于主对角线对称的元素互为相反数.

**例 1.10** 设矩阵 $\boldsymbol{A}$ 与 $\boldsymbol{B}$ 为同阶对称矩阵，证明：$\boldsymbol{AB}$ 为对称矩阵的充分必要条件为 $\boldsymbol{AB}=\boldsymbol{BA}$.

**证明** 必要性 由矩阵 $\boldsymbol{A}$ 与 $\boldsymbol{B}$ 均为对称矩阵得 $\boldsymbol{A}^{\mathrm{T}}=\boldsymbol{A},\boldsymbol{B}^{\mathrm{T}}=\boldsymbol{B}$，又知 $\boldsymbol{AB}$ 为对称矩阵，即 $(\boldsymbol{AB})^{\mathrm{T}}=\boldsymbol{AB}$，所以$(\boldsymbol{AB})^{\mathrm{T}}=\boldsymbol{B}^{\mathrm{T}}\boldsymbol{A}^{\mathrm{T}}=\boldsymbol{BA}$，从而 $\boldsymbol{AB}=\boldsymbol{BA}$.

充分性 由 $\boldsymbol{AB}=\boldsymbol{BA}$ 及 $\boldsymbol{A}^{\mathrm{T}}=\boldsymbol{A},\boldsymbol{B}^{\mathrm{T}}=\boldsymbol{B}$ 得$(\boldsymbol{AB})^{\mathrm{T}}=\boldsymbol{B}^{\mathrm{T}}\boldsymbol{A}^{\mathrm{T}}=\boldsymbol{BA}=\boldsymbol{AB}$，故充分性得证.

## 同步习题 1.2

### 基础题

1. 写出以下线性变换对应的矩阵.

(1) $\begin{cases} y_1 = x_1, \\ y_2 = x_2, \\ \cdots\cdots\cdots \\ y_n = x_n. \end{cases}$　　　　(2) $\begin{cases} y_1 = \lambda_1 x_1, \\ y_2 = \lambda_2 x_2, \\ \cdots\cdots\cdots \\ y_n = \lambda_n x_n. \end{cases}$

2. 以下对矩阵的描述中，不正确的是(　　).

A. $n$ 阶方阵的行数与列数相同　　B. 三角矩阵都是方阵

C. 对称矩阵与反对称矩阵都是方阵　　D. 任何矩阵都是方阵

3. 已知三阶矩阵 $\boldsymbol{A}$ 是反对称矩阵，如果将 $\boldsymbol{A}$ 的主对角线以上的每个元素都加 2，所得矩阵为对称矩阵，求矩阵 $\boldsymbol{A}$.

4. 设矩阵 $\boldsymbol{A}=\begin{pmatrix} 1 & 0 & 3 \\ 2 & -1 & 0 \end{pmatrix}$, $\boldsymbol{B}=\begin{pmatrix} 1 & -1 \\ 2 & 3 \\ 4 & 0 \end{pmatrix}$，求 $\boldsymbol{AB}$ 及 $\boldsymbol{BA}$.

5. 设矩阵 $\boldsymbol{A}=\begin{pmatrix} -2 & 4 \\ 1 & -2 \end{pmatrix}$, $\boldsymbol{B}=\begin{pmatrix} 2 & 4 \\ -3 & -6 \end{pmatrix}$，求 $\boldsymbol{AB}$ 及 $\boldsymbol{BA}$.

6. 设 $f(x)=1+2x-2x^2+x^4$，$\boldsymbol{A}=\begin{pmatrix} 2 & 0 \\ 0 & -3 \end{pmatrix}$，求 $f(\boldsymbol{A})$.

微课：同步习题 1.2
基础题 6

7. 已知 $\boldsymbol{A},\boldsymbol{B}$ 均为 $n$ 阶方阵，则必有(　　).

A. $(\boldsymbol{A}+\boldsymbol{B})^2=\boldsymbol{A}^2+2\boldsymbol{AB}+\boldsymbol{B}^2$

B. $(\boldsymbol{AB})^{\mathrm{T}}=\boldsymbol{A}^{\mathrm{T}}\boldsymbol{B}^{\mathrm{T}}$

C. $\boldsymbol{AB}=\boldsymbol{O}$ 时，$\boldsymbol{A}=\boldsymbol{O}$ 或 $\boldsymbol{B}=\boldsymbol{O}$

D. $(\boldsymbol{AB})^{\mathrm{T}}=\boldsymbol{B}^{\mathrm{T}}\boldsymbol{A}^{\mathrm{T}}$

8. 已知三阶矩阵 $\boldsymbol{A}=\begin{pmatrix} 2 & 2 & 1 \\ 4 & 4 & 2 \\ -2 & -2 & -1 \end{pmatrix}$，求 $\boldsymbol{A}^n$.

9. 已知二阶矩阵 $\boldsymbol{A}=\begin{pmatrix} \cos\varphi & -\sin\varphi \\ \sin\varphi & \cos\varphi \end{pmatrix}$，求 $\boldsymbol{A}^n$.

### 提高题

1. 甲、乙两人之间进行 3 种比赛. 前两种为智力比赛(只分输、赢两种结果)，规定第 1 种比赛赢者得 3 分，输者得−2 分；第 2 种比赛赢者得 2 分，输者得−2 分. 第 3 种比赛为耐力比赛，计分方法如下：先完成者得 5 分，后完成者得 3 分，中途放弃者得 0 分. 现已知乙在 3 种比赛中的得分为 3 分、−2 分、0 分，试用矩阵表示甲、乙两人的得分情况.

2. 设 $\boldsymbol{A}$ 是 $n$ 阶反对称矩阵，$\boldsymbol{B}$ 是 $n$ 阶对称矩阵，证明：

(1) $\boldsymbol{AB}-\boldsymbol{BA}$ 为对称矩阵；

(2) $\boldsymbol{AB}+\boldsymbol{BA}$ 是反对称矩阵；

(3) $\boldsymbol{AB}$ 是反对称矩阵的充分必要条件是 $\boldsymbol{AB}=\boldsymbol{BA}$.

3. 设 $\boldsymbol{A}$ 是 $m\times n$ 矩阵，$\boldsymbol{E}$ 为 $m$ 阶单位矩阵，证明：矩阵 $\boldsymbol{E}-\lambda\boldsymbol{A}\boldsymbol{A}^{\mathrm{T}}(\lambda\in\mathbf{R})$ 为 $m$ 阶对称矩阵.

4. 设 $\boldsymbol{A},\boldsymbol{B},\boldsymbol{C}$ 均为 $n$ 阶方阵，且 $\boldsymbol{AB}=\boldsymbol{BC}=\boldsymbol{CA}=\boldsymbol{E}$，则 $\boldsymbol{A}^2+\boldsymbol{B}^2+\boldsymbol{C}^2=(\quad)$.

A. $3\boldsymbol{E}$　　B. $2\boldsymbol{E}$　　C. $\boldsymbol{E}$　　D. $\boldsymbol{O}$

5. 设 $\boldsymbol{\alpha}=(1,0,-1)^{\mathrm{T}}$，矩阵 $\boldsymbol{A}=\boldsymbol{\alpha}\boldsymbol{\alpha}^{\mathrm{T}}$，$n$ 为正整数，则 $a\boldsymbol{E}-\boldsymbol{A}^n=$__________.

## 1.3 矩阵的初等变换和初等矩阵

矩阵的初等变换是矩阵的一种很重要的运算，它在解线性方程组、求逆矩阵及矩阵的运算中是必不可少的. 初等变换最早在我国的《九章算术》中就有所体现.

### 1.3.1 矩阵的初等变换

**定义 1.7** 下面 3 种变换称为矩阵的初等行(列)变换.

(1) 对调两行(列)：对调 $i,j$ 两行记为 $r_i\leftrightarrow r_j$；对调 $i,j$ 两列记为 $c_i\leftrightarrow c_j$.

(2) 以数 $k(k\neq 0)$ 乘某一行(列)中的所有元素：第 $i$ 行乘 $k$ 记为 $r_i\times k$；第 $i$ 列乘 $k$ 记为 $c_i\times k$.

(3) 把某一行(列)所有元素的 $k$ 倍加到另一行(列)对应元素上去：第 $j$ 行的 $k$ 倍加到第 $i$ 行记为 $r_i+kr_j$；第 $j$ 列的 $k$ 倍加到第 $i$ 列上记为 $c_i+kc_j$.

矩阵的初等行变换与矩阵的初等列变换统称为矩阵的初等变换.

易见，3 种初等变换都是可逆的，也就是说变换是可还原的，且它们与其逆变换是同一类型的初等变换：变换 $r_i\leftrightarrow r_j$ 的逆变换就是其本身；变换 $r_i\times k$ 的逆变换为 $r_i\times\dfrac{1}{k}$(或记为 $r_i\div k$)；变换 $r_i+kr_j$ 的逆变换为 $r_i+(-k)r_j$(或记为 $r_i-kr_j$).

**定义 1.8** 若矩阵 $\boldsymbol{A}$ 经过有限次初等变换变成矩阵 $\boldsymbol{B}$，就称矩阵 $\boldsymbol{A}$ 与 $\boldsymbol{B}$ 等价，记为 $\boldsymbol{A}\cong\boldsymbol{B}$.

**性质 1.5** 矩阵之间的等价关系具有下列性质.

(1) 反身性：$\boldsymbol{A}\cong\boldsymbol{A}$.

(2) 对称性：若 $\boldsymbol{A}\cong\boldsymbol{B}$，则 $\boldsymbol{B}\cong\boldsymbol{A}$.

(3) 传递性：若 $\boldsymbol{A}\cong\boldsymbol{B},\boldsymbol{B}\cong\boldsymbol{C}$，则 $\boldsymbol{A}\cong\boldsymbol{C}$.

由等价关系可以将矩阵分类，将具有等价关系的矩阵作为一类. 在第 3 章中将给出具有行等价关系的矩阵所对应的线性方程组有相同的解.

**例 1.11** 利用初等行变换把矩阵

$$\boldsymbol{A}=\begin{pmatrix}2 & 12 & -2 & 12\\ 2 & -3 & 8 & 2\\ 1 & 3 & 1 & 4\end{pmatrix}$$

先化为行阶梯形矩阵，再进一步化为行最简形矩阵.

**解** $A=\begin{pmatrix}2&12&-2&12\\2&-3&8&2\\1&3&1&4\end{pmatrix}\xrightarrow{r_1\leftrightarrow r_3}\begin{pmatrix}1&3&1&4\\2&-3&8&2\\2&12&-2&12\end{pmatrix}$

$$\xrightarrow[r_3-2r_1]{r_2-2r_1}\begin{pmatrix}1&3&1&4\\0&-9&6&-6\\0&6&-4&4\end{pmatrix}\xrightarrow[r_3\times\frac{1}{2}]{r_2\times\frac{1}{3}}\begin{pmatrix}1&3&1&4\\0&-3&2&-2\\0&3&-2&2\end{pmatrix}\xrightarrow{r_3+r_2}\begin{pmatrix}1&3&1&4\\0&-3&2&-2\\0&0&0&0\end{pmatrix}.$$

（行阶梯形矩阵）

行阶梯形矩阵有一个共同的特点，就是可画一条阶梯线，线的下方全为零；每个台阶只有一行，台阶数就是非零行的行数；每一个非零行的第 1 个非零元素位于上一行第 1 个非零元素的右侧. 继续对上述矩阵进行初等行变换，有

$$\begin{pmatrix}1&3&1&4\\0&-3&2&-2\\0&0&0&0\end{pmatrix}\xrightarrow{r_2\times\left(-\frac{1}{3}\right)}\begin{pmatrix}1&3&1&4\\0&1&-\frac{2}{3}&\frac{2}{3}\\0&0&0&0\end{pmatrix}\xrightarrow{r_1-3r_2}\begin{pmatrix}1&0&3&2\\0&1&-\frac{2}{3}&\frac{2}{3}\\0&0&0&0\end{pmatrix}.\text{（行最简形矩阵）}$$

上述最后一个矩阵满足非零行的第一个非零元素全为 1，并且这些“1”所在的列的其余元素全为零，这样的行阶梯形矩阵称为行最简形矩阵.

对于行最简形矩阵再实施初等列变换，可将矩阵化为更简单的形式，如继续对上面的行最简形矩阵再实施初等列变换，有

$$\begin{pmatrix}1&0&3&2\\0&1&-\frac{2}{3}&\frac{2}{3}\\0&0&0&0\end{pmatrix}\xrightarrow[c_3+\frac{2}{3}c_2]{c_3-3c_1}\begin{pmatrix}1&0&0&2\\0&1&0&\frac{2}{3}\\0&0&0&0\end{pmatrix}\xrightarrow[c_4-\frac{2}{3}c_2]{c_4-2c_1}\begin{pmatrix}1&0&0&0\\0&1&0&0\\0&0&0&0\end{pmatrix}=F.$$

上述最后一个矩阵 $F$ 称为矩阵 $A$ 的标准形，可在形式上记为 $F=\begin{pmatrix}E_2&O\\O&O\end{pmatrix}$.

对于一般的矩阵，有下面的结论.

**定理 1.1** 设 $A$ 是 $m\times n$ 矩阵.

(1) 矩阵 $A$ 总可以经过若干次初等行变换化为行阶梯形矩阵.

(2) 矩阵 $A$ 总可以经过若干次初等行变换化为行最简形矩阵.

(3) 矩阵 $A$ 总可以经过若干次初等变换化为标准形 $F=\begin{pmatrix}E_r&O\\O&O\end{pmatrix}_{m\times n}$，其中 $r$ 为行阶梯形矩阵中非零行的行数.

### 1.3.2 初等矩阵

下面介绍与初等变换密切相关的初等矩阵.

**定义 1.9** 由单位矩阵 $E$ 经过一次初等变换得到的矩阵称为初等矩阵.

3 种初等变换对应 3 种初等矩阵.

(1) 把单位矩阵中的第 $i,j$ 两行互换（或第 $i,j$ 两列互换），得到第一种初等矩阵 $E(i,j)$，即

$$\text{第 } i \text{ 列} \qquad \text{第 } j \text{ 列}$$

$$\boldsymbol{E}(i,j) = \begin{pmatrix} 1 & & & & & & & & & \\ & \ddots & & & & & & & & \\ & & 1 & & & & & & & \\ & & & 0 & \cdots & \cdots & \cdots & 1 & & \\ & & & \vdots & 1 & & & \vdots & & \\ & & & \vdots & & \ddots & & \vdots & & \\ & & & \vdots & & & 1 & \vdots & & \\ & & & 1 & \cdots & \cdots & \cdots & 0 & & \\ & & & & & & & & 1 & \\ & & & & & & & & & \ddots & \\ & & & & & & & & & & 1 \end{pmatrix} \begin{matrix} \\ \\ \\ \text{第 } i \text{ 行} \\ \\ \\ \\ \text{第 } j \text{ 行} \\ \\ \\ \\ \end{matrix}.$$

（2）把数 $k(k\neq0)$ 乘以单位矩阵的第 $i$ 行（或第 $i$ 列），得到第 2 种初等矩阵 $\boldsymbol{E}(i(k))$，即

$$\text{第 } i \text{ 列}$$

$$\boldsymbol{E}(i(k)) = \begin{pmatrix} 1 & & & & & & \\ & \ddots & & & & & \\ & & 1 & & & & \\ & & & k & & & \\ & & & & 1 & & \\ & & & & & \ddots & \\ & & & & & & 1 \end{pmatrix} \begin{matrix} \\ \\ \\ \text{第 } i \text{ 行} \\ \\ \\ \\ \end{matrix}.$$

（3）单位矩阵的第 $j$ 行乘数 $k$，再加到第 $i$ 行上（或单位矩阵的第 $j$ 列乘数 $k$，再加到第 $i$ 列上），得到第 3 种初等矩阵 $\boldsymbol{E}(i+j(k),j)$ ［或 $\boldsymbol{E}(j,i+j(k))$］，即

$$\text{第 } i \text{ 列} \qquad \text{第 } j \text{ 列}$$

$$\boldsymbol{E}(i+j(k),j) = \begin{pmatrix} 1 & & & & & \\ & \ddots & & & & \\ & & 1 & \cdots & k & \\ & & & \ddots & \vdots & \\ & & & & 1 & \\ & & & & & \ddots & \\ & & & & & & 1 \end{pmatrix} \begin{matrix} \\ \\ \text{第 } i \text{ 行} \\ \\ \text{第 } j \text{ 行} \\ \\ \\ \end{matrix},$$

$$\text{第 } i \text{ 列} \qquad \text{第 } j \text{ 列}$$

$$\boldsymbol{E}(j,i+j(k)) = \begin{pmatrix} 1 & & & & & \\ & \ddots & & & & \\ & & 1 & & & \\ & & \vdots & \ddots & & \\ & & k & \cdots & 1 & \\ & & & & & \ddots & \\ & & & & & & 1 \end{pmatrix} \begin{matrix} \\ \\ \text{第 } i \text{ 行} \\ \\ \text{第 } j \text{ 行} \\ \\ \\ \end{matrix}.$$

例如，$\boldsymbol{E}(1,2)=\begin{pmatrix}0&1&0\\1&0&0\\0&0&1\end{pmatrix}$，$\boldsymbol{E}\left(2\left(\dfrac{1}{2}\right)\right)=\begin{pmatrix}1&0&0\\0&\dfrac{1}{2}&0\\0&0&1\end{pmatrix}$，$\boldsymbol{E}\left(1+2\left(\dfrac{1}{2}\right),2\right)=\begin{pmatrix}1&\dfrac{1}{2}&0\\0&1&0\\0&0&1\end{pmatrix}$

均为三阶初等矩阵.

很容易证明初等矩阵有以下结论.

**定理 1.2** 设 $\boldsymbol{A}$ 是一个 $m\times n$ 矩阵，对 $\boldsymbol{A}$ 施行一次初等行变换，相当于在 $\boldsymbol{A}$ 的左边乘以相应的 $m$ 阶初等矩阵；对 $\boldsymbol{A}$ 施行一次初等列变换，相当于在 $\boldsymbol{A}$ 的右边乘以相应的 $n$ 阶初等矩阵.

例如，设 $\boldsymbol{A}=\begin{pmatrix}-6&0&1\\1&-1&2\\0&1&1\end{pmatrix}$，则有 $\boldsymbol{A}=\begin{pmatrix}-6&0&1\\1&-1&2\\0&1&1\end{pmatrix}\xrightarrow{r_1\leftrightarrow r_2}\begin{pmatrix}1&-1&2\\-6&0&1\\0&1&1\end{pmatrix}$，

$$\boldsymbol{E}(1,2)\boldsymbol{A}=\begin{pmatrix}0&1&0\\1&0&0\\0&0&1\end{pmatrix}\begin{pmatrix}-6&0&1\\1&-1&2\\0&1&1\end{pmatrix}=\begin{pmatrix}1&-1&2\\-6&0&1\\0&1&1\end{pmatrix}.$$

再如

$$\boldsymbol{A}=\begin{pmatrix}-6&0&1\\1&-1&2\\0&1&1\end{pmatrix}\xrightarrow{c_1+2c_3}\begin{pmatrix}-4&0&1\\5&-1&2\\2&1&1\end{pmatrix},$$

$$\boldsymbol{A}\boldsymbol{E}(3,1+3(2))=\begin{pmatrix}-6&0&1\\1&-1&2\\0&1&1\end{pmatrix}\begin{pmatrix}1&0&0\\0&1&0\\2&0&1\end{pmatrix}=\begin{pmatrix}-4&0&1\\5&-1&2\\2&1&1\end{pmatrix}.$$

【即时提问 1.1】 已知 $\boldsymbol{P}_1\boldsymbol{P}_2\boldsymbol{A}=\boldsymbol{B}$，其中 $\boldsymbol{P}_1,\boldsymbol{P}_2$ 为初等矩阵，则矩阵 $\boldsymbol{B}$ 是由矩阵 $\boldsymbol{A}$ 先进行 $\boldsymbol{P}_1$ 对应的初等行变换，再进行 $\boldsymbol{P}_2$ 对应的初等行变换得到的. 该说法是否正确？请说明理由.

**例 1.12** 求矩阵 $\boldsymbol{A}=\begin{pmatrix}1&0&0\\0&1&1\\1&1&0\end{pmatrix}$ 的标准形，并用初等矩阵表示初等变换.

微课：例 1.12

**解** $\boldsymbol{A}=\begin{pmatrix}1&0&0\\0&1&1\\1&1&0\end{pmatrix}\xrightarrow{r_3-r_1}\begin{pmatrix}1&0&0\\0&1&1\\0&1&0\end{pmatrix}\xrightarrow{r_2\leftrightarrow r_3}\begin{pmatrix}1&0&0\\0&1&0\\0&1&1\end{pmatrix}\xrightarrow{r_3-r_2}\begin{pmatrix}1&0&0\\0&1&0\\0&0&1\end{pmatrix}=\boldsymbol{E}.$

记
$$\boldsymbol{P}_1=\begin{pmatrix}1&0&0\\0&1&0\\-1&0&1\end{pmatrix},\boldsymbol{P}_2=\begin{pmatrix}1&0&0\\0&0&1\\0&1&0\end{pmatrix},\boldsymbol{P}_3=\begin{pmatrix}1&0&0\\0&1&0\\0&-1&1\end{pmatrix},$$

则有 $\boldsymbol{P}_3\boldsymbol{P}_2\boldsymbol{P}_1\boldsymbol{A}=\boldsymbol{E}$.

**例 1.13** 已知矩阵 $\boldsymbol{A}=\begin{pmatrix}a_{11}&a_{12}&a_{13}&a_{14}\\a_{21}&a_{22}&a_{23}&a_{24}\\a_{31}&a_{32}&a_{33}&a_{34}\\a_{41}&a_{42}&a_{43}&a_{44}\end{pmatrix}$，$\boldsymbol{B}=\begin{pmatrix}a_{14}&a_{13}&a_{12}&a_{11}\\a_{24}&a_{23}&a_{22}&a_{21}\\a_{34}&a_{33}&a_{32}&a_{31}\\a_{44}&a_{43}&a_{42}&a_{41}\end{pmatrix}$，$\boldsymbol{P}_1=\begin{pmatrix}0&0&0&1\\0&1&0&0\\0&0&1&0\\1&0&0&0\end{pmatrix}$，

$\boldsymbol{P}_2=\begin{pmatrix}1&0&0&0\\0&0&1&0\\0&1&0&0\\0&0&0&1\end{pmatrix}$，则 $\boldsymbol{B}=($　　$)$.

A. $\boldsymbol{AP}_1\boldsymbol{P}_2$　　B. $\boldsymbol{P}_1\boldsymbol{AP}_2$　　C. $\boldsymbol{P}_1\boldsymbol{P}_2\boldsymbol{A}$　　D. $\boldsymbol{P}_2\boldsymbol{P}_1\boldsymbol{A}$

**解** 矩阵 $\boldsymbol{B}$ 是矩阵 $\boldsymbol{A}$ 经过初等列变换得到的，可以采取两种方式.

方式 1：把矩阵 $\boldsymbol{A}$ 的第 1 列与第 4 列交换，得 $\boldsymbol{AP}_1$，再把 $\boldsymbol{AP}_1$ 的第 2 列与第 3 列交换，得 $\boldsymbol{AP}_1\boldsymbol{P}_2$.

方式 2：把矩阵 $\boldsymbol{A}$ 的第 2 列与第 3 列交换，得 $\boldsymbol{AP}_2$，再把 $\boldsymbol{AP}_2$ 的第 1 列与第 4 列交换，得 $\boldsymbol{AP}_2\boldsymbol{P}_1$.

故 $\boldsymbol{B}=\boldsymbol{AP}_1\boldsymbol{P}_2$ 或 $\boldsymbol{B}=\boldsymbol{AP}_2\boldsymbol{P}_1$，本题应选 A.

**例 1.14** 与矩阵 $\boldsymbol{A}=\begin{pmatrix}1&2&0\\2&4&0\\0&0&4\end{pmatrix}$ 等价的矩阵是(　　).

A. $\begin{pmatrix}1&0&0\\0&0&0\\0&0&0\end{pmatrix}$　　B. $\begin{pmatrix}1&0&0\\0&2&0\\0&0&0\end{pmatrix}$　　C. $\begin{pmatrix}1&0&0\\0&2&0\\0&0&3\end{pmatrix}$　　D. $\begin{pmatrix}1&0&0\\0&2&0\\0&0&4\end{pmatrix}$

**解** 对矩阵 $\boldsymbol{A}$ 进行初等变换，得

$$\boldsymbol{A}=\begin{pmatrix}1&2&0\\2&4&0\\0&0&4\end{pmatrix}\xrightarrow{r_2-2r_1}\begin{pmatrix}1&2&0\\0&0&0\\0&0&4\end{pmatrix}\xrightarrow{r_2\leftrightarrow r_3}\begin{pmatrix}1&2&0\\0&0&4\\0&0&0\end{pmatrix}$$

$$\xrightarrow{c_2-2c_1}\begin{pmatrix}1&0&0\\0&0&4\\0&0&0\end{pmatrix}\xrightarrow{c_2\leftrightarrow c_3}\begin{pmatrix}1&0&0\\0&4&0\\0&0&0\end{pmatrix}\xrightarrow{c_2\times\frac{1}{2}}\begin{pmatrix}1&0&0\\0&2&0\\0&0&0\end{pmatrix},$$

故本题选 B.

## 同步习题 1.3

### 基础题

1. 下列各矩阵是初等矩阵的是(　　).

A. $\begin{pmatrix}0&1&0\\0&0&1\\1&0&0\end{pmatrix}$　　B. $\begin{pmatrix}0&0&1\\0&1&0\\2&0&0\end{pmatrix}$　　C. $\begin{pmatrix}1&0&2\\0&1&0\\0&0&1\end{pmatrix}$　　D. $\begin{pmatrix}0&0&1\\0&1&0\\1&0&2\end{pmatrix}$

2. 设 $\boldsymbol{A}=\begin{pmatrix}a_{11}&a_{12}&a_{13}\\a_{21}&a_{22}&a_{23}\\a_{31}&a_{32}&a_{33}\end{pmatrix}$，$\boldsymbol{B}=\begin{pmatrix}a_{21}&a_{22}&a_{23}\\a_{11}&a_{12}&a_{13}\\a_{31}+a_{11}&a_{32}+a_{12}&a_{33}+a_{13}\end{pmatrix}$，$\boldsymbol{P}_1=\begin{pmatrix}0&1&0\\1&0&0\\0&0&1\end{pmatrix}$，$\boldsymbol{P}_2=\begin{pmatrix}1&0&0\\0&1&0\\1&0&1\end{pmatrix}$，则必有(　　).

A. $\boldsymbol{AP}_1\boldsymbol{P}_2=\boldsymbol{B}$　　B. $\boldsymbol{AP}_2\boldsymbol{P}_1=\boldsymbol{B}$　　C. $\boldsymbol{P}_1\boldsymbol{P}_2\boldsymbol{A}=\boldsymbol{B}$　　D. $\boldsymbol{P}_2\boldsymbol{P}_1\boldsymbol{A}=\boldsymbol{B}$

**提高题**

$$\begin{pmatrix}0&0&1\\0&1&0\\1&0&0\end{pmatrix}^{2000}\begin{pmatrix}1&2&3\\4&5&6\\7&8&9\end{pmatrix}\begin{pmatrix}1&0&0\\0&0&1\\0&1&0\end{pmatrix}^{2001}=(\quad).$$

A. $\begin{pmatrix}7&8&9\\4&6&5\\1&3&2\end{pmatrix}$　B. $\begin{pmatrix}1&3&2\\4&6&5\\7&9&8\end{pmatrix}$　C. $\begin{pmatrix}3&1&2\\5&6&4\\7&9&8\end{pmatrix}$　D. $\begin{pmatrix}7&8&9\\4&6&5\\1&2&3\end{pmatrix}$

## 1.4 矩阵的逆

在数的运算中，当数 $a\neq0$ 时，有 $a\cdot a^{-1}=a^{-1}\cdot a=1$，其中 $a^{-1}$ 为 $a$ 的倒数. 在矩阵的乘法运算中，单位矩阵 $\boldsymbol{E}$ 相当于数的乘法运算中的 1，那么对于方阵 $\boldsymbol{A}$，是否存在一个矩阵 $\boldsymbol{A}^{-1}$，使 $\boldsymbol{A}\boldsymbol{A}^{-1}=\boldsymbol{A}^{-1}\boldsymbol{A}=\boldsymbol{E}$ 呢？本节将围绕这个问题展开讲解.

### 1.4.1 逆矩阵的定义

**定义 1.10** 对于 $n$ 阶方阵 $\boldsymbol{A}$，如果有一个 $n$ 阶方阵 $\boldsymbol{B}$，使 $\boldsymbol{AB}=\boldsymbol{BA}=\boldsymbol{E}$，则称矩阵 $\boldsymbol{A}$ 可逆，而称矩阵 $\boldsymbol{B}$ 为 $\boldsymbol{A}$ 的逆矩阵，简称逆阵.

需要注意的是，如果方阵 $\boldsymbol{A}$ 可逆，则 $\boldsymbol{A}$ 的逆阵是唯一的.

这是因为，若方阵 $\boldsymbol{B},\boldsymbol{C}$ 都是方阵 $\boldsymbol{A}$ 的逆阵，则有

$$\boldsymbol{AB}=\boldsymbol{BA}=\boldsymbol{E},\boldsymbol{AC}=\boldsymbol{CA}=\boldsymbol{E},$$

可推出 $\boldsymbol{B}=\boldsymbol{BE}=\boldsymbol{B}(\boldsymbol{AC})=(\boldsymbol{BA})\boldsymbol{C}=\boldsymbol{EC}=\boldsymbol{C}$，即 $\boldsymbol{B}=\boldsymbol{C}$.

将方阵 $\boldsymbol{A}$ 的(唯一的)逆阵记作 $\boldsymbol{A}^{-1}$，且 $\boldsymbol{A}^{-1}$满足 $\boldsymbol{AA}^{-1}=\boldsymbol{A}^{-1}\boldsymbol{A}=\boldsymbol{E}$.

**例 1.15** 已知 $\boldsymbol{A}=\begin{pmatrix}3&1\\2&1\end{pmatrix},\boldsymbol{B}=\begin{pmatrix}1&-1\\-2&3\end{pmatrix}$，根据定义验证 $\boldsymbol{B}=\boldsymbol{A}^{-1}$.

**证明** 因为$\begin{pmatrix}3&1\\2&1\end{pmatrix}\begin{pmatrix}1&-1\\-2&3\end{pmatrix}=\begin{pmatrix}1&0\\0&1\end{pmatrix}$，且$\begin{pmatrix}1&-1\\-2&3\end{pmatrix}\begin{pmatrix}3&1\\2&1\end{pmatrix}=\begin{pmatrix}1&0\\0&1\end{pmatrix}$，所以 $\boldsymbol{B}=\boldsymbol{A}^{-1}$.

**例 1.16** 已知 $\boldsymbol{A}=\begin{pmatrix}a_1&&&\\&a_2&&\\&&\ddots&\\&&&a_n\end{pmatrix}$，$a_1a_2\cdots a_n\neq0$，求 $\boldsymbol{A}^{-1}$.

**解** 记

$$\boldsymbol{B}=\begin{pmatrix}\frac{1}{a_1}&&&\\&\frac{1}{a_2}&&\\&&\ddots&\\&&&\frac{1}{a_n}\end{pmatrix},$$

因为 $\boldsymbol{AB}=\boldsymbol{BA}=\boldsymbol{E}$，所以

$$\begin{pmatrix} a_1 & & & \\ & a_2 & & \\ & & \ddots & \\ & & & a_n \end{pmatrix}^{-1}=\begin{pmatrix} \frac{1}{a_1} & & & \\ & \frac{1}{a_2} & & \\ & & \ddots & \\ & & & \frac{1}{a_n} \end{pmatrix}.$$

本例说明：可逆的对角矩阵的逆矩阵仍为对角矩阵，且其逆矩阵等于对角线元素取倒数.

### 1.4.2 可逆矩阵的性质

当方阵 $\boldsymbol{A}$ 可逆时，有下述运算性质.

**性质 1.6** 设 $\boldsymbol{A}$ 为 $n$ 阶方阵.

(1) 若 $\boldsymbol{A}$ 可逆，则 $\boldsymbol{A}^{-1}$ 也可逆，且有 $(\boldsymbol{A}^{-1})^{-1}=\boldsymbol{A}$.

(2) 若 $\boldsymbol{A}$ 可逆，则 $\boldsymbol{A}^{\mathrm{T}}$ 可逆，且有 $(\boldsymbol{A}^{\mathrm{T}})^{-1}=(\boldsymbol{A}^{-1})^{\mathrm{T}}$.

(3) 若 $\boldsymbol{A}$ 可逆且 $k\neq 0$，则 $k\boldsymbol{A}$ 可逆，且有 $(k\boldsymbol{A})^{-1}=\frac{1}{k}\boldsymbol{A}^{-1}$.

(4) 若 $\boldsymbol{A}$ 和 $\boldsymbol{B}$ 均为同阶可逆方阵，则 $\boldsymbol{AB},\boldsymbol{BA}$ 均可逆，且有 $(\boldsymbol{AB})^{-1}=\boldsymbol{B}^{-1}\boldsymbol{A}^{-1}$，$(\boldsymbol{BA})^{-1}=\boldsymbol{A}^{-1}\boldsymbol{B}^{-1}$.

(5) 若方阵 $\boldsymbol{A}$ 可逆，矩阵 $\boldsymbol{B},\boldsymbol{C}$ 满足 $\boldsymbol{AB}=\boldsymbol{AC}$ 或 $\boldsymbol{BA}=\boldsymbol{CA}$，则有 $\boldsymbol{B}=\boldsymbol{C}$(即矩阵乘法满足左消去律和右消去律).

很容易证明(1)(2)(5). 这里只证明(3)和(4).

**证明** (3) 因为 $\left(\frac{1}{k}\boldsymbol{A}^{-1}\right)(k\boldsymbol{A})=\boldsymbol{A}^{-1}\boldsymbol{A}=\boldsymbol{E}$，$(k\boldsymbol{A})\left(\frac{1}{k}\boldsymbol{A}^{-1}\right)=\boldsymbol{AA}^{-1}=\boldsymbol{E}$，所以 $(k\boldsymbol{A})^{-1}=\frac{1}{k}\boldsymbol{A}^{-1}$.

(4) 因为 $(\boldsymbol{B}^{-1}\boldsymbol{A}^{-1})(\boldsymbol{AB})=\boldsymbol{B}^{-1}(\boldsymbol{A}^{-1}\boldsymbol{A})\boldsymbol{B}=\boldsymbol{B}^{-1}\boldsymbol{B}=\boldsymbol{E}$，$(\boldsymbol{AB})(\boldsymbol{B}^{-1}\boldsymbol{A}^{-1})=\boldsymbol{A}(\boldsymbol{BB}^{-1})\boldsymbol{A}^{-1}=\boldsymbol{AA}^{-1}=\boldsymbol{E}$，所以 $(\boldsymbol{AB})^{-1}=\boldsymbol{B}^{-1}\boldsymbol{A}^{-1}$. 同理可证 $(\boldsymbol{BA})^{-1}=\boldsymbol{A}^{-1}\boldsymbol{B}^{-1}$.

另由(4)可以推出：若 $\boldsymbol{A}_1,\boldsymbol{A}_2,\cdots,\boldsymbol{A}_n$ 均为同阶可逆矩阵，则 $\boldsymbol{A}_1\boldsymbol{A}_2\cdots\boldsymbol{A}_n$ 可逆，且

$$(\boldsymbol{A}_1\boldsymbol{A}_2\cdots\boldsymbol{A}_n)^{-1}=\boldsymbol{A}_n^{-1}\boldsymbol{A}_{n-1}^{-1}\cdots\boldsymbol{A}_1^{-1}.$$

事实上，若 $\boldsymbol{AB}=\boldsymbol{E}$(或 $\boldsymbol{BA}=\boldsymbol{E}$)，则有 $\boldsymbol{B}=\boldsymbol{A}^{-1},\boldsymbol{A}=\boldsymbol{B}^{-1}$.

【即时提问 1.2】 已知 $\boldsymbol{A},\boldsymbol{B},\boldsymbol{C}$ 均为 $n$ 阶方阵，且满足 $\boldsymbol{AB}=\boldsymbol{CA}=\boldsymbol{E}$，则 $\boldsymbol{B}=\boldsymbol{C}$. 该说法是否正确？请说明理由.

**例 1.17** 若 $n$ 阶方阵 $\boldsymbol{A}$ 满足 $\boldsymbol{A}^3+5\boldsymbol{A}^2+4\boldsymbol{A}-9\boldsymbol{E}=\boldsymbol{O}$，求 $(\boldsymbol{A}+3\boldsymbol{E})^{-1}$.

**解** 由矩阵方程 $\boldsymbol{A}^3+5\boldsymbol{A}^2+4\boldsymbol{A}-9\boldsymbol{E}=\boldsymbol{O}$ 得 $(\boldsymbol{A}+3\boldsymbol{E})(\boldsymbol{A}^2+2\boldsymbol{A}-2\boldsymbol{E})=3\boldsymbol{E}$，从而有

$$(\boldsymbol{A}+3\boldsymbol{E})\left(\frac{\boldsymbol{A}^2+2\boldsymbol{A}-2\boldsymbol{E}}{3}\right)=\boldsymbol{E},$$

故 $(\boldsymbol{A}+3\boldsymbol{E})^{-1}=\frac{\boldsymbol{A}^2+2\boldsymbol{A}-2\boldsymbol{E}}{3}$.

**性质 1.7** 初等矩阵的逆矩阵仍为同类型的初等矩阵，且有

$$\boldsymbol{E}^{-1}(i,j)=\boldsymbol{E}(i,j),\boldsymbol{E}^{-1}(i(k))=\boldsymbol{E}\left(i\left(\frac{1}{k}\right)\right),$$

$$\boldsymbol{E}^{-1}(i+j(k),j)=\boldsymbol{E}(i+j(-k),j),\boldsymbol{E}^{-1}(j,i+j(k))=\boldsymbol{E}(j,i+j(-k)).$$

**证明** 由 $\boldsymbol{E}(i,j)\boldsymbol{E}(i,j)=\boldsymbol{E}$ 得 $\boldsymbol{E}^{-1}(i,j)=\boldsymbol{E}(i,j)$.

由 $\boldsymbol{E}(i(k))\boldsymbol{E}\left(i\left(\frac{1}{k}\right)\right)=\boldsymbol{E}$ 得 $\boldsymbol{E}^{-1}(i(k))=\boldsymbol{E}\left(i\left(\frac{1}{k}\right)\right)$.

由 $\boldsymbol{E}(i+j(k),j)\boldsymbol{E}(i+j(-k),j)=\boldsymbol{E}$ 得 $\boldsymbol{E}^{-1}(i+j(k),j)=\boldsymbol{E}(i+j(-k),j)$.

同理得 $\boldsymbol{E}^{-1}(j,i+j(k))=\boldsymbol{E}(j,i+j(-k))$.

下面针对可逆矩阵展开讨论.

**定理 1.3** 方阵 $\boldsymbol{A}$ 可逆的充分必要条件是存在有限个初等矩阵 $\boldsymbol{P}_1,\boldsymbol{P}_2,\cdots,\boldsymbol{P}_s$，使

$$\boldsymbol{A}=\boldsymbol{P}_1\boldsymbol{P}_2\cdots\boldsymbol{P}_s.$$

**证明** 充分性 因为 $\boldsymbol{A}=\boldsymbol{P}_1\boldsymbol{P}_2\cdots\boldsymbol{P}_s$，且初等矩阵可逆，则有限个初等矩阵的积仍可逆，所以方阵 $\boldsymbol{A}$ 可逆.

必要性 设 $n$ 阶方阵 $\boldsymbol{A}$ 可逆，由定理 1.1 知方阵 $\boldsymbol{A}$ 可以经过有限次初等变换化成标准形

$$\boldsymbol{F}=\begin{pmatrix}\boldsymbol{E}_r & \boldsymbol{O}\\ \boldsymbol{O} & \boldsymbol{O}\end{pmatrix}_{n\times n}.$$

既然 $\boldsymbol{A}\cong\boldsymbol{F}$，也有 $\boldsymbol{F}\cong\boldsymbol{A}$，则存在初等矩阵 $\boldsymbol{P}_1,\boldsymbol{P}_2,\cdots,\boldsymbol{P}_s$，使

$$\boldsymbol{A}=\boldsymbol{P}_1\cdots\boldsymbol{P}_t\boldsymbol{F}\boldsymbol{P}_{t+1}\cdots\boldsymbol{P}_s.$$

又因为 $\boldsymbol{A}$ 可逆，且 $\boldsymbol{P}_1,\boldsymbol{P}_2,\cdots,\boldsymbol{P}_s$ 可逆，所以 $\boldsymbol{F}$ 可逆.

假设 $r<n$，由于 $\boldsymbol{F}$ 可逆，由定义 1.10 知，必存在矩阵 $\boldsymbol{C}$，使 $\boldsymbol{FC}=\boldsymbol{E}$，即

$$\begin{pmatrix}\boldsymbol{E}_r & \boldsymbol{O}\\ \boldsymbol{O} & \boldsymbol{O}\end{pmatrix}\boldsymbol{C}=\boldsymbol{E}.$$

根据矩阵乘法的运算法则，上式显然矛盾，于是 $r=n$，即 $\boldsymbol{F}=\boldsymbol{E}$，从而

$$\boldsymbol{A}=\boldsymbol{P}_1\boldsymbol{P}_2\cdots\boldsymbol{P}_s.$$

**定理 1.4** 设 $\boldsymbol{A},\boldsymbol{B}$ 均为 $m\times n$ 矩阵，则 $\boldsymbol{A}\cong\boldsymbol{B}$ 的充分必要条件是存在 $m$ 阶可逆矩阵 $\boldsymbol{P}$ 和 $n$ 阶可逆矩阵 $\boldsymbol{Q}$，使 $\boldsymbol{PAQ}=\boldsymbol{B}$.

**证明** 根据定义 1.8 和定理 1.2 可知，$\boldsymbol{A}\cong\boldsymbol{B}$ 的充分必要条件是 $\boldsymbol{A}$ 经过有限次初等变换可化成 $\boldsymbol{B}$，即存在有限个 $m$ 阶可逆矩阵 $\boldsymbol{P}_1,\boldsymbol{P}_2,\cdots,\boldsymbol{P}_s$ 和有限个 $n$ 阶可逆矩阵 $\boldsymbol{Q}_1,\boldsymbol{Q}_2,\cdots,\boldsymbol{Q}_t$，使

$$\boldsymbol{P}_1\boldsymbol{P}_2\cdots\boldsymbol{P}_s\boldsymbol{A}\boldsymbol{Q}_1\boldsymbol{Q}_2\cdots\boldsymbol{Q}_t=\boldsymbol{B}.$$

令 $\boldsymbol{P}=\boldsymbol{P}_1\boldsymbol{P}_2\cdots\boldsymbol{P}_s,\boldsymbol{Q}=\boldsymbol{Q}_1\boldsymbol{Q}_2\cdots\boldsymbol{Q}_t$，则存在 $m$ 阶可逆矩阵 $\boldsymbol{P}$ 和 $n$ 阶可逆矩阵 $\boldsymbol{Q}$，使 $\boldsymbol{PAQ}=\boldsymbol{B}$.

### 1.4.3 利用初等变换法求逆矩阵

定理 1.3 给出了方阵 $\boldsymbol{A}$ 可逆的充分必要条件，同时也给出了一种求逆矩阵的方法. 其原理如下.

若方阵 $\boldsymbol{A}$ 可逆，则 $\boldsymbol{A}^{-1}$ 可逆，即存在有限个初等矩阵 $\boldsymbol{P}_1,\boldsymbol{P}_2,\cdots,\boldsymbol{P}_s$，使 $\boldsymbol{P}_1\boldsymbol{P}_2\cdots\boldsymbol{P}_s=\boldsymbol{A}^{-1}$. 两边右乘 $\boldsymbol{A}$，得

$$\boldsymbol{P}_1\boldsymbol{P}_2\cdots\boldsymbol{P}_s\boldsymbol{A}=\boldsymbol{A}^{-1}\boldsymbol{A}=\boldsymbol{E}. \tag{1.6}$$

式(1.6)也可写为

$$\boldsymbol{P}_1\boldsymbol{P}_2\cdots\boldsymbol{P}_s\boldsymbol{E}=\boldsymbol{A}^{-1}. \tag{1.7}$$

对比式(1.6)与式(1.7)可知，当 $\boldsymbol{A}$ 经过一系列的初等行变换化为 $\boldsymbol{E}$ 时，对单位矩阵 $\boldsymbol{E}$ 施行同样的初等行变换，可将 $\boldsymbol{E}$ 化为 $\boldsymbol{A}^{-1}$. 式(1.6)和式(1.7)可合并为

$$\boldsymbol{P}_1\boldsymbol{P}_2\cdots\boldsymbol{P}_s(\boldsymbol{A}\mid\boldsymbol{E})=(\boldsymbol{E}\mid\boldsymbol{A}^{-1}),$$

即对 $n\times 2n$ 矩阵 $(\boldsymbol{A}\mid\boldsymbol{E})$ 施行初等行变换，当把 $\boldsymbol{A}$ 变成 $\boldsymbol{E}$ 时，原来的 $\boldsymbol{E}$ 就变成了 $\boldsymbol{A}^{-1}$.

类似地，也可以用初等列变换来求方阵 $\boldsymbol{A}$ 的逆矩阵，即由 $\boldsymbol{A}$ 与 $\boldsymbol{E}$ 组成 $2n\times n$ 矩阵 $\begin{pmatrix}\boldsymbol{A}\\ \hdashline \boldsymbol{E}\end{pmatrix}$，并对之施行一系列初等列变换，当把 $\boldsymbol{A}$ 变成 $\boldsymbol{E}$ 时，原来的 $\boldsymbol{E}$ 就变成了 $\boldsymbol{A}^{-1}$.

综上，得到求逆矩阵的两个公式如下.

$$(\boldsymbol{A}\mid\boldsymbol{E})\xrightarrow{\text{行变换}}(\boldsymbol{E}\mid\boldsymbol{A}^{-1}),\quad \begin{pmatrix}\boldsymbol{A}\\ \hdashline \boldsymbol{E}\end{pmatrix}\xrightarrow{\text{列变换}}\begin{pmatrix}\boldsymbol{E}\\ \hdashline \boldsymbol{A}^{-1}\end{pmatrix}.$$

**例 1.18** 求矩阵 $\boldsymbol{A}=\begin{pmatrix}1&1&2\\0&3&2\\1&1&3\end{pmatrix}$ 的逆矩阵.

微课：例 1.18

**解** 使用初等行变换求逆矩阵，得

$$(\boldsymbol{A}\mid\boldsymbol{E})=\left(\begin{array}{ccc:ccc}1&1&2&1&0&0\\0&3&2&0&1&0\\1&1&3&0&0&1\end{array}\right)\xrightarrow{r_3-r_1}\left(\begin{array}{ccc:ccc}1&1&2&1&0&0\\0&3&2&0&1&0\\0&0&1&-1&0&1\end{array}\right)$$

$$\xrightarrow{r_2\times\frac{1}{3}}\left(\begin{array}{ccc:ccc}1&1&2&1&0&0\\0&1&\frac{2}{3}&0&\frac{1}{3}&0\\0&0&1&-1&0&1\end{array}\right)\xrightarrow{r_1-r_2}\left(\begin{array}{ccc:ccc}1&0&\frac{4}{3}&1&-\frac{1}{3}&0\\0&1&\frac{2}{3}&0&\frac{1}{3}&0\\0&0&1&-1&0&1\end{array}\right)$$

$$\xrightarrow[r_2-\frac{2}{3}r_3]{r_1-\frac{4}{3}r_3}\left(\begin{array}{ccc:ccc}1&0&0&\frac{7}{3}&-\frac{1}{3}&-\frac{4}{3}\\0&1&0&\frac{2}{3}&\frac{1}{3}&-\frac{2}{3}\\0&0&1&-1&0&1\end{array}\right),$$

所以 $\boldsymbol{A}^{-1}=\begin{pmatrix}\frac{7}{3}&-\frac{1}{3}&-\frac{4}{3}\\\frac{2}{3}&\frac{1}{3}&-\frac{2}{3}\\-1&0&1\end{pmatrix}$.

可以使用定义来验证所求结果的正确性. 事实上，

$$\boldsymbol{A}\boldsymbol{A}^{-1}=\begin{pmatrix}1&1&2\\0&3&2\\1&1&3\end{pmatrix}\begin{pmatrix}\frac{7}{3}&-\frac{1}{3}&-\frac{4}{3}\\\frac{2}{3}&\frac{1}{3}&-\frac{2}{3}\\-1&0&1\end{pmatrix}=\begin{pmatrix}1&0&0\\0&1&0\\0&0&1\end{pmatrix}.$$

**例 1.19** 已知 $A, B$ 均为三阶矩阵，且满足 $4A+3B=AB$，其中 $E$ 为三阶单位矩阵.

（1）证明：$A-3E$ 可逆.

（2）若 $B=\begin{pmatrix}1 & -2 & 0\\1 & 2 & 0\\0 & 0 & 2\end{pmatrix}$，求矩阵 $A$.

**证明** （1）由 $4A+3B=AB$，得 $AB-3B-4A=O$，从而 $(A-3E)(B-4E)=12E$，即 $(A-3E)\left[\frac{1}{12}(B-4E)\right]=E$，由定义知 $A-3E$ 可逆，且 $(A-3E)^{-1}=\frac{1}{12}(B-4E)$.

（2）由 $(A-3E)^{-1}=\frac{1}{12}(B-4E)$，知 $A=3E+12(B-4E)^{-1}$.

使用初等行变换求逆矩阵，得

$$(B-4E \mid E)=\left(\begin{array}{ccc|ccc}-3 & -2 & 0 & 1 & 0 & 0\\1 & -2 & 0 & 0 & 1 & 0\\0 & 0 & -2 & 0 & 0 & 1\end{array}\right)\xrightarrow{r_1\leftrightarrow r_2}\left(\begin{array}{ccc|ccc}1 & -2 & 0 & 0 & 1 & 0\\-3 & -2 & 0 & 1 & 0 & 0\\0 & 0 & -2 & 0 & 0 & 1\end{array}\right)$$

$$\xrightarrow{r_2+3r_1}\left(\begin{array}{ccc|ccc}1 & -2 & 0 & 0 & 1 & 0\\0 & -8 & 0 & 1 & 3 & 0\\0 & 0 & -2 & 0 & 0 & 1\end{array}\right)\xrightarrow[-\frac{1}{2}r_3]{-\frac{1}{8}r_2}\left(\begin{array}{ccc|ccc}1 & -2 & 0 & 0 & 1 & 0\\0 & 1 & 0 & -\frac{1}{8} & -\frac{3}{8} & 0\\0 & 0 & 1 & 0 & 0 & -\frac{1}{2}\end{array}\right)$$

$$\xrightarrow{r_1+2r_2}\left(\begin{array}{ccc|ccc}1 & 0 & 0 & -\frac{1}{4} & \frac{1}{4} & 0\\0 & 1 & 0 & -\frac{1}{8} & -\frac{3}{8} & 0\\0 & 0 & 1 & 0 & 0 & -\frac{1}{2}\end{array}\right),$$

所以
$$(B-4E)^{-1}=\begin{pmatrix}-3 & -2 & 0\\1 & -2 & 0\\0 & 0 & -2\end{pmatrix}^{-1}=\begin{pmatrix}-\frac{1}{4} & \frac{1}{4} & 0\\-\frac{1}{8} & -\frac{3}{8} & 0\\0 & 0 & -\frac{1}{2}\end{pmatrix}.$$

故
$$A=3E+12(B-4E)^{-1}=3\begin{pmatrix}1 & 0 & 0\\0 & 1 & 0\\0 & 0 & 1\end{pmatrix}+12\begin{pmatrix}-\frac{1}{4} & \frac{1}{4} & 0\\-\frac{1}{8} & -\frac{3}{8} & 0\\0 & 0 & -\frac{1}{2}\end{pmatrix}=\begin{pmatrix}0 & 3 & 0\\-\frac{3}{2} & -\frac{3}{2} & 0\\0 & 0 & -3\end{pmatrix}.$$

### 1.4.4 解矩阵方程

矩阵运算中，经常需要求解一些矩阵方程，如 $AX=C, XB=C, AXB=C$. 若已知矩阵 $A, B$ 可逆，则根据逆矩阵的运算法则可以得到矩阵方程的解.

(1) 矩阵方程为 $\boldsymbol{AX}=\boldsymbol{C}$，其中矩阵 $\boldsymbol{A}$ 可逆.

方法 1：等式两端左乘 $\boldsymbol{A}^{-1}$，得 $\boldsymbol{X}=\boldsymbol{A}^{-1}\boldsymbol{C}$.

方法 2：使用初等行变换解矩阵方程，即 $(\boldsymbol{A}\ \vdots\ \boldsymbol{C})\xrightarrow{\text{行变换}}(\boldsymbol{E}\ \vdots\ \boldsymbol{X})$.

(2) 矩阵方程为 $\boldsymbol{XB}=\boldsymbol{C}$，其中矩阵 $\boldsymbol{B}$ 可逆.

方法 1：等式两端右乘 $\boldsymbol{B}^{-1}$，得 $\boldsymbol{X}=\boldsymbol{CB}^{-1}$.

方法 2：使用初等列变换解矩阵方程，即 $\begin{pmatrix}\boldsymbol{B}\\ \cdots\\ \boldsymbol{C}\end{pmatrix}\xrightarrow{\text{列变换}}\begin{pmatrix}\boldsymbol{E}\\ \cdots\\ \boldsymbol{X}\end{pmatrix}$.

(3) 矩阵方程为 $\boldsymbol{AXB}=\boldsymbol{C}$，其中矩阵 $\boldsymbol{A},\boldsymbol{B}$ 可逆.

等式两端左乘 $\boldsymbol{A}^{-1}$，右乘 $\boldsymbol{B}^{-1}$，得 $\boldsymbol{X}=\boldsymbol{A}^{-1}\boldsymbol{CB}^{-1}$.

求解矩阵方程的步骤如下：

① 根据矩阵的运算法则对矩阵方程进行化简；

② 代入已知矩阵进行运算.

**例 1.20** 已知 $\boldsymbol{A}+\boldsymbol{B}=\boldsymbol{AB}$，其中 $\boldsymbol{B}=\begin{pmatrix}1&-1&0\\1&1&0\\0&0&2\end{pmatrix}$，求矩阵 $\boldsymbol{A}$.

**解** 由 $\boldsymbol{A}+\boldsymbol{B}=\boldsymbol{AB}$ 得 $\boldsymbol{A}(\boldsymbol{B}-\boldsymbol{E})=\boldsymbol{B}$，计算得 $\boldsymbol{B}-\boldsymbol{E}=\begin{pmatrix}0&-1&0\\1&0&0\\0&0&1\end{pmatrix}$. 用初等行变换可得

$$(\boldsymbol{B}-\boldsymbol{E})^{-1}=\begin{pmatrix}0&1&0\\-1&0&0\\0&0&1\end{pmatrix},$$

则 $\boldsymbol{A}=\boldsymbol{B}(\boldsymbol{B}-\boldsymbol{E})^{-1}=\begin{pmatrix}1&-1&0\\1&1&0\\0&0&2\end{pmatrix}\begin{pmatrix}0&1&0\\-1&0&0\\0&0&1\end{pmatrix}=\begin{pmatrix}1&1&0\\-1&1&0\\0&0&2\end{pmatrix}$.

**例 1.21** 设矩阵 $\boldsymbol{A},\boldsymbol{B}$ 满足 $\boldsymbol{A}^{-1}\boldsymbol{BA}+2\boldsymbol{E}=\boldsymbol{BA}$，其中 $\boldsymbol{A}=\begin{pmatrix}1&-1&0\\1&1&0\\0&0&2\end{pmatrix}$，求 $\boldsymbol{B}$.

**解** 等式 $\boldsymbol{A}^{-1}\boldsymbol{BA}+2\boldsymbol{E}=\boldsymbol{BA}$ 两端左乘 $\boldsymbol{A}$，再右乘 $\boldsymbol{A}^{-1}$，得 $\boldsymbol{AA}^{-1}\boldsymbol{BAA}^{-1}+2\boldsymbol{AA}^{-1}=\boldsymbol{ABAA}^{-1}$，整理得 $(\boldsymbol{A}-\boldsymbol{E})\boldsymbol{B}=2\boldsymbol{E}$，于是有

$$\boldsymbol{B}=2(\boldsymbol{A}-\boldsymbol{E})^{-1}=2\begin{pmatrix}0&-1&0\\1&0&0\\0&0&1\end{pmatrix}^{-1}=2\begin{pmatrix}0&1&0\\-1&0&0\\0&0&1\end{pmatrix}=\begin{pmatrix}0&2&0\\-2&0&0\\0&0&2\end{pmatrix}.$$

本小节讨论的矩阵方程 $\boldsymbol{AX}=\boldsymbol{C},\boldsymbol{XB}=\boldsymbol{C},\boldsymbol{AXB}=\boldsymbol{C}$，前提条件是矩阵 $\boldsymbol{A},\boldsymbol{B}$ 可逆. 当矩阵 $\boldsymbol{A},\boldsymbol{B}$ 不可逆时，上述方法不能使用，此类问题将在第 4 章进行讨论.

## 同步习题 1.4

**基础题**

1. 设矩阵 $\boldsymbol{A}=\begin{pmatrix}1&-1\\2&3\end{pmatrix}$，$\boldsymbol{B}=\boldsymbol{A}^2-3\boldsymbol{A}+2\boldsymbol{E}$，则 $\boldsymbol{B}^{-1}=$__________.

2. 求矩阵 $\boldsymbol{A}=\begin{pmatrix}1&-1&-1\\-3&2&1\\2&0&1\end{pmatrix}$ 的逆矩阵.

3. 若 $n$ 阶方阵 $\boldsymbol{A}$ 满足 $\boldsymbol{A}^2-2\boldsymbol{A}-3\boldsymbol{E}=\boldsymbol{O}$，则矩阵 $\boldsymbol{A}$ 可逆，且 $\boldsymbol{A}^{-1}=$(　　).

A. $\boldsymbol{A}-2\boldsymbol{E}$　　B. $2\boldsymbol{E}-\boldsymbol{A}$　　C. $-\dfrac{1}{3}(\boldsymbol{A}-2\boldsymbol{E})$　　D. $\dfrac{1}{3}(\boldsymbol{A}-2\boldsymbol{E})$

4. 若 $n$ 阶方阵 $\boldsymbol{A}$ 满足 $\boldsymbol{A}^2-2\boldsymbol{A}-3\boldsymbol{E}=\boldsymbol{O}$，求 $(\boldsymbol{A}-2\boldsymbol{E})^{-1}$.

5. 设 $\boldsymbol{A}=\begin{pmatrix}1&0&1\\0&2&0\\0&0&1\end{pmatrix}$，则 $(\boldsymbol{A}+3\boldsymbol{E})^{-1}(\boldsymbol{A}^2-9\boldsymbol{E})=$__________.

6. 设 $n$ 阶方阵 $\boldsymbol{A}$ 满足 $ax^2+bx+c=0(c\neq0)$，求 $\boldsymbol{A}^{-1}$.

7. 已知 $\boldsymbol{AP}=\boldsymbol{PB}$，其中 $\boldsymbol{B}=\begin{pmatrix}1&0&0\\0&0&0\\0&0&-1\end{pmatrix}$，$\boldsymbol{P}=\begin{pmatrix}1&0&0\\2&-1&0\\2&1&1\end{pmatrix}$，求 $\boldsymbol{A}$ 及 $\boldsymbol{A}^5$.

**提高题**

1. 设矩阵 $\boldsymbol{B}=\begin{pmatrix}1&-1&0&0\\0&1&-1&0\\0&0&1&-1\\0&0&0&1\end{pmatrix}$，$\boldsymbol{C}=\begin{pmatrix}2&1&3&4\\0&2&1&3\\0&0&2&1\\0&0&0&2\end{pmatrix}$，且满足 $\boldsymbol{A}(\boldsymbol{E}-\boldsymbol{C}^{-1}\boldsymbol{B})^{\mathrm{T}}\boldsymbol{C}^{\mathrm{T}}=\boldsymbol{E}$，求矩阵 $\boldsymbol{A}$.

2. 设 $\boldsymbol{A}^k=\boldsymbol{O}$($k$ 为正整数)，求 $(\boldsymbol{E}-\boldsymbol{A})^{-1}$.

3. 已知 $\boldsymbol{A},\boldsymbol{B}$ 均为 $n$ 阶方阵，且 $\boldsymbol{AB}=\boldsymbol{A}+\boldsymbol{B}$，证明：

(1) $\boldsymbol{A}-\boldsymbol{E}$ 可逆，其中 $\boldsymbol{E}$ 为 $n$ 阶单位矩阵；

(2) $\boldsymbol{AB}=\boldsymbol{BA}$.

微课：同步习题 1.4
提高题 3

## 1.5　分块矩阵

对于行数和列数较多的矩阵，采取分块法来计算可以提高效率，同时减少运算错误.

### 1.5.1　分块矩阵的定义

**定义 1.11**　用若干条贯穿矩阵的横线和纵线将矩阵 $\boldsymbol{A}$ 分成若干个小块，每一小块称为矩阵 $\boldsymbol{A}$ 的子块(或子阵). 以子块为元素的矩阵称为分块矩阵.

例如，$3\times4$ 矩阵

$$A=\begin{pmatrix} a_{11} & a_{12} & a_{13} & a_{14} \\ a_{21} & a_{22} & a_{23} & a_{24} \\ a_{31} & a_{32} & a_{33} & a_{34} \end{pmatrix}$$

的分块方法有很多，下面列举其中的 3 种分块方法.

(1) 普通分块：$A=\left(\begin{array}{cc:cc} a_{11} & a_{12} & a_{13} & a_{14} \\ \hdashline a_{21} & a_{22} & a_{23} & a_{24} \\ a_{31} & a_{32} & a_{33} & a_{34} \end{array}\right)=\begin{pmatrix} A_{11} & A_{12} \\ A_{21} & A_{22} \end{pmatrix}$.

(2) 按行分块：$A=\left(\begin{array}{cccc} a_{11} & a_{12} & a_{13} & a_{14} \\ \hdashline a_{21} & a_{22} & a_{23} & a_{24} \\ \hdashline a_{31} & a_{32} & a_{33} & a_{34} \end{array}\right)=\begin{pmatrix} \alpha_1 \\ \alpha_2 \\ \alpha_3 \end{pmatrix}$.

(3) 按列分块：$A=\left(\begin{array}{c:c:c:c} a_{11} & a_{12} & a_{13} & a_{14} \\ a_{21} & a_{22} & a_{23} & a_{24} \\ a_{31} & a_{32} & a_{33} & a_{34} \end{array}\right)=(\beta_1,\beta_2,\beta_3,\beta_4)$.

在矩阵运算中，对矩阵进行分块时需要掌握两个原则：一是使矩阵的子块像“数”一样满足矩阵运算的要求，不同的运算要采取不同的分块方法；二是使运算尽量简单方便.

### 1.5.2 分块矩阵的运算

分块矩阵的运算规则与普通矩阵的运算规则相类似，详细说明如下.

#### 1. 分块矩阵的加、减运算

设矩阵 $A,B$ 的行数和列数相同，对 $A,B$ 采用相同的分块方法，有

$$A=\begin{pmatrix} A_{11} & A_{12} & \cdots & A_{1t} \\ A_{21} & A_{22} & \cdots & A_{2t} \\ \vdots & \vdots & & \vdots \\ A_{s1} & A_{s2} & \cdots & A_{st} \end{pmatrix}, B=\begin{pmatrix} B_{11} & B_{12} & \cdots & B_{1t} \\ B_{21} & B_{22} & \cdots & B_{2t} \\ \vdots & \vdots & & \vdots \\ B_{s1} & B_{s2} & \cdots & B_{st} \end{pmatrix},$$

其中 $A_{ij},B_{ij}(i=1,2,\cdots,s;j=1,2,\cdots,t)$ 的行数和列数也相同，则

$$A\pm B=\begin{pmatrix} A_{11}\pm B_{11} & A_{12}\pm B_{12} & \cdots & A_{1t}\pm B_{1t} \\ A_{21}\pm B_{21} & A_{22}\pm B_{22} & \cdots & A_{2t}\pm B_{2t} \\ \vdots & \vdots & & \vdots \\ A_{s1}\pm B_{s1} & A_{s2}\pm B_{s2} & \cdots & A_{st}\pm B_{st} \end{pmatrix}.$$

#### 2. 分块矩阵的数乘运算

设 $A=\begin{pmatrix} A_{11} & A_{12} & \cdots & A_{1t} \\ A_{21} & A_{22} & \cdots & A_{2t} \\ \vdots & \vdots & & \vdots \\ A_{s1} & A_{s2} & \cdots & A_{st} \end{pmatrix}$，$\lambda$ 是数，则 $\lambda A=\begin{pmatrix} \lambda A_{11} & \lambda A_{12} & \cdots & \lambda A_{1t} \\ \lambda A_{21} & \lambda A_{22} & \cdots & \lambda A_{2t} \\ \vdots & \vdots & & \vdots \\ \lambda A_{s1} & \lambda A_{s2} & \cdots & \lambda A_{st} \end{pmatrix}$.

#### 3. 分块矩阵的乘法

设矩阵 $A=(a_{ij})_{m\times s},B=(b_{ij})_{s\times n}$，且对 $A$ 的列分块方法与对 $B$ 的行分块方法相同，即分块矩阵为

$$A=\begin{pmatrix}A_{11}&A_{12}&\cdots&A_{1t}\\A_{21}&A_{22}&\cdots&A_{2t}\\\vdots&\vdots&&\vdots\\A_{s1}&A_{s2}&\cdots&A_{st}\end{pmatrix},B=\begin{pmatrix}B_{11}&B_{12}&\cdots&B_{1r}\\B_{21}&B_{22}&\cdots&B_{2r}\\\vdots&\vdots&&\vdots\\B_{t1}&B_{t2}&\cdots&B_{tr}\end{pmatrix},$$

其中矩阵 $A$ 的第 $i$ 行各子块 $A_{i1},A_{i2},\cdots,A_{it}$ 的列数分别等于矩阵 $B$ 的第 $j$ 列各子块 $B_{1j},B_{2j},\cdots,B_{tj}$ 的行数，则

$$AB=\begin{pmatrix}C_{11}&C_{12}&\cdots&C_{1r}\\C_{21}&C_{22}&\cdots&C_{2r}\\\vdots&\vdots&&\vdots\\C_{s1}&C_{s2}&\cdots&C_{sr}\end{pmatrix},$$

其中

$$C_{ij}=\sum_{k=1}^{t}A_{ik}B_{kj}=A_{i1}B_{1j}+A_{i2}B_{2j}+\cdots+A_{it}B_{tj}(i=1,2,\cdots,s;j=1,2,\cdots,r).$$

**例 1.22** 设 $A=\begin{pmatrix}1&0&0&0\\0&1&0&0\\-1&2&1&0\\1&1&0&1\end{pmatrix},B=\begin{pmatrix}1&0&3&2\\-1&2&0&1\\1&0&4&1\\-1&-1&2&0\end{pmatrix}$，求 $AB$.

**解** 对 $A,B$ 进行分块，得

$$A=\left(\begin{array}{cc:cc}1&0&0&0\\0&1&0&0\\\hdashline-1&2&1&0\\1&1&0&1\end{array}\right)=\begin{pmatrix}E&O\\A_1&E\end{pmatrix},B=\left(\begin{array}{cc:cc}1&0&3&2\\-1&2&0&1\\\hdashline1&0&4&1\\-1&-1&2&0\end{array}\right)=\begin{pmatrix}B_{11}&B_{12}\\B_{21}&B_{22}\end{pmatrix},$$

则

$$AB=\begin{pmatrix}E&O\\A_1&E\end{pmatrix}\begin{pmatrix}B_{11}&B_{12}\\B_{21}&B_{22}\end{pmatrix}=\begin{pmatrix}B_{11}&B_{12}\\A_1B_{11}+B_{21}&A_1B_{12}+B_{22}\end{pmatrix}.$$

而

$$A_1B_{11}+B_{21}=\begin{pmatrix}-1&2\\1&1\end{pmatrix}\begin{pmatrix}1&0\\-1&2\end{pmatrix}+\begin{pmatrix}1&0\\-1&-1\end{pmatrix}$$
$$=\begin{pmatrix}-3&4\\0&2\end{pmatrix}+\begin{pmatrix}1&0\\-1&-1\end{pmatrix}=\begin{pmatrix}-2&4\\-1&1\end{pmatrix},$$

$$A_1B_{12}+B_{22}=\begin{pmatrix}-1&2\\1&1\end{pmatrix}\begin{pmatrix}3&2\\0&1\end{pmatrix}+\begin{pmatrix}4&1\\2&0\end{pmatrix}=\begin{pmatrix}1&1\\5&3\end{pmatrix},$$

于是 $AB=\begin{pmatrix}1&0&3&2\\-1&2&0&1\\-2&4&1&1\\-1&1&5&3\end{pmatrix}$.

#### 4. 分块矩阵的转置

设 $\boldsymbol{A}=\begin{pmatrix}\boldsymbol{A}_{11} & \boldsymbol{A}_{12} & \cdots & \boldsymbol{A}_{1t}\\ \boldsymbol{A}_{21} & \boldsymbol{A}_{22} & \cdots & \boldsymbol{A}_{2t}\\ \vdots & \vdots & & \vdots\\ \boldsymbol{A}_{s1} & \boldsymbol{A}_{s2} & \cdots & \boldsymbol{A}_{st}\end{pmatrix}$，则 $\boldsymbol{A}^{\mathrm{T}}=\begin{pmatrix}\boldsymbol{A}_{11}^{\mathrm{T}} & \boldsymbol{A}_{21}^{\mathrm{T}} & \cdots & \boldsymbol{A}_{s1}^{\mathrm{T}}\\ \boldsymbol{A}_{12}^{\mathrm{T}} & \boldsymbol{A}_{22}^{\mathrm{T}} & \cdots & \boldsymbol{A}_{s2}^{\mathrm{T}}\\ \vdots & \vdots & & \vdots\\ \boldsymbol{A}_{1t}^{\mathrm{T}} & \boldsymbol{A}_{2t}^{\mathrm{T}} & \cdots & \boldsymbol{A}_{st}^{\mathrm{T}}\end{pmatrix}$.

#### 5. 分块对角矩阵

在矩阵分块运算中，分块对角矩阵的运算是非常重要的，也是常用的，下面进行详细讨论.

**定义 1.12** 设 $\boldsymbol{A}$ 是 $n$ 阶方阵，若它的分块矩阵只在主对角线上有非零子块且都是方阵块，其余子块均为零矩阵块，即 $\boldsymbol{A}=\begin{pmatrix}\boldsymbol{A}_1 & \boldsymbol{O} & \cdots & \boldsymbol{O}\\ \boldsymbol{O} & \boldsymbol{A}_2 & \cdots & \boldsymbol{O}\\ \vdots & \vdots & & \vdots\\ \boldsymbol{O} & \boldsymbol{O} & \cdots & \boldsymbol{A}_r\end{pmatrix}$，其中 $\boldsymbol{A}_i(i=1,2,\cdots,r)$ 都是方阵，则称 $\boldsymbol{A}$ 是分块对角矩阵，也称为准对角矩阵.

**性质 1.8** 设 $\boldsymbol{A},\boldsymbol{B}$ 都是分块对角矩阵，即

$$\boldsymbol{A}=\begin{pmatrix}\boldsymbol{A}_1 & & & \\ & \boldsymbol{A}_2 & & \\ & & \ddots & \\ & & & \boldsymbol{A}_r\end{pmatrix},\boldsymbol{B}=\begin{pmatrix}\boldsymbol{B}_1 & & & \\ & \boldsymbol{B}_2 & & \\ & & \ddots & \\ & & & \boldsymbol{B}_r\end{pmatrix},$$

其中 $\boldsymbol{A}_i,\boldsymbol{B}_i(i=1,2,\cdots,r)$ 是同阶的子块，则有如下运算性质.

(1) $\boldsymbol{A}\pm\boldsymbol{B}=\begin{pmatrix}\boldsymbol{A}_1\pm\boldsymbol{B}_1 & & & \\ & \boldsymbol{A}_2\pm\boldsymbol{B}_2 & & \\ & & \ddots & \\ & & & \boldsymbol{A}_r\pm\boldsymbol{B}_r\end{pmatrix}$.

(2) $\lambda\boldsymbol{A}=\begin{pmatrix}\lambda\boldsymbol{A}_1 & & & \\ & \lambda\boldsymbol{A}_2 & & \\ & & \ddots & \\ & & & \lambda\boldsymbol{A}_r\end{pmatrix}$.

(3) $\boldsymbol{AB}=\begin{pmatrix}\boldsymbol{A}_1\boldsymbol{B}_1 & & & \\ & \boldsymbol{A}_2\boldsymbol{B}_2 & & \\ & & \ddots & \\ & & & \boldsymbol{A}_r\boldsymbol{B}_r\end{pmatrix}$.

(4) $\boldsymbol{A}^m=\begin{pmatrix}\boldsymbol{A}_1^m & & & \\ & \boldsymbol{A}_2^m & & \\ & & \ddots & \\ & & & \boldsymbol{A}_r^m\end{pmatrix}$，其中 $m$ 为正整数.

(5) $A^{T}=\begin{pmatrix} A_1^{T} & & & \\ & A_2^{T} & & \\ & & \ddots & \\ & & & A_r^{T} \end{pmatrix}$.

(6) 若 $A_i(i=1,2,\cdots,r)$ 都可逆，则 $A$ 可逆，且 $A^{-1}=\begin{pmatrix} A_1^{-1} & & & \\ & A_2^{-1} & & \\ & & \ddots & \\ & & & A_r^{-1} \end{pmatrix}$.

若 $A=\begin{pmatrix} O & & & A_1 \\ & & A_2 & \\ & \iddots & & \\ A_r & & & O \end{pmatrix}$，则 $A^{-1}=\begin{pmatrix} O & & & A_r^{-1} \\ & & \iddots & \\ & A_2^{-1} & & \\ A_1^{-1} & & & O \end{pmatrix}$.

**例 1.23** 已知 $A=\begin{pmatrix} 1 & 2 & 0 & 0 \\ 0 & 1 & 0 & 0 \\ 0 & 0 & 2 & 3 \\ 0 & 0 & 1 & 3 \end{pmatrix}$，求 $A$ 的逆矩阵.

**解** 把矩阵分块，得 $A=\begin{pmatrix} A_1 & O \\ O & A_2 \end{pmatrix}$，则求 $A$ 的逆矩阵可使用公式

$$A^{-1}=\begin{pmatrix} A_1^{-1} & O \\ O & A_2^{-1} \end{pmatrix}.$$

由初等变换求逆法，有

$$\begin{pmatrix} 1 & 2 \\ 0 & 1 \end{pmatrix}^{-1}=\begin{pmatrix} 1 & -2 \\ 0 & 1 \end{pmatrix},\ \begin{pmatrix} 2 & 3 \\ 1 & 3 \end{pmatrix}^{-1}=\frac{1}{3}\begin{pmatrix} 3 & -3 \\ -1 & 2 \end{pmatrix}=\begin{pmatrix} 1 & -1 \\ -\frac{1}{3} & \frac{2}{3} \end{pmatrix},$$

故 $A^{-1}=\begin{pmatrix} 1 & -2 & 0 & 0 \\ 0 & 1 & 0 & 0 \\ 0 & 0 & 1 & -1 \\ 0 & 0 & -\frac{1}{3} & \frac{2}{3} \end{pmatrix}$.

**例 1.24** 已知 $a_i\neq 0, i=1,2,\cdots,n$，求 $\begin{pmatrix} 0 & a_1 & 0 & \cdots & 0 \\ 0 & 0 & a_2 & \cdots & 0 \\ \vdots & \vdots & \vdots & & \vdots \\ 0 & 0 & 0 & \cdots & a_{n-1} \\ a_n & 0 & 0 & \cdots & 0 \end{pmatrix}^{-1}$.

**解** 根据公式 $\begin{pmatrix} O & A_1 \\ A_2 & O \end{pmatrix}^{-1}=\begin{pmatrix} O & A_2^{-1} \\ A_1^{-1} & O \end{pmatrix}$，

$$A_1^{-1}=\begin{pmatrix} a_1 & & & \\ & a_2 & & \\ & & \ddots & \\ & & & a_{n-1}\end{pmatrix}^{-1}=\begin{pmatrix} \frac{1}{a_1} & & & \\ & \frac{1}{a_2} & & \\ & & \ddots & \\ & & & \frac{1}{a_{n-1}}\end{pmatrix},\ A_2^{-1}=(a_n)^{-1}=\left(\frac{1}{a_n}\right),$$

从而

$$\begin{pmatrix} 0 & a_1 & 0 & \cdots & 0 \\ 0 & 0 & a_2 & \cdots & 0 \\ \vdots & \vdots & \vdots & & \vdots \\ 0 & 0 & 0 & \cdots & a_{n-1} \\ a_n & 0 & 0 & \cdots & 0 \end{pmatrix}^{-1}=\begin{pmatrix} 0 & 0 & 0 & \cdots & 0 & \frac{1}{a_n} \\ \frac{1}{a_1} & 0 & 0 & \cdots & 0 & 0 \\ 0 & \frac{1}{a_2} & 0 & \cdots & 0 & 0 \\ \vdots & \vdots & \vdots & & \vdots & \vdots \\ 0 & 0 & 0 & \cdots & \frac{1}{a_{n-1}} & 0 \end{pmatrix}.$$

## 同步习题 1.5

### 基础题

1. 计算 $\begin{pmatrix} 1 & 2 & 1 & 0 \\ 0 & 1 & 0 & 1 \\ 0 & 0 & 2 & 1 \\ 0 & 0 & 0 & 3 \end{pmatrix}\begin{pmatrix} 1 & 0 & 3 & 1 \\ 0 & 1 & 2 & -1 \\ 0 & 0 & -2 & 3 \\ 0 & 0 & 0 & -3 \end{pmatrix}$.

2. 利用分块方法求下列矩阵的乘积.

(1) $\begin{pmatrix} 1 & -2 & 0 \\ 0 & 1 & 1 \\ 1 & 0 & 2 \end{pmatrix}\begin{pmatrix} 0 & 1 \\ 1 & 0 \\ 0 & 1 \end{pmatrix}$.　　(2) $\begin{pmatrix} a & 0 & 0 & 0 \\ 0 & a & 0 & 0 \\ 1 & 0 & b & 0 \\ 0 & 1 & 0 & b \end{pmatrix}\begin{pmatrix} 1 & 0 & c & 0 \\ 0 & 1 & 0 & c \\ 0 & 0 & d & 0 \\ 0 & 0 & 0 & d \end{pmatrix}$.

3. 利用分块矩阵求逆公式求下列矩阵的逆矩阵.

(1) $\begin{pmatrix} 5 & 2 & 0 & 0 \\ 2 & 1 & 0 & 0 \\ 0 & 0 & 8 & 3 \\ 0 & 0 & 5 & 2 \end{pmatrix}$.　　(2) $\begin{pmatrix} 0 & 0 & \frac{1}{5} \\ 2 & 1 & 0 \\ 4 & 3 & 0 \end{pmatrix}$.

4. 已知 $A=\begin{pmatrix} 3 & 0 & 0 & 0 & 0 \\ 0 & 5 & 3 & 0 & 0 \\ 0 & 2 & 1 & 0 & 0 \\ 0 & 0 & 0 & 2 & 5 \\ 0 & 0 & 0 & 1 & 2 \end{pmatrix}$，求 $A^{-1}$.

微课：同步习题 1.5
基础题 4

**提高题**

1. 设 $\boldsymbol{A}$ 和 $\boldsymbol{B}$ 分别是 $m$ 阶，$n$ 阶可逆矩阵，则 $\begin{pmatrix}\boldsymbol{A} & \boldsymbol{O}\\ \boldsymbol{C} & \boldsymbol{B}\end{pmatrix}^{-1}=\begin{pmatrix}\boldsymbol{A}^{-1} & \boldsymbol{O}\\ -\boldsymbol{B}^{-1}\boldsymbol{C}\boldsymbol{A}^{-1} & \boldsymbol{B}^{-1}\end{pmatrix}$. 利用该公式求矩阵 $\begin{pmatrix}1&0&0&0\\1&2&0&0\\2&1&3&0\\1&2&1&4\end{pmatrix}$ 的逆矩阵.

2. 设 $\boldsymbol{A}$ 和 $\boldsymbol{B}$ 分别是 $m$ 阶，$n$ 阶可逆矩阵，则 $\begin{pmatrix}\boldsymbol{A} & \boldsymbol{C}\\ \boldsymbol{O} & \boldsymbol{B}\end{pmatrix}^{-1}=\begin{pmatrix}\boldsymbol{A}^{-1} & -\boldsymbol{A}^{-1}\boldsymbol{C}\boldsymbol{B}^{-1}\\ \boldsymbol{O} & \boldsymbol{B}^{-1}\end{pmatrix}$. 利用该公式求矩阵 $\begin{pmatrix}1&2&2&1\\1&1&1&3\\0&0&1&1\\0&0&1&2\end{pmatrix}$ 的逆矩阵.

## 1.6 矩阵的秩

由定理 1.1 可知，给定的 $m\times n$ 矩阵 $\boldsymbol{A}$ 总可以经过若干次初等行变换化为行阶梯形矩阵(不唯一)，继续进行初等行变换可化为行最简形矩阵(唯一)，接着进行初等列变换可化为标准形 $\boldsymbol{F}=\begin{pmatrix}\boldsymbol{E}_r & \boldsymbol{O}\\ \boldsymbol{O} & \boldsymbol{O}\end{pmatrix}_{m\times n}$ (唯一)，其中 $r$ 为行阶梯形矩阵中非零行的行数，它是描述矩阵的一个重要指标. 这个数 $r$ 就是本节要讨论的矩阵的秩.

引例　求解线性方程组

$$\begin{cases}x_1+x_2+x_3=0, & ①\\ x_2+x_3=0, & ②\\ 2x_1+2x_2+2x_3=0. & ③\end{cases}$$

**解**　采用消元法求解. 将①的−2倍加到③上，得

$$\begin{cases}x_1+x_2+x_3=0, & ④\\ x_2+x_3=0, & ⑤\\ 0=0. & ⑥\end{cases}$$

把⑤的−1倍加到④上，得

$$\begin{cases}x_1=0, & ⑦\\ x_2+x_3=0, & ⑧\\ 0=0. & ⑨\end{cases} \tag{1.8}$$

式(1.8)是含有3个未知元、2个独立方程的行阶梯形方程组，可设 $x_3$ 为自由未知元(称为自由变元)，解出

$$\begin{cases}x_1=0,\\ x_2=-x_3.\end{cases}\ (x_3\text{ 可自由取值.}) \tag{1.9}$$

对 $x_3$ 取任一值，代入式(1.9)，就得到方程组的一个解. 由此可知，该方程组有无穷多个解.

下面用矩阵的初等变换法来刻画上述的消元过程：

$$\boldsymbol{A}=\begin{pmatrix}1&1&1\\0&1&1\\2&2&2\end{pmatrix}\xrightarrow{r_3-2r_1}\begin{pmatrix}1&1&1\\0&1&1\\0&0&0\end{pmatrix}=\boldsymbol{B}\xrightarrow{r_1-r_2}\begin{pmatrix}1&0&0\\0&1&1\\0&0&0\end{pmatrix}=\boldsymbol{C},$$

矩阵 $\boldsymbol{C}$ 所对应的方程组为式(1.8).

由上面的引例可得出：方程组中独立方程的个数与系数矩阵 $\boldsymbol{A}$ 的行阶梯形的非零行的行数是一致的，这个数就定义为 $\boldsymbol{A}$ 的秩.

**定义 1.13** 矩阵 $\boldsymbol{A}$ 对应的行(列)阶梯形矩阵的非零行(列)的行(列)数称为矩阵 $\boldsymbol{A}$ 的**秩**，记作 $r(\boldsymbol{A})$.

由定义 1.13 知，求矩阵的秩，只需使用初等变换把矩阵化为行(列)阶梯形矩阵，行(列)阶梯形矩阵中非零行(列)的行(列)数就是所求矩阵的秩.

**例 1.25** 求矩阵 $\boldsymbol{A}=\begin{pmatrix}2&-3&8&2\\2&12&-2&12\\1&3&1&4\end{pmatrix}$ 的秩.

**解** 对矩阵 $\boldsymbol{A}$ 施行初等变换，得

$$\boldsymbol{A}\xrightarrow{r_1\leftrightarrow r_3}\begin{pmatrix}1&3&1&4\\2&12&-2&12\\2&-3&8&2\end{pmatrix}\xrightarrow[r_3-2r_1]{r_2-2r_1}\begin{pmatrix}1&3&1&4\\0&6&-4&4\\0&-9&6&-6\end{pmatrix}$$

$$\xrightarrow{r_3+\frac{3}{2}r_2}\begin{pmatrix}1&3&1&4\\0&6&-4&4\\0&0&0&0\end{pmatrix},$$

故 $r(\boldsymbol{A})=2$.

**例 1.26** 设三阶矩阵 $\boldsymbol{A}=\begin{pmatrix}x&1&1\\1&x&1\\1&1&x\end{pmatrix}$，求 $r(\boldsymbol{A})$.

**解** 利用初等变换求秩.

$$\boldsymbol{A}=\begin{pmatrix}x&1&1\\1&x&1\\1&1&x\end{pmatrix}\xrightarrow{r_1\leftrightarrow r_3}\begin{pmatrix}1&1&x\\1&x&1\\x&1&1\end{pmatrix}\xrightarrow[r_3-xr_1]{r_2-r_1}\begin{pmatrix}1&1&x\\0&x-1&-x+1\\0&-x+1&1-x^2\end{pmatrix}$$

$$\xrightarrow{r_3+r_2}\begin{pmatrix}1&1&x\\0&x-1&-x+1\\0&0&-(x+2)(x-1)\end{pmatrix},$$

当 $x\neq1$ 且 $x\neq-2$ 时，$r(\boldsymbol{A})=3$；当 $x=1$ 时，$r(\boldsymbol{A})=1$；当 $x=-2$ 时，$r(\boldsymbol{A})=2$.

设有线性方程组

$$\begin{cases}a_{11}x_1+a_{12}x_2+\cdots+a_{1n}x_n=0,\\a_{21}x_1+a_{22}x_2+\cdots+a_{2n}x_n=0,\\\cdots\cdots\cdots\\a_{m1}x_1+a_{m2}x_2+\cdots+a_{mn}x_n=0,\end{cases}\tag{1.10}$$

若记

$$A=\begin{pmatrix} a_{11} & a_{12} & \cdots & a_{1n} \\ a_{21} & a_{22} & \cdots & a_{2n} \\ \vdots & \vdots & & \vdots \\ a_{m1} & a_{m2} & \cdots & a_{mn} \end{pmatrix}, x=\begin{pmatrix} x_1 \\ x_2 \\ \vdots \\ x_n \end{pmatrix}, 0=\begin{pmatrix} 0 \\ 0 \\ \vdots \\ 0 \end{pmatrix},$$

则线性方程组可记为

$$Ax=0.$$

由引例可以看出：

**定理 1.5** $n$ 元线性方程组 $Ax=0$ 有非零解的充分必要条件是系数矩阵 $A$ 的秩 $r(A)<n$.

## 同步习题 1.6

### 基础题

1. 求下列矩阵的秩：(1) $A=\begin{pmatrix} 2 & -1 & 3 \\ 1 & -3 & 4 \\ -1 & 2 & -3 \end{pmatrix}$；(2) $B=\begin{pmatrix} 1 & 2 & 3 & 4 \\ 1 & 0 & 1 & 2 \\ 3 & -1 & -1 & 0 \\ 1 & 2 & 0 & -5 \end{pmatrix}$.

2. 设 $n(n\geqslant 3)$ 阶矩阵 $A=\begin{pmatrix} 1 & a & a & \cdots & a \\ a & 1 & a & \cdots & a \\ a & a & 1 & \cdots & a \\ \vdots & \vdots & \vdots & & \vdots \\ a & a & a & \cdots & 1 \end{pmatrix}$，若矩阵 $A$ 的秩为 $n-1$，则 $a$ 必为(　　).

A. 1　　B. $\frac{1}{1-n}$　　C. $-1$　　D. $\frac{1}{n-1}$

3. 设 $A=\begin{pmatrix} a_1b_1 & a_1b_2 & \cdots & a_1b_n \\ a_2b_1 & a_2b_2 & \cdots & a_2b_n \\ \vdots & \vdots & & \vdots \\ a_nb_1 & a_nb_2 & \cdots & a_nb_n \end{pmatrix}$，其中 $a_i\neq 0, b_i\neq 0(i=1,2,\cdots,n)$，则矩阵 $A$ 的秩 $r(A)=$ ________.

微课：同步习题 1.6 基础题 4

4. 设 $A$ 是 $m\times n$ 矩阵，$C$ 是 $n$ 阶可逆矩阵，矩阵 $A$ 的秩为 $r$，矩阵 $B=AC$ 的秩为 $r_1$，则(　　).

A. $r>r_1$　　B. $r<r_1$

C. $r=r_1$　　D. $r$ 与 $r_1$ 的关系依 $C$ 而定

### 提高题

求矩阵 $A=\begin{pmatrix} x & y & y & y \\ y & x & y & y \\ y & y & x & y \\ y & y & y & x \end{pmatrix}$ 的秩.

## 1.7 经济学中的案例

扩展阅读：阿瑟·凯莱

**例 1.27（续例 1.1）** 这里将对例 1.1 继续进行讨论，以帮助大家了解矩阵在经济学领域的具体应用.

记

$$\boldsymbol{M}=\begin{pmatrix}0.10 & 0.30 & 0.15\\ 0.30 & 0.40 & 0.25\\ 0.10 & 0.20 & 0.15\end{pmatrix},\boldsymbol{P}=\begin{pmatrix}4\,000 & 4\,000 & 4\,500 & 4\,500\\ 2\,200 & 2\,000 & 2\,600 & 2\,400\\ 6\,000 & 5\,800 & 6\,200 & 6\,000\end{pmatrix},$$

有

$$\boldsymbol{MP}=\begin{pmatrix}1\,960 & 1\,870 & 2\,160 & 2\,070\\ 3\,580 & 3\,450 & 3\,940 & 3\,810\\ 1\,740 & 1\,670 & 1\,900 & 1\,830\end{pmatrix}.$$

易知，矩阵 $\boldsymbol{MP}$ 的第 1 行元素表示 4 个季度中每一季度原料的总成本，第 2 行元素表示 4 个季度中每一季度人工费用的总成本，第 3 行元素表示 4 个季度中每一季度管理费用的总成本. $\boldsymbol{MP}$ 的各列表示相应季度的各项成本，每列元素之和表示相应季度的总成本，每行元素之和表示各项成本 4 个季度的总和.

**例 1.28（续例 1.2）** 这里将运用求解矩阵方程的方法，对例 1.2 中的问题进行求解.

**解** 设 A,B,C,D 4 种产品每吨的生产成本分别为 $x_1,x_2,x_3,x_4$（单位：万元），则有

$$\begin{cases}100x_1+200x_2+300x_3+100x_4=1\,800\\ 100x_1+200x_2+300x_3+50x_4=1\,600\\ 50x_1+50x_2+300x_3+150x_4=1\,650\\ 50x_1+50x_2+200x_3+150x_4=1\,350\end{cases}\Leftrightarrow\begin{pmatrix}100 & 200 & 300 & 100\\ 100 & 200 & 300 & 50\\ 50 & 50 & 300 & 150\\ 50 & 50 & 200 & 150\end{pmatrix}\begin{pmatrix}x_1\\ x_2\\ x_3\\ x_4\end{pmatrix}=\begin{pmatrix}1\,800\\ 1\,600\\ 1\,650\\ 1\,350\end{pmatrix}.$$

利用初等变换法解矩阵方程，得

$$\begin{pmatrix}100 & 200 & 300 & 100 & 1\,800\\ 100 & 200 & 300 & 50 & 1\,600\\ 50 & 50 & 300 & 150 & 1\,650\\ 50 & 50 & 200 & 150 & 1\,350\end{pmatrix}\to\begin{pmatrix}1 & 0 & 0 & 0 & 1\\ 0 & 1 & 0 & 0 & 2\\ 0 & 0 & 1 & 0 & 3\\ 0 & 0 & 0 & 1 & 4\end{pmatrix},$$

解得 $x_1=1$，$x_2=2$，$x_3=3$，$x_4=4$. 故 A,B,C,D 4 种产品每吨的生产成本分别为 1 万元、2 万元、3 万元、4 万元.

**例 1.29** 某个城镇中，每年有 30%的已婚女性离婚，20%的单身女性结婚. 城镇中有 8 000 位已婚女性和 2 000 位单身女性. 假设所有女性的总数为一常数，则 1 年后有多少已婚女性和单身女性呢？2 年后呢？

微课：例 1.29

**解** 构造矩阵 $\boldsymbol{A}$：第 1 行元素分别为 1 年后仍处于婚姻状态的已婚女性和进入婚姻状态的单身女性的百分比；第 2 行元素分别为 1 年后离婚的已婚女性和未婚的单身女性的百分比. 得

$$A=\begin{pmatrix}0.7 & 0.2\\0.3 & 0.8\end{pmatrix}.$$

令 $x=\begin{pmatrix}8\,000\\2\,000\end{pmatrix}$，1 年后已婚女性和单身女性人数可以用 $A$ 乘以 $x$ 计算，得

$$Ax=\begin{pmatrix}0.7 & 0.2\\0.3 & 0.8\end{pmatrix}\begin{pmatrix}8\,000\\2\,000\end{pmatrix}=\begin{pmatrix}6\,000\\4\,000\end{pmatrix},$$

由此可知，1 年后将有 6 000 位已婚女性和 4 000 位单身女性.

下面来求 2 年后已婚女性和单身女性的人数.

$$A^2x=A(Ax)=\begin{pmatrix}0.7 & 0.2\\0.3 & 0.8\end{pmatrix}\begin{pmatrix}6\,000\\4\,000\end{pmatrix}=\begin{pmatrix}5\,000\\5\,000\end{pmatrix},$$

故 2 年后将有 5 000 位已婚女性和 5 000 位单身女性.

一般地，$n$ 年后已婚女性和单身女性的人数可用 $A^nx$ 来计算.

## 第 1 章思维导图

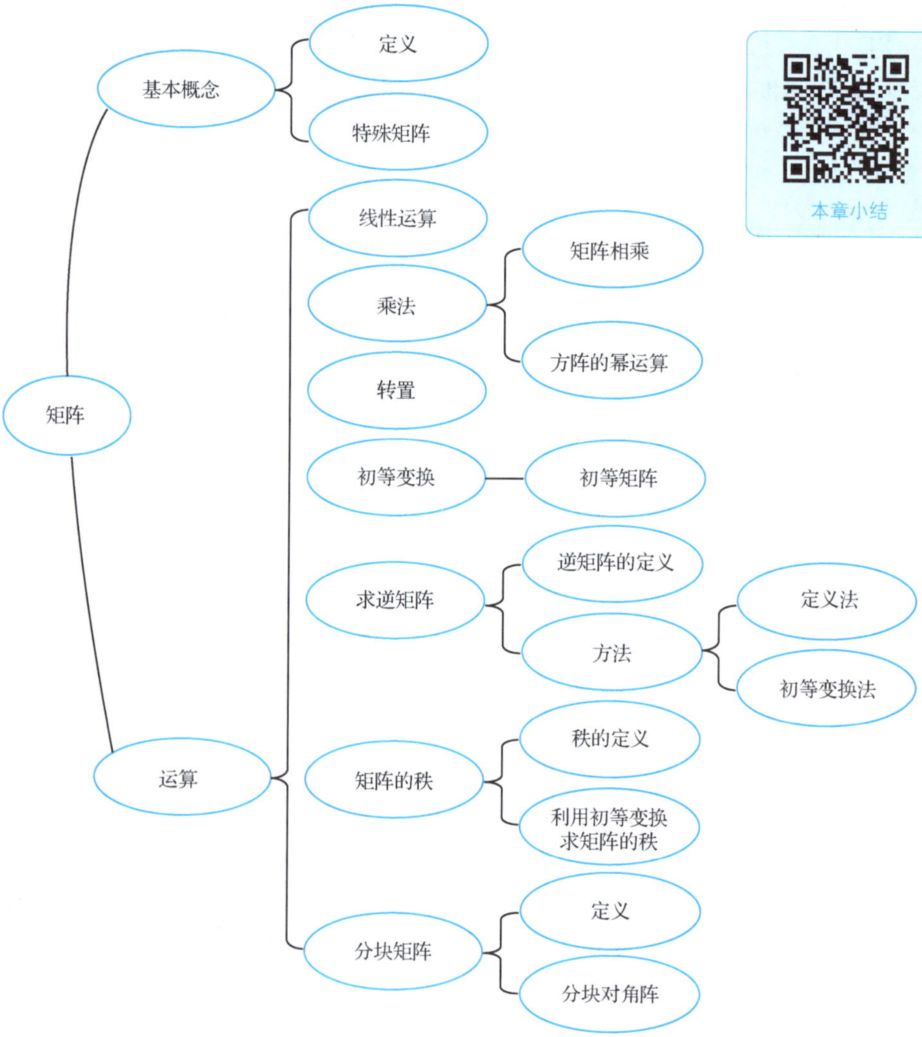


本章小结

古代数学成就

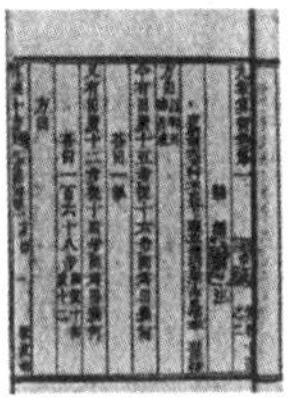

文献简介

《算经十书》是指从汉朝到唐朝近 1000 年中所诞生的 10 部数学著作，其标志着中国古代数学的高峰. 这些数学著作曾经是隋唐时代国子监中“算法”这门学科的教科书. 分别是《周髀算经》《海岛算经》《九章算术》《缉古算经》《五曹算经》《五经算术》《夏侯阳算经》《孙子算经》《张丘建算经》《缀术》.

《算经十书》

# 第 1 章总复习题

**1. 选择题**：(1)~(10) 小题，每小题 4 分，共 40 分. 下列每小题给出的 4 个选项中，只有一个选项是符合题目要求的.

(1) (2021305) 已知矩阵 $\boldsymbol{A}=\begin{pmatrix}1&0&-1\\2&-1&1\\-1&2&-5\end{pmatrix}$，若存在下三角可逆矩阵 $\boldsymbol{P}$ 和上三角可逆矩阵 $\boldsymbol{Q}$，使 $\boldsymbol{PAQ}$ 为对角矩阵，则 $\boldsymbol{P},\boldsymbol{Q}$ 分别为(　　).

A. $\begin{pmatrix}1&0&0\\0&1&0\\0&0&1\end{pmatrix},\begin{pmatrix}1&0&1\\0&1&3\\0&0&1\end{pmatrix}$　　B. $\begin{pmatrix}1&0&0\\2&-1&0\\-3&2&1\end{pmatrix},\begin{pmatrix}1&0&0\\0&1&0\\0&0&1\end{pmatrix}$

C. $\begin{pmatrix}1&0&0\\2&-1&0\\-3&2&1\end{pmatrix},\begin{pmatrix}1&0&1\\0&1&3\\0&0&1\end{pmatrix}$　　D. $\begin{pmatrix}1&0&0\\0&1&0\\1&3&1\end{pmatrix},\begin{pmatrix}1&2&-3\\0&-1&2\\0&0&1\end{pmatrix}$

(2) (2020104) 设矩阵 $\boldsymbol{A}$ 经过初等列变换化为矩阵 $\boldsymbol{B}$，则(　　).

A. 存在矩阵 $\boldsymbol{P}$，使 $\boldsymbol{PA}=\boldsymbol{B}$　　B. 存在矩阵 $\boldsymbol{P}$，使 $\boldsymbol{BP}=\boldsymbol{A}$

C. 存在矩阵 $\boldsymbol{P}$，使 $\boldsymbol{PB}=\boldsymbol{A}$　　D. 方程组 $\boldsymbol{Ax}=\boldsymbol{0}$ 与 $\boldsymbol{Bx}=\boldsymbol{0}$ 同解

(3) (2017304 改编) 设 $\boldsymbol{\alpha}$ 为 $n$ 维列向量，满足 $\boldsymbol{\alpha}^{\mathrm{T}}\boldsymbol{\alpha}=1$，$\boldsymbol{E}$ 为 $n$ 阶单位矩阵，则(　　).

A. $\boldsymbol{E}-\boldsymbol{\alpha}\boldsymbol{\alpha}^{\mathrm{T}}$ 不可逆　　B. $\boldsymbol{E}+\boldsymbol{\alpha}\boldsymbol{\alpha}^{\mathrm{T}}$ 不可逆

C. $\boldsymbol{E}+2\boldsymbol{\alpha}\boldsymbol{\alpha}^{\mathrm{T}}$ 不可逆　　D. $\boldsymbol{E}\ 2\boldsymbol{\alpha}\boldsymbol{\alpha}^{\mathrm{T}}$ 不可逆

(4) (2012304) 设 $\boldsymbol{A}$ 为三阶矩阵，$\boldsymbol{P}$ 为三阶可逆矩阵，且 $\boldsymbol{P}^{-1}\boldsymbol{AP}=\begin{pmatrix}1&0&0\\0&1&0\\0&0&2\end{pmatrix}$，若 $\boldsymbol{P}=(\boldsymbol{\alpha}_1,\boldsymbol{\alpha}_2,\boldsymbol{\alpha}_3)$，$\boldsymbol{Q}=(\boldsymbol{\alpha}_1+\boldsymbol{\alpha}_2,\boldsymbol{\alpha}_2,\boldsymbol{\alpha}_3)$，则 $\boldsymbol{Q}^{-1}\boldsymbol{AQ}=$(　　).

A. $\begin{pmatrix}1&0&0\\0&2&0\\0&0&1\end{pmatrix}$　B. $\begin{pmatrix}1&0&0\\0&1&0\\0&0&2\end{pmatrix}$　C. $\begin{pmatrix}2&0&0\\0&1&0\\0&0&2\end{pmatrix}$　D. $\begin{pmatrix}2&0&0\\0&2&0\\0&0&1\end{pmatrix}$

(5) (2009304) 设 $\boldsymbol{A},\boldsymbol{P}$ 均为三阶矩阵，$\boldsymbol{P}^{\mathrm{T}}$ 为 $\boldsymbol{P}$ 的转置矩阵，且 $\boldsymbol{P}^{\mathrm{T}}\boldsymbol{AP}=\begin{pmatrix}1&0&0\\0&1&0\\0&0&2\end{pmatrix}$，若 $\boldsymbol{P}=(\boldsymbol{\alpha}_1,\boldsymbol{\alpha}_2,\boldsymbol{\alpha}_3)$，$\boldsymbol{Q}=(\boldsymbol{\alpha}_1+\boldsymbol{\alpha}_2,\boldsymbol{\alpha}_2,\boldsymbol{\alpha}_3)$，则 $\boldsymbol{Q}^{\mathrm{T}}\boldsymbol{AQ}=$(　　).

A. $\begin{pmatrix}2&1&0\\1&1&0\\0&0&2\end{pmatrix}$　B. $\begin{pmatrix}1&1&0\\1&2&0\\0&0&2\end{pmatrix}$　C. $\begin{pmatrix}2&0&0\\0&1&0\\0&0&2\end{pmatrix}$　D. $\begin{pmatrix}1&0&0\\0&2&0\\0&0&2\end{pmatrix}$

(6) (2011304)设 $\boldsymbol{A}$ 是三阶方阵，将 $\boldsymbol{A}$ 的第 2 列加到第 1 列得 $\boldsymbol{B}$，再交换 $\boldsymbol{B}$ 的第 2 行与第 3 行得单位矩阵，记 $\boldsymbol{P}_1=\begin{pmatrix}1&0&0\\1&1&0\\0&0&1\end{pmatrix}$，$\boldsymbol{P}_2=\begin{pmatrix}1&0&0\\0&0&1\\0&1&0\end{pmatrix}$，则 $\boldsymbol{A}=$(　　).

A. $\boldsymbol{P}_1\boldsymbol{P}_2$　B. $\boldsymbol{P}_1^{-1}\boldsymbol{P}_2$　C. $\boldsymbol{P}_2\boldsymbol{P}_1$　D. $\boldsymbol{P}_2\boldsymbol{P}_1^{-1}$

(7) (2001304)设 $\boldsymbol{A}=\begin{pmatrix}a_{11}&a_{12}&a_{13}&a_{14}\\a_{21}&a_{22}&a_{23}&a_{24}\\a_{31}&a_{32}&a_{33}&a_{34}\\a_{41}&a_{42}&a_{43}&a_{44}\end{pmatrix}$，$\boldsymbol{B}=\begin{pmatrix}a_{14}&a_{13}&a_{12}&a_{11}\\a_{24}&a_{23}&a_{22}&a_{21}\\a_{34}&a_{33}&a_{32}&a_{31}\\a_{44}&a_{43}&a_{42}&a_{41}\end{pmatrix}$，$\boldsymbol{P}_1=\begin{pmatrix}0&0&0&1\\0&1&0&0\\0&0&1&0\\1&0&0&0\end{pmatrix}$，$\boldsymbol{P}_2=\begin{pmatrix}1&0&0&0\\0&0&1&0\\0&1&0&0\\0&0&0&1\end{pmatrix}$，其中 $\boldsymbol{A}$ 可逆，则 $\boldsymbol{B}^{-1}=$(　　).

A. $\boldsymbol{A}^{-1}\boldsymbol{P}_1\boldsymbol{P}_2$　B. $\boldsymbol{P}_1\boldsymbol{A}^{-1}\boldsymbol{P}_2$　C. $\boldsymbol{P}_1\boldsymbol{P}_2\boldsymbol{A}^{-1}$　D. $\boldsymbol{P}_2\boldsymbol{A}^{-1}\boldsymbol{P}_1$

(8) (2008304)设 $\boldsymbol{A}$ 是 $n$ 阶非零矩阵，$\boldsymbol{E}$ 为 $n$ 阶单位矩阵. 若 $\boldsymbol{A}^3=\boldsymbol{O}$，则(　　).

A. $\boldsymbol{E}-\boldsymbol{A}$ 不可逆，$\boldsymbol{E}+\boldsymbol{A}$ 不可逆　B. $\boldsymbol{E}-\boldsymbol{A}$ 不可逆，$\boldsymbol{E}+\boldsymbol{A}$ 可逆

C. $\boldsymbol{E}-\boldsymbol{A}$ 可逆，$\boldsymbol{E}+\boldsymbol{A}$ 可逆　D. $\boldsymbol{E}-\boldsymbol{A}$ 可逆，$\boldsymbol{E}+\boldsymbol{A}$ 不可逆

(9) (2006304)设 $\boldsymbol{A}$ 为三阶矩阵，将 $\boldsymbol{A}$ 的第 2 行加到第 1 行得 $\boldsymbol{B}$，再将 $\boldsymbol{B}$ 的第 1 列乘 $-1$ 加到第 2 列得 $\boldsymbol{C}$，记 $\boldsymbol{P}=\begin{pmatrix}1&1&0\\0&1&0\\0&0&1\end{pmatrix}$，则(　　).

微课：总复习题 1(9)

A. $\boldsymbol{C}=\boldsymbol{P}^{-1}\boldsymbol{A}\boldsymbol{P}$　B. $\boldsymbol{C}=\boldsymbol{P}\boldsymbol{A}\boldsymbol{P}^{-1}$

C. $\boldsymbol{C}=\boldsymbol{P}^{\mathrm{T}}\boldsymbol{A}\boldsymbol{P}$　D. $\boldsymbol{C}=\boldsymbol{P}\boldsymbol{A}\boldsymbol{P}^{\mathrm{T}}$

(10) (2003304 改编)设三阶矩阵 $\boldsymbol{A}=\begin{pmatrix}a&b&b\\b&a&b\\b&b&a\end{pmatrix}$，若 $\boldsymbol{A}$ 的秩为 2，则必有(　　).

A. $a=b$ 或 $a+2b=0$　B. $a=b$ 或 $a+2b\neq 0$

C. $a\neq b$ 且 $a+2b=0$　D. $a\neq b$ 且 $a+2b\neq 0$

**2. 填空题**：(11)～(15)小题，每小题 4 分，共 20 分.

(11) (2007304)设矩阵 $\boldsymbol{A}=\begin{pmatrix}0&1&0&0\\0&0&1&0\\0&0&1&0\\0&0&0&0\end{pmatrix}$，则 $\boldsymbol{A}^3$ 的秩为________.

(12) (2003304)设 $n$ 维向量 $\boldsymbol{\alpha}=(a,0,\cdots,0,a)^{\mathrm{T}}$，$a<0$，$\boldsymbol{E}$ 为 $n$ 阶单位矩阵，矩阵 $\boldsymbol{A}=\boldsymbol{E}-\boldsymbol{\alpha}\boldsymbol{\alpha}^{\mathrm{T}}$，$\boldsymbol{B}=\boldsymbol{E}+\frac{1}{a}\boldsymbol{\alpha}\boldsymbol{\alpha}^{\mathrm{T}}$，其中 $\boldsymbol{A}$ 的逆矩阵为 $\boldsymbol{B}$，则 $a=$________.

(13) (2001303) 设矩阵 $\boldsymbol{A}=\begin{pmatrix} k & 1 & 1 & 1 \\ 1 & k & 1 & 1 \\ 1 & 1 & k & 1 \\ 1 & 1 & 1 & k \end{pmatrix}$，且 $r(\boldsymbol{A})=3$，则 $k=$______.

(14) (1999303) 设 $\boldsymbol{A}=\begin{pmatrix} 1 & 0 & 1 \\ 0 & 2 & 0 \\ 1 & 0 & 1 \end{pmatrix}$，$n\geqslant 2$ 且为正整数，则 $\boldsymbol{A}^n-2\boldsymbol{A}^{n-1}=$______.

(15) (2000203) 设 $\boldsymbol{A}=\begin{pmatrix} 1 & 0 & 0 & 0 \\ -2 & 3 & 0 & 0 \\ 0 & -4 & 5 & 0 \\ 0 & 0 & -6 & 7 \end{pmatrix}$，$\boldsymbol{E}$ 为四阶单位矩阵，且 $\boldsymbol{B}=(\boldsymbol{E}+\boldsymbol{A})^{-1}(\boldsymbol{E}-\boldsymbol{A})$，则 $(\boldsymbol{E}+\boldsymbol{B})^{-1}=$______.

**3. 解答题**：(16)～(19) 小题，每小题 10 分，共 40 分. 解答时应写出文字说明、证明过程或演算步骤.

(16) (2015311) 设矩阵 $\boldsymbol{A}=\begin{pmatrix} a & 1 & 0 \\ 1 & a & -1 \\ 0 & 1 & a \end{pmatrix}$，且 $\boldsymbol{A}^3=\boldsymbol{O}$.

① 求 $a$ 的值.

② 若矩阵 $\boldsymbol{X}$ 满足 $\boldsymbol{X}-\boldsymbol{X}\boldsymbol{A}^2-\boldsymbol{A}\boldsymbol{X}+\boldsymbol{A}\boldsymbol{X}\boldsymbol{A}^2=\boldsymbol{E}$，其中 $\boldsymbol{E}$ 为三阶单位矩阵，求 $\boldsymbol{X}$.

(17) (2002206) 已知 $\boldsymbol{A},\boldsymbol{B}$ 为三阶方阵，且满足 $2\boldsymbol{A}^{-1}\boldsymbol{B}=\boldsymbol{B}-4\boldsymbol{E}$，其中 $\boldsymbol{E}$ 是三阶单位矩阵.

① 证明：矩阵 $\boldsymbol{A}-2\boldsymbol{E}$ 可逆.

② 若 $\boldsymbol{B}=\begin{pmatrix} 1 & -2 & 0 \\ 1 & 2 & 0 \\ 0 & 0 & 2 \end{pmatrix}$，求矩阵 $\boldsymbol{A}$.

(18) (2001206) 已知矩阵 $\boldsymbol{A}=\begin{pmatrix} 1 & 0 & 0 \\ 1 & 1 & 0 \\ 1 & 1 & 1 \end{pmatrix}$，$\boldsymbol{B}=\begin{pmatrix} 0 & 1 & 1 \\ 1 & 0 & 1 \\ 1 & 1 & 0 \end{pmatrix}$，且矩阵 $\boldsymbol{X}$ 满足 $\boldsymbol{A}\boldsymbol{X}\boldsymbol{A}+\boldsymbol{B}\boldsymbol{X}\boldsymbol{B}=\boldsymbol{A}\boldsymbol{X}\boldsymbol{B}+\boldsymbol{B}\boldsymbol{X}\boldsymbol{A}+\boldsymbol{E}$，其中 $\boldsymbol{E}$ 为三阶单位矩阵. 求 $\boldsymbol{X}$.

(19) (1996106) 设 $\boldsymbol{A}=\boldsymbol{E}-\boldsymbol{\xi}\boldsymbol{\xi}^{\mathrm{T}}$，其中 $\boldsymbol{E}$ 是 $n$ 阶单位矩阵，$\boldsymbol{\xi}$ 是 $n$ 维非零列向量，$\boldsymbol{\xi}^{\mathrm{T}}$ 是 $\boldsymbol{\xi}$ 的转置. 证明：

① $\boldsymbol{A}^2=\boldsymbol{A}$ 的充分必要条件是 $\boldsymbol{\xi}^{\mathrm{T}}\boldsymbol{\xi}=1$；

② 当 $\boldsymbol{\xi}^{\mathrm{T}}\boldsymbol{\xi}=1$ 时，$\boldsymbol{A}$ 是不可逆矩阵.

微课：总复习题 3(19)

# 第 2 章

# 行列式

行列式的基本概念及相关理论是“线性代数”课程的主要内容之一，同时也是研究线性代数其他内容的重要工具. 行列式的研究开始于 18 世纪中叶之前，大约比形成独立体系的矩阵理论早 160 年. 其理论起源于解线性方程组，它在经济学各领域具有广泛应用. 从形式上看，行列式是由一些数字、已知量或未知量按一定方式排成的数表所确定的，对这个数表按照一定规则做进一步的计算，最终得到一个实数、复数、多项式或者函数. 本章首先介绍行列式的基本概念，并给出行列式的基本性质；然后介绍行列式的计算方法，并给出经典算例；最后介绍行列式的应用，如利用行列式求解 $n$ 元线性方程组的方法（即克莱姆法则），对方阵取行列式和求逆矩阵，以及矩阵秩的等价定义.

本章导学

## 2.1 行列式的基本概念

本节从线性方程组出发，介绍二、三阶行列式的定义，为便于记忆，引入对角线法则；再用递归的方法引入 $n$ 阶行列式的定义及行列式的按行(列)展开定理，并利用定义计算简单的 $n$ 阶行列式.

### 2.1.1 二阶、三阶行列式

解方程组是线性代数中的一个基本问题，特别是在经济学案例中，解方程组占有重要的地位.

引例　某生产车间的甲、乙两个仓库一共存放了 180t 商品，乙仓库如果给甲仓库 40t，则甲仓库比乙仓库多 20t，请问甲、乙两仓库各存放多少吨商品？

**解**　设甲、乙两仓库存放的商品分别为 $x$t、$y$t，根据题意有

$$\begin{cases} x+y=180, \\ x+40-(y-40)=20 \end{cases} \Rightarrow \begin{cases} x+y=180, \\ x-y=-60, \end{cases}$$

解方程组得 $x=60, y=120$.

故甲仓库存放 60t 商品，乙仓库存放 120t 商品.

更一般地，有下述二元一次线性方程组

$$\begin{cases} a_{11}x_1+a_{12}x_2=b_1, & (2.1) \\ a_{21}x_1+a_{22}x_2=b_2, & (2.2) \end{cases}$$

使用消元法，式(2.1)$\times a_{22}$−式(2.2)$\times a_{12}$，消去 $x_2$，得

$$(a_{11}a_{22}-a_{12}a_{21})x_1=b_1a_{22}-b_2a_{12}.$$

式(2.2)$\times a_{11}$-式(2.1)$\times a_{21}$，消去 $x_1$，得

$$(a_{11}a_{22}-a_{12}a_{21})x_2=b_2a_{11}-b_1a_{21}.$$

当 $a_{11}a_{22}-a_{12}a_{21}\neq 0$ 时，有

$$x_1=\frac{b_1a_{22}-b_2a_{12}}{a_{11}a_{22}-a_{12}a_{21}},\quad x_2=\frac{b_2a_{11}-b_1a_{21}}{a_{11}a_{22}-a_{12}a_{21}}.$$

但这个公式太烦琐，为了便于记忆，引入行列式符号. 记

$$D=\begin{vmatrix} a_{11} & a_{12} \\ a_{21} & a_{22} \end{vmatrix}=a_{11}a_{22}-a_{12}a_{21}.$$

**定义 2.1** 由 4 个数 $a_{ij}(i,j=1,2)$ 排成的两行两列的式子 $\begin{vmatrix} a_{11} & a_{12} \\ a_{21} & a_{22} \end{vmatrix}$ 叫作二阶行列式，它表示 $a_{11}a_{22}-a_{12}a_{21}$，即

$$\begin{vmatrix} a_{11} & a_{12} \\ a_{21} & a_{22} \end{vmatrix}=a_{11}a_{22}-a_{12}a_{21}.$$

在二阶行列式 $\begin{vmatrix} a_{11} & a_{12} \\ a_{21} & a_{22} \end{vmatrix}$ 中，数 $a_{ij}$ 称为第 $i$ 行、第 $j$ 列元素，$i$ 称为行标，$j$ 称为列标.

显然，二阶行列式的值为主对角线(从左上角到右下角这条对角线)两元素之积减去副对角线(从右上角到左下角这条对角线)两元素之积，称此为二阶行列式的对角线法则.

若记

$$D_1=\begin{vmatrix} b_1 & a_{12} \\ b_2 & a_{22} \end{vmatrix}=b_1a_{22}-b_2a_{12},D_2=\begin{vmatrix} a_{11} & b_1 \\ a_{21} & b_2 \end{vmatrix}=b_2a_{11}-b_1a_{21},$$

则上述方程组的解可表示为

$$x_1=\frac{D_1}{D},x_2=\frac{D_2}{D}.$$

这里的分母 $D$ 是由式(2.1)和式(2.2)中方程的系数所确定的二阶行列式(称为系数行列式)，$x_1$ 的分子 $D_1$ 是用常数项 $b_1,b_2$ 替换 $D$ 中第 1 列元素 $a_{11},a_{21}$ 所得的二阶行列式，$x_2$ 的分子 $D_2$ 是用常数项 $b_1,b_2$ 替换 $D$ 中第 2 列元素 $a_{12},a_{22}$ 所得的二阶行列式.

**例 2.1** 求解二元线性方程组

$$\begin{cases} 4x_1-x_2=11, \\ 2x_1+x_2=1. \end{cases}$$

**解** 由于

$$D=\begin{vmatrix} 4 & -1 \\ 2 & 1 \end{vmatrix}=4\times 1-(-1)\times 2=6\neq 0,$$

$$D_1=\begin{vmatrix} 11 & -1 \\ 1 & 1 \end{vmatrix}=11-(-1)=12,$$

$$D_2=\begin{vmatrix} 4 & 11 \\ 2 & 1 \end{vmatrix}=4-2\times 11=-18,$$

因此

$$x_1=\frac{D_1}{D}=\frac{12}{6}=2,x_2=\frac{D_2}{D}=\frac{-18}{6}=-3.$$

解二元线性方程组引出了二阶行列式的概念. 类似地，解三元线性方程组可引出三阶行列式.

**定义 2.2** 由 9 个数 $a_{ij}(i,j=1,2,3)$ 排成的 3 行 3 列的式子 $\begin{vmatrix} a_{11} & a_{12} & a_{13} \\ a_{21} & a_{22} & a_{23} \\ a_{31} & a_{32} & a_{33} \end{vmatrix}$ 叫作三阶行列式，它表示数 $a_{11}a_{22}a_{33}+a_{12}a_{23}a_{31}+a_{13}a_{21}a_{32}-a_{13}a_{22}a_{31}-a_{12}a_{21}a_{33}-a_{11}a_{23}a_{32}$. 即

$$\begin{vmatrix} a_{11} & a_{12} & a_{13} \\ a_{21} & a_{22} & a_{23} \\ a_{31} & a_{32} & a_{33} \end{vmatrix}=a_{11}a_{22}a_{33}+a_{12}a_{23}a_{31}+a_{13}a_{21}a_{32}-a_{13}a_{22}a_{31}-a_{12}a_{21}a_{33}-a_{11}a_{23}a_{32}.$$

三阶行列式的展开式为 6 项的代数和，其规律遵循图 2.1 所示的对角线法则，每一项均为位于不同行不同列的 3 个元素之积，实线相连的 3 个元素之积带“+”号，虚线相连的 3 个元素之积带“-”号.

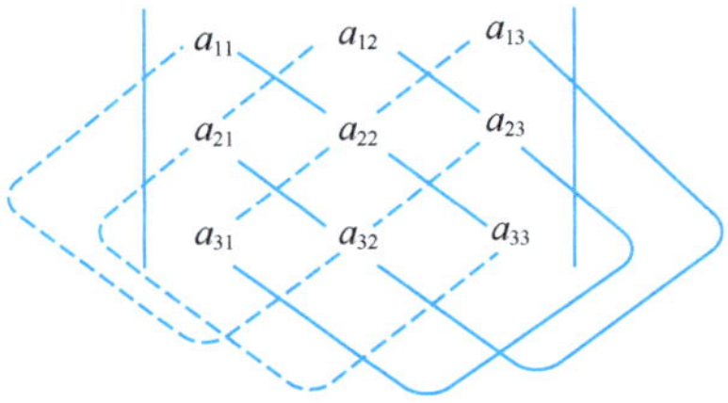


图 2.1

**例 2.2** 计算三阶行列式 $D=\begin{vmatrix} 1 & 0 & 2 \\ 2 & 1 & 2 \\ 0 & 3 & 1 \end{vmatrix}$.

**解** 由三阶行列式的定义得

$$\begin{aligned} D &= 1\times1\times1+0\times2\times0+2\times2\times3-2\times1\times0-1\times2\times3-0\times2\times1 \\ &= 1+0+12-0-6-0 \\ &= 7. \end{aligned}$$

需要指出的是，对角线法则有助于理解并记忆二阶、三阶行列式的表达式，但这个法则只对二阶、三阶行列式适用. 对于四元线性方程组，如果将对角线法则用到对应的系数上，结果为 8 项的代数和. 事实上，四元线性方程组有唯一解时，解为分式，且分子、分母均为 24 项的代数和，读者可自行验证.

注意到三阶行列式可以表示为

$$D=\begin{vmatrix} a_{11} & a_{12} & a_{13} \\ a_{21} & a_{22} & a_{23} \\ a_{31} & a_{32} & a_{33} \end{vmatrix}=a_{11}(a_{22}a_{33}-a_{23}a_{32})-a_{12}(a_{21}a_{33}-a_{23}a_{31})+a_{13}(a_{21}a_{32}-a_{22}a_{31})$$

$$=a_{11}\begin{vmatrix} a_{22} & a_{23} \\ a_{32} & a_{33} \end{vmatrix}-a_{12}\begin{vmatrix} a_{21} & a_{23} \\ a_{31} & a_{33} \end{vmatrix}+a_{13}\begin{vmatrix} a_{21} & a_{22} \\ a_{31} & a_{32} \end{vmatrix},$$

从而，三阶行列式可用二阶行列式表示，且规律如下.

(1) 每一项都是三阶行列式中第 1 行的某个元素与一个二阶行列式的乘积.

(2) 每个二阶行列式恰好是在划去前面相乘的元素所在行和所在列的元素之后，由剩余的元素按照原来的顺序组成的，即

$$\begin{vmatrix} a_{22} & a_{23} \\ a_{32} & a_{33} \end{vmatrix}, \begin{vmatrix} a_{21} & a_{23} \\ a_{31} & a_{33} \end{vmatrix}, \begin{vmatrix} a_{21} & a_{22} \\ a_{31} & a_{32} \end{vmatrix}$$

是三阶行列式分别划去 $a_{11}, a_{12}, a_{13}$所在行和列的元素后，由剩下的元素组成的二阶行列式.

(3) 每一项前面是取正号还是取负号，恰好分别与元素 $a_{11}, a_{12}, a_{13}$的下标之和相对应，每一项前面的符号由$(-1)^{i+j}$决定.

同理，二阶行列式也有类似的表示：

$$D=\begin{vmatrix} a_{11} & a_{12} \\ a_{21} & a_{22} \end{vmatrix}=a_{11}a_{22}-a_{12}a_{21}=a_{11}|a_{22}|-a_{12}|a_{21}|,$$

其中$|a_{22}|, |a_{21}|$是一阶行列式，值为元素本身.

一般地，可以用这种递归的方法来定义 $n$ 阶行列式.

### 2.1.2 $n$ 阶行列式

**定义 2.3** 由 $n^2$ 个元素 $a_{ij}(i,j=1,2,3,\cdots,n)$排成的 $n$ 行 $n$ 列的式子

$$D=\begin{vmatrix} a_{11} & a_{12} & a_{13} & \cdots & a_{1n} \\ a_{21} & a_{22} & a_{23} & \cdots & a_{2n} \\ a_{31} & a_{32} & a_{33} & \cdots & a_{3n} \\ \vdots & \vdots & \vdots & & \vdots \\ a_{n1} & a_{n2} & a_{n3} & \cdots & a_{nn} \end{vmatrix}=a_{11}(-1)^{1+1}\begin{vmatrix} a_{22} & a_{23} & \cdots & a_{2n} \\ a_{32} & a_{33} & \cdots & a_{3n} \\ \vdots & \vdots & & \vdots \\ a_{n2} & a_{n3} & \cdots & a_{nn} \end{vmatrix}+$$

$$a_{12}(-1)^{1+2}\begin{vmatrix} a_{21} & a_{23} & \cdots & a_{2n} \\ a_{31} & a_{33} & \cdots & a_{3n} \\ \vdots & \vdots & & \vdots \\ a_{n1} & a_{n3} & \cdots & a_{nn} \end{vmatrix}+\cdots+a_{1n}(-1)^{1+n}\begin{vmatrix} a_{21} & a_{22} & \cdots & a_{2,n-1} \\ a_{31} & a_{32} & \cdots & a_{3,n-1} \\ \vdots & \vdots & & \vdots \\ a_{n1} & a_{n2} & \cdots & a_{n,n-1} \end{vmatrix}$$

计算得到的一个数，称为 $n$ 阶行列式.

**注** 上述定义称为递归定义.

这样 $n$ 阶行列式就可由 $n-1$ 阶行列式表示，下面引入元素 $a_{ij}$的余子式：行列式 $D$ 划去 $a_{ij}$所在的第 $i$ 行和第 $j$ 列后，余下的元素按照原来的顺序构成的 $n-1$ 阶行列式，称为 $a_{ij}$的余子式，记为 $M_{ij}$，而式子 $A_{ij}=(-1)^{i+j}M_{ij}$称为元素 $a_{ij}$的代数余子式.

例如，四阶行列式$\begin{vmatrix} 3 & -1 & -2 & 0 \\ 1 & 1 & -1 & -3 \\ 0 & -1 & 1 & -1 \\ 1 & -1 & 1 & -1 \end{vmatrix}$中元素 $a_{23}$的代数余子式为

$$A_{23}=(-1)^{2+3}\begin{vmatrix} 3 & -1 & 0 \\ 0 & -1 & -1 \\ 1 & -1 & -1 \end{vmatrix}.$$

因此，$n$ 阶行列式的定义可以简记为

$$D=a_{11}A_{11}+a_{12}A_{12}+a_{13}A_{13}+\cdots+a_{1n}A_{1n}=\sum_{j=1}^{n}a_{1j}A_{1j}.$$

关于 $n$ 阶行列式的定义，需要注意以下 3 点.

（1）$n$ 阶行列式的定义是按第一行展开的(也可以按某行或某列展开，方法相同).

（2）当 $n=1$ 时，定义 $|a_{11}|=a_{11}$，此时不要与绝对值符号混淆；当 $n=2,3$ 时，按对角线法则展开与使用该定义，结果是等价的.

（3）行列式的递归定义表明，$n$ 阶行列式可以由 $n$ 个 $n-1$ 阶行列式表示. 进一步地，每一个 $n-1$ 阶行列式又可由 $n-1$ 个 $n-2$ 阶行列式来表示，如此进行下去，$n$ 阶行列式便可用 $n-1,\cdots,3,2,1$ 阶行列式表示. 因此，$n$ 阶行列式最后表示成 $n!$ 项的代数和，且每一项都是不同行、不同列的 $n$ 个元素的乘积.

【即时提问 2.1】 如果行列式有一行(列)元素全为零，则行列式的值为零. 这句话对吗？为什么？

**例 2.3** 计算行列式

$$D=\begin{vmatrix}1&2&0&4\\-1&0&1&0\\0&0&2&3\\0&5&0&6\end{vmatrix}.$$

**解** 按行列式递归定义，有

$$D=\begin{vmatrix}1&2&0&4\\-1&0&1&0\\0&0&2&3\\0&5&0&6\end{vmatrix}=1\times\begin{vmatrix}0&1&0\\0&2&3\\5&0&6\end{vmatrix}-(-1)\times\begin{vmatrix}2&0&4\\0&2&3\\5&0&6\end{vmatrix}+0\times\begin{vmatrix}2&0&4\\0&1&0\\5&0&6\end{vmatrix}-0\times\begin{vmatrix}2&0&4\\0&1&0\\0&2&3\end{vmatrix}$$

$$=15-16+0-0=-1.$$

**例 2.4** 计算上三角形行列式

$$D=\begin{vmatrix}a_{11}&a_{12}&a_{13}&\cdots&a_{1n}\\0&a_{22}&a_{23}&\cdots&a_{2n}\\0&0&a_{33}&\cdots&a_{3n}\\\vdots&\vdots&\vdots&&\vdots\\0&0&0&\cdots&a_{nn}\end{vmatrix}.$$

**解** 由行列式的定义可推出

$$D=\begin{vmatrix}a_{11}&a_{12}&a_{13}&\cdots&a_{1n}\\0&a_{22}&a_{23}&\cdots&a_{2n}\\0&0&a_{33}&\cdots&a_{3n}\\\vdots&\vdots&\vdots&&\vdots\\0&0&0&\cdots&a_{nn}\end{vmatrix}=a_{11}(-1)^{1+1}\begin{vmatrix}a_{22}&a_{23}&\cdots&a_{2n}\\0&a_{33}&\cdots&a_{3n}\\\vdots&\vdots&\vdots&\vdots\\0&0&\cdots&a_{nn}\end{vmatrix}$$

$$=a_{11}a_{22}(-1)^{1+1}\begin{vmatrix}a_{33}&a_{34}&\cdots&a_{3n}\\0&a_{44}&\cdots&a_{4n}\\\vdots&\vdots&\vdots&\vdots\\0&0&\cdots&a_{nn}\end{vmatrix}=\cdots=a_{11}a_{22}a_{33}\cdots a_{nn},$$

即上三角形行列式的值等于主对角线上各元素的乘积.

**例 2.5** 计算行列式

$$D=\begin{vmatrix} a_{11} & a_{12} & \cdots & a_{1,n-1} & a_{1n} \\ a_{21} & a_{22} & \cdots & a_{2,n-1} & 0 \\ \vdots & \vdots & & \vdots & \vdots \\ a_{n-1,1} & a_{n-1,2} & \cdots & 0 & 0 \\ a_{n1} & 0 & \cdots & 0 & 0 \end{vmatrix}.$$

**解** 解法同例 2.4，最终结果为$(-1)^{\frac{(n-1)n}{2}}a_{1n}a_{2,n-1}\cdots a_{n1}$.

类似地，可得 $n$ 阶下三角形行列式

$$D=\begin{vmatrix} a_{11} & 0 & 0 & \cdots & 0 \\ a_{21} & a_{22} & 0 & \cdots & 0 \\ a_{31} & a_{32} & a_{33} & \cdots & 0 \\ \vdots & \vdots & \vdots & & \vdots \\ a_{n1} & a_{n2} & a_{n3} & \cdots & a_{nn} \end{vmatrix}=a_{11}a_{22}a_{33}\cdots a_{nn},$$

$n$ 阶对角行列式

$$D=\begin{vmatrix} a_{11} & 0 & 0 & \cdots & 0 \\ 0 & a_{22} & 0 & \cdots & 0 \\ 0 & 0 & a_{33} & \cdots & 0 \\ \vdots & \vdots & \vdots & & \vdots \\ 0 & 0 & 0 & \cdots & a_{nn} \end{vmatrix}=a_{11}a_{22}a_{33}\cdots a_{nn}.$$

上三角(下三角)形行列式是今后计算行列式的基础，在下一节讲完行列式的性质之后，会利用行列式的性质将行列式的计算归结为上三角(下三角)形行列式的计算.

### 2.1.3 排列及逆序数

为给出行列式的另一种定义，先来介绍排列及其逆序数.

**定义 2.4** 将 $1,2,\cdots,n$ 这 $n$ 个不同的数排成一列，称为 $n$ 阶全排列，也简称为全排列.

例如，2431 和 1243 均是全排列.

$n$ 阶全排列的总数为 $n!=n(n-1)(n-2)\cdots2\cdot1$. 例如，$4!=4\times3\times2\times1=24$，$5!=5\times4\times3\times2\times1=120$.

显然，$12\cdots n$ 也是 $n$ 个数的全排列，并且元素是按从小到大的自然顺序排列的，这样的全排列称为标准排列. 而其他的 $n$ 阶全排列都或多或少地破坏了自然顺序，如全排列 2431 中，2 和 1、4 和 3、4 和 1、3 和 1 的顺序都与自然顺序相反.

**定义 2.5** 在一个排列中，如果一对数的排列顺序与自然顺序相反，即排在左边的数比排在它右边的数大，那么它们就构成一个逆序，一个排列中逆序的总数就称为这个排列的逆序数. 排列 $i_1i_2\cdots i_n$ 的逆序数记为 $\tau(i_1i_2\cdots i_n)$.

例如，全排列 2431 中，21、43、41、31 都是逆序，则 2431 的逆序数为 $\tau(2431)=4$. 又如，42153 的逆序数为 $\tau(42153)=5$.

**定义 2.6** 逆序数为偶数的排列称为偶排列，逆序数为奇数的排列称为奇排列.

例如，2431 是偶排列，42153 是奇排列.

**【即时提问 2.2】** 有 $n$ 个元素 $1,2,\cdots,n$，这 $n$ 个自然数由小到大按标准次序排列. 设 $p_1p_2\cdots p_n$为这 $n$ 个自然数的一个排列，若比 $p_i(i=1,2,\cdots,n)$ 大的且排在 $p_i$ 前面的元素有 $t_i$ 个，则 $\sum\limits_{i=1}^{n} t_i$ 为这个排列的逆序数. 这个说法是否正确？请说明理由.

以二阶、三阶行列式的对角线法则为例，有

$$\begin{vmatrix} a_{11} & a_{12} \\ a_{21} & a_{22} \end{vmatrix} = a_{11}a_{22}-a_{12}a_{21} = \sum_{j_1j_2}(-1)^{\tau(j_1,j_2)}a_{1j_1}a_{2j_2},$$

$$\begin{vmatrix} a_{11} & a_{12} & a_{13} \\ a_{21} & a_{22} & a_{23} \\ a_{31} & a_{32} & a_{33} \end{vmatrix} = \sum_{j_1j_2j_3}(-1)^{\tau(j_1,j_2,j_3)}a_{1j_1}a_{2j_2}a_{3j_3}.$$

更一般地，有

**定义 2.7** 由 $n^2$ 个数 $a_{ij}(i,j=1,2,3,\cdots,n)$ 组成的 $n$ 阶行列式

$$D=\begin{vmatrix} a_{11} & a_{12} & a_{13} & \cdots & a_{1n} \\ a_{21} & a_{22} & a_{23} & \cdots & a_{2n} \\ a_{31} & a_{32} & a_{33} & \cdots & a_{3n} \\ \vdots & \vdots & \vdots & & \vdots \\ a_{n1} & a_{n2} & a_{n3} & \cdots & a_{nn} \end{vmatrix} = \sum_{j_1j_2\cdots j_n}(-1)^{\tau(j_1j_2\cdots j_n)}a_{1j_1}a_{2j_2}a_{3j_3}\cdots a_{nj_n},$$

其中 $\sum\limits_{j_1j_2\cdots j_n}$ 表示对所有的列标排列 $j_1j_2\cdots j_n$ 求和.

由此可知，行列式的展开式中每一项都是不同行、不同列的 $n$ 个元素的乘积，再加上一个“+”号或“-”号. 当行标按自然顺序排列时，如果列标构成的排列是偶排列，则这一项前取“+”号；如果列标构成的排列是奇排列，则这一项前取“-”号.

显然，$n$ 阶行列式的展开式中，有一半的项前面取“+”号，另一半的项前面取“-”号.

**注** 这里说的“+”“-”号，不包括各元素本身的符号.

因为行列式的任一项 $(-1)^{\tau(j_1j_2\cdots j_n)}a_{1j_1}a_{2j_2}a_{3j_3}\cdots a_{nj_n}$ 都必须在每一行和每一列中各取一个元素，所以可以得到以下结论.

如果行列式有一行(列)所有元素全为零，则行列式的值为零.

## 同步习题 2.1

### 基础题

1. 求下列全排列的逆序数.

(1) 634521. (2) 53142. (3) 54321. (4) $135\cdots(2n-1)246\cdots(2n)$.

2. 填空题.

(1) 若 $n(n>1)$ 阶行列式 $D$ 中所有元素都为 1，则 $D=$__________.

(2) 在五阶行列式中，乘积 $a_{33}a_{21}a_{45}a_{14}a_{52}$ 前应取__________号.

3. 计算下列行列式.

(1) $\begin{vmatrix} 3 & 2 \\ 1 & -2 \end{vmatrix}$. (2) $\begin{vmatrix} 1 & 2 & 1 \\ 3 & 1 & 0 \\ 2 & 3 & 2 \end{vmatrix}$. (3) $\begin{vmatrix} 1 & -3 & 3 \\ 1 & -1 & 1 \\ 3 & 1 & -1 \end{vmatrix}$. (4) $\begin{vmatrix} a^2 & ab & b^2 \\ 2a & a+b & 2b \\ 1 & 1 & 1 \end{vmatrix}$.

4. 在六阶行列式中，下列各元素乘积是否为行列式的一项？若是行列式的项，应取什么符号？

(1) $a_{15}a_{23}a_{36}a_{44}a_{51}a_{62}$. (2) $a_{13}a_{36}a_{21}a_{65}a_{52}a_{44}$.

**提高题**

1. 若 $n$ 阶行列式 $D$ 中有多于 $n^2-n$ 个元素为 0，则 $D=$__________.

2. 选择题.

(1) 已知 $6i541j$ 为奇排列，则 $i,j$ 的值分别为(　　).

A. $i=3,j=2$　　B. $i=2,j=3$　　C. $i=3,j=7$　　D. $i=2,j=7$

(2) 已知行列式

$$D_1=\begin{vmatrix} 0 & \lambda_1 & 1 & 0 \\ 0 & 0 & \lambda_2 & 1 \\ 0 & 0 & 0 & \lambda_3 \\ \lambda_4 & 0 & 0 & 0 \end{vmatrix}, D_2=\begin{vmatrix} 0 & 0 & 0 & \lambda_1 \\ 0 & 0 & \lambda_2 & 0 \\ 0 & \lambda_3 & 0 & 0 \\ \lambda_4 & 0 & 0 & 0 \end{vmatrix},$$

其中 $\lambda_1\lambda_2\lambda_3\lambda_4\neq 0$，则 $D_1$ 与 $D_2$ 应满足关系(　　).

A. $D_1=D_2$　　B. $D_1=-D_2$　　C. $D_1=2D_2$　　D. $2D_1=D_2$

(3) $n$ 阶行列式

$$D=\begin{vmatrix} 0 & 0 & \cdots & 0 & 1 \\ 0 & 0 & \cdots & 2 & 0 \\ \vdots & \vdots & & \vdots & \vdots \\ 0 & n-1 & \cdots & 0 & 0 \\ n & 0 & \cdots & 0 & 0 \end{vmatrix}$$

微课：同步习题 2.1 提高题 2(3)

的值为(　　).

A. $n!$　　B. $(-1)^n n!$　　C. $(-1)^{n+1}n!$　　D. $(-1)^{\frac{n(n-1)}{2}}n!$

## 2.2 行列式的性质及其应用

利用行列式的定义直接计算行列式一般很困难，而且行列式的阶数越高，困难越大. 为了简化相应的计算，本节首先介绍行列式的一些基本性质，然后利用这些性质及推论计算一些形式较为简单的行列式.

### 2.2.1 行列式的性质

**定义 2.8** 将行列式 $D$ 的行与列互换得到的行列式称为行列式 $D$ 的**转置行列式**，记为 $D^{\mathrm{T}}$ 或 $D'$，即

$$D=\begin{vmatrix} a_{11} & a_{12} & a_{13} & \cdots & a_{1n} \\ a_{21} & a_{22} & a_{23} & \cdots & a_{2n} \\ a_{31} & a_{32} & a_{33} & \cdots & a_{3n} \\ \vdots & \vdots & \vdots & & \vdots \\ a_{n1} & a_{n2} & a_{n3} & \cdots & a_{nn} \end{vmatrix}, D^{\mathrm{T}}=\begin{vmatrix} a_{11} & a_{21} & a_{31} & \cdots & a_{n1} \\ a_{12} & a_{22} & a_{32} & \cdots & a_{n2} \\ a_{13} & a_{23} & a_{33} & \cdots & a_{n3} \\ \vdots & \vdots & \vdots & & \vdots \\ a_{1n} & a_{2n} & a_{3n} & \cdots & a_{nn} \end{vmatrix}.$$

例如，行列式 $D=\begin{vmatrix} 1 & 2 & 3 \\ 4 & 5 & 6 \\ 7 & 8 & 9 \end{vmatrix}$ 的转置行列式为 $D^{\mathrm{T}}=\begin{vmatrix} 1 & 4 & 7 \\ 2 & 5 & 8 \\ 3 & 6 & 9 \end{vmatrix}$.

换一个角度看，也可以把 $D$ 看成 $D^{\mathrm{T}}$ 的转置行列式.

**性质 2.1** 行列式与其转置行列式的值相等.

该性质利用行列式的定义即可得证.

例如，$\begin{vmatrix} 1 & 2 & 3 \\ 4 & 5 & 6 \\ 7 & 8 & 9 \end{vmatrix} = \begin{vmatrix} 1 & 4 & 7 \\ 2 & 5 & 8 \\ 3 & 6 & 9 \end{vmatrix}$.

性质 2.1 说明行列式中行和列具有同样的地位，因此，行列式中凡是对行成立的性质，对列也成立.

**性质 2.2** 互换行列式的两行(列)，行列式的值仅改变符号.

**证明** 以交换两行的情形来证明.

当 $n=2,3$ 时，

$$\begin{vmatrix} a_{21} & a_{22} \\ a_{11} & a_{12} \end{vmatrix} = a_{12}a_{21} - a_{11}a_{22} = -(a_{11}a_{22} - a_{12}a_{21}) = -\begin{vmatrix} a_{11} & a_{12} \\ a_{21} & a_{22} \end{vmatrix},$$

$$\begin{aligned} \begin{vmatrix} a_{11} & a_{12} & a_{13} \\ a_{21} & a_{22} & a_{23} \\ a_{31} & a_{32} & a_{33} \end{vmatrix} &= a_{31}(-1)^{1+3}\begin{vmatrix} a_{12} & a_{13} \\ a_{22} & a_{23} \end{vmatrix} + a_{32}(-1)^{2+3}\begin{vmatrix} a_{11} & a_{13} \\ a_{21} & a_{23} \end{vmatrix} + a_{33}(-1)^{3+3}\begin{vmatrix} a_{11} & a_{12} \\ a_{21} & a_{22} \end{vmatrix} \\ &= -a_{31}(-1)^{1+3}\begin{vmatrix} a_{22} & a_{23} \\ a_{12} & a_{13} \end{vmatrix} - a_{32}(-1)^{2+3}\begin{vmatrix} a_{21} & a_{23} \\ a_{11} & a_{13} \end{vmatrix} - a_{33}(-1)^{3+3}\begin{vmatrix} a_{21} & a_{22} \\ a_{11} & a_{12} \end{vmatrix} \\ &= -\begin{vmatrix} a_{21} & a_{22} & a_{23} \\ a_{11} & a_{12} & a_{13} \\ a_{31} & a_{32} & a_{33} \end{vmatrix}, \end{aligned}$$

利用数学归纳法即可得证.

**推论** 若行列式中有两行(或两列)对应元素相等，则行列式等于零.

**证明** 把行列式 $D$ 中有相同元素的两行(或两列)互换，则有 $D=-D$，因此 $D=0$.

**性质 2.3** 若行列式的某一行(或列)有公因子 $k$，则公因子 $k$ 可以提到行列式外面；或者说，用 $k$ 乘以行列式的某一行(或列)，等于用 $k$ 乘以该行列式，即

$$\begin{vmatrix} a_{11} & a_{12} & \cdots & a_{1n} \\ \vdots & \vdots & & \vdots \\ ka_{i1} & ka_{i2} & \cdots & ka_{in} \\ \vdots & \vdots & & \vdots \\ a_{n1} & a_{n2} & \cdots & a_{nn} \end{vmatrix} = k\begin{vmatrix} a_{11} & a_{12} & \cdots & a_{1n} \\ \vdots & \vdots & & \vdots \\ a_{i1} & a_{i2} & \cdots & a_{in} \\ \vdots & \vdots & & \vdots \\ a_{n1} & a_{n2} & \cdots & a_{nn} \end{vmatrix}.$$

**推论 1** 行列式的某一行(列)所有元素的公因子可以提到行列式的前面.

**推论 2** 如果行列式有两行(列)对应元素成比例，则行列式的值为零.

例如，

$$\begin{vmatrix} a & b & c \\ ka & kb & kc \\ d & e & f \end{vmatrix} = k\begin{vmatrix} a & b & c \\ a & b & c \\ d & e & f \end{vmatrix} = 0.$$

**推论 3** 若行列式中某一行(列)对应元素全为零，则行列式的值为零.

**性质 2.4** 若行列式的某一行(列)元素都是两数之和，则可按此行(列)将行列式拆分为两个行列式的和. 即

$$\begin{vmatrix} a_{11} & a_{12} & \cdots & a_{1n} \\ \vdots & \vdots & & \vdots \\ a_{i1}+a'_{i1} & a_{i2}+a'_{i2} & \cdots & a_{in}+a'_{in} \\ \vdots & \vdots & & \vdots \\ a_{n1} & a_{n2} & \cdots & a_{nn} \end{vmatrix} = \begin{vmatrix} a_{11} & a_{12} & \cdots & a_{1n} \\ \vdots & \vdots & & \vdots \\ a_{i1} & a_{i2} & \cdots & a_{in} \\ \vdots & \vdots & & \vdots \\ a_{n1} & a_{n2} & \cdots & a_{nn} \end{vmatrix} + \begin{vmatrix} a_{11} & a_{12} & \cdots & a_{1n} \\ \vdots & \vdots & & \vdots \\ a'_{i1} & a'_{i2} & \cdots & a'_{in} \\ \vdots & \vdots & & \vdots \\ a_{n1} & a_{n2} & \cdots & a_{nn} \end{vmatrix}.$$

**性质 2.5** 把行列式的某一行(列)中每个元素都乘以数 $k$，然后加到另一行(列)中对应元素上，行列式的值不变.

$r_j+kr_i$ 表示第 $i$ 行所有元素乘以 $k$ 后加到第 $j$ 行上去(此时行列式第 $i$ 行不变，变化的是第 $j$ 行)($i\neq j$)，即

$$D=\begin{vmatrix} a_{11} & a_{12} & \cdots & a_{1n} \\ \vdots & \vdots & & \vdots \\ a_{i1} & a_{i2} & \cdots & a_{in} \\ \vdots & \vdots & & \vdots \\ a_{j1} & a_{j2} & \cdots & a_{jn} \\ \vdots & \vdots & & \vdots \\ a_{n1} & a_{n2} & \cdots & a_{nn} \end{vmatrix} \xlongequal{r_j+kr_i} \begin{vmatrix} a_{11} & a_{12} & \cdots & a_{1n} \\ \vdots & \vdots & & \vdots \\ a_{i1} & a_{i2} & \cdots & a_{in} \\ \vdots & \vdots & & \vdots \\ a_{j1}+ka_{i1} & a_{j2}+ka_{i2} & \cdots & a_{jn}+ka_{in} \\ \vdots & \vdots & & \vdots \\ a_{n1} & a_{n2} & \cdots & a_{nn} \end{vmatrix}.$$

同样，$c_j+kc_i$ 表示第 $i$ 列所有元素乘以 $k$ 后加到第 $j$ 列上去(此时行列式第 $i$ 列不变，变化的是第 $j$ 列)($i\neq j$).

**性质 2.6** 行列式可以按任意行(列)展开，值不变，具体如下.

按第 $i$ 行展开($i=1,2,\cdots,n$)，

$$D=a_{i1}A_{i1}+a_{i2}A_{i2}+a_{i3}A_{i3}+\cdots+a_{in}A_{in}=\sum_{j=1}^{n}a_{ij}A_{ij}.$$

按第 $j$ 列展开($j=1,2,\cdots,n$)，

$$D=a_{1j}A_{1j}+a_{2j}A_{2j}+a_{3j}A_{3j}+\cdots+a_{nj}A_{nj}=\sum_{i=1}^{n}a_{ij}A_{ij}.$$

由定义 2.3 和上述性质可得下面的推论.

**推论** 行列式中某一行(列)的元素与另一行(列)对应元素的代数余子式的乘积之和等于零，即

$$a_{i1}A_{j1}+a_{i2}A_{j2}+a_{i3}A_{j3}+\cdots+a_{in}A_{jn}=0(i,j=1,2,\cdots,n;i\neq j),$$

或

$$a_{1i}A_{1j}+a_{2i}A_{2j}+a_{3i}A_{3j}+\cdots+a_{ni}A_{nj}=0(i,j=1,2,\cdots,n;i\neq j).$$

**证明** 设

$$D=\begin{vmatrix} a_{11} & a_{12} & \cdots & a_{1n} \\ \vdots & \vdots & & \vdots \\ a_{i1} & a_{i2} & \cdots & a_{in} \\ \vdots & \vdots & & \vdots \\ a_{j1} & a_{j2} & \cdots & a_{jn} \\ \vdots & \vdots & & \vdots \\ a_{n1} & a_{n2} & \cdots & a_{nn} \end{vmatrix},$$

将行列式 $D$ 中第 $j$ 行的元素对应替换成第 $i$ 行的元素，其他元素不变，得

$$\widetilde{D}=\begin{vmatrix} a_{11} & a_{12} & \cdots & a_{1n} \\ \vdots & \vdots & & \vdots \\ a_{i1} & a_{i2} & \cdots & a_{in} \\ \vdots & \vdots & & \vdots \\ a_{i1} & a_{i2} & \cdots & a_{in} \\ \vdots & \vdots & & \vdots \\ a_{n1} & a_{n2} & \cdots & a_{nn} \end{vmatrix}\begin{matrix} \\ \\ \leftarrow i \\ \\ \leftarrow j \\ \\ \\ \end{matrix}.$$

显然，$\widetilde{D}=0$，且 $\widetilde{D}$ 中第 $j$ 行各元素的代数余子式与 $D$ 中第 $j$ 行各元素的代数余子式对应相等，由性质 2.6，将 $\widetilde{D}$ 按第 $j$ 行展开，得

$$a_{i1}A_{j1}+a_{i2}A_{j2}+a_{i3}A_{j3}+\cdots+a_{in}A_{jn}=\sum_{k=1}^{n}a_{ik}A_{jk}=\widetilde{D}=0(i\neq j).$$

同理可证

$$a_{1i}A_{1j}+a_{2i}A_{2j}+a_{3i}A_{3j}+\cdots+a_{ni}A_{nj}=0(i\neq j).$$

综合定义 2.3 和上面的推论，对于行列式和代数余子式的关系，有以下重要结论：

$$\sum_{k=1}^{n}a_{ik}A_{jk}=\begin{cases} D, & i=j, \\ 0, & i\neq j; \end{cases} \qquad \sum_{k=1}^{n}a_{ki}A_{kj}=\begin{cases} D, & i=j, \\ 0, & i\neq j. \end{cases}$$

### 2.2.2　行列式性质的简单应用

下面利用行列式的性质进行行列式的计算和相关证明.

**例 2.6**　计算 $D=\begin{vmatrix} 0 & 5 & 0 & 1 \\ 0 & 1 & 2 & 1 \\ 3 & 1 & 6 & 4 \\ 0 & 0 & 0 & 6 \end{vmatrix}$.

**解**　将第 1 行和第 3 行互换，得

$$D=-\begin{vmatrix} 3 & 1 & 6 & 4 \\ 0 & 1 & 2 & 1 \\ 0 & 5 & 0 & 1 \\ 0 & 0 & 0 & 6 \end{vmatrix}.$$

再将第 2 列和第 3 列互换，得

$$D=(-1)^{2}\begin{vmatrix} 3 & 6 & 1 & 4 \\ 0 & 2 & 1 & 1 \\ 0 & 0 & 5 & 1 \\ 0 & 0 & 0 & 6 \end{vmatrix}=180.$$

**例 2.7** 计算 $D=\begin{vmatrix} ab & ac & ae \\ bd & cd & de \\ bf & cf & -ef \end{vmatrix}$.

**解** 由性质 2.3 可得

$$D=\begin{vmatrix} ab & ac & ae \\ bd & cd & de \\ bf & cf & -ef \end{vmatrix}=adf\begin{vmatrix} b & c & e \\ b & c & e \\ b & c & -e \end{vmatrix}=0.$$

**例 2.8** 计算 $D=\begin{vmatrix} 5 & 3 & 3 & 3 \\ 3 & 5 & 3 & 3 \\ 3 & 3 & 5 & 3 \\ 3 & 3 & 3 & 5 \end{vmatrix}$.

微课：例 2.8

**解** 这个行列式的特点是各行 4 个数的和都是 14，把第 2~4 列同时加到第 1 列，把公因子提出，然后把第 1 行乘以−1 加到第 2~4 行上，就得到上三角形行列式. 具体计算如下.

$$D\xlongequal[i=2,3,4]{c_1+c_i}\begin{vmatrix} 14 & 3 & 3 & 3 \\ 14 & 5 & 3 & 3 \\ 14 & 3 & 5 & 3 \\ 14 & 3 & 3 & 5 \end{vmatrix}\xlongequal{\frac{1}{14}c_1}14\begin{vmatrix} 1 & 3 & 3 & 3 \\ 1 & 5 & 3 & 3 \\ 1 & 3 & 5 & 3 \\ 1 & 3 & 3 & 5 \end{vmatrix}\xlongequal[i=2,3,4]{r_i-r_1}14\begin{vmatrix} 1 & 3 & 3 & 3 \\ 0 & 2 & 0 & 0 \\ 0 & 0 & 2 & 0 \\ 0 & 0 & 0 & 2 \end{vmatrix}=112.$$

**例 2.9** 证明：$\begin{vmatrix} a+b & b+c & c+a \\ a_1+b_1 & b_1+c_1 & c_1+a_1 \\ a_2+b_2 & b_2+c_2 & c_2+a_2 \end{vmatrix}=2\begin{vmatrix} a & b & c \\ a_1 & b_1 & c_1 \\ a_2 & b_2 & c_2 \end{vmatrix}$.

**证明** 左端 $=\begin{vmatrix} a+b & b+c & c+a \\ a_1+b_1 & b_1+c_1 & c_1+a_1 \\ a_2+b_2 & b_2+c_2 & c_2+a_2 \end{vmatrix}\xlongequal{c_2-c_1}\begin{vmatrix} a+b & c-a & c+a \\ a_1+b_1 & c_1-a_1 & c_1+a_1 \\ a_2+b_2 & c_2-a_2 & c_2+a_2 \end{vmatrix}$

$$\xlongequal{c_3+c_2}\begin{vmatrix} a+b & c-a & 2c \\ a_1+b_1 & c_1-a_1 & 2c_1 \\ a_2+b_2 & c_2-a_2 & 2c_2 \end{vmatrix}=2\begin{vmatrix} a+b & c-a & c \\ a_1+b_1 & c_1-a_1 & c_1 \\ a_2+b_2 & c_2-a_2 & c_2 \end{vmatrix}$$

$$\xlongequal{c_2-c_3}2\begin{vmatrix} a+b & -a & c \\ a_1+b_1 & -a_1 & c_1 \\ a_2+b_2 & -a_2 & c_2 \end{vmatrix}\xlongequal{c_1+c_2}2\begin{vmatrix} b & -a & c \\ b_1 & -a_1 & c_1 \\ b_2 & -a_2 & c_2 \end{vmatrix}$$

$$\xlongequal{c_1\leftrightarrow c_2}2\begin{vmatrix} a & b & c \\ a_1 & b_1 & c_1 \\ a_2 & b_2 & c_2 \end{vmatrix}$$

=右端，

故本题得证.

**【即时提问 2.3】** 假设一个 $n$ 阶行列式的元素满足 $a_{ij}=-a_{ji}(i,j=1,2,\cdots,n)$，当 $n$ 为奇数时，此行列式的值为多少？请说明理由.

## 同步习题 2.2

### 基础题

1. 填空题.

(1) 如果 $\begin{vmatrix} a_{11} & a_{12} & a_{13} \\ a_{21} & a_{22} & a_{23} \\ a_{31} & a_{32} & a_{33} \end{vmatrix}=1$，则 $M=\begin{vmatrix} 4a_{11} & 2a_{11}-3a_{12} & a_{13} \\ 4a_{21} & 2a_{21}-3a_{22} & a_{23} \\ 4a_{31} & 2a_{31}-3a_{32} & a_{33} \end{vmatrix}=$________.

(2) 设 $\begin{vmatrix} a & 3 & 1 \\ b & 0 & 1 \\ c & 2 & 1 \end{vmatrix}=1$，则 $\begin{vmatrix} a-3 & b-3 & c-3 \\ 5 & 2 & 4 \\ 1 & 1 & 1 \end{vmatrix}=$________.

(3) $\begin{vmatrix} -ab & a & a \\ bd & -d & d \\ bf & f & f \end{vmatrix}=$________.

2. 选择题.

(1) $\begin{vmatrix} 0 & 1 & 1 & 1 \\ 1 & 0 & 1 & 1 \\ 1 & 1 & 0 & 1 \\ 1 & 1 & 1 & 0 \end{vmatrix}=(\quad)$.

A. 1　　B. 2　　C. $-3$　　D. 0

(2) 行列式 $\begin{vmatrix} 2 & 1 & 0 \\ 1 & x & -2 \\ -3 & 2 & 7 \end{vmatrix}=0$，则 $x$ 的值为(　　).

A. $\frac{1}{2}$　　B. $-\frac{1}{2}$　　C. 2　　D. $-2$

### 提高题

利用行列式的性质证明下列等式成立.

(1) $\begin{vmatrix} a^2 & (a+1)^2 & (a+2)^2 \\ b^2 & (b+1)^2 & (b+2)^2 \\ c^2 & (c+1)^2 & (c+2)^2 \end{vmatrix}=4(a-b)(a-c)(b-c)$.

(2) $\begin{vmatrix} a_1-b_1 & a_1-b_2 & \cdots & a_1-b_n \\ a_2-b_1 & a_2-b_2 & \cdots & a_2-b_n \\ \vdots & \vdots & & \vdots \\ a_n-b_1 & a_n-b_2 & \cdots & a_n-b_n \end{vmatrix}=0(n\geqslant 3)$.

微课：同步习题 2.2 提高题(2)

## 2.3 行列式的典型计算方法

行列式的计算是本章的重点和难点，较简单的行列式可以用定义直接计算，对于较复杂的行列式，通常先利用行列式的性质进行化简，使行列式中出现较多的零元素，然后再计算. 本节将介绍一些常用的方法和技巧.

### 2.3.1 上（下）三角法

根据行列式的运算性质，可以把一个行列式化为上(下)三角形行列式，主对角线元素之积即为所求行列式的值.

**例 2.10** 计算行列式 $\begin{vmatrix} 1 & 2 & 3 & 4 \\ -1 & -1 & -5 & -2 \\ 2 & -5 & 6 & 3 \\ -2 & -2 & -3 & -4 \end{vmatrix}$.

**解** 元素 $a_{11}=1$，以第 1 行元素为基础，采用行的变换，把所给行列式化为上三角形行列式，

$$\begin{vmatrix} 1 & 2 & 3 & 4 \\ -1 & -1 & -5 & -2 \\ 2 & -5 & 6 & 3 \\ -2 & -2 & -3 & -4 \end{vmatrix} \xlongequal[r_4+2r_1]{\substack{r_2+r_1 \\ r_3-2r_1}} \begin{vmatrix} 1 & 2 & 3 & 4 \\ 0 & 1 & -2 & 2 \\ 0 & -9 & 0 & -5 \\ 0 & 2 & 3 & 4 \end{vmatrix}$$

$$\xlongequal[r_4-2r_2]{r_3+9r_2} \begin{vmatrix} 1 & 2 & 3 & 4 \\ 0 & 1 & -2 & 2 \\ 0 & 0 & -18 & 13 \\ 0 & 0 & 7 & 0 \end{vmatrix} \xlongequal{c_3 \leftrightarrow c_4} - \begin{vmatrix} 1 & 2 & 4 & 3 \\ 0 & 1 & 2 & -2 \\ 0 & 0 & 13 & -18 \\ 0 & 0 & 0 & 7 \end{vmatrix}$$

$$=-1\times1\times13\times7=-91.$$

**例 2.11** 计算行列式 $\begin{vmatrix} 0 & 1 & -3 & 2 \\ 1 & 3 & 0 & 4 \\ -1 & -1 & 2 & -8 \\ 0 & -3 & 5 & 1 \end{vmatrix}$.

**分析** 观察到元素 $a_{21}=1$，而 $a_{11}=0$，将第 1 行和第 2 行交换后，更便于将所给行列式化成上三角形行列式.

**解**

$$\begin{vmatrix} 0 & 1 & -3 & 2 \\ 1 & 3 & 0 & 4 \\ -1 & -1 & 2 & -8 \\ 0 & -3 & 5 & 1 \end{vmatrix} \xlongequal{r_1 \leftrightarrow r_2} - \begin{vmatrix} 1 & 3 & 0 & 4 \\ 0 & 1 & -3 & 2 \\ -1 & -1 & 2 & -8 \\ 0 & -3 & 5 & 1 \end{vmatrix}$$

$$\xlongequal{r_3+r_1} - \begin{vmatrix} 1 & 3 & 0 & 4 \\ 0 & 1 & -3 & 2 \\ 0 & 2 & 2 & -4 \\ 0 & -3 & 5 & 1 \end{vmatrix} \xlongequal[r_4+3r_2]{r_3-2r_2} - \begin{vmatrix} 1 & 3 & 0 & 4 \\ 0 & 1 & -3 & 2 \\ 0 & 0 & 8 & -8 \\ 0 & 0 & -4 & 7 \end{vmatrix}$$

$$\xlongequal{\frac{1}{8}r_3} -8 \begin{vmatrix} 1 & 3 & 0 & 4 \\ 0 & 1 & -3 & 2 \\ 0 & 0 & 1 & -1 \\ 0 & 0 & -4 & 7 \end{vmatrix} \xlongequal{r_4+4r_3} -8 \begin{vmatrix} 1 & 3 & 0 & 4 \\ 0 & 1 & -3 & 2 \\ 0 & 0 & 1 & -1 \\ 0 & 0 & 0 & 3 \end{vmatrix} = -24.$$

**例 2.12** 计算行列式 $\begin{vmatrix} 1 & 1 & 1 & 1 \\ x & a_1 & a_2 & a_2 \\ a_2 & a_2 & x & a_3 \\ a_3 & a_3 & a_3 & x \end{vmatrix}$.

**解**

$$\begin{vmatrix} 1 & 1 & 1 & 1 \\ x & a_1 & a_2 & a_2 \\ a_2 & a_2 & x & a_3 \\ a_3 & a_3 & a_3 & x \end{vmatrix} \xlongequal{c_1 \leftrightarrow c_2} - \begin{vmatrix} 1 & 1 & 1 & 1 \\ a_1 & x & a_2 & a_2 \\ a_2 & a_2 & x & a_3 \\ a_3 & a_3 & a_3 & x \end{vmatrix}$$

$$\xlongequal[r_4 - a_3 r_1]{\substack{r_2 - a_1 r_1 \\ r_3 - a_2 r_1}} - \begin{vmatrix} 1 & 1 & 1 & 1 \\ 0 & x-a_1 & a_2-a_1 & a_2-a_1 \\ 0 & 0 & x-a_2 & a_3-a_2 \\ 0 & 0 & 0 & x-a_3 \end{vmatrix}$$

$$= -(x-a_1)(x-a_2)(x-a_3).$$

## 2.3.2 降阶法

使用 $n$ 阶行列式的定义计算行列式时，一般可利用性质将行列式化为某一行(或列)仅剩一个非零元素，然后按此行(或列)展开，从而达到降阶的目的.

**例 2.13** 计算行列式 $\begin{vmatrix} 0 & 1 & -1 & 2 \\ -5 & 1 & 3 & -4 \\ 0 & 0 & 1 & -1 \\ 1 & -5 & 3 & -3 \end{vmatrix}$.

**分析** 为了使运算量尽可能小，尽量选择 0 较多的行或列，同时，选中的行或列的元素总体上尽可能小. 这里选中第 3 行，将除 1 外的元素都化为 0.

**解** 保留 $a_{33}$，把第 3 行元素 $a_{34}$变为 0，然后按第 3 行展开.

$$\begin{vmatrix} 0 & 1 & -1 & 2 \\ -5 & 1 & 3 & -4 \\ 0 & 0 & 1 & -1 \\ 1 & -5 & 3 & -3 \end{vmatrix} \xlongequal{c_4 + c_3} \begin{vmatrix} 0 & 1 & -1 & 1 \\ -5 & 1 & 3 & -1 \\ 0 & 0 & 1 & 0 \\ 1 & -5 & 3 & 0 \end{vmatrix} = (-1)^{3+3} \begin{vmatrix} 0 & 1 & 1 \\ -5 & 1 & -1 \\ 1 & -5 & 0 \end{vmatrix}$$

$$\xlongequal{r_2 + r_1} \begin{vmatrix} 0 & 1 & 1 \\ -5 & 2 & 0 \\ 1 & -5 & 0 \end{vmatrix} = (-1)^{1+3} \begin{vmatrix} -5 & 2 \\ 1 & -5 \end{vmatrix} = (-5)\times(-5) - 2\times 1 = 23.$$

**例 2.14** 计算 $n$ 阶行列式

$$D_n = \begin{vmatrix} x & y & 0 & \cdots & 0 & 0 \\ 0 & x & y & \cdots & 0 & 0 \\ 0 & 0 & x & \cdots & 0 & 0 \\ \vdots & \vdots & \vdots & & \vdots & \vdots \\ 0 & 0 & 0 & \cdots & x & y \\ y & 0 & 0 & \cdots & 0 & x \end{vmatrix}.$$

**分析** 注意到，该行列式的特点是每行(列)只有两个元素不为零，并且非零元素的分布较为规范，可使用定义 2.3 计算.

**解** 将行列式按第 1 列展开，可得

$$D_n=x\begin{vmatrix} x & y & 0 & \cdots & 0 \\ 0 & x & y & \cdots & 0 \\ 0 & 0 & x & \cdots & 0 \\ \vdots & \vdots & \vdots & & \vdots \\ 0 & 0 & 0 & \cdots & x \end{vmatrix}+(-1)^{n+1}y\begin{vmatrix} y & 0 & 0 & \cdots & 0 \\ x & y & 0 & \cdots & 0 \\ 0 & x & y & \cdots & 0 \\ \vdots & \vdots & \vdots & & \vdots \\ 0 & 0 & 0 & \cdots & y \end{vmatrix}=x^n+(-1)^{n+1}y^n.$$

【即时提问 2.4】 一个 $n$ 阶行列式，如果其中第 $i$ 行所有元素除 $a_{ij}$ 外都为零，那么这个行列式等于 $a_{ij}$ 与它的代数余子式的乘积，即 $D=a_{ij}A_{ij}$. 这个说法是否正确？请说明理由.

下面介绍范德蒙德行列式.

**例 2.15** 证明：$n$ 阶范德蒙德行列式

$$D_n=\begin{vmatrix} 1 & 1 & 1 & \cdots & 1 \\ x_1 & x_2 & x_3 & \cdots & x_n \\ x_1^2 & x_2^2 & x_3^2 & \cdots & x_n^2 \\ \vdots & \vdots & \vdots & & \vdots \\ x_1^{n-1} & x_2^{n-1} & x_3^{n-1} & \cdots & x_n^{n-1} \end{vmatrix}=\prod_{1\leqslant i<j\leqslant n}(x_j-x_i),$$

其中记号“$\prod$”表示连乘积，如 $\prod\limits_{i=1}^{n}a_i=a_1a_2\cdots a_n$.

**证明** 用数学归纳法.

(1) 当 $n=2$ 时，

$$D_2=\begin{vmatrix} 1 & 1 \\ x_1 & x_2 \end{vmatrix}=x_2-x_1=\prod_{1\leqslant i<j\leqslant 2}(x_j-x_i),$$

此时等式成立.

(2) 假设对于 $n-1$ 阶范德蒙德行列式，所给等式成立，则对于 $n$ 阶范德蒙德行列式，从第 $n$ 行起用每一行减去上一行的 $x_1$ 倍，然后按第 1 列展开，即

$$D_n\xlongequal[i=n,n-1,\cdots,2]{r_i-x_1r_{i-1}}\begin{vmatrix} 1 & 1 & 1 & \cdots & 1 \\ 0 & x_2-x_1 & x_3-x_1 & \cdots & x_n-x_1 \\ 0 & x_2(x_2-x_1) & x_3(x_3-x_1) & \cdots & x_n(x_n-x_1) \\ \vdots & \vdots & \vdots & & \vdots \\ 0 & x_2^{n-2}(x_2-x_1) & x_3^{n-2}(x_3-x_1) & \cdots & x_n^{n-2}(x_n-x_1) \end{vmatrix}$$

$$\xlongequal[\text{提出括号里的因子}]{\text{按第 1 列展开}}(x_2-x_1)(x_3-x_1)\cdots(x_n-x_1)\begin{vmatrix} 1 & 1 & \cdots & 1 \\ x_2 & x_3 & \cdots & x_n \\ x_2^2 & x_3^2 & \cdots & x_n^2 \\ \vdots & \vdots & & \vdots \\ x_2^{n-2} & x_3^{n-2} & \cdots & x_n^{n-2} \end{vmatrix}$$

$$\xlongequal{\text{由归纳假设}}(x_2-x_1)(x_3-x_1)\cdots(x_n-x_1)\prod_{2\leqslant i<j\leqslant n}(x_j-x_i)=\prod_{1\leqslant i<j\leqslant n}(x_j-x_i),$$

这就证明了对于 $n$ 阶范德蒙德行列式，所给等式也成立.

例如，三阶范德蒙德行列式 $\begin{vmatrix} 1 & 1 & 1 \\ a & b & c \\ a^2 & b^2 & c^2 \end{vmatrix}=(b-a)(c-a)(c-b)$.

### 2.3.3 拆分法

当行列式中存在非常明显的和运算，同时行列式的各行(列)元素除一两个外，其他元素都相同或结构相似时，可先利用性质 2.4 逐步拆分行列式，然后利用行列式的其他性质进行化简计算.

**例 2.16** 证明：$\begin{vmatrix} ax+by & ay+bz & az+bx \\ ay+bz & az+bx & ax+by \\ az+bx & ax+by & ay+bz \end{vmatrix}=(a^3+b^3)\begin{vmatrix} x & y & z \\ y & z & x \\ z & x & y \end{vmatrix}$.

**证明**

$$\text{左端}=\begin{vmatrix} ax & ay+bz & az+bx \\ ay & az+bx & ax+by \\ az & ax+by & ay+bz \end{vmatrix}+\begin{vmatrix} by & ay+bz & az+bx \\ bz & az+bx & ax+by \\ bx & ax+by & ay+bz \end{vmatrix}$$

$$=a\begin{vmatrix} x & ay+bz & az+bx \\ y & az+bx & ax+by \\ z & ax+by & ay+bz \end{vmatrix}+b\begin{vmatrix} y & ay+bz & az+bx \\ z & az+bx & ax+by \\ x & ax+by & ay+bz \end{vmatrix}$$

$$=a\begin{vmatrix} x & ay+bz & az \\ y & az+bx & ax \\ z & ax+by & ay \end{vmatrix}+a\begin{vmatrix} x & ay+bz & bx \\ y & az+bx & by \\ z & ax+by & bz \end{vmatrix}+b\begin{vmatrix} y & ay+bz & az+bx \\ z & az+bx & ax+by \\ x & ax+by & ay+bz \end{vmatrix}$$

$$=a\begin{vmatrix} x & ay+bz & az \\ y & az+bx & ax \\ z & ax+by & ay \end{vmatrix}+b\begin{vmatrix} y & ay & az+bx \\ z & az & ax+by \\ x & ax & ay+bz \end{vmatrix}+b\begin{vmatrix} y & bz & az+bx \\ z & bx & ax+by \\ x & by & ay+bz \end{vmatrix}$$

$$=a^2\begin{vmatrix} x & ay+bz & z \\ y & az+bx & x \\ z & ax+by & y \end{vmatrix}+b^2\begin{vmatrix} y & z & az+bx \\ z & x & ax+by \\ x & y & ay+bz \end{vmatrix}$$

$$=a^2\begin{vmatrix} x & ay & z \\ y & az & x \\ z & ax & y \end{vmatrix}+b^2\begin{vmatrix} y & z & bx \\ z & x & by \\ x & y & bz \end{vmatrix}=a^3\begin{vmatrix} x & y & z \\ y & z & x \\ z & x & y \end{vmatrix}+b^3\begin{vmatrix} y & z & x \\ z & x & y \\ x & y & z \end{vmatrix}=\text{右端},$$

本题得证.

**例 2.17** 设 $abcd=1$，计算行列式

$$D=\begin{vmatrix} a^2+\frac{1}{a^2} & a & \frac{1}{a} & 1 \\ b^2+\frac{1}{b^2} & b & \frac{1}{b} & 1 \\ c^2+\frac{1}{c^2} & c & \frac{1}{c} & 1 \\ d^2+\frac{1}{d^2} & d & \frac{1}{d} & 1 \end{vmatrix}.$$

微课：例 2.17

**解** 根据性质 2.4 得

$$D=\begin{vmatrix} a^2 & a & \frac{1}{a} & 1 \\ b^2 & b & \frac{1}{b} & 1 \\ c^2 & c & \frac{1}{c} & 1 \\ d^2 & d & \frac{1}{d} & 1 \end{vmatrix}+\begin{vmatrix} \frac{1}{a^2} & a & \frac{1}{a} & 1 \\ \frac{1}{b^2} & b & \frac{1}{b} & 1 \\ \frac{1}{c^2} & c & \frac{1}{c} & 1 \\ \frac{1}{d^2} & d & \frac{1}{d} & 1 \end{vmatrix}=abcd\begin{vmatrix} a & 1 & \frac{1}{a^2} & \frac{1}{a} \\ b & 1 & \frac{1}{b^2} & \frac{1}{b} \\ c & 1 & \frac{1}{c^2} & \frac{1}{c} \\ d & 1 & \frac{1}{d^2} & \frac{1}{d} \end{vmatrix}+(-1)^3\begin{vmatrix} a & 1 & \frac{1}{a^2} & \frac{1}{a} \\ b & 1 & \frac{1}{b^2} & \frac{1}{b} \\ c & 1 & \frac{1}{c^2} & \frac{1}{c} \\ d & 1 & \frac{1}{d^2} & \frac{1}{d} \end{vmatrix}=0.$$

### 2.3.4 升阶法

除了常用的上(下)三角形法、降阶法和拆分法，对于一些具有特殊特征的行列式，还可以采取一些较为有效的方法. 当行列式的元素较为规范，除对角线上的元素外，其他同列的元素都相等时，可以在行列式的左上角增加一行和一列，以达到升阶的目的，再利用行列式的性质进行计算. 为了让行列式的值不变，增加的一列除了第一个元素为 1 外，其他的元素均为 0.

**例 2.18** 计算 $n$ 阶行列式

$$D_n=\begin{vmatrix} 1+a_1 & 1 & 1 & \cdots & 1 \\ 1 & 1+a_2 & 1 & \cdots & 1 \\ 1 & 1 & 1+a_3 & \cdots & 1 \\ \vdots & \vdots & \vdots & & \vdots \\ 1 & 1 & 1 & \cdots & 1+a_n \end{vmatrix}\quad(a_1a_2\cdots a_n\neq 0).$$

微课：例 2.18

**解** 此行列式除主对角线上的元素外，其余元素均为 1. 在 $D_n$ 的左上角增加一行和一列，得到

$$D_{n+1}=\begin{vmatrix} 1 & 1 & 1 & 1 & 1 & 1 \\ 0 & 1+a_1 & 1 & 1 & \cdots & 1 \\ 0 & 1 & 1+a_2 & 1 & \cdots & 1 \\ 0 & 1 & 1 & 1+a_3 & \cdots & 1 \\ \vdots & \vdots & \vdots & \vdots & & \vdots \\ 0 & 1 & 1 & 1 & \cdots & 1+a_n \end{vmatrix}=D_n.$$

将第 1 行的 $-1$ 倍加到其余各行，再将第 $2,3,\cdots,n+1$ 列分别乘上 $\frac{1}{a_i}(i=1,2,\cdots,n)$ 加到第 1 列，得

$$D_{n+1}=\begin{vmatrix} 1 & 1 & 1 & 1 & 1 & 1 \\ -1 & a_1 & 0 & 0 & \cdots & 0 \\ -1 & 0 & a_2 & 0 & \cdots & 0 \\ -1 & 0 & 0 & a_3 & \cdots & 0 \\ \vdots & \vdots & \vdots & \vdots & & \vdots \\ -1 & 0 & 0 & 0 & \cdots & a_n \end{vmatrix}\xlongequal[i=2,3,\cdots,n+1]{c_1+\frac{1}{a_{i-1}}c_i}\begin{vmatrix} 1+\sum\limits_{i=1}^{n}\frac{1}{a_i} & 1 & 1 & 1 & 1 & 1 \\ 0 & a_1 & 0 & 0 & \cdots & 0 \\ 0 & 0 & a_2 & 0 & \cdots & 0 \\ 0 & 0 & 0 & a_3 & \cdots & 0 \\ \vdots & \vdots & \vdots & \vdots & & \vdots \\ 0 & 0 & 0 & 0 & \cdots & a_n \end{vmatrix}$$

$$=\left(1+\sum_{i=1}^{n}\frac{1}{a_i}\right)a_1a_2\cdots a_n.$$

**例 2.19** 求方程 $\begin{vmatrix} a_1 & a_2 & a_3 & a_4+x \\ a_1 & a_2 & a_3+x & a_4 \\ a_1 & a_2+x & a_3 & a_4 \\ a_1+x & a_2 & a_3 & a_4 \end{vmatrix}=0$ 的根.

**解** 使用升阶法.

$$D=\begin{vmatrix} 1 & a_1 & a_2 & a_3 & a_4 \\ 0 & a_1 & a_2 & a_3 & a_4+x \\ 0 & a_1 & a_2 & a_3+x & a_4 \\ 0 & a_1 & a_2+x & a_3 & a_4 \\ 0 & a_1+x & a_2 & a_3 & a_4 \end{vmatrix} \xlongequal[i=2,3,4,5]{r_i-r_1} \begin{vmatrix} 1 & a_1 & a_2 & a_3 & a_4 \\ -1 & 0 & 0 & 0 & x \\ -1 & 0 & 0 & x & 0 \\ -1 & 0 & x & 0 & 0 \\ -1 & x & 0 & 0 & 0 \end{vmatrix},$$

当 $x=0$ 时，$D=0$，

当 $x\neq 0$ 时，

$$D \xlongequal[i=2,3,4,5]{c_1+\frac{1}{x}c_i} \begin{vmatrix} 1+\frac{a_1+a_2+a_3+a_4}{x} & a_1 & a_2 & a_3 & a_4 \\ 0 & 0 & 0 & 0 & x \\ 0 & 0 & 0 & x & 0 \\ 0 & 0 & x & 0 & 0 \\ 0 & x & 0 & 0 & 0 \end{vmatrix} = \left(1+\frac{a_1+a_2+a_3+a_4}{x}\right)x^4,$$

从而方程 $D=0$ 的解为 $x=0$ 和 $x=-a_1-a_2-a_3-a_4$，这也是所给方程的解.

### 2.3.5 递推法

当行列式除个别的行(列)外，其余各行(列)所含元素基本相同，且相同的元素呈阶梯状分布时，可以采取递推法求解行列式，即找到相邻阶行列式的递推关系，进而归纳求解.

**例 2.20** 计算 $n$ 阶行列式

$$D_n=\begin{vmatrix} a+b & b & 0 & \cdots & 0 & 0 \\ a & a+b & b & \cdots & 0 & 0 \\ 0 & a & a+b & \cdots & 0 & 0 \\ \vdots & \vdots & \vdots & & \vdots & \vdots \\ 0 & 0 & 0 & \cdots & a+b & b \\ 0 & 0 & 0 & \cdots & a & a+b \end{vmatrix}（其中 a\neq b）.$$

**分析** 从结构上看，此行列式称为三对角行列式，即除主对角线上及其两侧元素外，其余元素均为零. 然而，零元素虽多，但使用上(下)三角形法会很麻烦，结果也很难预测. 因此，使用递推法计算.

**解** 将行列式按第 1 行展开，得

$$D_n=\begin{vmatrix} a+b & b & 0 & \cdots & 0 & 0 \\ a & a+b & b & \cdots & 0 & 0 \\ 0 & a & a+b & \cdots & 0 & 0 \\ \vdots & \vdots & \vdots & & \vdots & \vdots \\ 0 & 0 & 0 & \cdots & a+b & b \\ 0 & 0 & 0 & \cdots & a & a+b \end{vmatrix}$$

$$=(a+b)\begin{vmatrix} a+b & b & 0 & \cdots & 0 \\ a & a+b & b & \cdots & 0 \\ 0 & a & a+b & \cdots & 0 \\ \vdots & \vdots & \vdots & & \vdots \\ 0 & 0 & 0 & \cdots & a+b \end{vmatrix}+b\times(-1)^{1+2}\begin{vmatrix} a & b & 0 & \cdots & 0 \\ 0 & a+b & b & \cdots & 0 \\ 0 & a & a+b & \cdots & 0 \\ \vdots & \vdots & \vdots & & \vdots \\ 0 & 0 & 0 & \cdots & a+b \end{vmatrix}$$

$$=(a+b)D_{n-1}-abD_{n-2}.$$

由 $D_n=(a+b)D_{n-1}-abD_{n-2}$ 可得

$$D_n-bD_{n-1}=a(D_{n-1}-bD_{n-2})=a^2(D_{n-2}-bD_{n-3})=\cdots=a^{n-2}(D_2-bD_1)=a^n,$$

根据对称性，有

$$D_n-aD_{n-1}=b^n,$$

由上述两式可得 $D_n=\dfrac{a^{n+1}-b^{n+1}}{a-b}$.

**例 2.21** 计算行列式

$$D_n=\begin{vmatrix} x & -1 & 0 & \cdots & 0 & 0 \\ 0 & x & -1 & \cdots & 0 & 0 \\ 0 & 0 & x & \cdots & 0 & 0 \\ \vdots & \vdots & \vdots & & \vdots & \vdots \\ 0 & 0 & 0 & \cdots & x & -1 \\ a_n & a_{n-1} & a_{n-2} & \cdots & a_2 & x+a_1 \end{vmatrix}$$

**解** 按第 1 列展开，得

$$D_n=x\begin{vmatrix} x & -1 & \cdots & 0 & 0 \\ 0 & x & \cdots & 0 & 0 \\ \vdots & \vdots & & \vdots & \vdots \\ 0 & 0 & \cdots & x & -1 \\ a_{n-1} & a_{n-2} & \cdots & a_2 & x+a_1 \end{vmatrix}+a_n,$$

即有递推关系式 $D_n=xD_{n-1}+a_n$，从而

$$D_n=x(xD_{n-2}+a_{n-1})+a_n=x^2D_{n-2}+a_{n-1}x+a_n=\cdots=x^n+a_1x^{n-1}+\cdots+a_{n-1}x+a_n.$$

**例 2.22** 计算 $2n$ 阶行列式

$$D_{2n}=\begin{vmatrix} a & 0 & \cdots & 0 & 0 & \cdots & 0 & b \\ 0 & a & \cdots & 0 & 0 & \cdots & b & 0 \\ \vdots & \vdots & & \vdots & \vdots & & \vdots & \vdots \\ 0 & 0 & \cdots & a & b & \cdots & 0 & 0 \\ 0 & 0 & \cdots & c & d & \cdots & 0 & 0 \\ \vdots & \vdots & & \vdots & \vdots & & \vdots & \vdots \\ 0 & c & \cdots & 0 & 0 & \cdots & d & 0 \\ c & 0 & \cdots & 0 & 0 & \cdots & 0 & d \end{vmatrix}$$

**解** 将行列式按第 1 行展开，得

$$D_{2n}=a\begin{vmatrix}a&0&\cdots&0&0&\cdots&b&0\\\vdots&\vdots&&\vdots&\vdots&&\vdots&\vdots\\0&0&\cdots&a&b&\cdots&0&0\\0&0&\cdots&c&d&\cdots&0&0\\\vdots&\vdots&&\vdots&\vdots&&\vdots&\vdots\\c&0&\cdots&0&0&\cdots&d&0\\0&0&\cdots&0&0&\cdots&0&d\end{vmatrix}+b(-1)^{1+2n}\begin{vmatrix}0&a&\cdots&0&0&\cdots&0&b\\\vdots&\vdots&&\vdots&\vdots&&\vdots&\vdots\\0&0&\cdots&a&b&\cdots&0&0\\0&0&\cdots&c&d&\cdots&0&0\\\vdots&\vdots&&\vdots&\vdots&&\vdots&\vdots\\0&c&\cdots&0&0&\cdots&0&d\\c&0&\cdots&0&0&\cdots&0&0\end{vmatrix}$$

（按最后1行展开）　　　　　　　　（按第1列展开）

$$=ad(-1)^{2n-1+2n-1}D_{2n-2}+bc(-1)^{2n+1}(-1)^{1+2n-1}D_{2n-2}=(ad-bc)D_{2n-2},$$

即 $D_{2n}=(ad-bc)D_{2n-2}$. 进一步地，由该递推公式可得

$$D_{2n}=(ad-bc)D_{2(n-1)}=(ad-bc)^2D_{2(n-2)}=\cdots$$

$$=(ad-bc)^{n-1}D_2=(ad-bc)^{n-1}\begin{vmatrix}a&b\\c&d\end{vmatrix}=(ad-bc)^n.$$

## 同步习题 2.3

### 基础题

1. 填空题.

(1) 行列式 $\begin{vmatrix}1&2&3&4\\0&0&2&0\\3&2&1&3\\6&1&5&0\end{vmatrix}=$____________.

(2) 行列式 $\begin{vmatrix}1&1&1&1\\1&2&2&2\\0&3&4&5\\0&3^2&4^2&5^2\end{vmatrix}=$____________.

2. 计算下列行列式.

(1) $\begin{vmatrix}1&1&1&1\\1&1&-1&-1\\1&-1&1&-1\\x&-1&-1&1\end{vmatrix}$.　　(2) $\begin{vmatrix}5&0&4&2\\1&-1&2&1\\4&1&2&0\\1&1&1&1\end{vmatrix}$.

(3) $\begin{vmatrix}2&1&0&\cdots&0&0\\0&2&1&\cdots&0&0\\0&0&2&\cdots&0&0\\\vdots&\vdots&\vdots&&\vdots&\vdots\\0&0&0&\cdots&2&1\\1&0&0&\cdots&0&2\end{vmatrix}$.

微课：同步习题2.3 基础题2(1)

3. 证明：$\begin{vmatrix} a^2 & (a+1)^2 & (a+2)^2 & (a+3)^2 \\ b^2 & (b+1)^2 & (b+2)^2 & (b+3)^2 \\ c^2 & (c+1)^2 & (c+2)^2 & (c+3)^2 \\ d^2 & (d+1)^2 & (d+2)^2 & (d+3)^2 \end{vmatrix}=0.$

**提高题**

计算下列 $n$ 阶行列式.

(1) $\begin{vmatrix} 1 & 2 & 3 & \cdots & n-1 & n \\ 1 & -1 & 0 & \cdots & 0 & 0 \\ 0 & 2 & -2 & \cdots & 0 & 0 \\ \vdots & \vdots & \vdots & & \vdots & \vdots \\ 0 & 0 & 0 & \cdots & -(n-2) & 0 \\ 0 & 0 & 0 & \cdots & n-1 & -(n-1) \end{vmatrix}$.　(2) $\begin{vmatrix} 3 & 2 & 2 & \cdots & 2 & 2 \\ 2 & 3 & 2 & \cdots & 2 & 2 \\ 2 & 2 & 3 & \cdots & 2 & 2 \\ \vdots & \vdots & \vdots & & \vdots & \vdots \\ 2 & 2 & 2 & \cdots & 3 & 2 \\ 2 & 2 & 2 & \cdots & 2 & 3 \end{vmatrix}$.

## 2.4 行列式的应用

当线性方程组中方程个数等于未知数个数的时候，可以利用行列式来解这一类特殊的线性方程组. 2.1 节中，利用二阶行列式求解了由两个二元线性方程构成的方程组，本节将介绍求解由 $n$ 个 $n$ 元线性方程构成的线性方程组的克莱姆法则.

### 2.4.1 克莱姆法则

在 2.1.1 小节的引例中，求解了含有 2 个未知量的线性方程组

$$\begin{cases} a_{11}x_1+a_{12}x_2=b_1, \\ a_{21}x_1+a_{22}x_2=b_2, \end{cases}$$

当 $D\neq 0$ 时，方程组有唯一解

$$x_1=\frac{D_1}{D}, x_2=\frac{D_2}{D}.$$

其中，由方程组未知量的系数构成 $D=\begin{vmatrix} a_{11} & a_{12} \\ a_{21} & a_{22} \end{vmatrix}$，称为系数行列式；将 $D$ 中第 1 列的元素换成对应的常数项，得 $D_1=\begin{vmatrix} b_1 & a_{12} \\ b_2 & a_{22} \end{vmatrix}$；将 $D$ 中第 2 列的元素换成对应的常数项，得 $D_2=\begin{vmatrix} a_{11} & b_1 \\ a_{21} & b_2 \end{vmatrix}$.

将上述结果推广到 $n$ 个方程 $n$ 个未知量的情形，就是克莱姆法则.

考察线性方程组

$$\begin{cases} a_{11}x_1+a_{12}x_2+\cdots+a_{1n}x_n=b_1, \\ a_{21}x_1+a_{22}x_2+\cdots+a_{2n}x_n=b_2, \\ \cdots\cdots\cdots \\ a_{n1}x_1+a_{n2}x_2+\cdots+a_{nn}x_n=b_n, \end{cases} \tag{2.3}$$

其中 $a_{ij}, b_j(i=1,2,\cdots,n;j=1,2,\cdots,n)$ 为常数.

**定理 2.1** 若线性方程组[式(2.3)]的系数行列式

$$D=\begin{vmatrix} a_{11} & a_{12} & \cdots & a_{1n} \\ a_{21} & a_{22} & \cdots & a_{2n} \\ \vdots & \vdots & & \vdots \\ a_{n1} & a_{n2} & \cdots & a_{nn} \end{vmatrix}$$

不等于零，则方程组有唯一解

$$x_1=\frac{D_1}{D},x_2=\frac{D_2}{D},\cdots,x_n=\frac{D_n}{D},$$

其中 $D_j$ 是将系数行列式 $D$ 的第 $j$ 列换成常数项所得的 $n$ 阶行列式，

$$D_j=\begin{vmatrix} a_{11} & \cdots & a_{1,j-1} & b_1 & a_{1,j+1} & \cdots & a_{1n} \\ a_{21} & \cdots & a_{2,j-1} & b_2 & a_{2,j+1} & \cdots & a_{2n} \\ \vdots & & \vdots & \vdots & \vdots & & \vdots \\ a_{n1} & \cdots & a_{n,j-1} & b_n & a_{n,j+1} & \cdots & a_{nn} \end{vmatrix}.$$

定理 2.1 称为**克莱姆法则**.

**证明** 用系数行列式 $D$ 的第 $j$ 列元素的代数余子式，依次分别乘方程组[式(2.3)]的 $n$ 个方程两端，然后两端分别相加，根据性质 2.6 及其推论，得

$$x_jD=D_j(j=1,2,\cdots,n).$$

因为 $D\neq0$，所以有

$$x_j=\frac{D_j}{D}(j=1,2,\cdots,n).$$

下面证明上述解是唯一的. 为此，设 $x_1=c_1,x_2=c_2,\cdots,x_n=c_n$ 是方程组[式(2.3)]的任意一个解，结合行列式的性质，有

$$c_1D=\begin{vmatrix} a_{11}c_1 & a_{12} & \cdots & a_{1n} \\ a_{21}c_1 & a_{22} & \cdots & a_{2n} \\ \vdots & \vdots & & \vdots \\ a_{n1}c_1 & a_{n2} & \cdots & a_{nn} \end{vmatrix}=\begin{vmatrix} a_{11}c_1+a_{12}c_2+\cdots+a_{1n}c_n & a_{12} & \cdots & a_{1n} \\ a_{21}c_1+a_{22}c_2+\cdots+a_{2n}c_n & a_{22} & \cdots & a_{2n} \\ \vdots & \vdots & & \vdots \\ a_{n1}c_1+a_{n2}c_2+\cdots+a_{nn}c_n & a_{n2} & \cdots & a_{nn} \end{vmatrix}$$

$$=\begin{vmatrix} b_1 & a_{12} & \cdots & a_{1n} \\ b_2 & a_{22} & \cdots & a_{2n} \\ \vdots & \vdots & & \vdots \\ b_n & a_{n2} & \cdots & a_{nn} \end{vmatrix}=D_1,$$

于是 $c_1=\dfrac{D_1}{D}$.

类似地，可以推出 $c_2=\dfrac{D_2}{D},\cdots,c_n=\dfrac{D_n}{D}$，同时唯一性得证.

式(2.3)中的线性方程组，当 $b_1,b_2,\cdots,b_n$ 全为 0 时，得到

$$\begin{cases} a_{11}x_1+a_{12}x_2+\cdots+a_{1n}x_n=0, \\ a_{21}x_1+a_{22}x_2+\cdots+a_{2n}x_n=0, \\ \cdots\cdots\cdots \\ a_{n1}x_1+a_{n2}x_2+\cdots+a_{nn}x_n=0, \end{cases} \tag{2.4}$$

该方程组称为齐次线性方程组.

显然，$x_1=x_2=\cdots=x_n=0$ 是方程组[式(2.4)]的解，称为齐次线性方程组的零解；若解 $x_1, x_2, \cdots, x_n$ 不全为零，则称为齐次线性方程组的非零解.

结合克莱姆法则，对于齐次线性方程组[式(2.4)]，有下面的定理.

**定理 2.2** 若齐次线性方程组[式(2.4)]的系数行列式 $D\neq0$，则齐次线性方程组有唯一零解.

**【即时提问 2.5】** 若齐次线性方程组[式(2.4)]有非零解，则它的系数行列式是否一定为零？请说明理由.

**例 2.23** 求解线性方程组

$$\begin{cases}x_1+x_2+x_3=1,\\ x_1+3x_2+4x_3=-5,\\ 2x_1-x_2=1.\end{cases}$$

**解** 因为方程组的方程个数等于未知量个数，而系数行列式

$$D=\begin{vmatrix}1&1&1\\1&3&4\\2&-1&0\end{vmatrix}=5\neq0,$$

由克莱姆法则可知方程组有唯一解. 又

$$D_1=\begin{vmatrix}1&1&1\\-5&3&4\\1&-1&0\end{vmatrix}=10,\ D_2=\begin{vmatrix}1&1&1\\1&-5&4\\2&1&0\end{vmatrix}=15,D_3=\begin{vmatrix}1&1&1\\1&3&-5\\2&-1&1\end{vmatrix}=-20,$$

所以

$$x_1=\frac{D_1}{D}=2,x_2=\frac{D_2}{D}=3,x_3=\frac{D_3}{D}=-4.$$

克莱姆法则的使用条件有两个：一是方程的个数和未知量的个数相等；二是系数行列式 $D\neq0$.

**例 2.24** 求解线性方程组

$$\begin{cases}x_1+a_1x_2+a_1^2x_3+\cdots+a_1^{n-1}x_n=1,\\ x_1+a_2x_2+a_2^2x_3+\cdots+a_2^{n-1}x_n=1,\\ x_1+a_3x_2+a_3^2x_3+\cdots+a_3^{n-1}x_n=1,\\ \cdots\cdots\cdots\\ x_1+a_nx_2+a_n^2x_3+\cdots+a_n^{n-1}x_n=1,\end{cases}$$

其中 $a_i\neq a_j(i\neq j,i,j=1,2,\cdots,n)$.

**解** 因为系数行列式 $D=\begin{vmatrix}1&a_1&a_1^2&\cdots&a_1^{n-1}\\1&a_2&a_2^2&\cdots&a_2^{n-1}\\1&a_3&a_3^2&\cdots&a_3^{n-1}\\\vdots&\vdots&\vdots&&\vdots\\1&a_n&a_n^2&\cdots&a_n^{n-1}\end{vmatrix}=\prod\limits_{1\leqslant i<j\leqslant n}(a_j-a_i)$，

当 $a_i\neq a_j(i\neq j;i,j=1,2,\cdots,n)$ 时，$D\neq0$，所以线性方程组的解可用克莱姆法则求得.

$$x_1=\frac{D_1}{D}=\frac{D}{D}=1,x_2=\frac{D_2}{D}=\frac{0}{D}=0,\cdots,x_n=\frac{D_n}{D}=\frac{0}{D}=0.$$

因此，线性方程组的解为 $x_1=1,x_2=x_3=\cdots=x_n=0$.

### 2.4.2 方阵的行列式和求逆矩阵

**定义 2.9** 用 $n$ 阶方阵 $\boldsymbol{A}$ 的所有元素(保持各元素位置不变)构成的行列式，称为方阵 $\boldsymbol{A}$ 的行列式，记作 $|\boldsymbol{A}|$或 $\det\boldsymbol{A}$.

例如，方阵 $\boldsymbol{A}=\begin{pmatrix}-2 & 5\\ 1 & -3\end{pmatrix}$, $|\boldsymbol{A}|=\begin{vmatrix}-2 & 5\\ 1 & -3\end{vmatrix}=6-5=1$.

方阵的行列式运算满足以下性质.

**性质 2.7** 设 $\boldsymbol{A},\boldsymbol{B}$ 是 $n$ 阶方阵，$k\in\mathbf{R}$.

(1) $|\boldsymbol{A}^{\mathrm{T}}|=|\boldsymbol{A}|$.　(2) $|k\boldsymbol{A}|=k^n|\boldsymbol{A}|$.　(3) $|\boldsymbol{AB}|=|\boldsymbol{A}||\boldsymbol{B}|$.

关于定义 2.9 和性质 2.7 的几点说明如下.

(1) 只有方阵才有行列式运算.

(2) 一般地，$|\boldsymbol{A}+\boldsymbol{B}|\neq|\boldsymbol{A}|+|\boldsymbol{B}|$.

(3) 对于 $n$ 阶方阵 $\boldsymbol{A},\boldsymbol{B}$，尽管通常有 $\boldsymbol{AB}\neq\boldsymbol{BA}$，但 $|\boldsymbol{AB}|=|\boldsymbol{BA}|$.

(4) 性质 2.7(3)可以推广到多个 $n$ 阶方阵相乘的情形，即 $|\boldsymbol{A}_1\boldsymbol{A}_2\cdots\boldsymbol{A}_m|=|\boldsymbol{A}_1||\boldsymbol{A}_2|\cdots|\boldsymbol{A}_m|$. 特别地，$|\boldsymbol{A}^m|=|\boldsymbol{A}|^m$，其中 $m$ 为正整数.

对于方阵 $\boldsymbol{A}$，如果用 $\boldsymbol{A}$ 的行列式是否为零来区分矩阵，就可得如下定义.

**定义 2.10** 设 $\boldsymbol{A}$ 为 $n$ 阶方阵，若 $|\boldsymbol{A}|\neq0$，则称 $\boldsymbol{A}$ 为非奇异矩阵；否则称 $\boldsymbol{A}$ 为奇异矩阵.

**定义 2.11** 设 $n$ 阶方阵 $\boldsymbol{A}=(a_{ij})_{n\times n}$，即

$$\boldsymbol{A}=\begin{pmatrix}a_{11} & a_{12} & \cdots & a_{1n}\\ a_{21} & a_{22} & \cdots & a_{2n}\\ \vdots & \vdots & & \vdots\\ a_{n1} & a_{n2} & \cdots & a_{nn}\end{pmatrix},$$

用$|\boldsymbol{A}|$中各个元素的代数余子式 $A_{ij}(i,j=1,2,\cdots,n)$排列成 $n$ 阶方阵

$$\boldsymbol{A}^*=\begin{pmatrix}A_{11} & A_{21} & \cdots & A_{n1}\\ A_{12} & A_{22} & \cdots & A_{n2}\\ \vdots & \vdots & & \vdots\\ A_{1n} & A_{2n} & \cdots & A_{nn}\end{pmatrix},$$

称 $\boldsymbol{A}^*$ 是 $\boldsymbol{A}$ 的伴随矩阵.

**例 2.25** 设 $n$ 阶方阵 $\boldsymbol{A}^*$ 是 $n$ 阶方阵 $\boldsymbol{A}$ 的伴随矩阵，证明：$\boldsymbol{AA}^*=\boldsymbol{A}^*\boldsymbol{A}=|\boldsymbol{A}|\boldsymbol{E}$.

**证明** 设 $\boldsymbol{A}=(a_{ij})_{n\times n},\boldsymbol{A}^*=(A_{ji})_{n\times n}(i,j=1,2,\cdots,n)$，由行列式的性质得

$$\boldsymbol{AA}^*=\begin{pmatrix}a_{11} & a_{12} & \cdots & a_{1n}\\ a_{21} & a_{22} & \cdots & a_{2n}\\ \vdots & \vdots & & \vdots\\ a_{n1} & a_{n2} & \cdots & a_{nn}\end{pmatrix}\begin{pmatrix}A_{11} & A_{21} & \cdots & A_{n1}\\ A_{12} & A_{22} & \cdots & A_{n2}\\ \vdots & \vdots & & \vdots\\ A_{1n} & A_{2n} & \cdots & A_{nn}\end{pmatrix}=\begin{pmatrix}|\boldsymbol{A}| & 0 & \cdots & 0\\ 0 & |\boldsymbol{A}| & \cdots & 0\\ \vdots & \vdots & & \vdots\\ 0 & 0 & \cdots & |\boldsymbol{A}|\end{pmatrix}=|\boldsymbol{A}|\boldsymbol{E}.$$

同理可得

$$\boldsymbol{A}^*\boldsymbol{A}=\begin{pmatrix}A_{11} & A_{21} & \cdots & A_{n1}\\ A_{12} & A_{22} & \cdots & A_{n2}\\ \vdots & \vdots & & \vdots\\ A_{1n} & A_{2n} & \cdots & A_{nn}\end{pmatrix}\begin{pmatrix}a_{11} & a_{12} & \cdots & a_{1n}\\ a_{21} & a_{22} & \cdots & a_{2n}\\ \vdots & \vdots & & \vdots\\ a_{n1} & a_{n2} & \cdots & a_{nn}\end{pmatrix}=\begin{pmatrix}|\boldsymbol{A}| & 0 & \cdots & 0\\ 0 & |\boldsymbol{A}| & \cdots & 0\\ \vdots & \vdots & & \vdots\\ 0 & 0 & \cdots & |\boldsymbol{A}|\end{pmatrix}=|\boldsymbol{A}|\boldsymbol{E}.$$

下面给出求逆矩阵的新方法.

**定理 2.3** $n$ 阶方阵 $\boldsymbol{A}$ 可逆的充分必要条件是 $|\boldsymbol{A}|\neq 0$，且 $\boldsymbol{A}^{-1}=\dfrac{1}{|\boldsymbol{A}|}\boldsymbol{A}^{*}$.

**证明** 必要性 因为方阵 $\boldsymbol{A}$ 可逆，则有 $\boldsymbol{A}\boldsymbol{A}^{-1}=\boldsymbol{E}$，进而有 $|\boldsymbol{A}||\boldsymbol{A}^{-1}|=|\boldsymbol{E}|=1$，所以 $|\boldsymbol{A}|\neq 0$.

充分性 由例 2.25 知 $\boldsymbol{A}\boldsymbol{A}^{*}=\boldsymbol{A}^{*}\boldsymbol{A}=|\boldsymbol{A}|\boldsymbol{E}$，因为 $|\boldsymbol{A}|\neq 0$，所以有

$$\boldsymbol{A}\left(\frac{1}{|\boldsymbol{A}|}\boldsymbol{A}^{*}\right)=\left(\frac{1}{|\boldsymbol{A}|}\boldsymbol{A}^{*}\right)\boldsymbol{A}=\boldsymbol{E}.$$

由矩阵可逆的定义知，方阵 $\boldsymbol{A}$ 可逆，且有 $\boldsymbol{A}^{-1}=\dfrac{1}{|\boldsymbol{A}|}\boldsymbol{A}^{*}$.

【即时提问 2.6】 设 $\boldsymbol{A}$ 为 $m$ 阶方阵，$\boldsymbol{B}$ 为 $n$ 阶方阵，则分块行列式 $\begin{vmatrix}\boldsymbol{O} & \boldsymbol{B}\\ \boldsymbol{A} & \boldsymbol{O}\end{vmatrix}=|\boldsymbol{A}||\boldsymbol{B}|$. 该说法是否正确？请说明理由.

**例 2.26** 已知 $\boldsymbol{A}=\begin{pmatrix}a & b\\ c & d\end{pmatrix}(ad-bc\neq 0)$，求 $\boldsymbol{A}$ 的逆矩阵.

**解** $\boldsymbol{A}^{-1}=\dfrac{1}{|\boldsymbol{A}|}\boldsymbol{A}^{*}=\dfrac{1}{ad-bc}\begin{pmatrix}d & -b\\ -c & a\end{pmatrix}$.

**例 2.27** 设 $\boldsymbol{A}$ 为三阶方阵，$|\boldsymbol{A}|=-2$，$\boldsymbol{A}^{*}$ 为 $\boldsymbol{A}$ 的伴随矩阵，若交换 $\boldsymbol{A}$ 的第 1 列和第 2 列得矩阵 $\boldsymbol{B}$，求 $|\boldsymbol{B}\boldsymbol{A}^{*}|$.

**解** 根据性质 2.7，有 $|\boldsymbol{B}\boldsymbol{A}^{*}|=|\boldsymbol{B}||\boldsymbol{A}^{*}|$，$|\boldsymbol{B}|=-|\boldsymbol{A}|=2$，由例 2.25，$\boldsymbol{A}\boldsymbol{A}^{*}=|\boldsymbol{A}|\boldsymbol{E}$，从而 $|\boldsymbol{A}||\boldsymbol{A}^{*}|=|\boldsymbol{A}|^{3}$，即 $|\boldsymbol{A}^{*}|=4$，故 $|\boldsymbol{B}\boldsymbol{A}^{*}|=|\boldsymbol{B}||\boldsymbol{A}^{*}|=8$.

**例 2.28** 设 $\boldsymbol{A},\boldsymbol{B},\boldsymbol{C}$ 均为四阶方阵，$|\boldsymbol{A}|=3,|\boldsymbol{B}|=-2,|\boldsymbol{C}|=5$，求 $|3\boldsymbol{A}\boldsymbol{B}|,|\boldsymbol{A}\boldsymbol{B}^{\mathrm{T}}|,|-2\boldsymbol{A}\boldsymbol{B}^{\mathrm{T}}\boldsymbol{C}|$.

**解** 根据性质 2.7，有

$$|3\boldsymbol{A}\boldsymbol{B}|=3^{4}|\boldsymbol{A}||\boldsymbol{B}|=-486,$$
$$|\boldsymbol{A}\boldsymbol{B}^{\mathrm{T}}|=|\boldsymbol{A}||\boldsymbol{B}^{\mathrm{T}}|=|\boldsymbol{A}||\boldsymbol{B}|=-6,$$
$$|-2\boldsymbol{A}\boldsymbol{B}^{\mathrm{T}}\boldsymbol{C}|=(-2)^{4}|\boldsymbol{A}||\boldsymbol{B}^{\mathrm{T}}||\boldsymbol{C}|=16\times 3\times(-2)\times 5=-480.$$

### 2.4.3 矩阵秩的等价定义

在给出矩阵秩的等价定义之前，先给出子式的概念.

**定义 2.12** 在 $m\times n$ 矩阵 $\boldsymbol{A}$ 中，任取 $k$ 行 $k$ 列 $(k\leqslant m,k\leqslant n)$，位于这些行列交叉处的元素按原来位置构成的 $k$ 阶行列式，称为矩阵 $\boldsymbol{A}$ 的 **$k$ 阶子式**.

例如，$3\times 4$ 矩阵

$$\boldsymbol{A}=\begin{pmatrix}1 & 3 & 1 & 4\\ 2 & 12 & -2 & 12\\ 2 & -3 & 8 & 2\end{pmatrix}$$

有二阶子式

$$\begin{vmatrix}1 & 3\\ 2 & 12\end{vmatrix},\begin{vmatrix}12 & 12\\ -3 & 2\end{vmatrix},\cdots;$$

有三阶子式

$$\begin{vmatrix}1 & 3 & 1\\ 2 & 12 & -2\\ 2 & -3 & 8\end{vmatrix},\begin{vmatrix}1 & 3 & 4\\ 2 & 12 & 12\\ 2 & -3 & 2\end{vmatrix},\begin{vmatrix}3 & 1 & 4\\ 12 & -2 & 12\\ -3 & 8 & 2\end{vmatrix},\begin{vmatrix}1 & 1 & 4\\ 2 & -2 & 12\\ 2 & 8 & 2\end{vmatrix}.$$

再比如，三阶方阵

$$B=\begin{pmatrix}1&4&-8\\-5&2&9\\3&6&1\end{pmatrix}$$

有二阶子式

$$\begin{vmatrix}1&4\\3&6\end{vmatrix},\begin{vmatrix}4&-8\\2&9\end{vmatrix},\cdots;$$

有三阶子式

$$|B|=\begin{vmatrix}1&4&-8\\-5&2&9\\3&6&1\end{vmatrix}.$$

易知一个 $m\times n$ 矩阵 $A$ 共有 $C_m^k C_n^k$ 个 $k$ 阶子式.

**定义 2.13** $m\times n$ 矩阵 $A$ 的不为零的最高阶子式的阶数 $r$，称为矩阵 $A$ 的**秩**，记为 $r(A)=r$. 若一个矩阵没有不等于零的最高阶子式(即该矩阵为零矩阵)，则规定该矩阵的秩为零.

对于矩阵秩的定义，有下列等价条件.

**定理 2.4** 对于 $m\times n$ 矩阵 $A$，$r(A)=r$ 的充分必要条件是矩阵 $A$ 存在 $r$ 阶子式不为零，而所有的 $r+1$ 阶子式(如果存在)全为零.

**例 2.29** 求矩阵 $A=\begin{pmatrix}2&-3&8&2\\2&12&-2&12\\1&3&1&4\end{pmatrix}$ 的秩.

**解** 矩阵 $A$ 存在一个二阶子式 $\begin{vmatrix}2&-3\\2&12\end{vmatrix}\neq 0$.

矩阵 $A$ 共有 4 个三阶子式：

$$\begin{vmatrix}2&-3&8\\2&12&-2\\1&3&1\end{vmatrix},\begin{vmatrix}2&-3&2\\2&12&12\\1&3&4\end{vmatrix},\begin{vmatrix}2&8&2\\2&-2&12\\1&1&4\end{vmatrix},\begin{vmatrix}-3&8&2\\12&-2&12\\3&1&4\end{vmatrix}.$$

通过计算可知 4 个三阶子式均为零，故 $r(A)=2$.

**例 2.30** 求阶梯形矩阵 $A=\begin{pmatrix}a_{11}&a_{12}&\cdots&a_{1r}&\cdots&a_{1n}\\0&a_{22}&\cdots&a_{2r}&\cdots&a_{2n}\\\vdots&\vdots&&\vdots&&\vdots\\0&0&\cdots&a_{rr}&\cdots&a_{rn}\\0&0&\cdots&0&\cdots&0\\\vdots&\vdots&&\vdots&&\vdots\\0&0&\cdots&0&\cdots&0\end{pmatrix}$ $(a_{11}a_{22}\cdots a_{rr}\neq 0)$ 的秩.

**解** 阶梯形矩阵 $A$ 存在一个 $r$ 阶子式 $\begin{vmatrix}a_{11}&a_{12}&\cdots&a_{1r}\\0&a_{22}&\cdots&a_{2r}\\\vdots&\vdots&&\vdots\\0&0&\cdots&a_{rr}\end{vmatrix}\neq 0$，由于后面的 $n-r$ 行均为零行，所以 $A$ 的所有 $r+1$ 阶子式均为零，从而 $r(A)=r$(正好等于此阶梯形矩阵非零行的行数).

从上述两个例题可以看出，对于一般的矩阵，当行数和列数较高时，按照定义 2.13 或定理 2.4 求矩阵的秩是很麻烦的. 事实上，求矩阵的秩，只需要使用初等变换把矩阵化为行阶梯形矩阵，则行阶梯形矩阵中非零行的行数就是所求矩阵的秩，这与第 1 章中矩阵秩的定义相吻合. 于是，有下面的定理.

**定理 2.5** 若矩阵 $\boldsymbol{A}$ 与 $\boldsymbol{B}$ 等价，则 $r(\boldsymbol{A})=r(\boldsymbol{B})$.

关于秩，有如下性质，证明从略.

**性质 2.8** 设 $\boldsymbol{A}$ 为 $m\times n$ 矩阵，$\boldsymbol{B}$ 为 $n\times s$ 矩阵.

(1) $0\leqslant r(\boldsymbol{A})\leqslant \min\{m,n\}$.

(2) $r(\boldsymbol{A}^{\mathrm{T}})=r(\boldsymbol{A})$.

(3) 设 $r(\boldsymbol{A})=r$，则矩阵 $\boldsymbol{A}$ 的标准形为 $\boldsymbol{F}=\begin{pmatrix}\boldsymbol{E}_r & \boldsymbol{O}\\ \boldsymbol{O} & \boldsymbol{O}\end{pmatrix}_{m\times n}$.

(4) 设 $\boldsymbol{P},\boldsymbol{Q}$ 分别为 $m$ 阶、$n$ 阶可逆矩阵，则 $r(\boldsymbol{A})=r(\boldsymbol{PA})=r(\boldsymbol{AQ})=r(\boldsymbol{PAQ})$.

(5) $\max\{r(\boldsymbol{A}),r(\boldsymbol{B})\}\leqslant r(\boldsymbol{A},\boldsymbol{B})\leqslant r(\boldsymbol{A})+r(\boldsymbol{B})$.

特别地，当 $\boldsymbol{B}=\boldsymbol{b}$(为非零列向量)时，有 $r(\boldsymbol{A})\leqslant r(\boldsymbol{A},\boldsymbol{b})\leqslant r(\boldsymbol{A})+1$.

(6) $r(\boldsymbol{A}\pm\boldsymbol{B})\leqslant r(\boldsymbol{A})+r(\boldsymbol{B})$.

(7) $r(\boldsymbol{A})+r(\boldsymbol{B})-n\leqslant r(\boldsymbol{AB})\leqslant \min\{r(\boldsymbol{A}),r(\boldsymbol{B})\}$.

(8) 若 $\boldsymbol{AB}=\boldsymbol{O}$，则 $r(\boldsymbol{A})+r(\boldsymbol{B})\leqslant n$.

特别地，对于 $n$ 阶方阵 $\boldsymbol{A}$，它的最高阶子式就是 $n$ 阶子式，也即为 $\boldsymbol{A}$ 的行列式 $|\boldsymbol{A}|$.

(9) 当 $|\boldsymbol{A}|\neq 0$ 时，$r(\boldsymbol{A})=n$；当 $|\boldsymbol{A}|=0$ 时，$r(\boldsymbol{A})<n$，故称可逆矩阵为满秩矩阵，不可逆矩阵为降秩矩阵.

(10) 设 $\boldsymbol{A}^*$ 为 $\boldsymbol{A}$ 的伴随矩阵，则 $r(\boldsymbol{A}^*)=\begin{cases}n, & r(\boldsymbol{A})=n,\\ 1, & r(\boldsymbol{A})=n-1,\\ 0, & r(\boldsymbol{A})<n-1.\end{cases}$

**注** 性质 2.8 是矩阵秩的相关结论汇总，相应的证明在后续内容中给出.

**例 2.31** 设三阶矩阵 $\boldsymbol{A}=\begin{pmatrix}x & 1 & 1\\ 1 & x & 1\\ 1 & 1 & x\end{pmatrix}$，试求 $r(\boldsymbol{A})$.

**解** 本题可用初等变换法求秩(见例 1.26)，也可以结合矩阵 $\boldsymbol{A}$ 的行列式进行讨论.

$$|\boldsymbol{A}|=\begin{vmatrix}x+2 & x+2 & x+2\\ 1 & x & 1\\ 1 & 1 & x\end{vmatrix}=(x+2)\begin{vmatrix}1 & 1 & 1\\ 1 & x & 1\\ 1 & 1 & x\end{vmatrix}$$

$$=(x+2)\begin{vmatrix}1 & 1 & 1\\ 0 & x-1 & 0\\ 0 & 0 & x-1\end{vmatrix}=(x+2)(x-1)^2,$$

当 $x\neq 1$ 且 $x\neq -2$ 时，$r(\boldsymbol{A})=3$；

当 $x=1$ 时，对矩阵 $\boldsymbol{A}$ 施行初等变换，得 $\boldsymbol{A}=\begin{pmatrix}1 & 1 & 1\\ 1 & 1 & 1\\ 1 & 1 & 1\end{pmatrix}\xrightarrow[r_3-r_1]{r_2-r_1}\begin{pmatrix}1 & 1 & 1\\ 0 & 0 & 0\\ 0 & 0 & 0\end{pmatrix}$，进而可得 $r(\boldsymbol{A})=1$；

当 $x=-2$ 时，对矩阵 $\boldsymbol{A}$ 施行初等变换，得

$$A=\begin{pmatrix}-2&1&1\\1&-2&1\\1&1&-2\end{pmatrix}\xrightarrow{r_1\leftrightarrow r_3}\begin{pmatrix}1&1&-2\\1&-2&1\\-2&1&1\end{pmatrix}\xrightarrow[r_3+2r_1]{r_2-r_1}\begin{pmatrix}1&1&-2\\0&-3&3\\0&3&-3\end{pmatrix}$$

$$\xrightarrow{r_3+r_2}\begin{pmatrix}1&1&-2\\0&-3&3\\0&0&0\end{pmatrix},$$

进而可得 $r(\boldsymbol{A})=2$.

【即时提问 2.7】 已知 $\boldsymbol{A}$ 为 $m\times n$ 矩阵，$\boldsymbol{B}$ 为 $n\times s$ 矩阵，若 $r(\boldsymbol{B})=n$，则 $r(\boldsymbol{AB})=r(\boldsymbol{B})=n$. 该说法是否正确？请说明理由.

**例 2.32** 设 $\boldsymbol{A}$ 为 4×3 矩阵，且 $r(\boldsymbol{A})=2$，而 $\boldsymbol{B}=\begin{pmatrix}1&0&2\\0&2&0\\-1&0&3\end{pmatrix}$，求矩阵 $\boldsymbol{AB}$ 的秩.

**解** $|\boldsymbol{B}|=\begin{vmatrix}1&0&2\\0&2&0\\-1&0&3\end{vmatrix}=10\neq0$，即矩阵 $\boldsymbol{B}$ 是满秩的，根据性质 2.8 知 $r(\boldsymbol{AB})=r(\boldsymbol{A})=2$.

**例 2.33** 设 $m>n$，$\boldsymbol{A}$ 为 $m\times n$ 矩阵，$\boldsymbol{B}$ 为 $n\times m$ 矩阵，证明：$|\boldsymbol{AB}|=0$.

**证明** 当 $m>n$ 时，由秩的定义知 $r(\boldsymbol{A})\leqslant n, r(\boldsymbol{B})\leqslant n$.
结合性质 2.7 中的(7)可得

$$r(\boldsymbol{AB})\leqslant\min\{r(\boldsymbol{A}),r(\boldsymbol{B})\}\leqslant n<m,$$

而 $\boldsymbol{AB}$ 为 $m$ 阶方阵，当 $r(\boldsymbol{AB})<m$ 时，$\boldsymbol{AB}$ 为降秩矩阵，从而有 $|\boldsymbol{AB}|=0$.

## 同步习题 2.4

**基础题**

1. $k=0$ 是线性方程组 $\begin{cases}2x+ky=c_1,\\kx+2y=c_2\end{cases}$ $(c_1,c_2$ 均为不等于零的常数)有唯一解的(　　).

A. 充分条件　　B. 必要条件　　C. 充分必要条件　　D. 以上选项都不对

2. 解下列线性方程组.

(1) $\begin{cases}x_1+2x_2+3x_3=1,\\2x_1+2x_2+5x_3=2,\\3x_1+5x_2+x_3=3.\end{cases}$　　(2) $\begin{cases}x_1+x_2+x_3=2,\\x_1+2x_2+4x_3=3,\\x_1+3x_2+9x_3=5.\end{cases}$

(3) $\begin{cases}2x_1+2x_2-x_3+x_4=4,\\4x_1+3x_2-x_3+2x_4=6,\\8x_1+5x_2-3x_3+4x_4=12,\\3x_1+3x_2-2x_3+2x_4=16.\end{cases}$

微课：同步习题 2.4 基础题 2(1)

3. 计算下列方程组的系数行列式，并验证所给的一组数是否是方程组的解.

（1）$\begin{cases}2x_1-3x_2+4x_3-3x_4=0,\\3x_1-x_2+11x_3-13x_4=0,\\4x_1+5x_2-7x_3-2x_4=0,\\13x_1-25x_2+x_3+11x_4=0.\end{cases}$ $x_1=x_2=x_3=x_4=c$（$c$ 为任意常数）.

（2）$\begin{cases}x_1+2x_2+3x_3-x_4=3,\\3x_1+2x_2+x_3+x_4=5,\\5x_1+5x_2+2x_3=10,\\2x_1+3x_2+x_3-x_4=5.\end{cases}$ $x_1=1-c,x_2=1+c,x_3=0,x_4=c$（$c$ 为任意常数）.

4. 当 $\lambda$ 为何值时，齐次线性方程组 $\begin{cases}2x_1+\lambda x_2-x_3=0,\\\lambda x_1-x_2+x_3=0,\\4x_1+5x_2-5x_3=0\end{cases}$ 有非零解？

5. 已知三阶方阵 $\boldsymbol{A}$ 的逆矩阵为 $\boldsymbol{A}^{-1}=\begin{pmatrix}1&1&1\\1&2&1\\1&1&3\end{pmatrix}$，求其伴随矩阵 $\boldsymbol{A}^*$ 的逆矩阵.

6. 设四阶矩阵 $\boldsymbol{A}$ 的秩为 2，则其伴随矩阵 $\boldsymbol{A}^*$ 的秩为________.

7. 设 $\boldsymbol{A}$ 为 $n$ 阶可逆方阵，$\boldsymbol{A}^*$ 为其伴随矩阵，证明：$\boldsymbol{A}^*$ 可逆，并求 $(\boldsymbol{A}^*)^{-1}$.

微课：同步习题 2.4 基础题 7

8. 设 $\boldsymbol{A},\boldsymbol{B}$ 为 $n$ 阶矩阵，$\boldsymbol{A}^*,\boldsymbol{B}^*$ 分别为 $\boldsymbol{A},\boldsymbol{B}$ 对应的伴随矩阵，分块矩阵 $\boldsymbol{C}=\begin{pmatrix}\boldsymbol{A}&\boldsymbol{O}\\\boldsymbol{O}&\boldsymbol{B}\end{pmatrix}$，则 $\boldsymbol{C}$ 的伴随矩阵 $\boldsymbol{C}^*=$（　　）.

A. $\begin{pmatrix}|\boldsymbol{A}|\boldsymbol{A}^*&\boldsymbol{O}\\\boldsymbol{O}&|\boldsymbol{B}|\boldsymbol{B}^*\end{pmatrix}$　　B. $\begin{pmatrix}|\boldsymbol{B}|\boldsymbol{B}^*&\boldsymbol{O}\\\boldsymbol{O}&|\boldsymbol{A}|\boldsymbol{A}^*\end{pmatrix}$

C. $\begin{pmatrix}|\boldsymbol{A}|\boldsymbol{B}^*&\boldsymbol{O}\\\boldsymbol{O}&|\boldsymbol{B}|\boldsymbol{A}^*\end{pmatrix}$　　D. $\begin{pmatrix}|\boldsymbol{B}|\boldsymbol{A}^*&\boldsymbol{O}\\\boldsymbol{O}&|\boldsymbol{A}|\boldsymbol{B}^*\end{pmatrix}$

## 提高题

1. $k$ 取何值时，线性方程组 $\begin{cases}x_1+x_2+2x_3+3x_4=1,\\x_1+3x_2+6x_3+x_4=3,\\3x_1-x_2-kx_3+15x_4=3,\\x_1-5x_2-10x_3+12x_4=1\end{cases}$ 有唯一解？

2. $a,b$ 满足什么条件时，齐次线性方程组 $\begin{cases}x_1+x_2+x_3+ax_4=0,\\x_1+2x_2+x_3+x_4=0,\\x_1+x_2-3x_3+x_4=0,\\x_1+x_2+ax_3+bx_4=0\end{cases}$ 有非零解？

3. 设 $\boldsymbol{A}$ 是 $m\times n$ 矩阵，$\boldsymbol{B}$ 是 $n\times m$ 矩阵，则（　　）.

A. 当 $m>n$ 时，必有 $|\boldsymbol{AB}|\neq 0$　　B. 当 $m>n$ 时，必有 $|\boldsymbol{AB}|=0$

C. 当 $n>m$ 时，必有 $|\boldsymbol{AB}|\neq 0$　　D. 当 $n>m$ 时，必有 $|\boldsymbol{AB}|=0$

4. 设 $\boldsymbol{A},\boldsymbol{B}$ 为 $n$ 阶矩阵，记 $r(\boldsymbol{X})$ 为矩阵 $\boldsymbol{X}$ 的秩，$(\boldsymbol{X},\boldsymbol{Y})$ 表示分块矩阵，则（　　）.

A. $r(\boldsymbol{A},\boldsymbol{AB})=r(\boldsymbol{A})$　　B. $r(\boldsymbol{A},\boldsymbol{BA})=r(\boldsymbol{A})$

C. $r(\boldsymbol{A},\boldsymbol{B})=\max\{r(\boldsymbol{A}),r(\boldsymbol{B})\}$　　D. $r(\boldsymbol{A},\boldsymbol{B})=r(\boldsymbol{A}^{\mathrm{T}},\boldsymbol{B}^{\mathrm{T}})$

5. 设 $\boldsymbol{A},\boldsymbol{B}$ 均为二阶方阵，$\boldsymbol{A}^*,\boldsymbol{B}^*$ 分别为 $\boldsymbol{A},\boldsymbol{B}$ 的伴随矩阵. 若 $|\boldsymbol{A}|=2,|\boldsymbol{B}|=3$，则分块矩阵 $\begin{pmatrix}\boldsymbol{O}&\boldsymbol{A}\\\boldsymbol{B}&\boldsymbol{O}\end{pmatrix}$ 的伴随矩阵为（　　）.

A. $\begin{pmatrix}\boldsymbol{O}&3\boldsymbol{B}^*\\2\boldsymbol{A}^*&\boldsymbol{O}\end{pmatrix}$　B. $\begin{pmatrix}\boldsymbol{O}&2\boldsymbol{B}^*\\3\boldsymbol{A}^*&\boldsymbol{O}\end{pmatrix}$　C. $\begin{pmatrix}\boldsymbol{O}&3\boldsymbol{A}^*\\2\boldsymbol{B}^*&\boldsymbol{O}\end{pmatrix}$　D. $\begin{pmatrix}\boldsymbol{O}&2\boldsymbol{A}^*\\3\boldsymbol{B}^*&\boldsymbol{O}\end{pmatrix}$

6. 设三阶矩阵 $\boldsymbol{A}=\begin{pmatrix}a&b&b\\b&a&b\\b&b&a\end{pmatrix}$，若 $\boldsymbol{A}$ 的伴随矩阵 $\boldsymbol{A}^*$ 的秩为 1，则必有（　　）.

A. $a=b$ 或 $a+2b=0$　　B. $a=b$ 或 $a+2b\neq0$

C. $a\neq b$ 且 $a+2b=0$　　D. $a\neq b$ 且 $a+2b\neq0$

## 2.5 经济学中的案例

**例 2.34（联合收入问题）** 有 3 个股份制公司 X, Y, Z 互相关联. X 公司持有 X 公司 70%股份，持有 Y 公司 20%股份，持有 Z 公司 30%股份；Y 公司持有 Y 公司 60%股份，持有 Z 公司 20%股份；Z 公司持有 X 公司 30%股份，持有 Y 公司 20%股份，持有 Z 公司 50%股份. 现设 X, Y, Z 公司各自的净收入分别为 22 万元、6 万元、9 万元，每家公司的联合收入是其净收入和其从其他公司按股份比例所获得的提成收入之和，试求各公司的联合收入及实际收入.

扩展阅读：克莱姆

**解** 设公司 X, Y, Z 的联合收入分别为 $x,y,z$（单位：万元），易得

$$\begin{cases}x=22+0.2y+0.3z,\\y=6+0.2z,\\z=9+0.3x+0.2y,\end{cases}\quad 即\quad\begin{cases}x-0.2y-0.3z=22,\\y-0.2z=6,\\0.3x+0.2y-z=-9.\end{cases}$$

这是关于 $x,y,z$ 的线性方程组，其系数行列式为

$$D=\begin{vmatrix}1&-0.2&-0.3\\0&1&-0.2\\0.3&0.2&-1\end{vmatrix}=-0.858\neq0,$$

由克莱姆法则知，方程组有唯一解.

因为

$$D_1=\begin{vmatrix}22&-0.2&-0.3\\6&1&-0.2\\-9&0.2&-1\end{vmatrix}=-25.74,D_2=\begin{vmatrix}1&22&-0.3\\0&6&-0.2\\0.3&-9&-1\end{vmatrix}=-8.58,$$

$$D_3=\begin{vmatrix}1&-0.2&22\\0&1&6\\0.3&0.2&-9\end{vmatrix}=-17.16,$$

所以

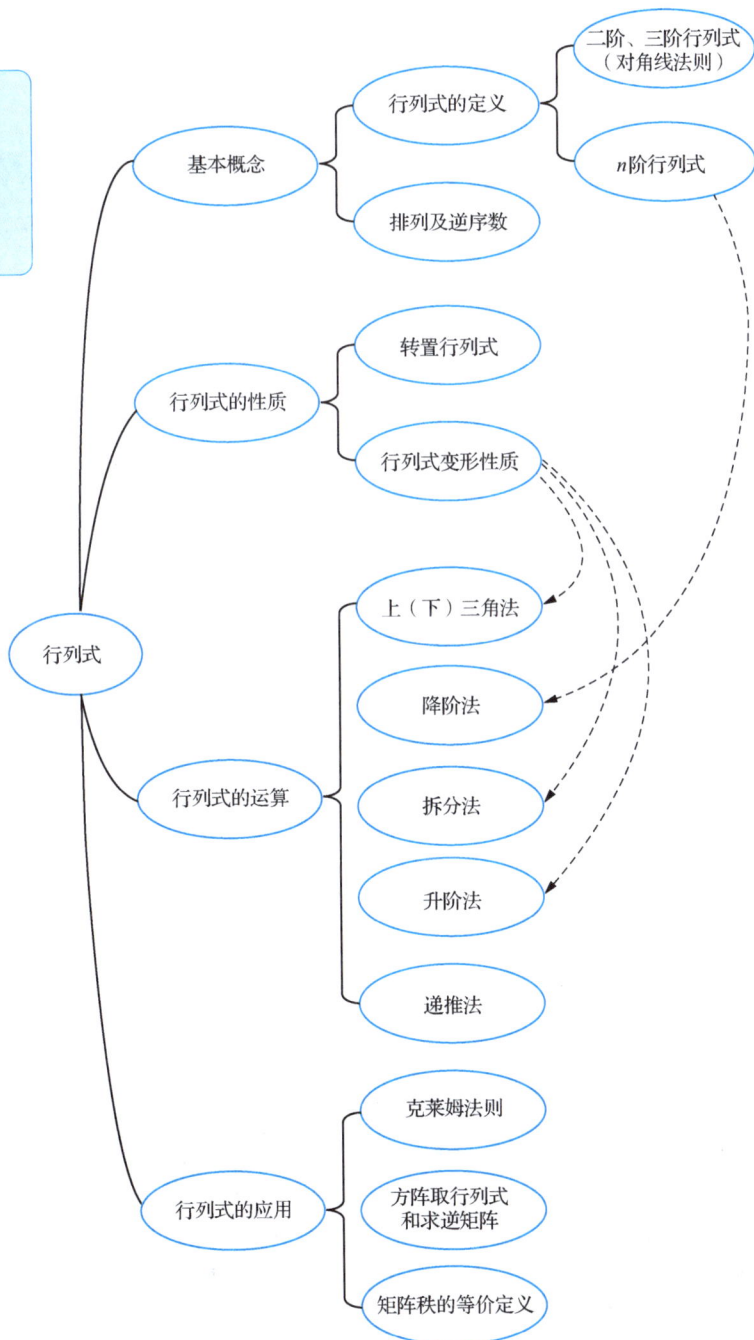

$$x=\frac{D_1}{D}=30,y=\frac{D_2}{D}=10,z=\frac{D_3}{D}=20.$$

因此，X 公司的联合收入为 30 万元，实际收入为 $0.7x=21$ 万元；Y 公司的联合收入为 10 万元，实际收入为 $0.6y=6$ 万元；Z 公司的联合收入为 20 万元，实际收入为 $0.5z=10$ 万元.

## 第 2 章思维导图

本章小结

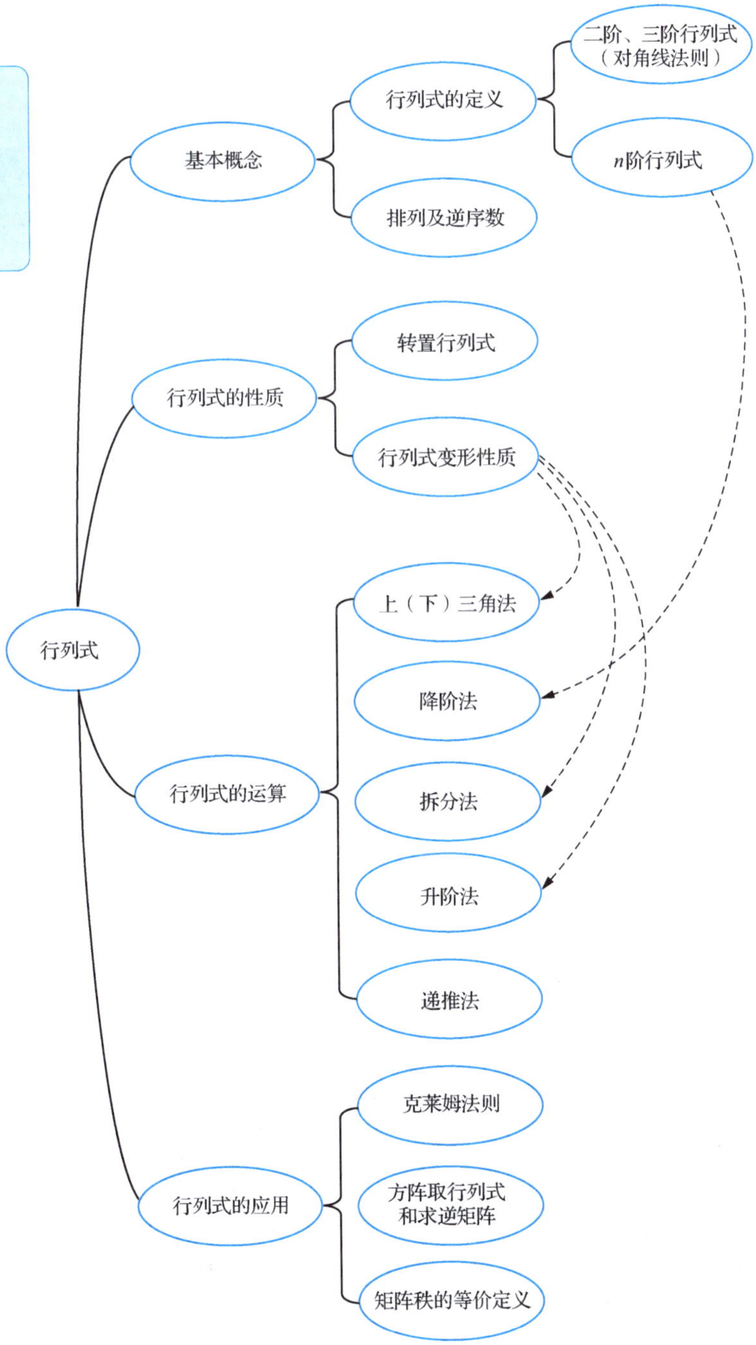

中国数学学者

个人成就

数学家，中国科学院院士，曾任中国科学院数学研究所研究员、所长. 华罗庚是中国解析数论、典型群、矩阵几何学、自守函数论与多复变函数论等方面研究的创始人与开拓者.

华罗庚

## 第 2 章总复习题

1. **选择题**：(1)~(5)小题，每小题4分，共20分. 下列每小题给出的4个选项中，只有一个选项是符合题目要求的.

(1)(2014304)行列式 $\begin{vmatrix} 0 & a & b & 0 \\ a & 0 & 0 & b \\ 0 & c & d & 0 \\ c & 0 & 0 & d \end{vmatrix}=($　　$)$.

A. $(ad-bc)^2$　　B. $-(ad-bc)^2$　　C. $a^2d^2-b^2c^2$　　D. $b^2c^2-a^2d^2$

(2)(2012311 改编)行列式 $\begin{vmatrix} 1 & a & 0 & 0 \\ 0 & 1 & a & 0 \\ 0 & 0 & 1 & a \\ a & 0 & 0 & 1 \end{vmatrix}=($　　$)$.

A. $1+a^4$　　B. $1-a^3$　　C. $1-a^4$　　D. $1+a^2$

(3)(2003304 改编)行列式 $\begin{vmatrix} a & b & b \\ b & a & b \\ b & b & a \end{vmatrix}=($　　$)$.

A. $(a+2b)(a-b)^2$　　B. $(a+b)(a-b)^2$　　C. $(a+2b)(a-b)$　　D. $(a-b)^3$

(4)(1998303 改编)设 $n(n\geqslant 3)$ 阶行列式 $\begin{vmatrix} 1 & a & a & \cdots & a \\ a & 1 & a & \cdots & a \\ a & a & 1 & \cdots & a \\ \vdots & \vdots & \vdots & & \vdots \\ a & a & a & \cdots & 1 \end{vmatrix}=0$，则 $a=($　　$)$.

A. 1　　B. $\dfrac{1}{1-n}$　　C. $-1$　　D. 1 或 $\dfrac{1}{1-n}$

(5)(1996103)四阶行列式 $\begin{vmatrix} a_1 & 0 & 0 & b_1 \\ 0 & a_2 & b_2 & 0 \\ 0 & b_3 & a_3 & 0 \\ b_4 & 0 & 0 & a_4 \end{vmatrix}$ 的值为(　　).

A. $a_1a_2a_3a_4-b_1b_2b_3b_4$　　B. $a_1a_2a_3a_4+b_1b_2b_3b_4$

C. $(a_1a_2-b_1b_2)(a_3a_4-b_3b_4)$　　D. $(a_2a_3-b_2b_3)(a_1a_4-b_1b_4)$

**2. 填空题**：(6)~(10)小题，每小题 4 分，共 20 分.

(6)(2021305)多项式 $f(x)=\begin{vmatrix} x & x & 1 & 2x \\ 1 & x & 2 & -1 \\ 2 & 1 & x & 1 \\ 2 & -1 & 1 & x \end{vmatrix}$ 中 $x^3$ 项的系数为__________.

(7)(2020304)行列式 $\begin{vmatrix} a & 0 & -1 & 1 \\ 0 & a & 1 & -1 \\ -1 & 1 & a & 0 \\ 1 & -1 & 0 & a \end{vmatrix}=$__________.

(8)(2016304)行列式 $\begin{vmatrix} \lambda & -1 & 0 & 0 \\ 0 & \lambda & -1 & 0 \\ 0 & 0 & \lambda & -1 \\ 4 & 3 & 2 & \lambda+1 \end{vmatrix}=$__________.

(9)(2002203 改编)行列式 $\begin{vmatrix} \lambda & 2 & 2 \\ -2 & \lambda-2 & 2 \\ 2 & 2 & \lambda-2 \end{vmatrix}=$__________.

(10)(2000309 改编)行列式 $\begin{vmatrix} 1 & a_1 & 0 & \cdots & 0 & 0 \\ 0 & 1 & a_2 & \cdots & 0 & 0 \\ \vdots & \vdots & \vdots & & \vdots & \vdots \\ 0 & 0 & 0 & \cdots & 1 & a_{n-1} \\ a_n & 0 & 0 & \cdots & 0 & 1 \end{vmatrix}=$__________.

**3. 解答题**：(11)~(16)小题，每小题 10 分，共 60 分. 解答时应写出文字说明、证明过程或演算步骤.

(11)(2019204)已知行列式 $D=\begin{vmatrix} 1 & -1 & 0 & 0 \\ -2 & 1 & -1 & 1 \\ 3 & -2 & 2 & -1 \\ 0 & 0 & 3 & 4 \end{vmatrix}$，$A_{ij}$ 表示 $D$ 中 $(i,j)$ 元的代数余子式，求 $A_{11}-A_{12}$.

(12)(2015104)求 $n$ 阶行列式的值：$\begin{vmatrix} 2 & 0 & \cdots & 0 & 2 \\ -1 & 2 & \cdots & 0 & 2 \\ \vdots & \vdots & & \vdots & \vdots \\ 0 & 0 & \cdots & 2 & 2 \\ 0 & 0 & \cdots & -1 & 2 \end{vmatrix}$.

(13)(2008312 改编)求 $n$ 阶行列式的值：$D_n=\begin{vmatrix} 2a & 1 & & & & \\ a^2 & 2a & 1 & & & \\ & a^2 & 2a & 1 & & \\ & & \ddots & \ddots & \ddots & \\ & & & a^2 & 2a & 1 \\ & & & & a^2 & 2a \end{vmatrix}$.

(14) (2001403)设行列式 $D=\begin{vmatrix} 3 & 0 & 4 & 0 \\ 2 & 2 & 2 & 2 \\ 0 & -7 & 0 & 0 \\ 5 & 3 & -2 & 2 \end{vmatrix}$，求第 4 行各元素的余子式之和.

(15) (1999203 改编)记 $f(x)=\begin{vmatrix} x-2 & x-1 & x-2 & x-3 \\ 2x-2 & 2x-1 & 2x-2 & 2x-3 \\ 3x-3 & 3x-2 & 4x-5 & 3x-5 \\ 4x & 4x-3 & 5x-7 & 4x-3 \end{vmatrix}$，求方程 $f(x)=0$ 的根的个数.

微课：总复习题3(15)

(16) (1996503)求五阶行列式的值：$D_5=\begin{vmatrix} 1-a & a & 0 & 0 & 0 \\ -1 & 1-a & a & 0 & 0 \\ 0 & -1 & 1-a & a & 0 \\ 0 & 0 & -1 & 1-a & a \\ 0 & 0 & 0 & -1 & 1-a \end{vmatrix}$.

# 第3章

# 向量

在解析几何中，引入直角坐标系后，平面和空间的任一点 $P$ 可分别由二元有序数组 $(x,y)$ 和三元有序数组 $(x,y,z)$ 来表示，而有向线段 $\overrightarrow{OP}$ 也可用有序数组来描述. 除了二元、三元有序数组，很多时候，还会用到更多元的有序数组. 例如，对于 $n$ 元线性方程组

本章导学

$$\begin{cases} a_{11}x_1+a_{12}x_2+\cdots+a_{1n}x_n=b_1, \\ a_{21}x_1+a_{22}x_2+\cdots+a_{2n}x_n=b_2, \\ \cdots\cdots\cdots \\ a_{m1}x_1+a_{m2}x_2+\cdots+a_{mn}x_n=b_m, \end{cases}$$

通常用 $n$ 元有序数组 $(x_1,x_2,\cdots,x_n)$ 来表示其解. 又如，在经济学中，要表示 $t$ 时刻 $n$ 种商品的数量和价格，就可以用 $n$ 元有序数组 $(x_1(t),x_2(t),\cdots,x_n(t))$ 和 $(y_1(t),y_2(t),\cdots,y_n(t))$ 来分别表示商品的数量和价格，它们分别被称为销售向量和价格向量.

本章主要学习 $n$ 元有序数组，即 $n$ 维向量，包括向量的线性运算、向量组的线性相关性、极大线性无关组、向量组的秩、向量的内积等内容.

## 3.1 向量及其线性运算

在许多经济问题中，所研究的对象需要用由多个数构成的有序数组来描述. 如某超市的商品甲、乙、丙，其单价分别是 $a,b,c$，那么 $(a,b,c)$ 就称为价格向量. 若某天超市卖出甲、乙、丙商品的数量分别是 $x,y,z$，那么 $(x,y,z)$ 就称为销售向量. 本节将几何向量推广到 $n$ 维向量，并给出 $n$ 维向量的线性运算规律.

### 3.1.1 $n$ 维向量的定义和线性运算

**定义 3.1** 由 $n$ 个数 $a_1,a_2,\cdots,a_n$ 组成的有序数组称为 $n$ 维向量，若记为 $(a_1,a_2,\cdots,a_n)$，则称为 $n$ 维行向量；若记为 $\begin{pmatrix} a_1 \\ a_2 \\ \vdots \\ a_n \end{pmatrix}$，则称为 $n$ 维列向量. 其中，$a_i$ 称为第 $i$ 个分量，$n$ 称为向量的维数.

分量全为实数的向量称为实向量，分量为复数的向量称为复向量. 本书中除特别说明外，

均指实向量.

需要注意的是，$n$ 维行向量就是 $1\times n$ 矩阵，$n$ 维列向量就是 $n\times 1$ 矩阵. 根据矩阵的运算，可定义向量的运算. 比如，向量 $\boldsymbol{\alpha}$ 的转置与矩阵的转置类似，记为 $\boldsymbol{\alpha}^{\mathrm{T}}$.

本书中，用黑体小写字母 $\boldsymbol{a},\boldsymbol{b},\boldsymbol{\alpha},\boldsymbol{\beta},\boldsymbol{\gamma}$ 等表示列向量，用 $\boldsymbol{a}^{\mathrm{T}},\boldsymbol{b}^{\mathrm{T}},\boldsymbol{\alpha}^{\mathrm{T}},\boldsymbol{\beta}^{\mathrm{T}},\boldsymbol{\gamma}^{\mathrm{T}}$ 等表示行向量.

**定义 3.2** (1) 分量全为 0 的向量称为**零向量**，记作 $\mathbf{0}$，即 $\mathbf{0}=(0,\cdots,0)^{\mathrm{T}}$.

(2) 对于 $\boldsymbol{\alpha}=(a_1,a_2,\cdots,a_n)^{\mathrm{T}}$，称 $(-a_1,-a_2,\cdots,-a_n)^{\mathrm{T}}$ 为 $\boldsymbol{\alpha}$ 的**负向量**，记为 $-\boldsymbol{\alpha}$.

(3) 对于 $\boldsymbol{\alpha}=(a_1,a_2,\cdots,a_n)^{\mathrm{T}},\boldsymbol{\beta}=(b_1,b_2,\cdots,b_n)^{\mathrm{T}}$，当且仅当 $a_i=b_i(i=1,2,\cdots,n)$ 时，称 $\boldsymbol{\alpha}$ 与 $\boldsymbol{\beta}$ **相等**，记为 $\boldsymbol{\alpha}=\boldsymbol{\beta}$.

(4) 对于 $\boldsymbol{\alpha}=(a_1,a_2,\cdots,a_n)^{\mathrm{T}},\boldsymbol{\beta}=(b_1,b_2,\cdots,b_n)^{\mathrm{T}}$，称 $(a_1+b_1,a_2+b_2,\cdots,a_n+b_n)^{\mathrm{T}}$ 为 $\boldsymbol{\alpha}$ 与 $\boldsymbol{\beta}$ 的**和**，记为 $\boldsymbol{\alpha}+\boldsymbol{\beta}$.

(5) 对于 $\boldsymbol{\alpha}=(a_1,a_2,\cdots,a_n)^{\mathrm{T}},\boldsymbol{\beta}=(b_1,b_2,\cdots,b_n)^{\mathrm{T}}$，称 $(a_1-b_1,a_2-b_2,\cdots,a_n-b_n)^{\mathrm{T}}$ 为 $\boldsymbol{\alpha}$ 与 $\boldsymbol{\beta}$ 的**差**，记为 $\boldsymbol{\alpha}-\boldsymbol{\beta}$.

(6) 对于 $\boldsymbol{\alpha}=(a_1,a_2,\cdots,a_n)^{\mathrm{T}},k$ 为实数，称 $(ka_1,ka_2,\cdots,ka_n)^{\mathrm{T}}$ 为 $k$ 与 $\boldsymbol{\alpha}$ 的**数乘**，记为 $k\boldsymbol{\alpha}$.

向量的加法和数乘统称为向量的线性运算. 根据矩阵的运算规律，向量的线性运算满足下列运算规律.

**定理 3.1** 对于任意的 $n$ 维向量 $\boldsymbol{\alpha},\boldsymbol{\beta},\boldsymbol{\gamma}$ 和数 $k,l$，有以下运算规律成立.

(1) $\boldsymbol{\alpha}+\boldsymbol{\beta}=\boldsymbol{\beta}+\boldsymbol{\alpha}$.

(2) $(\boldsymbol{\alpha}+\boldsymbol{\beta})+\boldsymbol{\gamma}=\boldsymbol{\alpha}+(\boldsymbol{\beta}+\boldsymbol{\gamma})$.

(3) $\boldsymbol{\alpha}+\mathbf{0}=\boldsymbol{\alpha}$.

(4) $\boldsymbol{\alpha}-\boldsymbol{\alpha}=\mathbf{0}$.

(5) $1\cdot\boldsymbol{\alpha}=\boldsymbol{\alpha}$.

(6) $k(l\boldsymbol{\alpha})=(kl)\boldsymbol{\alpha}$.

(7) $k(\boldsymbol{\alpha}+\boldsymbol{\beta})=k\boldsymbol{\alpha}+k\boldsymbol{\beta}$.

(8) $(k+l)\boldsymbol{\alpha}=k\boldsymbol{\alpha}+l\boldsymbol{\alpha}$.

**【即时提问 3.1】** 向量有乘法运算吗？请说明理由.

**例 3.1** 某工厂 4 种产品两天的产量（单位：t）按照产品顺序用向量表示，第一天为 $\boldsymbol{\alpha}_1=(15,20,17,8)^{\mathrm{T}}$，第二天为 $\boldsymbol{\alpha}_2=(16,22,18,9)^{\mathrm{T}}$，求两天各产品的产量和.

**解** $\boldsymbol{\alpha}_1+\boldsymbol{\alpha}_2=(15,20,17,8)^{\mathrm{T}}+(16,22,18,9)^{\mathrm{T}}=(31,42,35,17)^{\mathrm{T}}$.

由若干个同维数的行向量（或同维数的列向量）组成的集合称为向量组.

对于一个 $m\times n$ 矩阵 $\boldsymbol{A}=(a_{ij})$，它的 $n$ 个 $m$ 维列向量

$$\boldsymbol{\alpha}_i=(a_{1i},a_{2i},\cdots,a_{mi})^{\mathrm{T}}(i=1,2,\cdots,n)$$

构成的向量组，称为 $\boldsymbol{A}$ 的列向量组；同理，$m$ 个 $n$ 维行向量 $\boldsymbol{\beta}_i^{\mathrm{T}}=(a_{i1},a_{i2},\cdots,a_{in})$ $(i=1,2,\cdots,m)$ 构成的向量组，称为 $\boldsymbol{A}$ 的行向量组.

由此，矩阵 $\boldsymbol{A}$ 可记为

$$\boldsymbol{A}=(\boldsymbol{\alpha}_1,\boldsymbol{\alpha}_2,\cdots,\boldsymbol{\alpha}_n)=\begin{pmatrix}\boldsymbol{\beta}_1^{\mathrm{T}}\\ \boldsymbol{\beta}_2^{\mathrm{T}}\\ \vdots\\ \boldsymbol{\beta}_m^{\mathrm{T}}\end{pmatrix}.$$

因此，矩阵 $\boldsymbol{A}$ 与其列向量组或行向量组之间建立了一一对应关系.

对向量组的学习和研究是十分重要的，下面从线性关系的角度来展开.

**定义 3.3** 给定向量组 $\boldsymbol{\alpha}_1,\boldsymbol{\alpha}_2,\cdots,\boldsymbol{\alpha}_m$ 和向量 $\boldsymbol{\beta}$，如果存在一组数 $k_1,k_2,\cdots,k_m$，使

$$\boldsymbol{\beta}=k_1\boldsymbol{\alpha}_1+k_2\boldsymbol{\alpha}_2+\cdots+k_m\boldsymbol{\alpha}_m,$$

则称 $\boldsymbol{\beta}$ 是 $\boldsymbol{\alpha}_1,\boldsymbol{\alpha}_2,\cdots,\boldsymbol{\alpha}_m$ 的线性组合，或称 $\boldsymbol{\beta}$ 可由 $\boldsymbol{\alpha}_1,\boldsymbol{\alpha}_2,\cdots,\boldsymbol{\alpha}_m$ 线性表示，$k_1,k_2,\cdots,k_m$ 称为 $\boldsymbol{\beta}$ 由 $\boldsymbol{\alpha}_1,\boldsymbol{\alpha}_2,\cdots,\boldsymbol{\alpha}_m$ 线性表示的系数.

**例 3.2** 设 $\boldsymbol{\alpha}_1=(1,0,1)^{\mathrm{T}},\boldsymbol{\alpha}_2=(0,1,2)^{\mathrm{T}}$，则 $\mathbf{0}=(0,0,0)^{\mathrm{T}}=0\cdot(1,0,1)^{\mathrm{T}}+0\cdot(0,1,2)^{\mathrm{T}}$，即零向量可由 $\boldsymbol{\alpha}_1,\boldsymbol{\alpha}_2$ 线性表示.

更一般地，$n$ 维零向量可由任意 $n$ 维向量组线性表示. 事实上，设 $\boldsymbol{\alpha}_1,\boldsymbol{\alpha}_2,\cdots,\boldsymbol{\alpha}_m$ 为任意向量组，则有

$$\mathbf{0}=0\cdot\boldsymbol{\alpha}_1+0\cdot\boldsymbol{\alpha}_2+\cdots+0\cdot\boldsymbol{\alpha}_m.$$

**例 3.3** 设 $n$ 维向量组 $\boldsymbol{e}_1=(1,0,\cdots,0)^{\mathrm{T}},\boldsymbol{e}_2=(0,1,\cdots,0)^{\mathrm{T}},\cdots,\boldsymbol{e}_n=(0,0,\cdots,1)^{\mathrm{T}}$，则任意 $n$ 维向量 $\boldsymbol{\alpha}=(a_1,a_2,\cdots,a_n)^{\mathrm{T}}$ 可由 $\boldsymbol{e}_1,\boldsymbol{e}_2,\cdots,\boldsymbol{e}_n$ 线性表示. 事实上，有

$$\boldsymbol{\alpha}=a_1\boldsymbol{e}_1+a_2\boldsymbol{e}_2+\cdots+a_n\boldsymbol{e}_n,$$

称 $\boldsymbol{e}_1,\boldsymbol{e}_2,\cdots,\boldsymbol{e}_n$ 为 $n$ 维基本单位向量组.

**例 3.4** 向量组中任一向量都可由这个向量组线性表示. 事实上，对于向量组 $\boldsymbol{\alpha}_1,\boldsymbol{\alpha}_2,\cdots,\boldsymbol{\alpha}_m$ 中任意向量 $\boldsymbol{\alpha}_i(i=1,2,\cdots,n)$，都有

$$\boldsymbol{\alpha}_i=0\cdot\boldsymbol{\alpha}_1+\cdots+0\cdot\boldsymbol{\alpha}_{i-1}+1\cdot\boldsymbol{\alpha}_i+0\cdot\boldsymbol{\alpha}_{i+1}+\cdots+0\cdot\boldsymbol{\alpha}_m,$$

所以，$\boldsymbol{\alpha}_i$ 可由 $\boldsymbol{\alpha}_1,\boldsymbol{\alpha}_2,\cdots,\boldsymbol{\alpha}_m$ 线性表示.

**例 3.5** 将向量 $\boldsymbol{\beta}=(8,0,3)^{\mathrm{T}}$ 表示成向量组 $\boldsymbol{\alpha}_1=(1,1,1)^{\mathrm{T}},\boldsymbol{\alpha}_2=(3,1,4)^{\mathrm{T}},\boldsymbol{\alpha}_3=(-1,3,6)^{\mathrm{T}}$ 的线性组合.

**解** 设存在一组数 $x_1,x_2,x_3$，使 $x_1\boldsymbol{\alpha}_1+x_2\boldsymbol{\alpha}_2+x_3\boldsymbol{\alpha}_3=\boldsymbol{\beta}$，即

$$\begin{cases}x_1+3x_2-x_3=8,\\x_1+x_2+3x_3=0,\\x_1+4x_2+6x_3=3,\end{cases}$$

使用克莱姆法则可解得 $x_1=1,x_2=2,x_3=-1$，故 $\boldsymbol{\beta}=\boldsymbol{\alpha}_1+2\boldsymbol{\alpha}_2-\boldsymbol{\alpha}_3$.

### 3.1.2 向量组的线性相关性

**定义 3.4** 给定 $n$ 维向量组 $\boldsymbol{\alpha}_1,\boldsymbol{\alpha}_2,\cdots,\boldsymbol{\alpha}_m$，如果存在不全为零的数 $k_1,k_2,\cdots,k_m$，使

$$k_1\boldsymbol{\alpha}_1+k_2\boldsymbol{\alpha}_2+\cdots+k_m\boldsymbol{\alpha}_m=\mathbf{0},$$

则称 $\boldsymbol{\alpha}_1,\boldsymbol{\alpha}_2,\cdots,\boldsymbol{\alpha}_m$ 线性相关；否则称 $\boldsymbol{\alpha}_1,\boldsymbol{\alpha}_2,\cdots,\boldsymbol{\alpha}_m$ 线性无关.

由定义 3.4 可知：

(1) 若 $\boldsymbol{\alpha}_1,\boldsymbol{\alpha}_2,\cdots,\boldsymbol{\alpha}_m$ 线性无关，则当且仅当 $k_1,k_2,\cdots,k_m$ 全为零时，上述等式才成立.

(2) 若两个向量 $\boldsymbol{\alpha}_1$ 和 $\boldsymbol{\alpha}_2$ 线性相关，则存在不全为零的数 $k_1,k_2$，使 $k_1\boldsymbol{\alpha}_1+k_2\boldsymbol{\alpha}_2=\mathbf{0}$. 不妨设 $k_1\neq0$，则有 $\boldsymbol{\alpha}_1=-\dfrac{k_2}{k_1}\boldsymbol{\alpha}_2$.

因此，两个二维向量线性相关的几何意义是这两个二维向量共线.

类似地，三个二维向量线性相关的几何意义是这三个二维向量共面.

**【即时提问 3.2】** 判别下列说法的对错并说明理由：向量组 $\boldsymbol{\alpha}_1,\boldsymbol{\alpha}_2,\cdots,\boldsymbol{\alpha}_m$ 线性无关的充分必要条件是存在全为零的数 $k_1,k_2,\cdots,k_m$，使 $k_1\boldsymbol{\alpha}_1+k_2\boldsymbol{\alpha}_2+\cdots+k_m\boldsymbol{\alpha}_m=\mathbf{0}$.

**例 3.6** 证明：$n$ 维基本单位向量组 $\boldsymbol{e}_1=(1,0,\cdots,0)^{\mathrm{T}},\boldsymbol{e}_2=(0,1,\cdots,0)^{\mathrm{T}},\cdots,\boldsymbol{e}_n=(0,0,\cdots,1)^{\mathrm{T}}$ 线性无关.

**证明** 设有一组数 $k_1,k_2,\cdots,k_n$，使 $k_1\boldsymbol{e}_1+k_2\boldsymbol{e}_2+\cdots+k_n\boldsymbol{e}_n=\mathbf{0}$，即 $(k_1,k_2\cdots,k_n)^{\mathrm{T}}=\mathbf{0}$，则有 $k_1=$

$k_2=\cdots=k_n=0$，所以 $\boldsymbol{e}_1,\boldsymbol{e}_2,\cdots,\boldsymbol{e}_n$ 线性无关.

**例 3.7** 讨论向量组 $\boldsymbol{\alpha}_1=(1,1,-1)^{\mathrm{T}},\boldsymbol{\alpha}_2=(1,0,1)^{\mathrm{T}},\boldsymbol{\alpha}_3=(2,1,0)^{\mathrm{T}}$ 的线性相关性.

**解** 设有一组数 $k_1,k_2,k_3$，使 $k_1\boldsymbol{\alpha}_1+k_2\boldsymbol{\alpha}_2+k_3\boldsymbol{\alpha}_3=\mathbf{0}$，即

$$\begin{cases}k_1+k_2+2k_3=0,\\k_1+k_3=0,\\-k_1+k_2=0,\end{cases}$$

该方程组的系数行列式为

$$\begin{vmatrix}1&1&2\\1&0&1\\-1&1&0\end{vmatrix}=0,$$

由克莱姆法则知，方程组有非零解，故 $\boldsymbol{\alpha}_1,\boldsymbol{\alpha}_2,\boldsymbol{\alpha}_3$ 线性相关.

由上述解题过程可知，当向量组中向量的个数等于向量的维数时，可利用行列式判别向量组的线性相关性.

**例 3.8** 设 $\boldsymbol{\alpha}_1,\boldsymbol{\alpha}_2,\boldsymbol{\alpha}_3$ 线性无关，证明：$\boldsymbol{\alpha}_1+\boldsymbol{\alpha}_2,\boldsymbol{\alpha}_2+\boldsymbol{\alpha}_3,\boldsymbol{\alpha}_3+\boldsymbol{\alpha}_1$ 线性无关.

**证明** 设有一组数 $k_1,k_2,k_3$，使

$$k_1(\boldsymbol{\alpha}_1+\boldsymbol{\alpha}_2)+k_2(\boldsymbol{\alpha}_2+\boldsymbol{\alpha}_3)+k_3(\boldsymbol{\alpha}_3+\boldsymbol{\alpha}_1)=\mathbf{0},$$

整理得

$$(k_1+k_3)\boldsymbol{\alpha}_1+(k_1+k_2)\boldsymbol{\alpha}_2+(k_2+k_3)\boldsymbol{\alpha}_3=\mathbf{0},$$

由 $\boldsymbol{\alpha}_1,\boldsymbol{\alpha}_2,\boldsymbol{\alpha}_3$ 线性无关，可得

$$\begin{cases}k_1+k_3=0,\\k_1+k_2=0,\\k_2+k_3=0,\end{cases}$$

解得 $k_1=k_2=k_3=0$，所以 $\boldsymbol{\alpha}_1+\boldsymbol{\alpha}_2,\boldsymbol{\alpha}_2+\boldsymbol{\alpha}_3,\boldsymbol{\alpha}_3+\boldsymbol{\alpha}_1$ 线性无关.

### 3.1.3 向量组的等价

**定义 3.5** 设有两个向量组Ⅰ：$\boldsymbol{\alpha}_1,\boldsymbol{\alpha}_2,\cdots,\boldsymbol{\alpha}_m$，Ⅱ：$\boldsymbol{\beta}_1,\boldsymbol{\beta}_2,\cdots,\boldsymbol{\beta}_s$. 若向量组Ⅰ中每个向量都可由向量组Ⅱ线性表示，则称向量组Ⅰ可由向量组Ⅱ线性表示. 若两个向量组可相互线性表示，则称它们**等价**.

例如，向量组 $\boldsymbol{e}_1=(1,0,0)^{\mathrm{T}},\boldsymbol{e}_2=(0,1,0)^{\mathrm{T}},\boldsymbol{e}_3=(0,0,1)^{\mathrm{T}}$ 和向量组 $\boldsymbol{\alpha}_1=(1,1,1)^{\mathrm{T}},\boldsymbol{\alpha}_2=(1,1,0)^{\mathrm{T}},\boldsymbol{\alpha}_3=(1,0,0)^{\mathrm{T}}$ 是等价的.

事实上，显然有 $\boldsymbol{\alpha}_1=\boldsymbol{e}_1+\boldsymbol{e}_2+\boldsymbol{e}_3,\boldsymbol{\alpha}_2=\boldsymbol{e}_1+\boldsymbol{e}_2,\boldsymbol{\alpha}_3=\boldsymbol{e}_1$，又容易得 $\boldsymbol{e}_1=\boldsymbol{\alpha}_3,\boldsymbol{e}_2=\boldsymbol{\alpha}_2-\boldsymbol{\alpha}_3,\boldsymbol{e}_3=\boldsymbol{\alpha}_1-\boldsymbol{\alpha}_2$，所以两个向量组等价.

不难证明，向量组等价满足下列 3 条性质.

(1) 反身性：每一个向量组都与其自身等价.

(2) 对称性：若向量组Ⅰ与Ⅱ等价，则向量组Ⅱ与Ⅰ也等价.

(3) 传递性：若向量组Ⅰ与Ⅱ等价，向量组Ⅱ与Ⅲ等价，则向量组Ⅰ与Ⅲ也等价.

由定义 3.5，若向量组Ⅱ：$\boldsymbol{\beta}_1,\boldsymbol{\beta}_2,\cdots,\boldsymbol{\beta}_s$ 可由向量组Ⅰ：$\boldsymbol{\alpha}_1,\boldsymbol{\alpha}_2,\cdots,\boldsymbol{\alpha}_m$ 线性表示，则存在一组数 $c_{1i},c_{2i},\cdots,c_{mi}(i=1,2,\cdots,s)$，使

$$\boldsymbol{\beta}_i=c_{1i}\boldsymbol{\alpha}_1+c_{2i}\boldsymbol{\alpha}_2+\cdots+c_{mi}\boldsymbol{\alpha}_m=(\boldsymbol{\alpha}_1,\boldsymbol{\alpha}_2,\cdots,\boldsymbol{\alpha}_m)\begin{pmatrix}c_{1i}\\c_{2i}\\\vdots\\c_{mi}\end{pmatrix},$$

从而

$$(\boldsymbol{\beta}_1,\boldsymbol{\beta}_2,\cdots,\boldsymbol{\beta}_s)=(\boldsymbol{\alpha}_1,\boldsymbol{\alpha}_2,\cdots,\boldsymbol{\alpha}_m)\boldsymbol{C},$$

其中 $m\times s$ 矩阵 $\boldsymbol{C}=(c_{ij})$ 称为这一线性表示的表示矩阵.

设 $\boldsymbol{A}=(\boldsymbol{\alpha}_1,\boldsymbol{\alpha}_2,\cdots,\boldsymbol{\alpha}_m),\boldsymbol{B}=(\boldsymbol{\beta}_1,\boldsymbol{\beta}_2,\cdots,\boldsymbol{\beta}_s)$，则有 $\boldsymbol{AC}=\boldsymbol{B}$，进而有以下定理.

**定理 3.2** 向量组 $\boldsymbol{\beta}_1,\boldsymbol{\beta}_2,\cdots,\boldsymbol{\beta}_s$ 可由向量组 $\boldsymbol{\alpha}_1,\boldsymbol{\alpha}_2,\cdots,\boldsymbol{\alpha}_m$ 线性表示的充分必要条件是矩阵方程 $\boldsymbol{AX}=\boldsymbol{B}$ 有解.

**定理 3.3** 行向量组 $\boldsymbol{\beta}_1^{\mathrm{T}},\boldsymbol{\beta}_2^{\mathrm{T}},\cdots,\boldsymbol{\beta}_s^{\mathrm{T}}$ 可由行向量组 $\boldsymbol{\alpha}_1^{\mathrm{T}},\boldsymbol{\alpha}_2^{\mathrm{T}},\cdots,\boldsymbol{\alpha}_m^{\mathrm{T}}$ 线性表示的充分必要条件是矩阵方程 $\boldsymbol{XA}^{\mathrm{T}}=\boldsymbol{B}^{\mathrm{T}}$ 有解.

**例 3.9** 设 $\boldsymbol{A},\boldsymbol{B},\boldsymbol{C}$ 均为 $n$ 阶矩阵，若 $\boldsymbol{AB}=\boldsymbol{C}$，且 $\boldsymbol{B}$ 可逆，则矩阵 $\boldsymbol{C}$ 的列向量组与矩阵 $\boldsymbol{A}$ 的列向量组等价.

**证明** 将 $\boldsymbol{A},\boldsymbol{C}$ 按列分块，$\boldsymbol{A}=(\boldsymbol{\alpha}_1,\boldsymbol{\alpha}_2,\cdots,\boldsymbol{\alpha}_n),\boldsymbol{C}=(\boldsymbol{\gamma}_1,\boldsymbol{\gamma}_2,\cdots,\boldsymbol{\gamma}_n)$，由 $\boldsymbol{AB}=\boldsymbol{C}$，可得

$$(\boldsymbol{\alpha}_1,\boldsymbol{\alpha}_2,\cdots,\boldsymbol{\alpha}_n)\begin{pmatrix} b_{11} & \cdots & b_{1n} \\ b_{21} & \cdots & b_{2n} \\ \vdots & & \vdots \\ b_{n1} & \cdots & b_{nn} \end{pmatrix}=(\boldsymbol{\gamma}_1,\boldsymbol{\gamma}_2,\cdots,\boldsymbol{\gamma}_n)$$

即

$$\boldsymbol{\gamma}_i=b_{1i}\boldsymbol{\alpha}_1+b_{2i}\boldsymbol{\alpha}_2+\cdots+b_{ni}\boldsymbol{\alpha}_n\ (i=1,2,\cdots,n),$$

故 $\boldsymbol{C}$ 的列向量组可由 $\boldsymbol{A}$ 的列向量组线性表示. 又因为 $\boldsymbol{B}$ 可逆，故 $\boldsymbol{A}=\boldsymbol{CB}^{-1}$. 同理可得，$\boldsymbol{A}$ 的列向量组可由 $\boldsymbol{C}$ 的列向量组线性表示，从而矩阵 $\boldsymbol{C}$ 的列向量组与矩阵 $\boldsymbol{A}$ 的列向量组等价.

## 同步习题 3.1

### 基础题

1. 设 $\boldsymbol{\alpha}_1=(1,-1,1)^{\mathrm{T}},\boldsymbol{\alpha}_2=(-1,1,1)^{\mathrm{T}},\boldsymbol{\alpha}_3=(1,1,-1)^{\mathrm{T}}$，求：(1) $2\boldsymbol{\alpha}_1-3\boldsymbol{\alpha}_2+4\boldsymbol{\alpha}_3$；(2) $\boldsymbol{\alpha}_1+4\boldsymbol{\alpha}_2-7\boldsymbol{\alpha}_3$.

2. 设 $3(\boldsymbol{\alpha}_1-\boldsymbol{\alpha})-2(\boldsymbol{\alpha}_2+\boldsymbol{\alpha})=5(\boldsymbol{\alpha}_3+\boldsymbol{\alpha})$，其中 $\boldsymbol{\alpha}_1=(2,5,1,3)^{\mathrm{T}},\boldsymbol{\alpha}_2=(10,1,5,10)^{\mathrm{T}},\boldsymbol{\alpha}_3=(4,1,-1,1)^{\mathrm{T}}$，求 $\boldsymbol{\alpha}$.

3. 设 $\boldsymbol{\alpha}_1=(1,a,0)^{\mathrm{T}},\boldsymbol{\alpha}_2=(-1,2,b)^{\mathrm{T}}$，当 $a,b$ 为何值时，$\boldsymbol{\alpha}_1+\boldsymbol{\alpha}_2=\boldsymbol{0}$?

### 提高题

设 $n$ 维向量 $\boldsymbol{\alpha}=\left(\frac{1}{2},0,\cdots,0,\frac{1}{2}\right)$，矩阵 $\boldsymbol{A}=\boldsymbol{E}-\boldsymbol{\alpha}^{\mathrm{T}}\boldsymbol{\alpha},\boldsymbol{B}=\boldsymbol{E}+2\boldsymbol{\alpha}^{\mathrm{T}}\boldsymbol{\alpha}$，求 $\boldsymbol{AB}$.

微课：同步习题 3.1 提高题

## 3.2 向量组线性相关性的性质和判别

### 3.2.1 向量组线性相关性的性质

下面给出关于向量组线性相关性的一些基本性质.

**性质 3.1** 一个向量线性相关的充分必要条件是这个向量为零向量.

**证明** 一个向量 $\boldsymbol{\alpha}$ 线性相关的充分必要条件是存在非零的数 $k$，使 $k\boldsymbol{\alpha}=\mathbf{0}$，也即当且仅当 $\boldsymbol{\alpha}$ 为零向量时，其线性相关.

**推论** 一个向量线性无关的充分必要条件是这个向量为非零向量.

**性质 3.2** 两个向量线性相关的充分必要条件是对应分量成比例.

**证明** 必要性 设 $\boldsymbol{\alpha}_1,\boldsymbol{\alpha}_2$ 线性相关，即存在不全为零的数 $k_1,k_2$，使 $k_1\boldsymbol{\alpha}_1+k_2\boldsymbol{\alpha}_2=\mathbf{0}$，不妨设 $k_1\neq0$，则有 $\boldsymbol{\alpha}_1=-\dfrac{k_2}{k_1}\boldsymbol{\alpha}_2$，即 $\boldsymbol{\alpha}_1,\boldsymbol{\alpha}_2$ 对应分量成比例.

充分性 设 $\boldsymbol{\alpha}_1,\boldsymbol{\alpha}_2$ 对应分量成比例，则存在常数 $k$，使 $\boldsymbol{\alpha}_1=k\boldsymbol{\alpha}_2$ 或 $\boldsymbol{\alpha}_2=k\boldsymbol{\alpha}_1$，从而有 $\boldsymbol{\alpha}_1-k\boldsymbol{\alpha}_2=\mathbf{0}$ 或 $k\boldsymbol{\alpha}_1-\boldsymbol{\alpha}_2=\mathbf{0}$，即存在不全为零的数 $1,-k$ 或 $k,-1$，使上式成立，故 $\boldsymbol{\alpha}_1,\boldsymbol{\alpha}_2$ 线性相关.

**推论** 两个向量线性无关的充分必要条件是对应分量不成比例.

**性质 3.3** $m(m\geqslant2)$ 个向量线性相关的充分必要条件是至少有一个向量可由其余 $m-1$ 个向量线性表示.

**证明** 必要性 设 $m(m\geqslant2)$ 个向量 $\boldsymbol{\alpha}_1,\boldsymbol{\alpha}_2,\cdots,\boldsymbol{\alpha}_m$ 线性相关，即存在不全为零的数 $k_1,k_2,\cdots,k_m$，使

$$k_1\boldsymbol{\alpha}_1+k_2\boldsymbol{\alpha}_2+\cdots+k_m\boldsymbol{\alpha}_m=\mathbf{0},$$

不妨设 $k_1\neq0$，则有

$$\boldsymbol{\alpha}_1=-\frac{k_2}{k_1}\boldsymbol{\alpha}_2-\cdots-\frac{k_m}{k_1}\boldsymbol{\alpha}_m,$$

即 $\boldsymbol{\alpha}_1$ 可由 $\boldsymbol{\alpha}_2,\cdots,\boldsymbol{\alpha}_m$ 线性表示.

充分性 不妨设 $\boldsymbol{\alpha}_m$ 可由 $\boldsymbol{\alpha}_1,\boldsymbol{\alpha}_2,\cdots,\boldsymbol{\alpha}_{m-1}$ 线性表示，即存在一组数 $k_1,k_2,\cdots,k_{m-1}$，使

$$\boldsymbol{\alpha}_m=k_1\boldsymbol{\alpha}_1+k_2\boldsymbol{\alpha}_2+\cdots+k_{m-1}\boldsymbol{\alpha}_{m-1},$$

即

$$k_1\boldsymbol{\alpha}_1+k_2\boldsymbol{\alpha}_2+\cdots+k_{m-1}\boldsymbol{\alpha}_{m-1}+(-1)\boldsymbol{\alpha}_m=\mathbf{0}.$$

因为 $k_1,k_2,\cdots,k_{m-1},-1$ 中至少存在 $-1$ 不为 0，所以 $\boldsymbol{\alpha}_1,\boldsymbol{\alpha}_2,\cdots,\boldsymbol{\alpha}_m$ 线性相关.

**推论** $m(m\geqslant2)$ 个向量线性无关的充分必要条件是任何一个向量都不能由其余 $m-1$ 个向量线性表示.

**性质 3.4** 若 $\boldsymbol{\alpha}_1,\boldsymbol{\alpha}_2,\cdots,\boldsymbol{\alpha}_m$ 线性无关，而 $\boldsymbol{\alpha}_1,\boldsymbol{\alpha}_2,\cdots,\boldsymbol{\alpha}_m,\boldsymbol{\beta}$ 线性相关，则 $\boldsymbol{\beta}$ 可由 $\boldsymbol{\alpha}_1,\boldsymbol{\alpha}_2,\cdots,\boldsymbol{\alpha}_m$ 线性表示，且表示式唯一.

**证明** 由于 $\boldsymbol{\alpha}_1,\boldsymbol{\alpha}_2,\cdots,\boldsymbol{\alpha}_m,\boldsymbol{\beta}$ 线性相关，故存在不全为零的数 $k_1,k_2,\cdots,k_m,k$，使

$$k_1\boldsymbol{\alpha}_1+k_2\boldsymbol{\alpha}_2+\cdots+k_m\boldsymbol{\alpha}_m+k\boldsymbol{\beta}=\mathbf{0}.$$

若 $k=0$，则有不全为零的数 $k_1,k_2,\cdots,k_m$，使 $k_1\boldsymbol{\alpha}_1+k_2\boldsymbol{\alpha}_2+\cdots+k_m\boldsymbol{\alpha}_m=\mathbf{0}$，这与 $\boldsymbol{\alpha}_1,\boldsymbol{\alpha}_2,\cdots,\boldsymbol{\alpha}_m$ 线性无关矛盾，所以 $k\neq0$，从而

$$\boldsymbol{\beta}=-\frac{k_1}{k}\boldsymbol{\alpha}_1-\frac{k_2}{k}\boldsymbol{\alpha}_2-\cdots-\frac{k_m}{k}\boldsymbol{\alpha}_m,$$

即 $\boldsymbol{\beta}$ 可由 $\boldsymbol{\alpha}_1,\boldsymbol{\alpha}_2,\cdots,\boldsymbol{\alpha}_m$ 线性表示.

下面证明表示式唯一. 设

$$\boldsymbol{\beta}=k_1\boldsymbol{\alpha}_1+k_2\boldsymbol{\alpha}_2+\cdots+k_m\boldsymbol{\alpha}_m,\boldsymbol{\beta}=l_1\boldsymbol{\alpha}_1+l_2\boldsymbol{\alpha}_2+\cdots+l_m\boldsymbol{\alpha}_m,$$

两式相减，可得 $(k_1-l_1)\boldsymbol{\alpha}_1+(k_2-l_2)\boldsymbol{\alpha}_2+\cdots+(k_m-l_m)\boldsymbol{\alpha}_m=\boldsymbol{0}$，由 $\boldsymbol{\alpha}_1,\boldsymbol{\alpha}_2,\cdots,\boldsymbol{\alpha}_m$ 线性无关，可得 $k_i=l_i$ $(i=1,2,\cdots,m)$，表示式唯一得证.

**性质 3.5** 若向量组中有一部分向量组线性相关，则整个向量组线性相关.

**证明** 设向量组 $\boldsymbol{\alpha}_1,\boldsymbol{\alpha}_2,\cdots,\boldsymbol{\alpha}_m$ 中的 $s(s\leqslant m)$ 个向量线性相关，不妨设为 $\boldsymbol{\alpha}_1,\boldsymbol{\alpha}_2,\cdots,\boldsymbol{\alpha}_s$，则存在不全为零的数 $k_1,k_2,\cdots,k_s$，使 $k_1\boldsymbol{\alpha}_1+k_2\boldsymbol{\alpha}_2+\cdots+k_s\boldsymbol{\alpha}_s=\boldsymbol{0}$，从而有

$$k_1\boldsymbol{\alpha}_1+k_2\boldsymbol{\alpha}_2+\cdots+k_s\boldsymbol{\alpha}_s+0\cdot\boldsymbol{\alpha}_{s+1}+\cdots+0\cdot\boldsymbol{\alpha}_m=\boldsymbol{0},$$

故 $\boldsymbol{\alpha}_1,\boldsymbol{\alpha}_2,\cdots,\boldsymbol{\alpha}_m$ 线性相关.

**推论** 若一个向量组线性无关，则其任一部分向量组都线性无关.

**性质 3.6** 设有向量组Ⅰ：$\boldsymbol{\alpha}_1,\boldsymbol{\alpha}_2,\cdots,\boldsymbol{\alpha}_m$ 与Ⅱ：$\boldsymbol{\beta}_1,\boldsymbol{\beta}_2,\cdots,\boldsymbol{\beta}_s$，若Ⅱ可由Ⅰ线性表示，且 $s>m$，则向量组Ⅱ：$\boldsymbol{\beta}_1,\boldsymbol{\beta}_2,\cdots,\boldsymbol{\beta}_s$ 线性相关.

**例 3.10** 证明：含有零向量的向量组一定线性相关.

**证明** 由性质 3.1 知零向量线性相关，再由性质 3.5 知整个向量组线性相关.

**例 3.11** 设向量组 $\boldsymbol{\alpha}_1,\boldsymbol{\alpha}_2,\boldsymbol{\alpha}_3$ 线性相关，向量组 $\boldsymbol{\alpha}_2,\boldsymbol{\alpha}_3,\boldsymbol{\alpha}_4$ 线性无关，证明：

(1) $\boldsymbol{\alpha}_1$ 可由 $\boldsymbol{\alpha}_2,\boldsymbol{\alpha}_3$ 线性表示；

(2) $\boldsymbol{\alpha}_4$ 不能由 $\boldsymbol{\alpha}_1,\boldsymbol{\alpha}_2,\boldsymbol{\alpha}_3$ 线性表示.

**证明** (1) $\boldsymbol{\alpha}_2,\boldsymbol{\alpha}_3,\boldsymbol{\alpha}_4$ 线性无关，由性质 3.5 的推论知，$\boldsymbol{\alpha}_2,\boldsymbol{\alpha}_3$ 线性无关. 又 $\boldsymbol{\alpha}_1,\boldsymbol{\alpha}_2,\boldsymbol{\alpha}_3$ 线性相关，由性质 3.4 知，$\boldsymbol{\alpha}_1$ 可由 $\boldsymbol{\alpha}_2,\boldsymbol{\alpha}_3$ 线性表示，且表示法唯一.

(2) 用反证法，假设 $\boldsymbol{\alpha}_4$ 可由 $\boldsymbol{\alpha}_1,\boldsymbol{\alpha}_2,\boldsymbol{\alpha}_3$ 线性表示，由(1)知，$\boldsymbol{\alpha}_1$ 可由 $\boldsymbol{\alpha}_2,\boldsymbol{\alpha}_3$ 线性表示，则 $\boldsymbol{\alpha}_4$ 可由 $\boldsymbol{\alpha}_2,\boldsymbol{\alpha}_3$ 线性表示，这与条件 $\boldsymbol{\alpha}_2,\boldsymbol{\alpha}_3,\boldsymbol{\alpha}_4$ 线性无关矛盾，所以 $\boldsymbol{\alpha}_4$ 不能由 $\boldsymbol{\alpha}_1,\boldsymbol{\alpha}_2,\boldsymbol{\alpha}_3$ 线性表示.

**例 3.12** 设三阶矩阵 $\boldsymbol{A}=\begin{pmatrix}-1&1&0\\-4&3&0\\1&0&2\end{pmatrix}$，三维列向量 $\boldsymbol{\alpha}=(a,-2,1)^{\mathrm{T}}$，若 $\boldsymbol{A\alpha}$ 与 $\boldsymbol{\alpha}$ 线性相关，求 $a$.

**解** 由性质 3.2 知，$\boldsymbol{A\alpha}$ 与 $\boldsymbol{\alpha}$ 对应分量成比例，即存在数 $k$，使 $\boldsymbol{A\alpha}=k\boldsymbol{\alpha}$，从而有

$$\begin{cases}-a-2=ka,\\-4a-6=-2k,\\a+2=k,\end{cases}$$

解得 $a=-1$.

### 3.2.2 向量组线性相关性的判别

**定理 3.4** $m$ 个 $n$ 维向量 $\boldsymbol{\alpha}_i=(a_{1i},a_{2i},\cdots,a_{ni})^{\mathrm{T}}(i=1,2,\cdots,m)$ 线性相关的充分必要条件是矩阵

$$\boldsymbol{A}=(\boldsymbol{\alpha}_1,\boldsymbol{\alpha}_2,\cdots,\boldsymbol{\alpha}_m)=\begin{pmatrix}a_{11}&a_{12}&\cdots&a_{1m}\\a_{21}&a_{22}&\cdots&a_{2m}\\\vdots&\vdots&&\vdots\\a_{n1}&a_{n2}&\cdots&a_{nm}\end{pmatrix}$$

的秩 $r(\boldsymbol{A})<m$.

**证明** 必要性 设 $\boldsymbol{\alpha}_1,\boldsymbol{\alpha}_2,\cdots,\boldsymbol{\alpha}_m$ 线性相关，根据性质3.3，至少有一个向量可由其余 $m-1$ 个向量线性表示，不妨设该向量为 $\boldsymbol{\alpha}_m$，即

$$\boldsymbol{\alpha}_m=k_1\boldsymbol{\alpha}_1+k_2\boldsymbol{\alpha}_2+\cdots+k_{m-1}\boldsymbol{\alpha}_{m-1},$$

上式写成分量形式为

$$\begin{cases}a_{1m}=k_1a_{11}+k_2a_{12}+\cdots+k_{m-1}a_{1,m-1},\\ a_{2m}=k_1a_{21}+k_2a_{22}+\cdots+k_{m-1}a_{2,m-1},\\ \qquad\cdots\cdots\cdots\\ a_{nm}=k_1a_{n1}+k_2a_{n2}+\cdots+k_{m-1}a_{n,m-1},\end{cases}$$

对 $\boldsymbol{A}$ 施行初等列变换，用 $-k_1,-k_2,\cdots,-k_{m-1}$ 分别乘以 $\boldsymbol{A}$ 的第 $1,2,\cdots,m-1$ 列后都加至第 $m$ 列，有

$$\boldsymbol{A}=\begin{pmatrix}a_{11}&a_{12}&\cdots&a_{1m}\\a_{21}&a_{22}&\cdots&a_{2m}\\\vdots&\vdots&&\vdots\\a_{n1}&a_{n2}&\cdots&a_{nm}\end{pmatrix}\to\begin{pmatrix}a_{11}&\cdots&a_{1,m-1}&0\\a_{21}&\cdots&a_{2,m-1}&0\\\vdots&\vdots&&\vdots\\a_{n1}&\cdots&a_{n,m-1}&0\end{pmatrix}=\boldsymbol{B},$$

由矩阵秩的定义知 $r(\boldsymbol{B})<m$. 由于 $\boldsymbol{A}$ 与 $\boldsymbol{B}$ 等价，所以 $r(\boldsymbol{A})=r(\boldsymbol{B})<m$.

充分性证明略.

**推论1** 任意 $m$ 个 $n$ 维向量 $\boldsymbol{\alpha}_i=(a_{1i},a_{2i},\cdots,a_{ni})^{\mathrm{T}}(i=1,2,\cdots,m)$ 线性无关的充分必要条件是它们构成的矩阵 $\boldsymbol{A}_{n\times m}$ 的秩 $r(\boldsymbol{A})=m(m<n)$.

**推论2** 任意 $n$ 个 $n$ 维向量 $\boldsymbol{\alpha}_i=(a_{1i},a_{2i},\cdots,a_{ni})^{\mathrm{T}}(i=1,2,\cdots,n)$ 线性无关的充分必要条件是它们构成的矩阵 $\boldsymbol{A}$ 的行列式不等于零.

**推论3** 当 $m>n$ 时，$m$ 个 $n$ 维向量线性相关.

**定理3.5** 若 $m$ 个 $s$ 维向量 $\boldsymbol{\alpha}_i=(a_{1i},a_{2i},\cdots,a_{si})^{\mathrm{T}}(i=1,2,\cdots,m)$ 线性无关，则对应的 $m$ 个 $s+1$ 维向量 $\boldsymbol{\beta}_i=(a_{1i},a_{2i},\cdots,a_{si},a_{s+1,i})^{\mathrm{T}}(i=1,2,\cdots,m)$ 也线性无关.

**证明** 记

$$\boldsymbol{A}=(\boldsymbol{\alpha}_1,\boldsymbol{\alpha}_2,\cdots,\boldsymbol{\alpha}_m)=\begin{pmatrix}a_{11}&a_{12}&\cdots&a_{1m}\\a_{21}&a_{22}&\cdots&a_{2m}\\\vdots&\vdots&&\vdots\\a_{s1}&a_{s2}&\cdots&a_{sm}\end{pmatrix},$$

$$\boldsymbol{B}=(\boldsymbol{\beta}_1,\boldsymbol{\beta}_2,\cdots,\boldsymbol{\beta}_m)=\begin{pmatrix}a_{11}&a_{12}&\cdots&a_{1m}\\a_{21}&a_{22}&\cdots&a_{2m}\\\vdots&\vdots&&\vdots\\a_{s1}&a_{s2}&\cdots&a_{sm}\\a_{s+1,1}&a_{s+1,2}&\cdots&a_{s+1,m}\end{pmatrix}$$

则 $r(\boldsymbol{A})\leqslant r(\boldsymbol{B})$. 由定理3.4的推论1知 $r(\boldsymbol{A})=m$，故 $r(\boldsymbol{B})=m$，从而向量组 $\boldsymbol{\beta}_1,\boldsymbol{\beta}_2,\cdots,\boldsymbol{\beta}_m$ 线性无关.

称 $m$ 个 $s$ 维向量 $\boldsymbol{\alpha}_i=(a_{1i},a_{2i},\cdots,a_{si})^{\mathrm{T}}(i=1,2,\cdots,m)$ 添加 $n-s$ 个分量后得到的向量组 $\boldsymbol{\gamma}_i=(a_{1i},a_{2i},\cdots,a_{si},a_{s+1,i},\cdots,a_{n-1,i},a_{ni})^{\mathrm{T}}(i=1,2,\cdots,m)$ 为原向量组 $\boldsymbol{\alpha}_1,\boldsymbol{\alpha}_2,\cdots,\boldsymbol{\alpha}_m$ 的**延长向量组**，有下面的推论.

**推论** 若一个向量组线性无关，则其延长向量组也线性无关.

**例 3.13** 已知向量组 $\boldsymbol{\alpha}_1=(1,2,-1,3)^{\mathrm{T}},\boldsymbol{\alpha}_2=(2,-1,3,5)^{\mathrm{T}},\boldsymbol{\alpha}_3=(-1,a+17,a,-1)^{\mathrm{T}}$，问：$a$ 为何值时，向量组 $\boldsymbol{\alpha}_1,\boldsymbol{\alpha}_2,\boldsymbol{\alpha}_3$ 线性相关？$a$ 为何值时，向量组 $\boldsymbol{\alpha}_1,\boldsymbol{\alpha}_2,\boldsymbol{\alpha}_3$ 线性无关？

**解** 对矩阵 $(\boldsymbol{\alpha}_1,\boldsymbol{\alpha}_2,\boldsymbol{\alpha}_3)$ 施行初等行变换，化为行阶梯形矩阵，有

$$(\boldsymbol{\alpha}_1,\boldsymbol{\alpha}_2,\boldsymbol{\alpha}_3)=\begin{pmatrix}1&2&-1\\2&-1&a+17\\-1&3&a\\3&5&-1\end{pmatrix}\xrightarrow[r_4-3r_1]{\substack{r_2-2r_1\\r_3+r_1}}\begin{pmatrix}1&2&-1\\0&-5&a+19\\0&5&a-1\\0&-1&2\end{pmatrix}$$

$$\xrightarrow{r_2\leftrightarrow r_4}\begin{pmatrix}1&2&-1\\0&-1&2\\0&5&a-1\\0&-5&a+19\end{pmatrix}\xrightarrow[r_4-5r_2]{r_3+5r_2}\begin{pmatrix}1&2&-1\\0&-1&2\\0&0&a+9\\0&0&a+9\end{pmatrix}\xrightarrow{r_4-r_3}\begin{pmatrix}1&2&-1\\0&-1&2\\0&0&a+9\\0&0&0\end{pmatrix}.$$

当 $a+9\neq0$，即 $a\neq-9$ 时，$r(\boldsymbol{\alpha}_1,\boldsymbol{\alpha}_2,\boldsymbol{\alpha}_3)=3$，由定理 3.4 知，向量组 $\boldsymbol{\alpha}_1,\boldsymbol{\alpha}_2,\boldsymbol{\alpha}_3$ 线性无关.

当 $a+9=0$，即 $a=-9$ 时，$r(\boldsymbol{\alpha}_1,\boldsymbol{\alpha}_2,\boldsymbol{\alpha}_3)=2<3$，向量组 $\boldsymbol{\alpha}_1,\boldsymbol{\alpha}_2,\boldsymbol{\alpha}_3$ 线性相关.

## 同步习题 3.2

### 基础题

1. 设向量 $\boldsymbol{\beta}$ 可由向量组 $\boldsymbol{\alpha}_1,\boldsymbol{\alpha}_2,\cdots,\boldsymbol{\alpha}_m$ 线性表示，但不能由向量组 Ⅰ：$\boldsymbol{\alpha}_1,\boldsymbol{\alpha}_2,\cdots,\boldsymbol{\alpha}_{m-1}$ 线性表示，已知向量组 Ⅱ：$\boldsymbol{\alpha}_1,\boldsymbol{\alpha}_2,\cdots,\boldsymbol{\alpha}_{m-1},\boldsymbol{\beta}$，则(　　).

A. $\boldsymbol{\alpha}_m$ 不能由 Ⅰ 线性表示，也不能由 Ⅱ 线性表示

B. $\boldsymbol{\alpha}_m$ 不能由 Ⅰ 线性表示，但可由 Ⅱ 线性表示

C. $\boldsymbol{\alpha}_m$ 可由 Ⅰ 线性表示，也可由 Ⅱ 线性表示

D. $\boldsymbol{\alpha}_m$ 可由 Ⅰ 线性表示，但不能由 Ⅱ 线性表示

2. $n$ 维向量组 $\boldsymbol{\alpha}_1,\boldsymbol{\alpha}_2,\cdots,\boldsymbol{\alpha}_s(3\leqslant s\leqslant n)$ 线性无关的充分必要条件是(　　).

A. 存在一组不全为零的数 $k_1,k_2,\cdots,k_s$，使 $k_1\boldsymbol{\alpha}_1+k_2\boldsymbol{\alpha}_2+\cdots+k_s\boldsymbol{\alpha}_s\neq\mathbf{0}$

B. $\boldsymbol{\alpha}_1,\boldsymbol{\alpha}_2,\cdots,\boldsymbol{\alpha}_s$ 中任意两个向量都线性无关

C. $\boldsymbol{\alpha}_1,\boldsymbol{\alpha}_2,\cdots,\boldsymbol{\alpha}_s$ 中存在一个向量，它不能用其余向量线性表示

D. $\boldsymbol{\alpha}_1,\boldsymbol{\alpha}_2,\cdots,\boldsymbol{\alpha}_s$ 中任意一个向量都不能用其余向量线性表示

3. 设 $\boldsymbol{A},\boldsymbol{B}$ 为满足 $\boldsymbol{AB}=\boldsymbol{O}$ 的任意两个非零矩阵，则必有(　　).

A. $\boldsymbol{A}$ 的列向量组线性相关，$\boldsymbol{B}$ 的行向量组线性相关

B. $\boldsymbol{A}$ 的列向量组线性相关，$\boldsymbol{B}$ 的列向量组线性相关

C. $\boldsymbol{A}$ 的行向量组线性相关，$\boldsymbol{B}$ 的行向量组线性相关

D. $\boldsymbol{A}$ 的行向量组线性相关，$\boldsymbol{B}$ 的列向量组线性相关

4. 设 $\boldsymbol{A},\boldsymbol{B}$ 为满足 $\boldsymbol{AB}=\boldsymbol{E}$ 的任意两个矩阵，则必有(　　).

A. $\boldsymbol{A}$ 的列向量组线性无关，$\boldsymbol{B}$ 的行向量组线性无关

B. $\boldsymbol{A}$ 的列向量组线性无关，$\boldsymbol{B}$ 的列向量组线性无关

C. $\boldsymbol{A}$ 的行向量组线性无关，$\boldsymbol{B}$ 的行向量组线性无关

D. $\boldsymbol{A}$ 的行向量组线性无关，$\boldsymbol{B}$ 的列向量组线性无关

5. 填空题.

(1) $\boldsymbol{\alpha}_1=(1,1,0),\boldsymbol{\alpha}_2=(1,2,0),\boldsymbol{\alpha}_3=(1,1,4),\boldsymbol{\alpha}_4=(1,1,9)$ 的线性关系是__________.

(2) $\boldsymbol{\alpha}_1=(1,1,0,0,1),\boldsymbol{\alpha}_2=(0,2,1,0,2),\boldsymbol{\alpha}_3=(0,3,0,1,3)$ 的线性关系是__________.

(3) 设 $\boldsymbol{\alpha}_1,\boldsymbol{\alpha}_2,\boldsymbol{\alpha}_3,\boldsymbol{\alpha}_4$ 线性无关，则 $\boldsymbol{\alpha}_1+\boldsymbol{\alpha}_2,\boldsymbol{\alpha}_1+\boldsymbol{\alpha}_3,\boldsymbol{\alpha}_1+\boldsymbol{\alpha}_4,\boldsymbol{\alpha}_2+\boldsymbol{\alpha}_3,\boldsymbol{\alpha}_2+\boldsymbol{\alpha}_4$ 的线性关系是__________.

6. 判断向量组 $\boldsymbol{\alpha}_1=(1,2,-1,3)^{\mathrm{T}},\boldsymbol{\alpha}_2=(2,1,0,-1)^{\mathrm{T}},\boldsymbol{\alpha}_3=(3,3,-1,2)^{\mathrm{T}}$ 是否线性相关.

7. 已知向量组 $\boldsymbol{\alpha}_1=(1,1,1,3)^{\mathrm{T}},\boldsymbol{\alpha}_2=(-1,-3,5,1)^{\mathrm{T}},\boldsymbol{\alpha}_3=(3,2,-1,k+2)^{\mathrm{T}},\boldsymbol{\alpha}_4=(-2,-6,10,k)^{\mathrm{T}}$ 线性相关，求 $k$.

8. 已知向量组 $\boldsymbol{\alpha}_1,\boldsymbol{\alpha}_2,\boldsymbol{\alpha}_3$ 线性无关，证明：$\boldsymbol{\alpha}_1+2\boldsymbol{\alpha}_2,2\boldsymbol{\alpha}_1+3\boldsymbol{\alpha}_3,3\boldsymbol{\alpha}_3+\boldsymbol{\alpha}_1$ 线性无关.

9. 已知向量组 $\boldsymbol{\alpha}_1,\boldsymbol{\alpha}_2,\cdots,\boldsymbol{\alpha}_m$ 线性无关，证明：$\boldsymbol{\beta}_1=\boldsymbol{\alpha}_1,\boldsymbol{\beta}_2=\boldsymbol{\alpha}_1+\boldsymbol{\alpha}_2,\cdots,\boldsymbol{\beta}_m=\boldsymbol{\alpha}_1+\boldsymbol{\alpha}_2+\cdots+\boldsymbol{\alpha}_m$ 线性无关.

10. 已知 $\boldsymbol{\alpha}_1,\boldsymbol{\alpha}_2,\boldsymbol{\alpha}_3$ 线性无关，且 $km\neq1$，证明：向量组 $k\boldsymbol{\alpha}_2-\boldsymbol{\alpha}_1,m\boldsymbol{\alpha}_3-\boldsymbol{\alpha}_2,\boldsymbol{\alpha}_1-\boldsymbol{\alpha}_3$ 线性无关.

微课：同步习题 3.2
基础题 9

**提高题**

1. 设有 $n$ 维向量组 $\boldsymbol{\alpha}_1,\boldsymbol{\alpha}_2,\cdots,\boldsymbol{\alpha}_n$，证明：$\boldsymbol{\alpha}_1,\boldsymbol{\alpha}_2,\cdots,\boldsymbol{\alpha}_n$ 线性无关的充分必要条件是任意 $n$ 维向量都可以由它们线性表示.

2. 设 $\boldsymbol{\alpha}_1,\boldsymbol{\alpha}_2,\cdots,\boldsymbol{\alpha}_s$ 均为 $n$ 维列向量，$\boldsymbol{A}$ 是 $m\times n$ 矩阵，下列选项正确的是(　　).

A. 若 $\boldsymbol{\alpha}_1,\boldsymbol{\alpha}_2,\cdots,\boldsymbol{\alpha}_s$ 线性相关，则 $\boldsymbol{A\alpha}_1,\boldsymbol{A\alpha}_2,\cdots,\boldsymbol{A\alpha}_s$ 线性相关

B. 若 $\boldsymbol{\alpha}_1,\boldsymbol{\alpha}_2,\cdots,\boldsymbol{\alpha}_s$ 线性相关，则 $\boldsymbol{A\alpha}_1,\boldsymbol{A\alpha}_2,\cdots,\boldsymbol{A\alpha}_s$ 线性无关

C. 若 $\boldsymbol{\alpha}_1,\boldsymbol{\alpha}_2,\cdots,\boldsymbol{\alpha}_s$ 线性无关，则 $\boldsymbol{A\alpha}_1,\boldsymbol{A\alpha}_2,\cdots,\boldsymbol{A\alpha}_s$ 线性相关

D. 若 $\boldsymbol{\alpha}_1,\boldsymbol{\alpha}_2,\cdots,\boldsymbol{\alpha}_s$ 线性无关，则 $\boldsymbol{A\alpha}_1,\boldsymbol{A\alpha}_2,\cdots,\boldsymbol{A\alpha}_s$ 线性无关

3. 设 $\boldsymbol{A}$ 是 $n$ 阶矩阵，$\boldsymbol{\alpha}_1$ 是 $n$ 维非零列向量，若 $\boldsymbol{A\alpha}_1=2\boldsymbol{\alpha}_1,\boldsymbol{A\alpha}_2=2\boldsymbol{\alpha}_2+\boldsymbol{\alpha}_1,\boldsymbol{A\alpha}_3=2\boldsymbol{\alpha}_3+\boldsymbol{\alpha}_2$. 证明：向量组 $\boldsymbol{\alpha}_1,\boldsymbol{\alpha}_2,\boldsymbol{\alpha}_3$ 线性无关.

4. 设向量组 $\boldsymbol{\alpha}_1,\boldsymbol{\alpha}_2,\cdots,\boldsymbol{\alpha}_s(s\geqslant2)$ 线性无关，且 $\boldsymbol{\beta}_1=\boldsymbol{\alpha}_1+\boldsymbol{\alpha}_2,\boldsymbol{\beta}_2=\boldsymbol{\alpha}_2+\boldsymbol{\alpha}_3,\cdots,\boldsymbol{\beta}_{s-1}=\boldsymbol{\alpha}_{s-1}+\boldsymbol{\alpha}_s,\boldsymbol{\beta}_s=\boldsymbol{\alpha}_s+\boldsymbol{\alpha}_1$，讨论向量组 $\boldsymbol{\beta}_1,\boldsymbol{\beta}_2,\cdots,\boldsymbol{\beta}_s$ 的线性相关性.

微课：同步习题 3.2
提高题 3

## 3.3 极大线性无关组和秩

$n$ 维基本单位向量组 $\boldsymbol{e}_1,\boldsymbol{e}_2,\cdots,\boldsymbol{e}_n$ 是线性无关的，而且任意一个 $n$ 维向量都可由它们线性表示. 很自然的一个问题是，在一个向量组中，具备上述性质的部分组是什么样的呢？这就是本节要讨论的内容——向量组的极大线性无关组和向量组的秩.

### 3.3.1 极大线性无关组和向量组的秩

**定义 3.6** 在向量组 $\boldsymbol{\alpha}_1,\boldsymbol{\alpha}_2,\cdots,\boldsymbol{\alpha}_m$ 中，选取 $r$ 个向量 $\boldsymbol{\alpha}_{i_1},\boldsymbol{\alpha}_{i_2},\cdots,\boldsymbol{\alpha}_{i_r}$，如果满足

(1) $\boldsymbol{\alpha}_{i_1},\boldsymbol{\alpha}_{i_2},\cdots,\boldsymbol{\alpha}_{i_r}$ 线性无关；

(2) $\boldsymbol{\alpha}_1,\boldsymbol{\alpha}_2,\cdots,\boldsymbol{\alpha}_m$ 中任意一个向量都可由 $\boldsymbol{\alpha}_{i_1},\boldsymbol{\alpha}_{i_2},\cdots,\boldsymbol{\alpha}_{i_r}$ 线性表示，
则称 $\boldsymbol{\alpha}_{i_1},\boldsymbol{\alpha}_{i_2},\cdots,\boldsymbol{\alpha}_{i_r}$ 是向量组 $\boldsymbol{\alpha}_1,\boldsymbol{\alpha}_2,\cdots,\boldsymbol{\alpha}_m$ 的一个**极大线性无关组**，简称为**极大无关组**.

若 $\boldsymbol{\alpha}_{i_1},\boldsymbol{\alpha}_{i_2},\cdots,\boldsymbol{\alpha}_{i_r}$ 是向量组 $\boldsymbol{\alpha}_1,\boldsymbol{\alpha}_2,\cdots,\boldsymbol{\alpha}_m$ 的一个极大无关组，由定义 3.6 知，向量组中任意一个向量都可由 $\boldsymbol{\alpha}_{i_1},\boldsymbol{\alpha}_{i_2},\cdots,\boldsymbol{\alpha}_{i_r}$ 线性表示，再结合性质 3.6 可知，任意 $r+1$ 个向量都是线性相关的. 反之，若向量组 $\boldsymbol{\alpha}_1,\boldsymbol{\alpha}_2,\cdots,\boldsymbol{\alpha}_m$ 中的任意 $r+1$ 个向量都是线性相关的，则由极大无关组的定义可知，任意一个向量 $\boldsymbol{\alpha}_i$ 都可由 $\boldsymbol{\alpha}_{i_1},\boldsymbol{\alpha}_{i_2},\cdots,\boldsymbol{\alpha}_{i_r}$ 线性表示. 由此，得到极大无关组的等价定义.

**定义 3.7** 在向量组 $\boldsymbol{\alpha}_1,\boldsymbol{\alpha}_2,\cdots,\boldsymbol{\alpha}_m$ 中，如果存在 $r$ 个向量 $\boldsymbol{\alpha}_{i_1},\boldsymbol{\alpha}_{i_2},\cdots,\boldsymbol{\alpha}_{i_r}$，满足

(1) $\boldsymbol{\alpha}_{i_1},\boldsymbol{\alpha}_{i_2},\cdots,\boldsymbol{\alpha}_{i_r}$ 线性无关；

(2) $\boldsymbol{\alpha}_1,\boldsymbol{\alpha}_2,\cdots,\boldsymbol{\alpha}_m$ 中任意 $r+1$ 个向量都线性相关，
则称 $\boldsymbol{\alpha}_{i_1},\boldsymbol{\alpha}_{i_2},\cdots,\boldsymbol{\alpha}_{i_r}$ 是向量组 $\boldsymbol{\alpha}_1,\boldsymbol{\alpha}_2,\cdots,\boldsymbol{\alpha}_m$ 的一个**极大线性无关组**.

由等价定义可知，极大线性无关组就是向量组中向量个数最多的线性无关的部分组.

需要注意的是，若向量组线性无关，那么极大无关组是唯一的，就是向量组本身. 若向量组线性相关，则极大无关组不一定唯一. 例如，向量组 $\boldsymbol{\alpha}_1=(1,0)^{\mathrm{T}},\boldsymbol{\alpha}_2=(0,1)^{\mathrm{T}},\boldsymbol{\alpha}_3=(2,3)^{\mathrm{T}}$ 线性相关，而任意两个向量线性无关，所以任意两个向量都是极大无关组.

由极大无关组的定义还可以得到：向量组和它的任意一个极大无关组都是等价的，进而同一向量组的任意两个极大无关组是等价的；当向量组线性相关时，其极大无关组不唯一，但是极大无关组所含向量的个数是唯一的.

**定义 3.8** 向量组 $\boldsymbol{\alpha}_1,\boldsymbol{\alpha}_2,\cdots,\boldsymbol{\alpha}_m$ 的极大无关组所含向量的个数称为**向量组的秩**，记为 $r(\boldsymbol{\alpha}_1,\boldsymbol{\alpha}_2,\cdots,\boldsymbol{\alpha}_m)$.

只含有零向量的向量组没有极大无关组，规定其秩为零.

由定义 3.8 可知，向量组 $\boldsymbol{\alpha}_1,\boldsymbol{\alpha}_2,\cdots,\boldsymbol{\alpha}_m$ 线性无关的充分必要条件是其秩等于 $m$，线性相关的充分必要条件是其秩小于 $m$.

**定理 3.6** 等价的向量组有相同的秩.

**证明** 设向量组 $\boldsymbol{\alpha}_1,\boldsymbol{\alpha}_2,\cdots,\boldsymbol{\alpha}_m$ 和 $\boldsymbol{\beta}_1,\boldsymbol{\beta}_2,\cdots,\boldsymbol{\beta}_s$ 等价，两个向量组的秩分别为 $r_1,r_2$. 因为 $\boldsymbol{\alpha}_1,\boldsymbol{\alpha}_2,\cdots,\boldsymbol{\alpha}_m$ 可由 $\boldsymbol{\beta}_1,\boldsymbol{\beta}_2,\cdots,\boldsymbol{\beta}_s$ 线性表示，所以 $\boldsymbol{\alpha}_1,\boldsymbol{\alpha}_2,\cdots,\boldsymbol{\alpha}_m$ 的极大无关组可由 $\boldsymbol{\beta}_1,\boldsymbol{\beta}_2,\cdots,\boldsymbol{\beta}_s$ 线性表示，进而可由 $\boldsymbol{\beta}_1,\boldsymbol{\beta}_2,\cdots,\boldsymbol{\beta}_s$ 的极大无关组线性表示，由性质 3.6 知，$r_1\leqslant r_2$. 同理可得，$r_2\leqslant r_1$. 所以，两个向量组的秩相同.

需要注意的是，若两个向量组的秩相同，则这两个向量组未必等价. 例如，由向量 $\boldsymbol{\alpha}=(1,0)^{\mathrm{T}}$ 构成的向量组的秩为 1，由向量 $\boldsymbol{\beta}=(0,1)^{\mathrm{T}}$ 构成的向量组的秩也为 1，但是二者显然不等价.

【即时提问 3.3】 矩阵的等价和向量组的等价，二者的区别是什么？

对于特殊的向量组，比如由全体 $n$ 维向量构成的向量组（记为 $\mathbf{R}^n$），基本单位向量组 $\boldsymbol{e}_1=(1,0,\cdots,0)^{\mathrm{T}},\boldsymbol{e}_2=(0,1,\cdots,0)^{\mathrm{T}},\cdots,\boldsymbol{e}_n=(0,0,\cdots,1)^{\mathrm{T}}$ 为 $\mathbf{R}^n$ 的一个极大无关组，$\mathbf{R}^n$ 的秩为 $n$. 那么，对于一般的向量组，如何求出它的极大无关组和秩呢？

### 3.3.2 向量组的秩和矩阵的秩的关系

对于 $m\times n$ 矩阵 $\boldsymbol{A}$，$\boldsymbol{A}$ 的 $m$ 个 $n$ 维行向量构成的向量组为 $\boldsymbol{A}$ 的行向量组，$n$ 个 $m$ 维列向量构成的向量组为 $\boldsymbol{A}$ 的列向量组，并分别称它们的秩为 $\boldsymbol{A}$ 的行秩和列秩.

**定理 3.7** 设 $\boldsymbol{A}$ 为 $m\times n$ 矩阵，则 $\boldsymbol{A}$ 的秩等于 $\boldsymbol{A}$ 的行秩，也等于 $\boldsymbol{A}$ 的列秩.

**证明** 设 $\boldsymbol{A}=(\boldsymbol{\alpha}_1,\boldsymbol{\alpha}_2,\cdots,\boldsymbol{\alpha}_n)$，$r(\boldsymbol{A})=r$，根据矩阵秩的定义，存在 $r$ 阶子式 $D_r\neq 0$. 若 $D_r$ 的元素位于 $\boldsymbol{A}$ 中的第 $s_1,s_2,\cdots,s_r$ 列上，这里 $s_1<s_2<\cdots<s_r$，则由 $\boldsymbol{A}$ 的 $r$ 个列向量 $\boldsymbol{\alpha}_{s_1},\boldsymbol{\alpha}_{s_2},\cdots,\boldsymbol{\alpha}_{s_r}$ 构成的矩阵 $\boldsymbol{A}_1=(\boldsymbol{\alpha}_{s_1},\boldsymbol{\alpha}_{s_2}\cdots,\boldsymbol{\alpha}_{s_r})$，其秩 $r(\boldsymbol{A}_1)=r$，故 $\boldsymbol{\alpha}_{s_1},\boldsymbol{\alpha}_{s_2},\cdots,\boldsymbol{\alpha}_{s_r}$ 线性无关.

再从矩阵 $\boldsymbol{A}$ 的列向量组中任取 $r+1$ 个列向量，记这 $r+1$ 个列向量构成的矩阵为 $\boldsymbol{A}_2$，显然 $r(\boldsymbol{A}_2)\leqslant r(\boldsymbol{A})=r<r+1$，故 $\boldsymbol{A}$ 的列向量组中任意的 $r+1$ 个向量线性相关. 于是 $\boldsymbol{\alpha}_{s_1},\boldsymbol{\alpha}_{s_2},\cdots,\boldsymbol{\alpha}_{s_r}$ 是 $\boldsymbol{\alpha}_1,\boldsymbol{\alpha}_2,\cdots,\boldsymbol{\alpha}_n$ 的一个极大无关组，即 $\boldsymbol{A}$ 的列向量组 $\boldsymbol{\alpha}_1,\boldsymbol{\alpha}_2,\cdots,\boldsymbol{\alpha}_n$ 的秩为 $r$.

由于 $r(\boldsymbol{A})=r(\boldsymbol{A}^{\mathrm{T}})$，而 $\boldsymbol{A}$ 的行向量组的秩就是 $\boldsymbol{A}^{\mathrm{T}}$ 的列向量组的秩，所以 $\boldsymbol{A}$ 的行向量组的秩也等于矩阵 $\boldsymbol{A}$ 的秩. 从而矩阵 $\boldsymbol{A}$ 的秩等于 $\boldsymbol{A}$ 的行秩，也等于 $\boldsymbol{A}$ 的列秩.

由定理的证明过程可知，若 $D_r$ 是矩阵 $\boldsymbol{A}$ 的一个最高阶非零子式，则 $D_r$ 所在的 $r$ 列就是 $\boldsymbol{A}$ 的列向量组的一个极大无关组，而 $D_r$ 所在的 $r$ 行就是 $\boldsymbol{A}$ 的行向量组的一个极大无关组.

**例 3.14** 求向量组 $\boldsymbol{\alpha}_1=(1,1,4)^{\mathrm{T}},\boldsymbol{\alpha}_2=(1,0,4)^{\mathrm{T}},\boldsymbol{\alpha}_3=(1,2,4)^{\mathrm{T}},\boldsymbol{\alpha}_4=(1,3,4)^{\mathrm{T}}$ 的秩和一个极大无关组，并将其余向量用该极大无关组线性表示.

**解** 设

$$\boldsymbol{A}=(\boldsymbol{\alpha}_1,\boldsymbol{\alpha}_2,\boldsymbol{\alpha}_3,\boldsymbol{\alpha}_4)=\begin{pmatrix}1&1&1&1\\1&0&2&3\\4&4&4&4\end{pmatrix},$$

对 $\boldsymbol{A}$ 进行初等行变换，化成行阶梯形矩阵，得

$$\boldsymbol{A}\to\begin{pmatrix}1&1&1&1\\0&1&-1&-2\\0&0&0&0\end{pmatrix}=\boldsymbol{B},$$

进而可得 $\boldsymbol{A}$ 的秩为 2，即 $\boldsymbol{A}$ 的列向量组 $\boldsymbol{\alpha}_1,\boldsymbol{\alpha}_2,\boldsymbol{\alpha}_3,\boldsymbol{\alpha}_4$ 的秩为 2.

又因为以 $\boldsymbol{B}$ 的两个非零行的第 1 个非零元素为对角线元素的二阶子式 $\begin{vmatrix}1&1\\0&1\end{vmatrix}\neq0$，所以 $\boldsymbol{B}$ 的两个非零行的第 1 个非零元素所在的列即为 $\boldsymbol{B}$ 的列向量组的一个极大无关组.

由于矩阵 $\boldsymbol{A}$ 通过初等行变换化为矩阵 $\boldsymbol{B}$，即 $\boldsymbol{A}$ 的列向量组和 $\boldsymbol{B}$ 的列向量组有相同的线性关系，所以 $\boldsymbol{\alpha}_1,\boldsymbol{\alpha}_2$ 为 $\boldsymbol{\alpha}_1,\boldsymbol{\alpha}_2,\boldsymbol{\alpha}_3,\boldsymbol{\alpha}_4$ 的一个极大无关组.

为了将 $\boldsymbol{\alpha}_3,\boldsymbol{\alpha}_4$ 用 $\boldsymbol{\alpha}_1,\boldsymbol{\alpha}_2$ 线性表示，再对 $\boldsymbol{A}$ 进行初等行变换，化成行最简形矩阵，得

$$\boldsymbol{A}\to\begin{pmatrix}1&0&2&3\\0&1&-1&-2\\0&0&0&0\end{pmatrix}=\boldsymbol{C},$$

设 $\boldsymbol{C}=(\boldsymbol{\beta}_1,\boldsymbol{\beta}_2,\boldsymbol{\beta}_3,\boldsymbol{\beta}_4)$，则 $\boldsymbol{\beta}_3=2\boldsymbol{\beta}_1-\boldsymbol{\beta}_2,\boldsymbol{\beta}_4=3\boldsymbol{\beta}_1-2\boldsymbol{\beta}_2$. 因为 $\boldsymbol{A}$ 的列向量组和 $\boldsymbol{C}$ 的列向量组有相同的线性关系，所以 $\boldsymbol{\alpha}_3=2\boldsymbol{\alpha}_1-\boldsymbol{\alpha}_2,\boldsymbol{\alpha}_4=3\boldsymbol{\alpha}_1-2\boldsymbol{\alpha}_2$.

下面利用向量组的极大无关组和秩来证明矩阵的秩的两个重要性质.

**例 3.15** 证明：设 $\boldsymbol{A},\boldsymbol{B}$ 为 $m\times n$ 矩阵，则 $r(\boldsymbol{A}+\boldsymbol{B})\leqslant r(\boldsymbol{A})+r(\boldsymbol{B})$.

**证明** 设 $\boldsymbol{A}=(\boldsymbol{\alpha}_1,\boldsymbol{\alpha}_2,\cdots,\boldsymbol{\alpha}_n),\boldsymbol{B}=(\boldsymbol{\beta}_1,\boldsymbol{\beta}_2,\cdots,\boldsymbol{\beta}_n)$，则

$$\boldsymbol{A}+\boldsymbol{B}=(\boldsymbol{\alpha}_1+\boldsymbol{\beta}_1,\boldsymbol{\alpha}_2+\boldsymbol{\beta}_2,\cdots,\boldsymbol{\alpha}_n+\boldsymbol{\beta}_n).$$

设 $r(\boldsymbol{A})=r_1,r(\boldsymbol{B})=r_2$，由定理 3.7 知，$\boldsymbol{A},\boldsymbol{B}$ 的列向量组的秩分别等于 $r_1,r_2$，不妨设 $\boldsymbol{A},\boldsymbol{B}$ 的列向量组的极大无关组分别为 $\boldsymbol{\alpha}_1,\boldsymbol{\alpha}_2,\cdots,\boldsymbol{\alpha}_{r_1}$ 和 $\boldsymbol{\beta}_1,\boldsymbol{\beta}_2,\cdots,\boldsymbol{\beta}_{r_2}$. 由极大无关组的定义知，$\boldsymbol{A}$ 的列向量组 $\boldsymbol{\alpha}_1,\boldsymbol{\alpha}_2,\cdots,\boldsymbol{\alpha}_n$ 可由 $\boldsymbol{\alpha}_1,\boldsymbol{\alpha}_2,\cdots,\boldsymbol{\alpha}_{r_1}$ 线性表示，$\boldsymbol{B}$ 的列向量组 $\boldsymbol{\beta}_1,\boldsymbol{\beta}_2,\cdots,\boldsymbol{\beta}_n$ 可由 $\boldsymbol{\beta}_1,\boldsymbol{\beta}_2,\cdots,\boldsymbol{\beta}_{r_2}$ 线性表示，从而矩阵 $\boldsymbol{A}+\boldsymbol{B}$ 的列向量组 $\boldsymbol{\alpha}_1+\boldsymbol{\beta}_1,\boldsymbol{\alpha}_2+\boldsymbol{\beta}_2,\cdots,\boldsymbol{\alpha}_n+\boldsymbol{\beta}_n$ 可由向量组 $\boldsymbol{\alpha}_1,\boldsymbol{\alpha}_2,\cdots,\boldsymbol{\alpha}_{r_1},\boldsymbol{\beta}_1,\boldsymbol{\beta}_2,\cdots,\boldsymbol{\beta}_{r_2}$ 线性表示，所以

$$r(\boldsymbol{A}+\boldsymbol{B})\leqslant r(\boldsymbol{\alpha}_1,\boldsymbol{\alpha}_2,\cdots,\boldsymbol{\alpha}_{r_1},\boldsymbol{\beta}_1,\boldsymbol{\beta}_2,\cdots,\boldsymbol{\beta}_{r_2})\leqslant r_1+r_2,$$

进而有 $r(\boldsymbol{A}+\boldsymbol{B})\leqslant r(\boldsymbol{A})+r(\boldsymbol{B})$.

**例 3.16** 证明：设 $\boldsymbol{A}$ 为 $m\times s$ 矩阵，$\boldsymbol{B}$ 为 $s\times n$ 矩阵，则 $r(\boldsymbol{AB})\leqslant\min\{r(\boldsymbol{A}),r(\boldsymbol{B})\}$.

微课：例 3.16

**证明** 设 $\boldsymbol{A}=(\boldsymbol{\alpha}_1,\boldsymbol{\alpha}_2,\cdots,\boldsymbol{\alpha}_s)$，$\boldsymbol{B}=(b_{ij})$，$\boldsymbol{AB}=(\boldsymbol{\beta}_1,\boldsymbol{\beta}_2,\cdots,\boldsymbol{\beta}_n)$，则

$$\boldsymbol{AB}=(\boldsymbol{\beta}_1,\boldsymbol{\beta}_2,\cdots,\boldsymbol{\beta}_n)=(\boldsymbol{\alpha}_1,\boldsymbol{\alpha}_2,\cdots,\boldsymbol{\alpha}_s)\begin{pmatrix} b_{11} & \cdots & b_{1n}\\ \vdots & & \vdots \\ b_{s1} & \cdots & b_{sn}\end{pmatrix},$$

即 $\boldsymbol{AB}$ 的列向量组可由 $\boldsymbol{A}$ 的列向量组线性表示，从而 $r(\boldsymbol{AB})\leqslant r(\boldsymbol{A})$.

又因为 $(\boldsymbol{AB})^{\mathrm{T}}=\boldsymbol{B}^{\mathrm{T}}\boldsymbol{A}^{\mathrm{T}}$，则 $r((\boldsymbol{AB})^{\mathrm{T}})\leqslant r(\boldsymbol{B}^{\mathrm{T}})$，进而可得 $r(\boldsymbol{AB})\leqslant r(\boldsymbol{B})$. 故 $r(\boldsymbol{AB})\leqslant\min\{r(\boldsymbol{A}),r(\boldsymbol{B})\}$.

## 同步习题 3.3

### 基础题

1. 若 $\boldsymbol{\alpha}_1,\boldsymbol{\alpha}_2,\cdots,\boldsymbol{\alpha}_r$ 是向量组 $\boldsymbol{\alpha}_1,\boldsymbol{\alpha}_2,\cdots,\boldsymbol{\alpha}_r,\cdots,\boldsymbol{\alpha}_n$ 的极大无关组，则下列表述不正确的是(　　).

A. $\boldsymbol{\alpha}_n$ 可由 $\boldsymbol{\alpha}_1,\boldsymbol{\alpha}_2,\cdots,\boldsymbol{\alpha}_r$ 线性表示　　B. $\boldsymbol{\alpha}_1$ 可由 $\boldsymbol{\alpha}_{r+1},\boldsymbol{\alpha}_{r+2},\cdots,\boldsymbol{\alpha}_n$ 线性表示

C. $\boldsymbol{\alpha}_1$ 可由 $\boldsymbol{\alpha}_1,\boldsymbol{\alpha}_2,\cdots,\boldsymbol{\alpha}_r$ 线性表示　　D. $\boldsymbol{\alpha}_n$ 可由 $\boldsymbol{\alpha}_{r+1},\boldsymbol{\alpha}_{r+2},\cdots,\boldsymbol{\alpha}_n$ 线性表示

2. 设 $\boldsymbol{\alpha}_1=(1,1,2,2,1)^{\mathrm{T}}$，$\boldsymbol{\alpha}_2=(0,2,1,5,-1)^{\mathrm{T}}$，$\boldsymbol{\alpha}_3=(2,0,3,-1,3)^{\mathrm{T}}$，$\boldsymbol{\alpha}_4=(1,1,0,4,-1)^{\mathrm{T}}$，则 $r(\boldsymbol{\alpha}_1,\boldsymbol{\alpha}_2,\boldsymbol{\alpha}_3,\boldsymbol{\alpha}_4)=$________.

3. 已知向量组 $\boldsymbol{\alpha}_1=(1,2,-1,1)^{\mathrm{T}},\boldsymbol{\alpha}_2=(2,0,t,0)^{\mathrm{T}},\boldsymbol{\alpha}_3=(0,-4,5,-2)^{\mathrm{T}}$ 的秩为 2，则 $t=$________.

微课：同步习题 3.3 基础题 3

4. 求向量组 $\boldsymbol{\alpha}_1=(1,1,1,3)^{\mathrm{T}},\boldsymbol{\alpha}_2=(-1,-3,5,1)^{\mathrm{T}},\boldsymbol{\alpha}_3=(3,2,-1,4)^{\mathrm{T}}$，$\boldsymbol{\alpha}_4=(-2,-6,10,2)^{\mathrm{T}}$ 的秩及一个极大无关组.

5. 求向量组 $\boldsymbol{\alpha}_1=(1,-1,2,4)^{\mathrm{T}},\boldsymbol{\alpha}_2=(0,3,1,2)^{\mathrm{T}},\boldsymbol{\alpha}_3=(3,0,7,14)^{\mathrm{T}},\boldsymbol{\alpha}_4=(2,1,5,6)^{\mathrm{T}},\boldsymbol{\alpha}_5=(1,-1,2,0)^{\mathrm{T}}$ 的秩及一个包含 $\boldsymbol{\alpha}_1,\boldsymbol{\alpha}_5$ 的极大无关组，并将其余向量用此极大无关组线性表示.

### 提高题

1. 设矩阵 $\boldsymbol{A}=\begin{pmatrix}1&-1&2&1&0\\2&-2&4&-2&0\\3&0&6&-1&1\\0&3&0&0&1\end{pmatrix}$，求 $\boldsymbol{A}$ 的行向量组的秩和一个极大无关组，并用此极大无关组线性表示出其余行向量.

2. 已知向量组Ⅰ：$\boldsymbol{\alpha}_1,\boldsymbol{\alpha}_2,\boldsymbol{\alpha}_3$；Ⅱ：$\boldsymbol{\alpha}_1,\boldsymbol{\alpha}_2,\boldsymbol{\alpha}_3,\boldsymbol{\alpha}_4$；Ⅲ：$\boldsymbol{\alpha}_1,\boldsymbol{\alpha}_2,\boldsymbol{\alpha}_3,\boldsymbol{\alpha}_5$. 证明：若向量组Ⅰ和向量组Ⅱ的秩都是 3，向量组Ⅲ的秩为 4，则向量组 $\boldsymbol{\alpha}_1,\boldsymbol{\alpha}_2,\boldsymbol{\alpha}_3,\boldsymbol{\alpha}_5-\boldsymbol{\alpha}_4$ 的秩为 4.

微课：同步习题 3.3 提高题 2

## 3.4 向量的内积

某超市甲、乙、丙商品的价格向量为$(a,b,c)$，某天甲、乙、丙商品的销售向量为$(x,y,z)$，则该超市该天的销售额为 $ax+by+cz$，称其为向量$(a,b,c)$和$(x,y,z)$的内积.

### 3.4.1 向量的内积的定义

**定义 3.9** 设$\boldsymbol{\alpha}=(a_1,a_2,\cdots,a_n)^{\mathrm{T}},\boldsymbol{\beta}=(b_1,b_2,\cdots,b_n)^{\mathrm{T}}$是两个 $n$ 维向量，称$(\boldsymbol{\alpha},\boldsymbol{\beta})=a_1b_1+a_2b_2+\cdots+a_nb_n$ 为向量 $\boldsymbol{\alpha}$ 与 $\boldsymbol{\beta}$ 的**内积**.

由定义可知，内积是向量的一种运算，其结果是一个实数. 特别地，当 $n=2,3$ 时，内积即为解析几何中的数量积.

由内积的定义，容易得到以下性质.

(1) $(\boldsymbol{\alpha},\boldsymbol{\beta})=(\boldsymbol{\beta},\boldsymbol{\alpha})$.

(2) $(k\boldsymbol{\alpha}+l\boldsymbol{\beta},\boldsymbol{\gamma})=k(\boldsymbol{\alpha},\boldsymbol{\gamma})+l(\boldsymbol{\beta},\boldsymbol{\gamma})$.

(3) $(\boldsymbol{\alpha},\boldsymbol{\alpha})\geqslant0$，当且仅当 $\boldsymbol{\alpha}=\mathbf{0}$ 时，有$(\boldsymbol{\alpha},\boldsymbol{\alpha})=0$.

利用上述性质，可以得到柯西-布涅柯夫斯基不等式$(\boldsymbol{\alpha},\boldsymbol{\beta})^2\leqslant(\boldsymbol{\alpha},\boldsymbol{\alpha})(\boldsymbol{\beta},\boldsymbol{\beta})$.

下面利用内积来定义 $n$ 维向量的长度.

**定义 3.10** 设有 $n$ 维向量 $\boldsymbol{\alpha}=(a_1,a_2,\cdots,a_n)^{\mathrm{T}}$，令

$$\|\boldsymbol{\alpha}\|=\sqrt{(\boldsymbol{\alpha},\boldsymbol{\alpha})}=\sqrt{a_1^2+a_2^2+\cdots+a_n^2},$$

称$\|\boldsymbol{\alpha}\|$为向量 $\boldsymbol{\alpha}$ 的**长度**(或**范数**).

由定义，可以得到关于向量长度的下列性质.

(1) 非负性：$\|\boldsymbol{\alpha}\|\geqslant0$，当且仅当 $\boldsymbol{\alpha}=\mathbf{0}$ 时，有$\|\boldsymbol{\alpha}\|=0$.

(2) 齐次性：$\|\lambda\boldsymbol{\alpha}\|=|\lambda|\|\boldsymbol{\alpha}\|$.

(3) 三角不等式：$\|\boldsymbol{\alpha}+\boldsymbol{\beta}\|\leqslant\|\boldsymbol{\alpha}\|+\|\boldsymbol{\beta}\|$.

**证明** 根据长度的定义，(1)和(2)显然成立. 下面证明(3).

由内积的定义，

$$\|\boldsymbol{\alpha}+\boldsymbol{\beta}\|^2=(\boldsymbol{\alpha}+\boldsymbol{\beta},\boldsymbol{\alpha}+\boldsymbol{\beta})=(\boldsymbol{\alpha},\boldsymbol{\alpha})+2(\boldsymbol{\alpha},\boldsymbol{\beta})+(\boldsymbol{\beta},\boldsymbol{\beta}),$$

根据柯西-布涅柯夫斯基不等式，可得$|(\boldsymbol{\alpha},\boldsymbol{\beta})|\leqslant\sqrt{(\boldsymbol{\alpha},\boldsymbol{\alpha})(\boldsymbol{\beta},\boldsymbol{\beta})}$，从而

$$\begin{aligned}\|\boldsymbol{\alpha}+\boldsymbol{\beta}\|^2&\leqslant(\boldsymbol{\alpha},\boldsymbol{\alpha})+2\sqrt{(\boldsymbol{\alpha},\boldsymbol{\alpha})(\boldsymbol{\beta},\boldsymbol{\beta})}+(\boldsymbol{\beta},\boldsymbol{\beta})\\&=\|\boldsymbol{\alpha}\|^2+2\|\boldsymbol{\alpha}\|\,\|\boldsymbol{\beta}\|+\|\boldsymbol{\beta}\|^2=(\|\boldsymbol{\alpha}\|+\|\boldsymbol{\beta}\|)^2,\end{aligned}$$

即$\|\boldsymbol{\alpha}+\boldsymbol{\beta}\|\leqslant\|\boldsymbol{\alpha}\|+\|\boldsymbol{\beta}\|$.

当$\|\boldsymbol{\alpha}\|=1$ 时，称 $\boldsymbol{\alpha}$ 为**单位向量**.

如果 $\boldsymbol{\alpha}\neq\mathbf{0}$，令 $\boldsymbol{e}=\dfrac{\boldsymbol{\alpha}}{\|\boldsymbol{\alpha}\|}$，则向量 $\boldsymbol{e}$ 的长度$\|\boldsymbol{e}\|=\left\|\dfrac{\boldsymbol{\alpha}}{\|\boldsymbol{\alpha}\|}\right\|=\dfrac{1}{\|\boldsymbol{\alpha}\|}\|\boldsymbol{\alpha}\|=1$，即 $\boldsymbol{e}$ 是一个单位向量. 把这一过程称为向量 $\boldsymbol{\alpha}$ 的单位化.

当 $n$ 维向量 $\boldsymbol{\alpha}\neq\mathbf{0},\boldsymbol{\beta}\neq\mathbf{0}$ 时，由柯西-布涅柯夫斯基不等式可得

$$\left|\frac{(\boldsymbol{\alpha},\boldsymbol{\beta})}{\sqrt{(\boldsymbol{\alpha},\boldsymbol{\alpha})(\boldsymbol{\beta},\boldsymbol{\beta})}}\right|\leqslant1,$$

由此可定义两个向量的夹角.

**定义 3.11** 设 $n$ 维向量 $\boldsymbol{\alpha}\neq\mathbf{0},\boldsymbol{\beta}\neq\mathbf{0}$，称 $\theta=\arccos\dfrac{(\boldsymbol{\alpha},\boldsymbol{\beta})}{\|\boldsymbol{\alpha}\|\,\|\boldsymbol{\beta}\|}$为向量 $\boldsymbol{\alpha}$ 和 $\boldsymbol{\beta}$ 的**夹角**.

**例 3.17** 求四维向量 $\boldsymbol{\alpha}=(1,0,0,1)^{\mathrm{T}}$ 和 $\boldsymbol{\beta}=(0,1,0,1)^{\mathrm{T}}$ 的夹角.

**解** $\|\boldsymbol{\alpha}\|=\sqrt{1^2+0^2+0^2+1^2}=\sqrt{2}$，$\|\boldsymbol{\beta}\|=\sqrt{0^2+1^2+0^2+1^2}=\sqrt{2}$，$(\boldsymbol{\alpha},\boldsymbol{\beta})=1$，从而夹角

$$\theta=\arccos\frac{(\boldsymbol{\alpha},\boldsymbol{\beta})}{\|\boldsymbol{\alpha}\|\ \|\boldsymbol{\beta}\|}=\arccos\frac{1}{2}=\frac{\pi}{3}.$$

### 3.4.2 向量组的正交规范化

**定义 3.12** 若向量 $\boldsymbol{\alpha}$ 和 $\boldsymbol{\beta}$ 的内积为零，即 $(\boldsymbol{\alpha},\boldsymbol{\beta})=0$，则称 $\boldsymbol{\alpha}$ 和 $\boldsymbol{\beta}$ 正交.

由定义知，零向量与任何向量都正交. 而且，若 $\boldsymbol{\alpha}$ 和 $\boldsymbol{\beta}$ 正交，则夹角为 $\frac{\pi}{2}$，即正交的几何意义为垂直，所以，$\boldsymbol{\alpha}$ 和 $\boldsymbol{\beta}$ 正交，可以记为 $\boldsymbol{\alpha}\perp\boldsymbol{\beta}$.

【即时提问 3.4】 什么向量可以和任何向量都正交？请说明理由.

**定义 3.13** 若一个非零向量组的任意两个向量都是正交的，则称该向量组为正交向量组. 若正交向量组的每一个向量都是单位向量，则称其为标准正交向量组.

关于正交向量组，有下面重要的性质.

**定理 3.8** 设 $n$ 维向量组 $\boldsymbol{\alpha}_1,\boldsymbol{\alpha}_2,\cdots,\boldsymbol{\alpha}_m$ 是正交向量组，则 $\boldsymbol{\alpha}_1,\boldsymbol{\alpha}_2,\cdots,\boldsymbol{\alpha}_m$ 是线性无关的.

**证明** 设有一组数 $k_1,k_2,\cdots,k_m$，使

$$k_1\boldsymbol{\alpha}_1+k_2\boldsymbol{\alpha}_2+\cdots+k_m\boldsymbol{\alpha}_m=\boldsymbol{0},$$

用 $\boldsymbol{\alpha}_i(i=1,2,\cdots,m)$ 分别和上式两端做内积，当 $i\neq j$ 时，$(\boldsymbol{\alpha}_i,\boldsymbol{\alpha}_j)=0$，所以有

$$k_i(\boldsymbol{\alpha}_i,\boldsymbol{\alpha}_i)=0,i=1,2,\cdots,m.$$

又因为 $\boldsymbol{\alpha}_i\neq\boldsymbol{0}(i=1,2,\cdots,m)$，所以 $(\boldsymbol{\alpha}_i,\boldsymbol{\alpha}_i)\neq0$，从而 $k_i=0(i=1,2,\cdots,m)$，即 $\boldsymbol{\alpha}_1,\boldsymbol{\alpha}_2,\cdots,\boldsymbol{\alpha}_m$ 线性无关.

现在的问题是：给定线性无关的向量组，如何将其变成与之等价的标准正交向量组？这就涉及下面要介绍的施密特正交化方法.

设 $\boldsymbol{\alpha}_1,\boldsymbol{\alpha}_2,\cdots,\boldsymbol{\alpha}_s$ 线性无关，令

$$\boldsymbol{\beta}_1=\boldsymbol{\alpha}_1,\boldsymbol{\beta}_2=\boldsymbol{\alpha}_2-\frac{(\boldsymbol{\alpha}_2,\boldsymbol{\beta}_1)}{(\boldsymbol{\beta}_1,\boldsymbol{\beta}_1)}\boldsymbol{\beta}_1,\cdots,$$

$$\boldsymbol{\beta}_s=\boldsymbol{\alpha}_s-\frac{(\boldsymbol{\alpha}_s,\boldsymbol{\beta}_1)}{(\boldsymbol{\beta}_1,\boldsymbol{\beta}_1)}\boldsymbol{\beta}_1-\frac{(\boldsymbol{\alpha}_s,\boldsymbol{\beta}_2)}{(\boldsymbol{\beta}_2,\boldsymbol{\beta}_2)}\boldsymbol{\beta}_2-\cdots-\frac{(\boldsymbol{\alpha}_s,\boldsymbol{\beta}_{s-1})}{(\boldsymbol{\beta}_{s-1},\boldsymbol{\beta}_{s-1})}\boldsymbol{\beta}_{s-1},$$

则 $\boldsymbol{\beta}_1,\boldsymbol{\beta}_2,\cdots,\boldsymbol{\beta}_s$ 是与 $\boldsymbol{\alpha}_1,\boldsymbol{\alpha}_2,\cdots,\boldsymbol{\alpha}_s$ 等价的正交向量组.

再令

$$\boldsymbol{\gamma}_1=\frac{\boldsymbol{\beta}_1}{\|\boldsymbol{\beta}_1\|},\boldsymbol{\gamma}_2=\frac{\boldsymbol{\beta}_2}{\|\boldsymbol{\beta}_2\|},\cdots,\boldsymbol{\gamma}_s=\frac{\boldsymbol{\beta}_s}{\|\boldsymbol{\beta}_s\|},$$

则 $\boldsymbol{\gamma}_1,\boldsymbol{\gamma}_2,\cdots,\boldsymbol{\gamma}_s$ 是与 $\boldsymbol{\alpha}_1,\boldsymbol{\alpha}_2,\cdots,\boldsymbol{\alpha}_s$ 等价的标准正交向量组.

上述过程称为向量组 $\boldsymbol{\alpha}_1,\boldsymbol{\alpha}_2,\cdots,\boldsymbol{\alpha}_s$ 的正交规范化过程，也称为施密特正交化.

**例 3.18** 设 $\boldsymbol{\alpha}_1=(1,1,0,0)^{\mathrm{T}},\boldsymbol{\alpha}_2=(1,0,1,0)^{\mathrm{T}},\boldsymbol{\alpha}_3=(-1,0,0,1)^{\mathrm{T}}$，用施密特正交化方法将该向量组正交规范化.

**解** 设

$$\boldsymbol{\beta}_1=\boldsymbol{\alpha}_1=(1,1,0,0)^{\mathrm{T}},$$

$$\boldsymbol{\beta}_2=\boldsymbol{\alpha}_2-\frac{(\boldsymbol{\alpha}_2,\boldsymbol{\beta}_1)}{(\boldsymbol{\beta}_1,\boldsymbol{\beta}_1)}\boldsymbol{\beta}_1=\left(\frac{1}{2},-\frac{1}{2},1,0\right)^{\mathrm{T}},$$

$$\boldsymbol{\beta}_3=\boldsymbol{\alpha}_3-\frac{(\boldsymbol{\alpha}_3,\boldsymbol{\beta}_1)}{(\boldsymbol{\beta}_1,\boldsymbol{\beta}_1)}\boldsymbol{\beta}_1-\frac{(\boldsymbol{\alpha}_3,\boldsymbol{\beta}_2)}{(\boldsymbol{\beta}_2,\boldsymbol{\beta}_2)}\boldsymbol{\beta}_2=\left(-\frac{1}{3},\frac{1}{3},\frac{1}{3},1\right)^{\mathrm{T}},$$

再设

$$\gamma_1=\frac{\beta_1}{\|\beta_1\|}=\left(\frac{1}{\sqrt{2}},\frac{1}{\sqrt{2}},0,0\right)^{\mathrm{T}},$$

$$\gamma_2=\frac{\beta_2}{\|\beta_2\|}=\left(\frac{1}{\sqrt{6}},-\frac{1}{\sqrt{6}},\frac{2}{\sqrt{6}},0\right)^{\mathrm{T}},$$

$$\gamma_3=\frac{\beta_3}{\|\beta_3\|}=\left(-\frac{1}{\sqrt{12}},\frac{1}{\sqrt{12}},\frac{1}{\sqrt{12}},\frac{3}{\sqrt{12}}\right)^{\mathrm{T}},$$

则 $\gamma_1,\gamma_2,\gamma_3$ 即为所求.

### 3.4.3 正交矩阵

**定义 3.14** 如果 $n$ 阶实方阵 $A$ 满足 $A^{\mathrm{T}}A=E$，则称 $A$ 为正交矩阵.

容易证明 $n$ 阶正交矩阵 $A$ 具有以下性质.

**性质 3.7** 设 $A$ 为 $n$ 阶方阵.

(1) $A$ 的行列式为 1 或 -1.

(2) $A$ 为可逆矩阵，且 $A^{-1}=A^{\mathrm{T}}$.

(3) $A$ 的行(列)向量组是两两正交的单位向量组.

## 同步习题 3.4

**基础题**

1. 求下列向量的夹角.

(1) $\alpha=(2,1,3,2)^{\mathrm{T}},\beta=(1,2,-2,1)^{\mathrm{T}}$.

(2) $\alpha=(1,2,2,3)^{\mathrm{T}},\beta=(3,1,5,1)^{\mathrm{T}}$.

2. 将下列向量组标准正交化.

(1) $\alpha_1=(1,1,1)^{\mathrm{T}},\alpha_2=(1,2,3)^{\mathrm{T}},\alpha_3=(1,4,9)^{\mathrm{T}}$.

(2) $\alpha_1=(1,0,-1,1)^{\mathrm{T}},\alpha_2=(1,-1,0,1)^{\mathrm{T}},\alpha_3=(-1,1,1,0)^{\mathrm{T}}$.

3. 设 $\alpha_1=(1,1,1)^{\mathrm{T}},\alpha_2=(1,-1,-1)^{\mathrm{T}}$，求与 $\alpha_1,\alpha_2$ 均正交的单位向量 $\beta$，并求与向量组 $\alpha_1,\alpha_2,\beta$ 等价的标准正交向量组.

微课：同步习题 3.4
基础题 3

**提高题**

1. 已知 $n$ 维向量组 $\alpha_1,\alpha_2,\cdots,\alpha_n$ 线性无关，若向量 $\beta$ 与 $\alpha_1,\alpha_2,\cdots,\alpha_n$ 都正交，证明：$\beta$ 为零向量.

2. 已知向量组 $\alpha_1,\alpha_2,\cdots,\alpha_m$ 线性无关，若非零向量 $\beta$ 与 $\alpha_1,\alpha_2,\cdots,\alpha_m$ 都正交，证明：$\alpha_1,\alpha_2,\cdots,\alpha_m,\beta$ 线性无关.

微课：同步习题 3.4
提高题 2

## 3.5 经济学中的案例

**例 3.19** 一个公司生产两种产品 $A$ 和 $B$. 设生产价值 1 万元的产品 $A$ 需要花费原料成本 0.3 万元、人工成本 0.25 万元、设备成本 0.1 万元、管理成本 0.15 万元，则可构造出产品 $A$ 的单位成本向量为 $\boldsymbol{\alpha}=(0.3,0.25,0.1,0.15)^{\mathrm{T}}$. 同理，可构造出产品 $B$ 的单位成本向量，假设为 $\boldsymbol{\beta}=(0.25,0.35,0.1,0.1)^{\mathrm{T}}$. 该公司生产价值 $x_1$ 万元的产品 $A$ 和生产价值 $x_2$ 万元的产品 $B$ 需要的总成本为 $x_1\boldsymbol{\alpha}+x_2\boldsymbol{\beta}$.

扩展阅读：艾哈德·施密特

**例 3.20** 某公司用 7 种原材料来制造 6 种调味品，表 3.1 列出了 6 种调味品 A,B,C,D,E,F 每单位所需各成分的量(单位：盎司，1 盎司≈28.35 克).

表 3.1

| | A | B | C | D | E | F |
|---|---|---|---|---|---|---|
| 红辣椒 | 3 | 1.5 | 4.5 | 7.5 | 9 | 4.5 |
| 姜黄 | 2 | 4 | 0 | 8 | 1 | 6 |
| 胡椒 | 1 | 2 | 0 | 4 | 2 | 3 |
| 欧莳萝 | 1 | 2 | 0 | 4 | 1 | 3 |
| 大蒜粉 | 0.5 | 1 | 0 | 2 | 2 | 1.5 |
| 盐 | 0.5 | 1 | 0 | 2 | 2 | 1.5 |
| 丁香油 | 0.25 | 0.5 | 0 | 2 | 1 | 0.75 |

一位顾客需要全部 6 种调味品，但他可以只购买其中的一部分，并用它们配制出其余几种调味品. 为了能配制出其余几种调味品，这位顾客必须购买的最少的调味品的种类是多少？写出所需最少的调味品的集合.

**解** 分别记 6 种调味品各自的成分列向量为 $\boldsymbol{\alpha}_1,\cdots,\boldsymbol{\alpha}_6$，依题意，就是要找出向量组 $\boldsymbol{\alpha}_1,\cdots,\boldsymbol{\alpha}_6$ 的一个极大无关组.

$$\begin{pmatrix} 3 & 1.5 & 4.5 & 7.5 & 9 & 4.5 \\ 2 & 4 & 0 & 8 & 1 & 6 \\ 1 & 2 & 0 & 4 & 2 & 3 \\ 1 & 2 & 0 & 4 & 1 & 3 \\ 0.5 & 1 & 0 & 2 & 2 & 1.5 \\ 0.5 & 1 & 0 & 2 & 2 & 1.5 \\ 0.25 & 0.5 & 0 & 2 & 1 & 0.75 \end{pmatrix} \to \begin{pmatrix} 1 & 0 & 2 & 0 & 0 & 1 \\ 0 & 1 & -1 & 0 & 0 & 1 \\ 0 & 0 & 0 & 1 & 0 & 0 \\ 0 & 0 & 0 & 0 & 1 & 0 \\ 0 & 0 & 0 & 0 & 0 & 0 \\ 0 & 0 & 0 & 0 & 0 & 0 \\ 0 & 0 & 0 & 0 & 0 & 0 \end{pmatrix},$$

则向量组的秩为 4，极大无关组为：$\boldsymbol{\alpha}_1,\boldsymbol{\alpha}_2,\boldsymbol{\alpha}_4,\boldsymbol{\alpha}_5;\boldsymbol{\alpha}_1,\boldsymbol{\alpha}_3,\boldsymbol{\alpha}_4,\boldsymbol{\alpha}_5;\boldsymbol{\alpha}_1,\boldsymbol{\alpha}_4,\boldsymbol{\alpha}_5,\boldsymbol{\alpha}_6;\boldsymbol{\alpha}_2,\boldsymbol{\alpha}_3,\boldsymbol{\alpha}_4,\boldsymbol{\alpha}_5;\boldsymbol{\alpha}_2,\boldsymbol{\alpha}_4,\boldsymbol{\alpha}_5,\boldsymbol{\alpha}_6;\boldsymbol{\alpha}_3,\boldsymbol{\alpha}_4,\boldsymbol{\alpha}_5,\boldsymbol{\alpha}_6$. 考虑到问题的实际，即每种调味品的数量不能为负数，也就是线性组合的系数不能为负数，且

$$\boldsymbol{\alpha}_1=\frac{1}{2}\boldsymbol{\alpha}_2+\frac{1}{2}\boldsymbol{\alpha}_3+0\boldsymbol{\alpha}_4+0\boldsymbol{\alpha}_5,\boldsymbol{\alpha}_6=\frac{3}{2}\boldsymbol{\alpha}_2+\frac{1}{2}\boldsymbol{\alpha}_3+0\boldsymbol{\alpha}_4+0\boldsymbol{\alpha}_5,$$

所以该顾客可以选择 B,C,D,E 4 种调味品作为最少的调味品集合.

## 第 3 章思维导图

本章小结

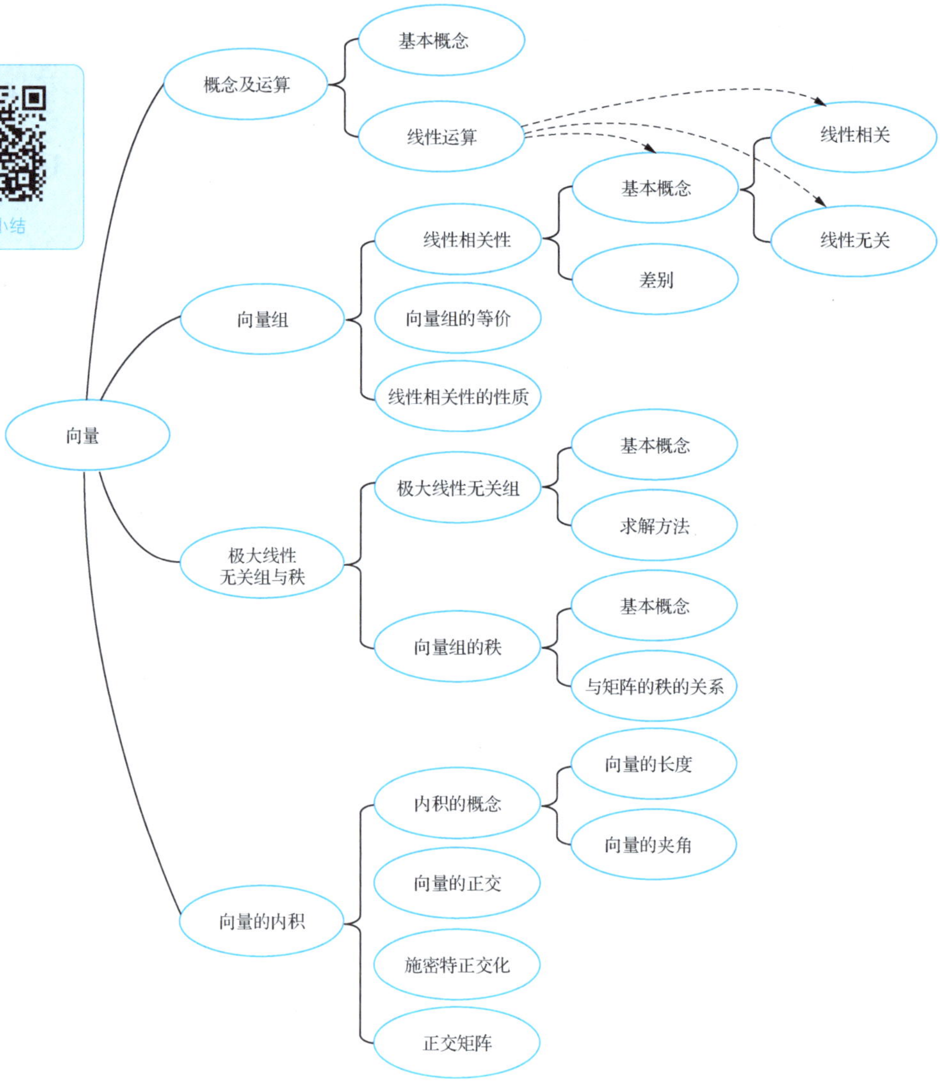


### 中国数学学者

#### 个人成就

数学家，教育家，中国科学院院士，曾任浙江大学教授，复旦大学教授、校长、名誉校长，全国政协副主席. 苏步青主要从事微分几何学、计算几何学研究，创立了国内外公认的微分几何学派.

苏步青

# 第 3 章总复习题

**1. 选择题**：(1)～(5)小题，每小题4分，共20分. 下列每小题给出的4个选项中，只有一个选项是符合题目要求的.

(1) (2014304)设 $\boldsymbol{\alpha}_1,\boldsymbol{\alpha}_2,\boldsymbol{\alpha}_3$ 均为三维向量，则对于任意常数 $k,l$，向量组 $\boldsymbol{\alpha}_1+k\boldsymbol{\alpha}_3,\boldsymbol{\alpha}_2+l\boldsymbol{\alpha}_3$ 线性无关是向量组 $\boldsymbol{\alpha}_1,\boldsymbol{\alpha}_2,\boldsymbol{\alpha}_3$ 线性无关的(　　).

A. 必要非充分条件　　B. 充分非必要条件

C. 充分必要条件　　D. 既非充分也非必要条件

(2) (2013304)设矩阵 $\boldsymbol{A},\boldsymbol{B},\boldsymbol{C}$ 均为 $n$ 阶矩阵，若 $\boldsymbol{AB}=\boldsymbol{C}$，且 $\boldsymbol{B}$ 可逆，则(　　).

A. 矩阵 $\boldsymbol{C}$ 的行向量组与矩阵 $\boldsymbol{A}$ 的行向量组等价

B. 矩阵 $\boldsymbol{C}$ 的列向量组与矩阵 $\boldsymbol{A}$ 的列向量组等价

C. 矩阵 $\boldsymbol{C}$ 的行向量组与矩阵 $\boldsymbol{B}$ 的行向量组等价

D. 矩阵 $\boldsymbol{C}$ 的行向量组与矩阵 $\boldsymbol{B}$ 的列向量组等价

(3) (2012304)设 $\boldsymbol{\alpha}_1=\begin{pmatrix}0\\0\\c_1\end{pmatrix},\boldsymbol{\alpha}_2=\begin{pmatrix}0\\1\\c_2\end{pmatrix},\boldsymbol{\alpha}_3=\begin{pmatrix}1\\-1\\c_3\end{pmatrix},\boldsymbol{\alpha}_4=\begin{pmatrix}-1\\1\\c_4\end{pmatrix}$，其中 $c_1,c_2,c_3,c_4$ 为任意常数，则下列向量组一定线性相关的是(　　).

A. $\boldsymbol{\alpha}_1,\boldsymbol{\alpha}_2,\boldsymbol{\alpha}_3$　　B. $\boldsymbol{\alpha}_1,\boldsymbol{\alpha}_2,\boldsymbol{\alpha}_4$　　C. $\boldsymbol{\alpha}_1,\boldsymbol{\alpha}_3,\boldsymbol{\alpha}_4$　　D. $\boldsymbol{\alpha}_2,\boldsymbol{\alpha}_3,\boldsymbol{\alpha}_4$

(4) (2010304)设向量组Ⅰ:$\boldsymbol{\alpha}_1,\boldsymbol{\alpha}_2,\cdots,\boldsymbol{\alpha}_r$ 可由向量组Ⅱ:$\boldsymbol{\beta}_1,\boldsymbol{\beta}_2,\cdots,\boldsymbol{\beta}_s$ 线性表示，则下列命题正确的是(　　).

A. 若向量组Ⅰ线性无关，则 $r\leqslant s$　　B. 若向量组Ⅰ线性相关，则 $r>s$

C. 若向量组Ⅱ线性无关，则 $r\leqslant s$　　D. 若向量组Ⅱ线性相关，则 $r>s$

(5) (2007304)设向量组 $\boldsymbol{\alpha}_1,\boldsymbol{\alpha}_2,\boldsymbol{\alpha}_3$ 线性无关，则下列向量组线性相关的是(　　).

A. $\boldsymbol{\alpha}_1-\boldsymbol{\alpha}_2,\boldsymbol{\alpha}_2-\boldsymbol{\alpha}_3,\boldsymbol{\alpha}_3-\boldsymbol{\alpha}_1$　　B. $\boldsymbol{\alpha}_1+\boldsymbol{\alpha}_2,\boldsymbol{\alpha}_2+\boldsymbol{\alpha}_3,\boldsymbol{\alpha}_3+\boldsymbol{\alpha}_1$

C. $\boldsymbol{\alpha}_1-2\boldsymbol{\alpha}_2,\boldsymbol{\alpha}_2-2\boldsymbol{\alpha}_3,\boldsymbol{\alpha}_3-2\boldsymbol{\alpha}_1$　　D. $\boldsymbol{\alpha}_1+2\boldsymbol{\alpha}_2,\boldsymbol{\alpha}_2+2\boldsymbol{\alpha}_3,\boldsymbol{\alpha}_3+2\boldsymbol{\alpha}_1$

**2. 填空题**：(6)～(10)小题，每小题4分，共20分.

(6) (2018304)设 $\boldsymbol{A}$ 为三阶矩阵，$\boldsymbol{\alpha}_1,\boldsymbol{\alpha}_2,\boldsymbol{\alpha}_3$ 是线性无关的向量组，若 $\boldsymbol{A}\boldsymbol{\alpha}_1=\boldsymbol{\alpha}_1+\boldsymbol{\alpha}_2,\boldsymbol{A}\boldsymbol{\alpha}_2=\boldsymbol{\alpha}_2+\boldsymbol{\alpha}_3,\boldsymbol{A}\boldsymbol{\alpha}_3=\boldsymbol{\alpha}_1+\boldsymbol{\alpha}_3$，则 $|\boldsymbol{A}|=$__________.

(7) (2017304)设矩阵 $\boldsymbol{A}=\begin{pmatrix}1&0&1\\1&1&2\\0&1&1\end{pmatrix}$，$\boldsymbol{\alpha}_1,\boldsymbol{\alpha}_2,\boldsymbol{\alpha}_3$ 为线性无关的三维列向量组，则向量组 $\boldsymbol{A}\boldsymbol{\alpha}_1,\boldsymbol{A}\boldsymbol{\alpha}_2,\boldsymbol{A}\boldsymbol{\alpha}_3$ 的秩为__________.

(8) (2005304)已知向量组 $\boldsymbol{\alpha}_1=(2,1,1,1)^{\mathrm{T}},\boldsymbol{\alpha}_2=(2,1,a,a)^{\mathrm{T}},\boldsymbol{\alpha}_3=(3,2,1,a)^{\mathrm{T}},\boldsymbol{\alpha}_4=(4,3,2,1)^{\mathrm{T}}$ 线性相关，且 $a\neq 1$，则 $a$ 为__________.

(9) (2002303)设三阶矩阵 $\boldsymbol{A}=\begin{pmatrix}1&2&-2\\2&1&2\\3&0&4\end{pmatrix}$，三维列向量 $\boldsymbol{\alpha}=(a,1,1)^{\mathrm{T}}$. 已知 $\boldsymbol{A\alpha}$ 与 $\boldsymbol{\alpha}$ 线性相关，则 $a=$__________.

(10) (2007104 改编) 设向量组 $\boldsymbol{\alpha}_1,\boldsymbol{\alpha}_2,\boldsymbol{\alpha}_3$ 线性无关，则向量组 $\boldsymbol{\alpha}_1+\boldsymbol{\alpha}_2,\boldsymbol{\alpha}_2+\boldsymbol{\alpha}_3,\boldsymbol{\alpha}_3+\boldsymbol{\alpha}_1$ 的线性关系是____________.

微课：总复习题2(10)

**3. 解答题**：(11)~(16)小题，每小题10分，共60分. 解答时应写出文字说明、证明过程或演算步骤.

(11) (2019311) 已知向量组Ⅰ：$\boldsymbol{\alpha}_1=(1,1,4)^{\mathrm{T}},\boldsymbol{\alpha}_2=(1,0,4)^{\mathrm{T}},\boldsymbol{\alpha}_3=(1,2,a^2+3)^{\mathrm{T}}$；Ⅱ：$\boldsymbol{\beta}_1=(1,1,a+3)^{\mathrm{T}},\boldsymbol{\beta}_2=(0,2,1-a)^{\mathrm{T}},\boldsymbol{\beta}_3=(1,3,a^2+3)^{\mathrm{T}}$. 若向量组Ⅰ与Ⅱ等价，求 $a$ 的值，并将 $\boldsymbol{\beta}_3$ 用 $\boldsymbol{\alpha}_1,\boldsymbol{\alpha}_2,\boldsymbol{\alpha}_3$ 线性表示.

(12) (2011311) 设向量组 $\boldsymbol{\alpha}_1=(1,0,1)^{\mathrm{T}},\boldsymbol{\alpha}_2=(0,1,1)^{\mathrm{T}}$，$\boldsymbol{\alpha}_3=(1,3,5)^{\mathrm{T}}$ 不能由向量组 $\boldsymbol{\beta}_1=(1,1,1)^{\mathrm{T}},\boldsymbol{\beta}_2=(1,2,3)^{\mathrm{T}},\boldsymbol{\beta}_3=(3,4,a)^{\mathrm{T}}$ 线性表示.

微课：总复习题3(12)

① 求 $a$ 的值.

② 将 $\boldsymbol{\beta}_1,\boldsymbol{\beta}_2,\boldsymbol{\beta}_3$ 用 $\boldsymbol{\alpha}_1,\boldsymbol{\alpha}_2,\boldsymbol{\alpha}_3$ 线性表示.

(13) (2008310) 设 $\boldsymbol{A}$ 为三阶矩阵，$\boldsymbol{\alpha}_1,\boldsymbol{\alpha}_2,\boldsymbol{\alpha}_3$ 是三维向量，其中 $\boldsymbol{\alpha}_1,\boldsymbol{\alpha}_2$ 是线性无关的，且满足 $\boldsymbol{A}\boldsymbol{\alpha}_1=-\boldsymbol{\alpha}_1,\boldsymbol{A}\boldsymbol{\alpha}_2=\boldsymbol{\alpha}_2,\boldsymbol{A}\boldsymbol{\alpha}_3=\boldsymbol{\alpha}_2+\boldsymbol{\alpha}_3$.

① 证明：$\boldsymbol{\alpha}_1,\boldsymbol{\alpha}_2,\boldsymbol{\alpha}_3$ 线性无关.

② 设 $\boldsymbol{P}=(\boldsymbol{\alpha}_1,\boldsymbol{\alpha}_2,\boldsymbol{\alpha}_3)$，求 $\boldsymbol{P}^{-1}\boldsymbol{A}\boldsymbol{P}$.

(14) (2006313) 设向量组 $\boldsymbol{\alpha}_1=(1+a,1,1,1)^{\mathrm{T}},\boldsymbol{\alpha}_2=(2,2+a,2,2)^{\mathrm{T}},\boldsymbol{\alpha}_3=(3,3,3+a,3)^{\mathrm{T}},\boldsymbol{\alpha}_4=(4,4,4,4+a)^{\mathrm{T}}$，问：$a$ 为何值时，$\boldsymbol{\alpha}_1,\boldsymbol{\alpha}_2,\boldsymbol{\alpha}_3,\boldsymbol{\alpha}_4$ 线性相关？当 $\boldsymbol{\alpha}_1,\boldsymbol{\alpha}_2,\boldsymbol{\alpha}_3,\boldsymbol{\alpha}_4$ 线性相关时，求其一个极大线性无关组，并将其余向量用该极大线性无关组线性表示.

(15) (2004313) 设 $\boldsymbol{\alpha}_1=(1,2,0)^{\mathrm{T}},\boldsymbol{\alpha}_2=(1,a+2,-3a)^{\mathrm{T}},\boldsymbol{\alpha}_3=(-1,-b-2,a+2b)^{\mathrm{T}},\boldsymbol{\beta}=(1,3,-3)^{\mathrm{T}}$. 讨论 $a$，$b$ 为何值时：

① $\boldsymbol{\beta}$ 不能由 $\boldsymbol{\alpha}_1,\boldsymbol{\alpha}_2,\boldsymbol{\alpha}_3$ 线性表示；

② $\boldsymbol{\beta}$ 可由 $\boldsymbol{\alpha}_1,\boldsymbol{\alpha}_2,\boldsymbol{\alpha}_3$ 唯一线性表示，求出表示式；

③ $\boldsymbol{\beta}$ 可由 $\boldsymbol{\alpha}_1,\boldsymbol{\alpha}_2,\boldsymbol{\alpha}_3$ 线性表示，但表示式不唯一，求出表示式.

(16) (2000308) 设向量组 $\boldsymbol{\alpha}_1=(a,2,10)^{\mathrm{T}},\boldsymbol{\alpha}_2=(-2,1,5)^{\mathrm{T}},\boldsymbol{\alpha}_3=(-1,1,4)^{\mathrm{T}},\boldsymbol{\beta}=(1,b,c)^{\mathrm{T}}$. 问 $a,b,c$ 满足什么条件时：

① $\boldsymbol{\beta}$ 可由 $\boldsymbol{\alpha}_1,\boldsymbol{\alpha}_2,\boldsymbol{\alpha}_3$ 线性表示，且表示式唯一；

② $\boldsymbol{\beta}$ 不能由 $\boldsymbol{\alpha}_1,\boldsymbol{\alpha}_2,\boldsymbol{\alpha}_3$ 线性表示；

③ $\boldsymbol{\beta}$ 可由 $\boldsymbol{\alpha}_1,\boldsymbol{\alpha}_2,\boldsymbol{\alpha}_3$ 线性表示，但表示式不唯一，求出表示式.

# 第4章

# 线性方程组

经济分析和经济管理中的许多问题，通常可以归结为求解线性方程组的问题. 因此，要想很好地解决有关经济问题，就需要知道一个方程组有没有解及解的结构问题. 当线性方程组中变量个数与方程个数相同且系数矩阵的行列式不为零时，可以应用克莱姆法则. 然而，在经济分析和经济管理中，线性方程组中变量个数与方程个数不一定相等，或有时相等，但系数矩阵的行列式却等于零. 对于这样的方程组，无法直接应用克莱姆法则来求解.

本章导学

本章主要解决以下问题.

(1) 线性方程组有没有解? 有解的条件是什么?

(2) 若有解，有多少解? 可用哪些方法求解?

(3) 若解不只一个，是有限个还是无限个? 当有无限多个解时，它们是否可以用有限个解表示出来?

## 4.1 从一个经济问题谈起——投入产出模型

投入产出模型是在20世纪30年代由诺贝尔经济学奖获得者里昂惕夫首先提出的，它是研究一个经济系统各产品部门之间“投入”和“产出”关系的线性模型. 目前，世界上许多国家都采用这种方法来分析和预测整个国民经济或部门经济的资源需求和供给.

考虑一个具有 $n$ 个部门的经济系统，各部门都只生产一种产品(不同部门的产品不能相互替代)，也就是说，部门 $i$ 仅生产一种产品 $i$(称为部门 $i$ 的产出)($i=1,2,\cdots,n$). 设部门 $i$ 总产量为 $x_i$. 令

$$\boldsymbol{x}=\begin{pmatrix} x_1 \\ x_2 \\ \vdots \\ x_n \end{pmatrix},$$

把它称为总产品列向量. 各部门为生产一种产品，同时需要消耗其他产品. 把部门 $j$ 在生产过程中消耗另一部门产品 $i$ 的数量，称为部门 $i$ 对部门 $j$ 的投入.

设 $x_{ij}$ 表示部门 $j$ 要产出 $x_j$ 单位产品需消耗部门 $i$ 的产品数量，也称为部门间流量($i,j=1,2,\cdots,n$)，那么 $x_{ij}\geqslant 0$. 由元素 $x_{ij}$ 构成的矩阵

$$X=(x_{ij})_{n\times n}$$

称为流量矩阵.

在部门 $i$ 的总产量 $x_i$ 中，扣除用于其他各部门(包括本部门)的生产消耗后的余量(用于社会积累和消费，如社会储备、居民消费等)称为部门 $i$ 的最终产品. 设由部门 $i$ 向全社会提供的最终产品数量为 $y_i(i=1,2,\cdots,n)$. 把

$$y=\begin{pmatrix} y_1 \\ y_2 \\ \vdots \\ y_n \end{pmatrix}$$

称为最终产品列向量.

由于产出数量等于供应给其他部门的数量加上最终产品数量，所以可以得到平衡关系式

$$x_i=\sum_{j=1}^{n} x_{ij}+y_i(i=1,2,\cdots,n). \tag{4.1}$$

设 $a_{ij}$ 表示单位产品 $j$ 所需直接消耗产品 $i$ 的数量，把它称为直接消耗系数. 直接消耗系数取决于产品部门的工艺技术水平、管理经营水平和产品价格变动等因素. 由 $a_{ij}$ 的定义，可得

$$a_{ij}=\frac{x_{ij}}{x_j}(i,j=1,2,\cdots,n), \tag{4.2}$$

把由元素 $a_{ij}$ 构成的矩阵

$$A=(a_{ij})_{n\times n}$$

称为直接消耗系数矩阵.

在投入产出分析中，假设在某一时期中 $a_{ij}$ 保持常数. 在该假设下，由式(4.2)知，每个 $x_{ij}$ 关于 $x_j$ 都是线性的，从而有

$$x_{ij}=a_{ij}x_j(i,j=1,2,\cdots,n) \tag{4.3}$$

其中 $a_{ij}$ 是常数. 于是，将式(4.3)代入平衡关系式[式(4.1)]，得到的是一个未知量为 $x_1,x_2,\cdots,x_n$ 的线性方程组

$$x_i=\sum_{j=1}^{n} a_{ij}x_j+y_i(i=1,2,\cdots,n), \tag{4.4}$$

称其为投入产出基本方程. 对于该模型，需要考虑的问题是：方程组[式(4.4)]是否有解？满足什么条件一定有解？若有解，该解是否有实际意义？

例如，对于下面的线性方程组

$$\begin{cases} x_1=0.5x_1+0.5x_2+1, \\ x_2=0.5x_1+0.5x_2+2, \end{cases}$$

易知此方程组无解.

再如，对于线性方程组

$$\begin{cases} x_1=0.5x_1+0.75x_2+1, \\ x_2=0.5x_1+0.5x_2+2, \end{cases}$$

可求得其有唯一解 $x_1=-16,x_2=-12$，但这样的解在经济上是毫无意义的. 学完本章内容后，这类问题就可迎刃而解.

## 4.2 齐次线性方程组

本节将对齐次线性方程组的性质和解的情况进行介绍. 设有方程组

$$\begin{cases} a_{11}x_1+a_{12}x_2+\cdots+a_{1n}x_n=0, \\ a_{21}x_1+a_{22}x_2+\cdots+a_{2n}x_n=0, \\ \cdots\cdots\cdots \\ a_{m1}x_1+a_{m2}x_2+\cdots+a_{mn}x_n=0, \end{cases} \tag{4.5}$$

称该方程组为含 $m$ 个方程 $n$ 个未知量的齐次线性方程组，其中 $x_1,x_2,\cdots,x_n$ 表示 $n$ 个未知量. 常数 $a_{ij}(i=1,2,\cdots,m;j=1,2,\cdots,n)$ 称为方程组的系数. 系数 $a_{ij}$ 的第 1 个下标 $i$ 表示 $a_{ij}$ 所在的第 $i$ 个方程，第 2 个下标 $j$ 表示它是未知量 $x_j$ 的系数.

记

$$\boldsymbol{A}=\begin{pmatrix} a_{11} & a_{12} & \cdots & a_{1n} \\ a_{21} & a_{22} & \cdots & a_{2n} \\ \vdots & \vdots & & \vdots \\ a_{m1} & a_{m2} & \cdots & a_{mn} \end{pmatrix}, \boldsymbol{x}=\begin{pmatrix} x_1 \\ x_2 \\ \vdots \\ x_n \end{pmatrix},$$

则式(4.5)可表示为

$$\boldsymbol{Ax}=\boldsymbol{0}. \tag{4.6}$$

式(4.6)称为齐次线性方程组的矩阵形式，$\boldsymbol{A}$ 称为系数矩阵.

若把 $\boldsymbol{A}$ 看作由列向量构成的矩阵，设

$$\boldsymbol{A}=(\boldsymbol{\alpha}_1,\boldsymbol{\alpha}_2,\cdots,\boldsymbol{\alpha}_n),$$

则方程组[式(4.5)]可以表示为向量组合的形式，即

$$x_1\boldsymbol{\alpha}_1+x_2\boldsymbol{\alpha}_2+\cdots+x_n\boldsymbol{\alpha}_n=\boldsymbol{0}. \tag{4.7}$$

以上给出了齐次线性方程组的 3 种不同表示形式，它们表示同一个线性方程组. 方程组的矩阵形式形式简单，可非常方便地用于讨论方程组的性质. 同时，要注意系数矩阵的结构，矩阵的行对应于方程，列对应于未知量的系数. 如第 1 行对应于第 1 个方程，第 2 列对应于第 2 个未知量的系数.

若 $x_1=a_1,x_2=a_2,\cdots,x_n=a_n$ 满足齐次线性方程组 $\boldsymbol{Ax}=\boldsymbol{0}$，则称 $a_1,a_2,\cdots,a_n$ 是该方程组的解. 称

$$\boldsymbol{\xi}=\begin{pmatrix} a_1 \\ a_2 \\ \vdots \\ a_n \end{pmatrix}$$

为齐次线性方程组 $\boldsymbol{Ax}=\boldsymbol{0}$ 的解向量.

本节的重点是讨论齐次线性方程组 $\boldsymbol{Ax}=\boldsymbol{0}$ 是否有非零解.

### 4.2.1 齐次线性方程组解的性质

**性质 4.1** 若 $\boldsymbol{\xi}_1,\boldsymbol{\xi}_2$ 是齐次线性方程组 $\boldsymbol{Ax}=\boldsymbol{0}$ 的解，则 $\boldsymbol{\xi}=\boldsymbol{\xi}_1+\boldsymbol{\xi}_2$ 也是 $\boldsymbol{Ax}=\boldsymbol{0}$ 的解.

**证明** 只要验证 $\boldsymbol{\xi}=\boldsymbol{\xi}_1+\boldsymbol{\xi}_2$ 满足方程即可，即 $\boldsymbol{A}(\boldsymbol{\xi}_1+\boldsymbol{\xi}_2)=\boldsymbol{A\xi}_1+\boldsymbol{A\xi}_2=\boldsymbol{0}$.

**性质 4.2** 若 $\boldsymbol{\xi}$ 是齐次线性方程组 $\boldsymbol{Ax}=\boldsymbol{0}$ 的解，$k$ 为实数，则 $k\boldsymbol{\xi}$ 也是 $\boldsymbol{Ax}=\boldsymbol{0}$ 的解.

**证明** 由 $\boldsymbol{A\xi}=\boldsymbol{0}$ 可推出 $\boldsymbol{A}(k\boldsymbol{\xi})=k\cdot\boldsymbol{A\xi}=k\cdot\boldsymbol{0}=\boldsymbol{0}$.

若用 $\boldsymbol{V}$ 表示由齐次线性方程组的全体解向量组成的集合，即

$$\boldsymbol{V}=\{\boldsymbol{\xi}\mid \boldsymbol{A}\boldsymbol{\xi}=\boldsymbol{0},\ \boldsymbol{\xi}\in\mathbf{R}^n\}.$$

则上述两个性质表明 $\boldsymbol{V}$ 对向量的线性运算是封闭的，称这样的集合 $\boldsymbol{V}$ 是一个向量空间，称 $\boldsymbol{V}$ 为齐次线性方程组[式(4.5)]的解空间或矩阵 $\boldsymbol{A}$ 的零子空间. $\boldsymbol{V}$ 的极大无关组称为 $\boldsymbol{V}$ 的基.

此时，求 $\boldsymbol{Ax}=\boldsymbol{0}$ 的所有非零解，只需寻找解空间 $\boldsymbol{V}$ 的一个基，则 $\boldsymbol{Ax}=\boldsymbol{0}$ 的所有解均可用这个基的线性组合来表示. 为了讨论方便，引入基础解系的定义.

### 4.2.2 齐次线性方程组的基础解系

**定义 4.1** 若齐次线性方程组 $\boldsymbol{Ax}=\boldsymbol{0}$ 的解 $\boldsymbol{\xi}_1,\boldsymbol{\xi}_2,\cdots,\boldsymbol{\xi}_s$ 满足

(1) $\boldsymbol{\xi}_1,\boldsymbol{\xi}_2,\cdots,\boldsymbol{\xi}_s$ 线性无关;

(2) 方程组的任一解可以由 $\boldsymbol{\xi}_1,\boldsymbol{\xi}_2,\cdots,\boldsymbol{\xi}_s$ 线性表示，

则称 $\boldsymbol{\xi}_1,\boldsymbol{\xi}_2,\cdots,\boldsymbol{\xi}_s$ 是 $\boldsymbol{Ax}=\boldsymbol{0}$ 的一个基础解系.

**定理 4.1** 设 $\boldsymbol{A}$ 是 $m\times n$ 矩阵，$r(\boldsymbol{A})=r<n$，则齐次线性方程组 $\boldsymbol{Ax}=\boldsymbol{0}$ 的基础解系存在，且基础解系中所含解向量的个数为 $n-r$.

**证明** 由定理 1.1 知 $m\times n$ 矩阵 $\boldsymbol{A}$ 总可以经过若干次初等行变换化为行最简形矩阵，不妨设为

$$\boldsymbol{B}=\begin{pmatrix} 1 & 0 & \cdots & 0 & b_{1,r+1} & b_{1,r+2} & \cdots & b_{1n} \\ 0 & 1 & \cdots & 0 & b_{2,r+1} & b_{2,r+2} & \cdots & b_{2n} \\ \vdots & \vdots & & \vdots & \vdots & \vdots & & \vdots \\ 0 & 0 & \cdots & 1 & b_{r,r+1} & b_{r,r+2} & \cdots & b_{rn} \\ 0 & 0 & \cdots & 0 & 0 & 0 & \cdots & 0 \\ \vdots & \vdots & & \vdots & \vdots & \vdots & & \vdots \\ 0 & 0 & \cdots & 0 & 0 & 0 & \cdots & 0 \end{pmatrix}.$$

$\boldsymbol{Bx}=\boldsymbol{0}$ 与 $\boldsymbol{Ax}=\boldsymbol{0}$ 为同解方程组，$\boldsymbol{Bx}=\boldsymbol{0}$ 为

$$\begin{cases} x_1+b_{1,r+1}x_{r+1}+b_{1,r+2}x_{r+2}+\cdots+b_{1n}x_n=0, \\ x_2+b_{2,r+1}x_{r+1}+b_{2,r+2}x_{r+2}+\cdots+b_{2n}x_n=0, \\ \cdots\cdots\cdots \\ x_r+b_{r,r+1}x_{r+1}+b_{r,r+2}x_{r+2}+\cdots+b_{rn}x_n=0, \end{cases}$$

即

$$\begin{cases} x_1=-b_{1,r+1}x_{r+1}-b_{1,r+2}x_{r+2}-\cdots-b_{1n}x_n, \\ x_2=-b_{2,r+1}x_{r+1}-b_{2,r+2}x_{r+2}-\cdots-b_{2n}x_n, \\ \cdots\cdots\cdots \\ x_r=-b_{r,r+1}x_{r+1}-b_{r,r+2}x_{r+2}-\cdots-b_{rn}x_n, \end{cases}$$

因为未知量 $x_1,x_2,\cdots,x_r$ 由 $x_{r+1},x_{r+2},\cdots,x_n$ 唯一确定，所以称 $x_1,x_2,\cdots,x_r$ 为真未知量，称 $x_{r+1}$，$x_{r+2},\cdots,x_n$ 为自由未知量. 对于自由未知量 $x_{r+1},x_{r+2},\cdots,x_n$，分别取

$$\begin{pmatrix} x_{r+1} \\ x_{r+2} \\ \vdots \\ x_n \end{pmatrix}=\begin{pmatrix} 1 \\ 0 \\ \vdots \\ 0 \end{pmatrix},\begin{pmatrix} 0 \\ 1 \\ \vdots \\ 0 \end{pmatrix},\cdots,\begin{pmatrix} 0 \\ 0 \\ \vdots \\ 1 \end{pmatrix},$$

可解得

$$\begin{pmatrix}x_1\\x_2\\\vdots\\x_r\end{pmatrix}=\begin{pmatrix}-b_{1,r+1}\\-b_{2,r+1}\\\vdots\\-b_{r,r+1}\end{pmatrix},\begin{pmatrix}-b_{1,r+2}\\-b_{2,r+2}\\\vdots\\-b_{r,r+2}\end{pmatrix},\cdots,\begin{pmatrix}-b_{1n}\\-b_{2n}\\\vdots\\-b_{rn}\end{pmatrix},$$

故得到方程组的 $n-r$ 个解为

$$\boldsymbol{\xi}_1=(-b_{1,r+1},-b_{2,r+1},\cdots,-b_{r,r+1},1,0,\cdots,0)^{\mathrm{T}},$$
$$\boldsymbol{\xi}_2=(-b_{1,r+2},-b_{2,r+2},\cdots,-b_{r,r+2},0,1,\cdots,0)^{\mathrm{T}},$$
$$\cdots\cdots\cdots$$
$$\boldsymbol{\xi}_{n-r}=(-b_{1n},-b_{2n},\cdots,-b_{rn},0,\cdots,0,1)^{\mathrm{T}}.$$

下面证明这 $n-r$ 个向量构成齐次线性方程组的基础解系.

首先，注意到上述每个向量中下方的 $n-r$ 个分量构成 $n-r$ 阶的单位矩阵，从而得这 $n-r$ 个向量线性无关；

其次，方程组 $\boldsymbol{Ax}=\boldsymbol{0}$ 的任一解 $\boldsymbol{\xi}$ 可由 $\boldsymbol{\xi}_1,\boldsymbol{\xi}_2,\cdots,\boldsymbol{\xi}_{n-r}$ 线性表示.

事实上，设 $\boldsymbol{\xi}=(k_1,k_2,\cdots,k_r,k_{r+1},\cdots,k_n)^{\mathrm{T}}$ 是方程组 $\boldsymbol{Ax}=\boldsymbol{0}$ 的任一解，令

$$\boldsymbol{\xi}_0=k_{r+1}\boldsymbol{\xi}_1+k_{r+2}\boldsymbol{\xi}_2+\cdots+k_n\boldsymbol{\xi}_{n-r},$$

由性质 4.1、性质 4.2 知，$\boldsymbol{\xi}_0$ 也是 $\boldsymbol{Ax}=\boldsymbol{0}$ 的解向量，且 $\boldsymbol{\xi}_0$ 的后 $n-r$ 个分量与 $\boldsymbol{\xi}$ 的后 $n-r$ 个分量相同，由自由未知量的一组确定值唯一确定方程组 $\boldsymbol{Ax}=\boldsymbol{0}$ 的一个解向量知 $\boldsymbol{\xi}=\boldsymbol{\xi}_0$，故 $\boldsymbol{\xi}=k_{r+1}\boldsymbol{\xi}_1+k_{r+2}\boldsymbol{\xi}_2+\cdots+k_n\boldsymbol{\xi}_{n-r}$.

**推论 1** 设齐次线性方程组 $\boldsymbol{Ax}=\boldsymbol{0}$，其中 $\boldsymbol{A}$ 为 $m\times n$ 矩阵.

(1) 当 $r(\boldsymbol{A})=n$ 时，方程组有唯一零解.

(2) 当 $r(\boldsymbol{A})=r<n$ 时，方程组有无穷多解，设 $\boldsymbol{\xi}_1,\boldsymbol{\xi}_2,\cdots,\boldsymbol{\xi}_{n-r}$ 为基础解系，则该方程组的任一解 $\boldsymbol{\xi}$ 可表示为

$$\boldsymbol{\xi}=k_1\boldsymbol{\xi}_1+k_2\boldsymbol{\xi}_2+\cdots+k_{n-r}\boldsymbol{\xi}_{n-r},$$

其中 $k_1,k_2,\cdots,k_{n-r}$ 为实数. 称上式为齐次线性方程组的**通解**.

**推论 2** $n$ 个方程 $n$ 个未知量的齐次线性方程组 $\boldsymbol{Ax}=\boldsymbol{0}$ 有非零解的充分必要条件是 $|\boldsymbol{A}|=0$.

**【即时提问 4.1】** 若 $r(\boldsymbol{A}_{m\times n})=m$，则齐次线性方程组 $\boldsymbol{Ax}=\boldsymbol{0}$ 只有零解. 该说法是否正确？请说明理由.

若解空间的维数是 $n-r$，则 $\boldsymbol{V}$ 中任意 $n-r$ 个线性无关的向量都是 $\boldsymbol{Ax}=\boldsymbol{0}$ 的基础解系，基础解系是不唯一的，因而通解的表达式不具唯一性.

上面定理 4.1 的证明过程提供了一种求基础解系的方法.

**例 4.1** 求方程组

$$\begin{cases}x_1+2x_2+2x_3+x_4=0,\\2x_1+x_2-2x_3-2x_4=0,\\x_1-x_2-4x_3-3x_4=0\end{cases}$$

的解.

**解** 对系数矩阵 $\boldsymbol{A}$ 施行初等行变换，将其化为行最简形，得

$$\boldsymbol{A}=\begin{pmatrix}1&2&2&1\\2&1&-2&-2\\1&-1&-4&-3\end{pmatrix}\xrightarrow[r_3-r_1]{r_2-2r_1}\begin{pmatrix}1&2&2&1\\0&-3&-6&-4\\0&-3&-6&-4\end{pmatrix}\xrightarrow[r_2\div(-3)]{r_3-r_2}\begin{pmatrix}1&2&2&1\\0&1&2&\dfrac{4}{3}\\0&0&0&0\end{pmatrix}$$

$$\xrightarrow{r_1-2r_2}\begin{pmatrix}1&0&-2&-\frac{5}{3}\\0&1&2&\frac{4}{3}\\0&0&0&0\end{pmatrix},$$

同解方程组为

$$\begin{cases}x_1=2x_3+\frac{5}{3}x_4,\\x_2=-2x_3-\frac{4}{3}x_4,\end{cases}$$

其中 $x_3,x_4$ 可自由取值. 通常令 $x_3=1,x_4=0$ 和 $x_3=0,x_4=1$，可得 $\boldsymbol{\xi}_1=\begin{pmatrix}2\\-2\\1\\0\end{pmatrix},\boldsymbol{\xi}_2=\begin{pmatrix}\frac{5}{3}\\-\frac{4}{3}\\0\\1\end{pmatrix}$，从而方程组的通解为 $x=k_1\boldsymbol{\xi}_1+k_2\boldsymbol{\xi}_2$（$k_1,k_2$ 为任意实数）.

**例 4.2** 求解方程组

$$\begin{cases}x_1-x_2-x_3+x_4=0,\\x_1-x_2+x_3-3x_4=0,\\x_1-x_2-2x_3+3x_4=0.\end{cases}$$

**解** 对系数矩阵 $\boldsymbol{A}$ 进行初等行变换，得

$$\boldsymbol{A}=\begin{pmatrix}1&-1&-1&1\\1&-1&1&-3\\1&-1&-2&3\end{pmatrix}\xrightarrow[r_3-r_1]{r_2-r_1}\begin{pmatrix}1&-1&-1&1\\0&0&2&-4\\0&0&-1&2\end{pmatrix}\xrightarrow[\substack{r_3+r_2\\r_1+r_2}]{r_2\times\frac{1}{2}}\begin{pmatrix}1&-1&0&-1\\0&0&1&-2\\0&0&0&0\end{pmatrix},$$

从而有

$$\begin{cases}x_1=x_2+x_4,\\x_3=2x_4,\end{cases}$$

故方程组的通解为

$$\begin{pmatrix}x_1\\x_2\\x_3\\x_4\end{pmatrix}=k_1\begin{pmatrix}1\\1\\0\\0\end{pmatrix}+k_2\begin{pmatrix}1\\0\\2\\1\end{pmatrix}\ (k_1,k_2\text{ 为任意实数}).$$

**例 4.3** 设 $\boldsymbol{A},\boldsymbol{B}$ 都是 $n$ 阶方阵，且 $\boldsymbol{AB}=\boldsymbol{O}$，试证明 $r(\boldsymbol{A})+r(\boldsymbol{B})\leqslant n$.

**证明** 将 $\boldsymbol{B}$ 按列分块，得

$\boldsymbol{B}=(\boldsymbol{\beta}_1,\boldsymbol{\beta}_2,\cdots,\boldsymbol{\beta}_n)$，$\boldsymbol{\beta}_i(i=1,2,\cdots,n)$ 为 $\boldsymbol{B}$ 的列向量.

于是 $\boldsymbol{AB}=(\boldsymbol{A\beta}_1,\boldsymbol{A\beta}_2,\cdots,\boldsymbol{A\beta}_n)$. 由 $\boldsymbol{AB}=\boldsymbol{O}$ 知

$$\boldsymbol{A\beta}_1=\boldsymbol{0},\boldsymbol{A\beta}_2=\boldsymbol{0},\cdots,\boldsymbol{A\beta}_n=\boldsymbol{0},$$

从而 $\boldsymbol{B}$ 的每个列向量皆是方程组 $\boldsymbol{Ax}=\boldsymbol{0}$ 的解. 若设 $r(\boldsymbol{A})=r$，则由定理 4.1 知解空间 $\boldsymbol{V}$ 的维数为

$n-r$，从而向量组 $\boldsymbol{\beta}_1,\boldsymbol{\beta}_2,\cdots,\boldsymbol{\beta}_n$ 的秩小于或等于 $n-r$，即 $r(\boldsymbol{B})\leqslant n-r$. 故

$$r(\boldsymbol{A})+r(\boldsymbol{B})\leqslant n.$$

事实上，当 $\boldsymbol{A}$ 为 $m\times n$ 矩阵，$\boldsymbol{B}$ 为 $n\times s$ 矩阵，则 $r(\boldsymbol{A})+r(\boldsymbol{B})\leqslant n$ 同样成立，此即性质 2.8 的(8).

## 同步习题 4.2

### 基础题

1. 齐次线性方程组 $\boldsymbol{Ax}=\boldsymbol{0}$ 仅有零解的充分必要条件是(　　).

A. 系数矩阵 $\boldsymbol{A}$ 的行向量组线性无关

B. 系数矩阵 $\boldsymbol{A}$ 的列向量组线性无关

C. 系数矩阵 $\boldsymbol{A}$ 的行向量组线性相关

D. 系数矩阵 $\boldsymbol{A}$ 的列向量组线性相关

2. 设齐次线性方程组 $\boldsymbol{Ax}=\boldsymbol{0}$ 有非零解，$\boldsymbol{A}=\begin{pmatrix}1&2&3\\2&t&1\\-1&3&2\\-2&1&-1\end{pmatrix}$，则 $t=$________.

3. 如果五元线性方程组 $\boldsymbol{Ax}=\boldsymbol{0}$ 的同解方程组是 $\begin{cases}x_1=-3x_2,\\x_2=0,\end{cases}$ 则有 $r(\boldsymbol{A})=$________，自由未知量的个数为________，$\boldsymbol{Ax}=\boldsymbol{0}$ 的基础解系有________个解向量.

4. 要使 $\boldsymbol{\xi}_1=(1,0,2)^{\mathrm{T}}$，$\boldsymbol{\xi}_2=(0,1,-1)^{\mathrm{T}}$ 都是线性方程组 $\boldsymbol{Ax}=\boldsymbol{0}$ 的解，只需要系数矩阵为(　　).

微课：同步习题 4.2 基础题 4

A. $(-2,1,1)$　　B. $\begin{pmatrix}2&0&-1\\0&1&1\end{pmatrix}$

C. $\begin{pmatrix}-1&0&2\\0&1&-1\end{pmatrix}$　　D. $\begin{pmatrix}0&1&-1\\4&-2&2\\0&1&1\end{pmatrix}$

5. 设 $\boldsymbol{A}$ 是 $n$ 阶方阵，$r(\boldsymbol{A})=n-3$，且 $\boldsymbol{\alpha}_1,\boldsymbol{\alpha}_2,\boldsymbol{\alpha}_3$ 是线性方程组 $\boldsymbol{Ax}=\boldsymbol{0}$ 的 3 个线性无关的解向量，则 $\boldsymbol{Ax}=\boldsymbol{0}$ 的基础解系为(　　).

A. $\boldsymbol{\alpha}_1+\boldsymbol{\alpha}_2,\boldsymbol{\alpha}_2+\boldsymbol{\alpha}_3,\boldsymbol{\alpha}_3+\boldsymbol{\alpha}_1$　　B. $\boldsymbol{\alpha}_2-\boldsymbol{\alpha}_1,\boldsymbol{\alpha}_3-\boldsymbol{\alpha}_2,\boldsymbol{\alpha}_1-\boldsymbol{\alpha}_3$

C. $2\boldsymbol{\alpha}_2-\boldsymbol{\alpha}_1,\dfrac{1}{2}\boldsymbol{\alpha}_3-\boldsymbol{\alpha}_2,\boldsymbol{\alpha}_1-\boldsymbol{\alpha}_3$　　D. $\boldsymbol{\alpha}_1+\boldsymbol{\alpha}_2+\boldsymbol{\alpha}_3,\boldsymbol{\alpha}_3-\boldsymbol{\alpha}_2,-\boldsymbol{\alpha}_1-2\boldsymbol{\alpha}_3$

6. 求齐次线性方程组的基础解系：$\begin{cases}x_1+x_2+x_5=0,\\x_1+x_2-x_3=0,\\x_3+x_4+x_5=0.\end{cases}$

7. 求齐次线性方程组的基础解系和通解：$\begin{cases}x_1-x_2+5x_3-x_4+x_5=0,\\x_1+x_2-2x_3+3x_4-x_5=0,\\3x_1-x_2+8x_3+x_4+2x_5=0,\\x_1+3x_2-9x_3+7x_4-3x_5=0.\end{cases}$

8. 设$A=\begin{pmatrix}1&2&1&2\\0&1&t&t\\1&t&0&1\end{pmatrix}$，且方程组$Ax=0$的基础解系中含有 2 个解向量，求$Ax=0$的通解.

**提高题**

1. 设$A=(a_{ij})_{n\times n}$，且$|A|=0$，但$A$中某元素的代数余子式$A_{kl}\neq 0$，则齐次线性方程组$Ax=0$的基础解系中所含向量的个数为(　　).

A. 1　　B. $k$　　C. $l$　　D. $n$

2. 设$A$为$m\times n$矩阵，则对于齐次线性方程组$Ax=0$，下列结论成立的是(　　).

A. 当$m\geqslant n$时，方程组只有零解

B. 当$m<n$时，方程组有非零解，且基础解系中含$n-m$个线性无关的解向量

C. 若$A$有$n$阶子式均不为零，则方程组只有零解

D. 若$A$的所有$n-1$阶子式均不为零，则方程组只有零解

3. 设$\eta_1,\eta_2,\eta_3$为线性方程组$Ax=0$的一个基础解系，则下面也是该方程组基础解系的是(　　).

A. $\eta_1-\eta_3,3\eta_2-\eta_3,-\eta_1-3\eta_2+2\eta_3$

B. $\eta_1+2\eta_2+\eta_3,\eta_1+\eta_2,\eta_2+\eta_3$

C. 与$\eta_1,\eta_2,\eta_3$等价的同维向量组$\alpha_1,\alpha_2,\alpha_3,\alpha_4$

D. 与$\eta_1,\eta_2,\eta_3$等价的同维向量组$\beta_1,\beta_2,\beta_3$

微课：同步习题 4.2
提高题 3

4. 设齐次线性方程组

$$\begin{cases}ax_1+bx_2+bx_3+\cdots+bx_n=0,\\bx_1+ax_2+bx_3+\cdots+bx_n=0,\\\cdots\cdots\cdots\\bx_1+bx_2+bx_3+\cdots+ax_n=0,\end{cases}$$

其中$a\neq 0,b\neq 0,n\geqslant 2$. 问：$a,b$为何值时，方程组仅有零解？$a,b$为何值时，方程组有无穷多解？在有无穷多解时，用基础解系表示全部解.

## 4.3　非齐次线性方程组

### 4.3.1　非齐次线性方程组的基本概念

设含$m$个方程、$n$个未知量的方程组

$$\begin{cases}a_{11}x_1+a_{12}x_2+\cdots+a_{1n}x_n=b_1,\\a_{21}x_1+a_{22}x_2+\cdots+a_{2n}x_n=b_2,\\\cdots\cdots\cdots\\a_{m1}x_1+a_{m2}x_2+\cdots+a_{mn}x_n=b_m,\end{cases}\tag{4.8}$$

其中$b_1,b_2,\cdots,b_m$不全为 0，称该方程组为非齐次线性方程组. $x_1,x_2,\cdots,x_n$表示$n$个未知量，常

数 $a_{ij}(i=1,2,\cdots,m;j=1,2,\cdots,n)$称为系数，$\boldsymbol{A}=(a_{ij})_{m\times n}$称为系数矩阵，$b_i(i=1,2,\cdots,m)$称为方程组的常数项，记 $\boldsymbol{b}=(b_1, b_2, \cdots, b_m)^{\mathrm{T}}$，则式(4.8)可表为 $\boldsymbol{Ax}=\boldsymbol{b}$.

非齐次线性方程组 $\boldsymbol{Ax}=\boldsymbol{b}$ 不同于齐次线性方程组 $\boldsymbol{Ax}=\boldsymbol{0}$，$\boldsymbol{Ax}=\boldsymbol{0}$ 至少有一个零解，非齐次线性方程组 $\boldsymbol{Ax}=\boldsymbol{b}$ 并不能保证有解. 若方程组有解，则称其是相容的；若方程组无解，则称其是不相容的.

记

$$\boldsymbol{\alpha}_j=\begin{pmatrix}a_{1j}\\a_{2j}\\\vdots\\a_{mj}\end{pmatrix}(j=1,2,\cdots,n),\quad \boldsymbol{b}=\begin{pmatrix}b_1\\b_2\\\vdots\\b_m\end{pmatrix},$$

则式(4.8)可表示为

$$x_1\boldsymbol{\alpha}_1+x_2\boldsymbol{\alpha}_2+\cdots+x_n\boldsymbol{\alpha}_n=\boldsymbol{b}. \tag{4.9}$$

显然，以下 4 种提法是等价的.

(1) 非齐次线性方程组(4.9)有解.

(2) 向量 $\boldsymbol{b}$ 能用向量组 $\boldsymbol{\alpha}_1,\boldsymbol{\alpha}_2,\cdots,\boldsymbol{\alpha}_n$ 线性表示.

(3) 向量组 $\boldsymbol{\alpha}_1,\boldsymbol{\alpha}_2,\cdots,\boldsymbol{\alpha}_n$ 与向量组 $\boldsymbol{\alpha}_1,\boldsymbol{\alpha}_2,\cdots,\boldsymbol{\alpha}_n,\boldsymbol{b}$ 等价.

(4) 矩阵 $\boldsymbol{A}=(\boldsymbol{\alpha}_1,\boldsymbol{\alpha}_2,\cdots,\boldsymbol{\alpha}_n)$与矩阵 $\overline{\boldsymbol{A}}=(\boldsymbol{\alpha}_1,\boldsymbol{\alpha}_2,\cdots,\boldsymbol{\alpha}_n,\boldsymbol{b})$的秩相等.

其中，$\boldsymbol{A}$ 为方程组[式(4.8)]的系数矩阵，$\overline{\boldsymbol{A}}$ 称为方程组的增广矩阵. 通常用(4)来判断方程组[式(4.8)]解的存在性，即有以下定理.

**定理 4.2** 非齐次方程组有解的充分必要条件是：它的系数矩阵 $\boldsymbol{A}$ 的秩等于增广矩阵 $\overline{\boldsymbol{A}}$ 的秩.

下面讨论非齐次方程组解的结构. 方程组也可以写成矩阵形式，即

$$\boldsymbol{Ax}=\boldsymbol{b}. \tag{4.10}$$

### 4.3.2 非齐次线性方程组解的性质

**性质 4.3** 若 $\boldsymbol{\eta}_1,\boldsymbol{\eta}_2$ 是非齐次线性方程组 $\boldsymbol{Ax}=\boldsymbol{b}$ 的解，则 $\boldsymbol{\eta}_1-\boldsymbol{\eta}_2$ 为对应的齐次方程组 $\boldsymbol{Ax}=\boldsymbol{0}$ 的解.

**证明** 因为 $\boldsymbol{A\eta}_1=\boldsymbol{b},\boldsymbol{A\eta}_2=\boldsymbol{b}$，则 $\boldsymbol{A}(\boldsymbol{\eta}_1-\boldsymbol{\eta}_2)=\boldsymbol{A\eta}_1-\boldsymbol{A\eta}_2=\boldsymbol{b}-\boldsymbol{b}=\boldsymbol{0}$.

**性质 4.4** 若 $\boldsymbol{\eta}$ 是非齐次线性方程组 $\boldsymbol{Ax}=\boldsymbol{b}$ 的解，$\boldsymbol{\xi}$ 是对应的齐次方程组 $\boldsymbol{Ax}=\boldsymbol{0}$ 的解，则 $\boldsymbol{\eta}+\boldsymbol{\xi}$ 是 $\boldsymbol{Ax}=\boldsymbol{b}$ 的解.

**证明** 由 $\boldsymbol{A\eta}=\boldsymbol{b}$ 及 $\boldsymbol{A\xi}=\boldsymbol{0}$ 可推出 $\boldsymbol{A}(\boldsymbol{\eta}+\boldsymbol{\xi})=\boldsymbol{A\eta}+\boldsymbol{A\xi}=\boldsymbol{b}$.

通常称齐次方程组

$$\boldsymbol{Ax}=\boldsymbol{0} \tag{4.11}$$

为非齐次方程组 $\boldsymbol{Ax}=\boldsymbol{b}$ 的导出组. 非齐次线性方程组 $\boldsymbol{Ax}=\boldsymbol{b}$ 的全部解称为通解，根据性质 4.3 和性质 4.4 可以得到非齐次线性方程组解的结构.

若求得式(4.10)的一个解 $\boldsymbol{\eta}^*$，则式(4.10)的任一解总可以表示为

$$\boldsymbol{x}=\boldsymbol{\xi}+\boldsymbol{\eta}^*,$$

其中 $\boldsymbol{\xi}$ 是式(4.11)的解. 若式(4.11)的通解为 $\boldsymbol{\xi}=k_1\boldsymbol{\xi}_1+k_2\boldsymbol{\xi}_2+\cdots+k_{n-r}\boldsymbol{\xi}_{n-r}$，则式(4.10)的任一解总可以表示为

$$\boldsymbol{x}=k_1\boldsymbol{\xi}_1+k_2\boldsymbol{\xi}_2+\cdots+k_{n-r}\boldsymbol{\xi}_{n-r}+\boldsymbol{\eta}^*.$$

反之，对于任何实数 $k_1,k_2,\cdots,k_{n-r}$，上式总是式(4.10)的解，于是式(4.10)的通解为

$$\boldsymbol{x}=k_1\boldsymbol{\xi}_1+k_2\boldsymbol{\xi}_2+\cdots+k_{n-r}\boldsymbol{\xi}_{n-r}+\boldsymbol{\eta}^*,$$

其中 $k_1,k_2,\cdots,k_{n-r}$ 为任意实数，$\boldsymbol{\xi}_1,\boldsymbol{\xi}_2,\cdots,\boldsymbol{\xi}_{n-r}$ 是对应的导出组 $\boldsymbol{Ax}=\boldsymbol{0}$ 的一个基础解系.

**定理 4.3** 设 $\boldsymbol{\eta}^*$ 是非齐次线性方程组 $\boldsymbol{Ax}=\boldsymbol{b}$ 的一个特解，$\boldsymbol{\xi}_1,\boldsymbol{\xi}_2,\cdots,\boldsymbol{\xi}_{n-r}$ 是对应的导出组 $\boldsymbol{Ax}=\boldsymbol{0}$ 的一个基础解系，$r=r(\boldsymbol{A})$，则非齐次线性方程组 $\boldsymbol{Ax}=\boldsymbol{b}$ 的通解为

$$k_1\boldsymbol{\xi}_1+k_2\boldsymbol{\xi}_2+\cdots+k_{n-r}\boldsymbol{\xi}_{n-r}+\boldsymbol{\eta}^*,$$

其中 $k_1,k_2,\cdots,k_{n-r}$ 为任意常数.

### 4.3.3 非齐次线性方程组的解法

**定理 4.4** 非齐次线性方程组 $\boldsymbol{Ax}=\boldsymbol{b}$ 的解的情形归纳如下.

（1）若 $r(\boldsymbol{A})\neq r(\overline{\boldsymbol{A}})$，则线性方程组 $\boldsymbol{Ax}=\boldsymbol{b}$ 无解.

（2）若 $r(\boldsymbol{A})=r(\overline{\boldsymbol{A}})=r$，则线性方程组 $\boldsymbol{Ax}=\boldsymbol{b}$ 有解.

① 若 $r=n$，则线性方程组 $\boldsymbol{Ax}=\boldsymbol{b}$ 有唯一解.

② 若 $r<n$，则线性方程组 $\boldsymbol{Ax}=\boldsymbol{b}$ 有无穷多解，其通解为

$$\boldsymbol{x}=\boldsymbol{\eta}^*+k_1\boldsymbol{\xi}_1+k_2\boldsymbol{\xi}_2+\cdots+k_{n-r}\boldsymbol{\xi}_{n-r},$$

其中 $\boldsymbol{\eta}^*$ 是非齐次线性方程组 $\boldsymbol{Ax}=\boldsymbol{b}$ 的一个特解，$\boldsymbol{\xi}_1,\boldsymbol{\xi}_2,\cdots,\boldsymbol{\xi}_{n-r}$ 为导出组 $\boldsymbol{Ax}=\boldsymbol{0}$ 的基础解系，其中 $k_1,k_2,\cdots,k_{n-r}$ 为任意常数.

**证明** 为方便叙述，不妨假设增广矩阵 $\overline{\boldsymbol{A}}=(\boldsymbol{\alpha}_1,\boldsymbol{\alpha}_2,\cdots,\boldsymbol{\alpha}_n,\boldsymbol{b})$ 的行最简形为

$$\begin{pmatrix} 1 & 0 & \cdots & 0 & b_{1,r+1} & \cdots & b_{1n} & d_1 \\ 0 & 1 & \cdots & 0 & b_{2,r+1} & \cdots & b_{2n} & d_2 \\ \vdots & \vdots & & \vdots & \vdots & & \vdots & \vdots \\ 0 & 0 & \cdots & 1 & b_{r,r+1} & \cdots & b_{rn} & d_r \\ 0 & 0 & \cdots & 0 & 0 & \cdots & 0 & d_{r+1} \\ \vdots & \vdots & & \vdots & \vdots & & \vdots & \vdots \\ 0 & 0 & \cdots & 0 & 0 & \cdots & 0 & 0 \end{pmatrix}.$$

（1）若 $r(\boldsymbol{A})\neq r(\overline{\boldsymbol{A}})$，即 $d_{r+1}\neq 0$，此时第 $r+1$ 行对应方程 $0=d_{r+1}$ 与 $d_{n+1}\neq 0$ 矛盾，故线性方程组无解.

（2）① 若 $r(\boldsymbol{A})=r(\overline{\boldsymbol{A}})=n$，$\overline{\boldsymbol{A}}=(\boldsymbol{\alpha}_1,\boldsymbol{\alpha}_2,\cdots,\boldsymbol{\alpha}_n,\boldsymbol{b})$ 的行最简形矩阵为

$$\begin{pmatrix} 1 & 0 & \cdots & 0 & d_1 \\ 0 & 1 & \cdots & 0 & d_2 \\ \vdots & \vdots & & \vdots & \vdots \\ 0 & 0 & \cdots & 1 & d_n \end{pmatrix},$$

此时线性方程组有唯一解

$$\begin{cases} x_1=d_1, \\ x_2=d_2, \\ \vdots \\ x_n=d_n, \end{cases}$$

或写为

$$\begin{pmatrix} x_1 \\ x_2 \\ \vdots \\ x_n \end{pmatrix}=\begin{pmatrix} d_1 \\ d_2 \\ \vdots \\ d_n \end{pmatrix}.$$

② 若 $r(\boldsymbol{A})=r(\overline{\boldsymbol{A}})=r<n$，增广矩阵 $\overline{\boldsymbol{A}}=(\boldsymbol{\alpha}_1,\boldsymbol{\alpha}_2,\cdots,\boldsymbol{\alpha}_n,\boldsymbol{b})$ 的行最简形矩阵为

$$\begin{pmatrix} 1 & 0 & \cdots & 0 & b_{1,r+1} & \cdots & b_{1n} & d_1 \\ 0 & 1 & \cdots & 0 & b_{2,r+1} & \cdots & b_{2n} & d_2 \\ \vdots & \vdots & & \vdots & \vdots & & \vdots & \vdots \\ 0 & 0 & \cdots & 1 & b_{r,r+1} & \cdots & b_{rn} & d_r \\ 0 & 0 & \cdots & 0 & 0 & \cdots & 0 & 0 \\ \vdots & \vdots & & \vdots & \vdots & & \vdots & \vdots \\ 0 & 0 & \cdots & 0 & 0 & \cdots & 0 & 0 \end{pmatrix},$$

与 $\boldsymbol{Ax}=\boldsymbol{b}$ 同解的线性方程组为

$$\begin{cases} x_1 \qquad +b_{1,r+1}x_{r+1}+b_{1,r+2}x_{r+2}+\cdots+b_{1n}x_n=d_1, \\ \quad x_2 \qquad +b_{2,r+1}x_{r+1}+b_{2,r+2}x_{r+2}+\cdots+b_{2n}x_n=d_2, \\ \qquad \cdots\cdots\cdots \\ \qquad x_r+b_{r,r+1}x_{r+1}+b_{r,r+2}x_{r+2}+\cdots+b_{rn}x_n=d_r, \end{cases}$$

即

$$\begin{cases} x_1=-b_{1,r+1}x_{r+1}-b_{1,r+2}x_{r+2}-\cdots-b_{1n}x_n+d_1, \\ x_2=-b_{2,r+1}x_{r+1}-b_{2,r+2}x_{r+2}-\cdots-b_{2n}x_n+d_2, \\ \qquad \cdots\cdots\cdots \\ x_r=-b_{r,r+1}x_{r+1}-b_{r,r+2}x_{r+2}-\cdots-b_{rn}x_n+d_r. \end{cases}$$

令自由未知量 $x_{r+1}=c_1,x_{r+2}=c_2,\cdots,x_n=c_{n-r}$，得到 $\boldsymbol{Ax}=\boldsymbol{b}$ 的一组解，即

$$\begin{cases} x_1=-b_{1,r+1}c_1-b_{1,r+2}c_2-\cdots-b_{1n}c_{n-r}+d_1, \\ x_2=-b_{2,r+1}c_1-b_{2,r+2}c_2-\cdots-b_{2n}c_{n-r}+d_2, \\ \qquad \cdots\cdots\cdots \\ x_r=-b_{r,r+1}c_1-b_{r,r+2}c_2-\cdots-b_{rn}c_{n-r}+d_r, \\ x_{r+1}= \quad c_1, \\ x_{r+2}= \qquad c_2, \\ \qquad \cdots\cdots\cdots \\ x_n= \qquad\qquad c_{n-r}, \end{cases}$$

或写成

$$\begin{pmatrix} x_1 \\ \vdots \\ x_r \\ x_{r+1} \\ \vdots \\ x_n \end{pmatrix}=\begin{pmatrix} -b_{1,r+1}c_1-\cdots-b_{1n}c_{n-r}+d_1 \\ \vdots \\ -b_{r,r+1}c_1-\cdots-b_{rn}c_{n-r}+d_r \\ c_1 \\ \vdots \\ c_{n-r} \end{pmatrix}=c_1\begin{pmatrix} -b_{1,r+1} \\ \vdots \\ -b_{r,r+1} \\ 1 \\ \vdots \\ 0 \end{pmatrix}+\cdots+c_{n-r}\begin{pmatrix} -b_{1n} \\ \vdots \\ -b_{rn} \\ 0 \\ \vdots \\ 1 \end{pmatrix}+\begin{pmatrix} d_1 \\ \vdots \\ d_r \\ 0 \\ \vdots \\ 0 \end{pmatrix},$$

其中 $c_1,c_2,\cdots,c_{n-r}$ 为任意常数. 因此，$\boldsymbol{Ax}=\boldsymbol{b}$ 不仅有解，而且有无穷多解.

**例 4.4** 求解方程组 $\begin{cases} x_1-x_2-x_3+x_4=0, \\ x_1-x_2+x_3-3x_4=1, \\ x_1-x_2-2x_3+3x_4=-\dfrac{1}{2}. \end{cases}$

**解** $\overline{A}=\begin{pmatrix}1&-1&-1&1&0\\1&-1&1&-3&1\\1&-1&-2&3&-\frac{1}{2}\end{pmatrix}\to\begin{pmatrix}1&-1&-1&1&0\\0&0&2&-4&1\\0&0&-1&2&-\frac{1}{2}\end{pmatrix}\to\begin{pmatrix}1&-1&0&-1&\frac{1}{2}\\0&0&1&-2&\frac{1}{2}\\0&0&0&0&0\end{pmatrix}$,

$r(\overline{A})=r(A)=2$，故方程组有解，并有

$$\begin{cases}x_1=x_2+x_4+\dfrac{1}{2},\\x_3=2x_4+\dfrac{1}{2}.\end{cases}$$

取 $x_2=x_4=0$，代入求出 $x_1=x_3=\frac{1}{2}$，则得方程组的特解 $\boldsymbol{\eta}^*=\left(\frac{1}{2},0,\frac{1}{2},0\right)^{\mathrm{T}}$. 结合前面例 4.2 知，本例中方程组的通解为

$$\begin{pmatrix}x_1\\x_2\\x_3\\x_4\end{pmatrix}=k_1\begin{pmatrix}1\\1\\0\\0\end{pmatrix}+k_2\begin{pmatrix}1\\0\\2\\1\end{pmatrix}+\begin{pmatrix}\frac{1}{2}\\0\\\frac{1}{2}\\0\end{pmatrix}\ (k_1,k_2\text{ 为任意实数}).$$

**例 4.5** 求解方程组 $\begin{cases}x_1-2x_2+3x_3-x_4=1,\\3x_1-x_2+5x_3-3x_4=2,\\2x_1+x_2+2x_3-2x_4=3.\end{cases}$

**解** 对增广矩阵施行初等行变换，得

$$\overline{A}=\begin{pmatrix}1&-2&3&-1&1\\3&-1&5&-3&2\\2&1&2&-2&3\end{pmatrix}\xrightarrow[r_3-2r_1]{r_2-3r_1}\begin{pmatrix}1&-2&3&-1&1\\0&5&-4&0&-1\\0&5&-4&0&1\end{pmatrix}\xrightarrow{r_3-r_2}\begin{pmatrix}1&-2&3&-1&1\\0&5&-4&0&-1\\0&0&0&0&2\end{pmatrix},$$

显然 $r(A)=2,r(\overline{A})=3$，故方程组无解.

**例 4.6** 已知线性方程组 $\begin{cases}x_1+x_2-2x_3+3x_4=0,\\2x_1+x_2-6x_3+4x_4=-1,\\3x_1+2x_2+px_3+7x_4=-1,\\x_1-x_2-6x_3-x_4=t,\end{cases}$ 讨论参数 $p,t$ 取何值时，方程组有解、无解；当有解时，试用导出组的基础解系表示通解.

**解** $\overline{A}=\begin{pmatrix}1&1&-2&3&0\\2&1&-6&4&-1\\3&2&p&7&-1\\1&-1&-6&-1&t\end{pmatrix}\to\begin{pmatrix}1&1&-2&3&0\\0&-1&-2&-2&-1\\0&-1&p+6&-2&-1\\0&-2&-4&-4&t\end{pmatrix}\to$

$$\begin{pmatrix}1&1&-2&3&0\\0&1&2&2&1\\0&0&p+8&0&0\\0&0&0&0&t+2\end{pmatrix}\to\begin{pmatrix}1&0&-4&1&-1\\0&1&2&2&1\\0&0&p+8&0&0\\0&0&0&0&t+2\end{pmatrix}.$$

(1) 当 $t\neq-2$ 时，$r(A)\neq r(\overline{A})$，方程组无解.

(2) 当 $t=-2$ 时，$r(A)=r(\overline{A})$，方程组有解.

① 若 $p=-8$，则

$$\overline{A}\to\begin{pmatrix}1&0&-4&1&-1\\0&1&2&2&1\\0&0&0&0&0\\0&0&0&0&0\end{pmatrix},$$

同解方程组为$\begin{cases}x_1=4x_3-x_4-1,\\x_2=-2x_3-2x_4+1,\end{cases}$可得通解为 $\boldsymbol{x}=\begin{pmatrix}-1\\1\\0\\0\end{pmatrix}+c_1\begin{pmatrix}4\\-2\\1\\0\end{pmatrix}+c_2\begin{pmatrix}-1\\-2\\0\\1\end{pmatrix}$（$c_1,c_2$ 为任意常数）.

② 若 $p\neq-8$，则

$$\overline{A}\to\begin{pmatrix}1&0&-4&1&-1\\0&1&2&2&1\\0&0&1&0&0\\0&0&0&0&0\end{pmatrix}\to\begin{pmatrix}1&0&0&1&-1\\0&1&0&2&1\\0&0&1&0&0\\0&0&0&0&0\end{pmatrix},$$

同解方程组为$\begin{cases}x_1=-x_4-1\\x_2=-2x_4+1,\\x_3=0,\end{cases}$可得通解为 $\boldsymbol{x}=\begin{pmatrix}-1\\1\\0\\0\end{pmatrix}+c\begin{pmatrix}-1\\-2\\0\\1\end{pmatrix}$（$c$ 为任意常数）.

**例 4.7** 证明：方程组$\begin{cases}x_1-x_2=a_1,\\x_2-x_3=a_2,\\x_3-x_4=a_3,\\x_4-x_5=a_4,\\x_5-x_1=a_5\end{cases}$有解的充分必要条件是 $\sum_{i=1}^{5}a_i=0$.

**证明** $\overline{A}=\begin{pmatrix}1&-1&0&0&0&a_1\\0&1&-1&0&0&a_2\\0&0&1&-1&0&a_3\\0&0&0&1&-1&a_4\\-1&0&0&0&1&a_5\end{pmatrix}\to\begin{pmatrix}1&-1&0&0&0&a_1\\0&1&-1&0&0&a_2\\0&0&1&-1&0&a_3\\0&0&0&1&-1&a_4\\0&-1&0&0&1&a_1+a_5\end{pmatrix}\to$

$$\begin{pmatrix}1&-1&0&0&0&a_1\\0&1&-1&0&0&a_2\\0&0&1&-1&0&a_3\\0&0&0&1&-1&a_4\\0&0&-1&0&1&a_1+a_2+a_5\end{pmatrix},$$

继续对上述矩阵施行初等行变换，第 3、第 4 行加至第 5 行，得

$$\overline{A}\to\begin{pmatrix}1&-1&0&0&0&a_1\\0&1&-1&0&0&a_2\\0&0&1&-1&0&a_3\\0&0&0&1&-1&a_4\\0&0&0&0&0&\sum_{i=1}^{5}a_i\end{pmatrix},$$

方程组有解的充分必要条件为 $r(\boldsymbol{A})=r(\overline{\boldsymbol{A}})$，故 $\sum_{i=1}^{5}a_i=0$.

## 同步习题 4.3

### 基础题

1. 设方程组$\begin{pmatrix} a & 1 & 1 \\ 1 & a & 1 \\ 1 & 1 & a \end{pmatrix}\begin{pmatrix} x_1 \\ x_2 \\ x_3 \end{pmatrix}=\begin{pmatrix} 1 \\ 1 \\ -2 \end{pmatrix}$有无穷多解，则 $a=$________.

2. 若线性方程组$\begin{cases} x_1+x_2=-a_1, \\ x_2+x_3=a_2, \\ x_3+x_4=-a_3, \\ x_4+x_1=a_4 \end{cases}$有解，则常数 $a_1,a_2,a_3,a_4$ 应满足条件________.

3. 非齐次线性方程组 $\boldsymbol{Ax}=\boldsymbol{b}$ 中未知量个数为 $n$，方程个数为 $m$，系数矩阵 $\boldsymbol{A}$ 的秩为 $r$，则(　　).

A. 当 $r=m$ 时，方程组 $\boldsymbol{Ax}=\boldsymbol{b}$ 有解

B. 当 $r=n$ 时，方程组 $\boldsymbol{Ax}=\boldsymbol{b}$ 有唯一解

C. 当 $m=n$ 时，方程组 $\boldsymbol{Ax}=\boldsymbol{b}$ 有唯一解

D. 当 $r<n$ 时，方程组 $\boldsymbol{Ax}=\boldsymbol{b}$ 有无穷多解

4. 设 $\boldsymbol{A}$ 是 $m\times n$ 矩阵，$\boldsymbol{Ax}=\boldsymbol{0}$ 是非齐次线性方程组 $\boldsymbol{Ax}=\boldsymbol{b}$ 所对应的齐次线性方程组，则下列结论正确的是(　　).

A. 若 $\boldsymbol{Ax}=\boldsymbol{0}$ 仅有零解，则 $\boldsymbol{Ax}=\boldsymbol{b}$ 有唯一解

B. 若 $\boldsymbol{Ax}=\boldsymbol{0}$ 有非零解，则 $\boldsymbol{Ax}=\boldsymbol{b}$ 有无穷多解

C. 若 $\boldsymbol{Ax}=\boldsymbol{b}$ 有无穷多解，则 $\boldsymbol{Ax}=\boldsymbol{0}$ 有非零解

D. 若 $\boldsymbol{Ax}=\boldsymbol{b}$ 有无穷多解，则 $\boldsymbol{Ax}=\boldsymbol{0}$ 只有零解

5. 设 $\boldsymbol{A}$ 是 $m\times n$ 矩阵，非齐次线性方程组 $\boldsymbol{Ax}=\boldsymbol{b}$ 有解的充分条件是(　　).

A. $r(\boldsymbol{A})=m$

B. $\boldsymbol{A}$ 的行向量组线性相关

C. $r(\boldsymbol{A})=n$

D. $\boldsymbol{A}$ 的列向量组线性相关

6. 设 $n$ 阶矩阵 $\boldsymbol{A}$ 的伴随矩阵 $\boldsymbol{A}^*\neq\boldsymbol{O}$，若 $\boldsymbol{\xi}_1,\boldsymbol{\xi}_2,\boldsymbol{\xi}_3,\boldsymbol{\xi}_4$ 是非齐次线性方程组 $\boldsymbol{Ax}=\boldsymbol{b}$ 的互不相等的解，则对应的齐次线性方程组 $\boldsymbol{Ax}=\boldsymbol{0}$ 的基础解系(　　).

A. 不存在

B. 仅含 1 个非零解向量

C. 含有 2 个线性无关的解向量

D. 含有 3 个线性无关的解向量

微课：同步习题 4.3 基础题 6

7. 求线性方程组$\begin{cases} x_1+5x_2-x_3-x_4=-1, \\ x_1-2x_2+x_3+3x_4=3, \\ 3x_1+8x_2-x_3+x_4=1, \\ x_1-9x_2+3x_3+7x_4=7 \end{cases}$的通解.

8. 对于线性方程组 $\begin{cases}\lambda x_1+x_2+x_3=\lambda-3,\\ x_1+\lambda x_2+x_3=-2,\\ x_1+x_2+\lambda x_3=-2,\end{cases}$ 讨论 $\lambda$ 取何值时，方程组无解、有唯一解和有无穷多解. 在方程组有无穷多解时，试用其导出组的基础解系表示通解.

9. 设有齐次线性方程组 $\begin{cases}(1+a)x_1+x_2+x_3+x_4=0,\\ 2x_1+(2+a)x_2+2x_3+2x_4=0,\\ 3x_1+3x_2+(3+a)x_3+3x_4=0,\\ 4x_1+4x_2+4x_3+(4+a)x_4=0,\end{cases}$ 讨论 $a$ 取何值时，该方程组有非零解，并求出其通解.

**提高题**

1. 设 $\boldsymbol{\alpha}_1,\boldsymbol{\alpha}_2,\boldsymbol{\alpha}_3$ 是四元非齐次线性方程组 $\boldsymbol{Ax}=\boldsymbol{b}$ 的 3 个解向量，且 $r(\boldsymbol{A})=3,\boldsymbol{\alpha}_1=(1,2,3,4)^{\mathrm{T}},\boldsymbol{\alpha}_2+\boldsymbol{\alpha}_3=(0,1,2,3)^{\mathrm{T}}$，$c$ 表示任意常数，则线性方程组 $\boldsymbol{Ax}=\boldsymbol{b}$ 的通解 $\boldsymbol{x}=($　　$)$.

A. $\begin{pmatrix}1\\2\\3\\4\end{pmatrix}+c\begin{pmatrix}1\\1\\1\\1\end{pmatrix}$　B. $\begin{pmatrix}1\\2\\3\\4\end{pmatrix}+c\begin{pmatrix}0\\1\\2\\3\end{pmatrix}$　C. $\begin{pmatrix}1\\2\\3\\4\end{pmatrix}+c\begin{pmatrix}2\\3\\4\\5\end{pmatrix}$　D. $\begin{pmatrix}1\\2\\3\\4\end{pmatrix}+c\begin{pmatrix}3\\4\\5\\6\end{pmatrix}$

2. 设 $\boldsymbol{A}$ 是 $n$ 阶矩阵，$\boldsymbol{\alpha}$ 为 $n$ 维列向量，若 $r\begin{pmatrix}\boldsymbol{A} & \boldsymbol{\alpha}\\ \boldsymbol{\alpha}^{\mathrm{T}} & 0\end{pmatrix}=r(\boldsymbol{A})$，则(　　).

A. $\boldsymbol{Ax}=\boldsymbol{\alpha}$ 必有无穷多解　　B. $\boldsymbol{Ax}=\boldsymbol{\alpha}$ 必有唯一解

C. $\begin{pmatrix}\boldsymbol{A} & \boldsymbol{\alpha}\\ \boldsymbol{\alpha}^{\mathrm{T}} & 0\end{pmatrix}\begin{pmatrix}\boldsymbol{x}\\ y\end{pmatrix}=\boldsymbol{0}$ 仅有零解　　D. $\begin{pmatrix}\boldsymbol{A} & \boldsymbol{\alpha}\\ \boldsymbol{\alpha}^{\mathrm{T}} & 0\end{pmatrix}\begin{pmatrix}\boldsymbol{x}\\ y\end{pmatrix}=\boldsymbol{0}$ 必有非零解

3. 已知非齐次线性方程组 $\begin{cases}x_1+x_2+x_3+x_4=-1,\\ 4x_1+3x_2+5x_3-x_4=-1,\\ ax_1+x_2+3x_3+bx_4=1\end{cases}$ 有 3 个线性无关的解.

(1) 证明：方程组系数矩阵 $\boldsymbol{A}$ 的秩 $r(\boldsymbol{A})=2$.

(2) 求 $a,b$ 的值及方程组的通解.

4. 设 $\boldsymbol{A}=(a_{ij})_{3\times3}$ 满足条件：(1) $a_{ij}=A_{ij}(i,j=1,2,3)$，其中 $A_{ij}$ 是元素 $a_{ij}$ 的代数余子式；(2) $a_{33}=-1$. 求方程组 $\boldsymbol{Ax}=\boldsymbol{b}$ 的解，其中 $\boldsymbol{b}=(0,0,1)^{\mathrm{T}}$.

微课：同步习题 4.3 提高题 4

## 4.4 线性方程组的应用

线性方程组是线性代数中的重要内容，与向量组、矩阵方程有密切的关系. 线性方程组及其求解方法在经济分析领域中被广泛应用. 其相关问题可以通过建立数学模型转化为线性方程组或一阶常系数线性微分方程组进行求解.

### 4.4.1 向量组与线性方程组

对于非齐次线性方程组 $\boldsymbol{Ax}=\boldsymbol{b}$，记系数矩阵 $\boldsymbol{A}=(\boldsymbol{\alpha}_1,\boldsymbol{\alpha}_2,\cdots,\boldsymbol{\alpha}_n)$，即

$$\boldsymbol{\alpha}_1=\begin{pmatrix}a_{11}\\a_{21}\\\vdots\\a_{m1}\end{pmatrix},\boldsymbol{\alpha}_2=\begin{pmatrix}a_{12}\\a_{22}\\\vdots\\a_{m2}\end{pmatrix},\ \cdots,\ \boldsymbol{\alpha}_n=\begin{pmatrix}a_{1n}\\a_{2n}\\\vdots\\a_{mn}\end{pmatrix},$$

则导出组 $\boldsymbol{Ax}=\boldsymbol{0}$ 可化为

$$x_1\boldsymbol{\alpha}_1+x_2\boldsymbol{\alpha}_2+\cdots+x_n\boldsymbol{\alpha}_n=\boldsymbol{0},\tag{4.12}$$

式(4.12)称为齐次线性方程组 $\boldsymbol{Ax}=\boldsymbol{0}$ 的向量形式.

方程组 $\boldsymbol{Ax}=\boldsymbol{b}$ 可化为

$$x_1\boldsymbol{\alpha}_1+x_2\boldsymbol{\alpha}_2+\cdots+x_n\boldsymbol{\alpha}_n=\boldsymbol{b},\tag{4.13}$$

式(4.13)称为非齐次线性方程组的向量形式.

**定理 4.5**　齐次线性方程组 $\boldsymbol{Ax}=\boldsymbol{0}$ 有唯一零解的充分必要条件是系数矩阵 $\boldsymbol{A}$ 的列向量组线性无关.

**证明**　必要性　已知齐次线性方程组 $\boldsymbol{Ax}=\boldsymbol{0}$ 只有唯一零解，即当且仅当 $x_1=0,x_2=0,\cdots,x_n=0$ 时，

$$x_1\boldsymbol{\alpha}_1+x_2\boldsymbol{\alpha}_2+\cdots+x_n\boldsymbol{\alpha}_n=\boldsymbol{0}$$

成立，根据定义 3.4 知矩阵 $\boldsymbol{A}$ 的列向量组线性无关.

充分性　若矩阵 $\boldsymbol{A}$ 的列向量组线性无关，由定义 3.4 可得，当且仅当 $x_1=0,x_2=0,\cdots,x_n=0$ 时，

$$x_1\boldsymbol{\alpha}_1+x_2\boldsymbol{\alpha}_2+\cdots+x_n\boldsymbol{\alpha}_n=\boldsymbol{0},$$

即 $\boldsymbol{Ax}=\boldsymbol{0}$ 只有唯一零解.

**推论**　齐次线性方程组 $\boldsymbol{Ax}=\boldsymbol{0}$ 有非零解的充分必要条件是矩阵 $\boldsymbol{A}$ 的列向量组线性相关.

**定理 4.6**　非齐次线性方程组 $\boldsymbol{Ax}=\boldsymbol{b}$ 有解的充分必要条件是向量 $\boldsymbol{b}$ 可由系数矩阵 $\boldsymbol{A}$ 的列向量组线性表示.

**证明**　必要性　已知非齐次线性方程组 $\boldsymbol{Ax}=\boldsymbol{b}$ 有解，即存在 $x_1,x_2,\cdots,x_n$，其满足

$$x_1\boldsymbol{\alpha}_1+x_2\boldsymbol{\alpha}_2+\cdots+x_n\boldsymbol{\alpha}_n=\boldsymbol{b},$$

从而向量 $\boldsymbol{b}$ 可由系数矩阵 $\boldsymbol{A}$ 的列向量组线性表示.

充分性　若向量 $\boldsymbol{b}$ 可由系数矩阵 $\boldsymbol{A}$ 的列向量组线性表示，则存在 $x_1,x_2,\cdots,x_n$，其满足

$$\boldsymbol{b}=x_1\boldsymbol{\alpha}_1+x_2\boldsymbol{\alpha}_2+\cdots+x_n\boldsymbol{\alpha}_n,$$

即

$$(\boldsymbol{\alpha}_1,\boldsymbol{\alpha}_2,\cdots,\boldsymbol{\alpha}_n)\begin{pmatrix}x_1\\x_2\\\vdots\\x_n\end{pmatrix}=\boldsymbol{b}.$$

记 $\boldsymbol{A}=(\boldsymbol{\alpha}_1,\boldsymbol{\alpha}_2,\cdots,\boldsymbol{\alpha}_n)$，$\boldsymbol{x}=\begin{pmatrix}x_1\\x_2\\\vdots\\x_n\end{pmatrix}$，则上式变为 $\boldsymbol{Ax}=\boldsymbol{b}$，由 $x_1,x_2,\cdots,x_n$ 的存在性知非齐次线性方程组 $\boldsymbol{Ax}=\boldsymbol{b}$ 有解.

**推论**　设有 $m$ 维向量 $\boldsymbol{b}$ 及 $m$ 维向量组 $\boldsymbol{\alpha}_1,\boldsymbol{\alpha}_2,\cdots,\boldsymbol{\alpha}_n$，记 $\boldsymbol{A}=(\boldsymbol{\alpha}_1,\boldsymbol{\alpha}_2,\cdots,\boldsymbol{\alpha}_n)$，

$\overline{A}=(\boldsymbol{\alpha}_1,\boldsymbol{\alpha}_2,\cdots,\boldsymbol{\alpha}_n,\boldsymbol{b})$.

(1) 若 $r(\boldsymbol{A})\neq r(\overline{\boldsymbol{A}})$，则向量 $\boldsymbol{b}$ 不能用向量组 $\boldsymbol{\alpha}_1,\boldsymbol{\alpha}_2,\cdots,\boldsymbol{\alpha}_n$ 线性表示.

(2) 若 $r(\boldsymbol{A})=r(\overline{\boldsymbol{A}})=n$，则向量 $\boldsymbol{b}$ 可用向量组 $\boldsymbol{\alpha}_1,\boldsymbol{\alpha}_2,\cdots,\boldsymbol{\alpha}_n$ 唯一线性表示.

(3) 若 $r(\boldsymbol{A})=r(\overline{\boldsymbol{A}})<n$，则向量 $\boldsymbol{b}$ 可用向量组 $\boldsymbol{\alpha}_1,\boldsymbol{\alpha}_2,\cdots,\boldsymbol{\alpha}_n$ 线性表示，但表示式不唯一.

【即时提问 4.2】 设 $\boldsymbol{A}$ 为 $n$ 阶方阵，$\boldsymbol{b}$ 为 $n$ 维非零向量，$\boldsymbol{x}_1$ 为 $\boldsymbol{Ax}=\boldsymbol{b}$ 的解，$\boldsymbol{\alpha}_1,\boldsymbol{\alpha}_2,\cdots,\boldsymbol{\alpha}_r$ 为 $\boldsymbol{Ax}=\boldsymbol{0}$ 的基础解系，则 $r(\boldsymbol{x}_1,\boldsymbol{\alpha}_1,\boldsymbol{\alpha}_2,\cdots,\boldsymbol{\alpha}_r)=r+1$. 该说法是否正确？请说明理由.

**例 4.8** 已知 $\boldsymbol{\alpha}_1=(1,0,2,3),\boldsymbol{\alpha}_2=(1,1,3,5),\boldsymbol{\alpha}_3=(1,-1,a+2,1),\boldsymbol{\alpha}_4=(1,2,4,a+8),\boldsymbol{\beta}=(1,1,b+3,5)$.

(1) $a,b$ 为何值时，$\boldsymbol{\beta}$ 不能表示成 $\boldsymbol{\alpha}_1,\boldsymbol{\alpha}_2,\boldsymbol{\alpha}_3,\boldsymbol{\alpha}_4$ 的线性组合？

(2) $a,b$ 为何值时，$\boldsymbol{\beta}$ 可用 $\boldsymbol{\alpha}_1,\boldsymbol{\alpha}_2,\boldsymbol{\alpha}_3,\boldsymbol{\alpha}_4$ 唯一线性表示？写出该表示式.

**解** 设 $\boldsymbol{\beta}=k_1\boldsymbol{\alpha}_1+k_2\boldsymbol{\alpha}_2+k_3\boldsymbol{\alpha}_3+k_4\boldsymbol{\alpha}_4$，则

$$\begin{cases}k_1+k_2+k_3+k_4=1,\\ k_2-k_3+2k_4=1,\\ 2k_1+3k_2+(a+2)k_3+4k_4=b+3,\\ 3k_1+5k_2+k_3+(a+8)k_4=5.\end{cases}$$

$$\begin{pmatrix}1&1&1&1&1\\0&1&-1&2&1\\2&3&a+2&4&b+3\\3&5&1&a+8&5\end{pmatrix}\to\begin{pmatrix}1&1&1&1&1\\0&1&-1&2&1\\0&1&a&2&b+1\\0&2&-2&a+5&2\end{pmatrix}\to\begin{pmatrix}1&1&1&1&1\\0&1&-1&2&1\\0&0&a+1&0&b\\0&0&0&a+1&0\end{pmatrix}.$$

(1) 当 $a=-1,b\neq0$ 时，$\boldsymbol{\beta}$ 不能表示成 $\boldsymbol{\alpha}_1,\boldsymbol{\alpha}_2,\boldsymbol{\alpha}_3,\boldsymbol{\alpha}_4$ 的线性组合.

(2) 当 $a\neq-1$ 时，表示式唯一，且 $\boldsymbol{\beta}=-\dfrac{2b}{a+1}\boldsymbol{\alpha}_1+\dfrac{a+b+1}{a+1}\boldsymbol{\alpha}_2+\dfrac{b}{a+1}\boldsymbol{\alpha}_3+0\boldsymbol{\alpha}_4$.

### 4.4.2 利用线性方程组解的理论求解线性方程组

当问题中的线性方程组没有明确给出，但已知条件与方程组的解向量有关时，可考虑用线性方程组解的理论来求解问题.

**例 4.9** 设 $n$ 阶矩阵 $\boldsymbol{A}$ 的各行元素之和均为零，且 $\boldsymbol{A}$ 的秩为 $n-1$，求线性方程组 $\boldsymbol{Ax}=\boldsymbol{0}$ 的通解.

**解** 由于 $\boldsymbol{A}$ 的秩为 $n-1$，故 $\boldsymbol{Ax}=\boldsymbol{0}$ 的基础解系中解向量的个数为 1.

由 $\boldsymbol{A}=(a_{ij})$ 的各行元素之和均为零，有 $\sum\limits_{j=1}^{n}a_{ij}=0(i=1,2,\cdots,n)$，因此，$\boldsymbol{x}=(1,1,\cdots,1)^{\mathrm{T}}$ 为 $\boldsymbol{Ax}=\boldsymbol{0}$ 的解.

于是 $\boldsymbol{Ax}=\boldsymbol{0}$ 的通解为 $c(1,1,\cdots,1)^{\mathrm{T}}$，其中 $c$ 为任意常数.

**注** 当一个向量组只含一个向量时，若该向量是零向量，则线性相关；若该向量为非零向量，则线性无关.

**例 4.10** 已知 $\boldsymbol{\alpha}=(0,1,0)^{\mathrm{T}},\boldsymbol{\beta}=(-3,2,2)^{\mathrm{T}}$ 是线性方程组 $\begin{cases}x_1-x_2+2x_3=-1,\\ 3x_1+x_2+4x_3=1,\\ ax_1+bx_3+cx_3=d\end{cases}$ 的两个解，求此方程组的通解.

**解** 由已知条件得 $\boldsymbol{A}=\begin{pmatrix}1&-1&2\\3&1&4\\a&b&c\end{pmatrix}$，$\boldsymbol{\alpha}$，$\boldsymbol{\beta}$ 为 $\boldsymbol{Ax}=\boldsymbol{b}$ 的两个不同解，则方程组有解且不唯一，故有 $r(\boldsymbol{A})=r(\overline{\boldsymbol{A}})<3$.

由 $\boldsymbol{A}$ 的二阶子式 $\begin{vmatrix}1&-1\\3&1\end{vmatrix}\neq 0$，可知 $r(\boldsymbol{A})\geqslant 2$，由于 $r(\boldsymbol{A})<3$，故 $r(\boldsymbol{A})=2$.

$\boldsymbol{Ax}=\boldsymbol{0}$ 的基础解系中含有的解向量个数为 $3-r(\boldsymbol{A})=1$.

$\boldsymbol{\xi}=\boldsymbol{\alpha}-\boldsymbol{\beta}=(0,1,0)^{\mathrm{T}}-(-3,2,2)^{\mathrm{T}}=(3,-1,-2)^{\mathrm{T}}\neq\boldsymbol{0}$ 为基础解系.

故方程组的通解为 $k\boldsymbol{\xi}+\boldsymbol{\alpha}=k(3,-1,-2)^{\mathrm{T}}+(0,1,0)^{\mathrm{T}}$，$k$ 为任意常数.

### 4.4.3 矩阵方程与线性方程组

#### 1. $AB=O$ 与齐次线性方程组

**定理 4.7** 设 $\boldsymbol{A}$ 是 $m\times n$ 矩阵，$\boldsymbol{B}$ 是 $n\times s$ 矩阵，若 $\boldsymbol{AB}=\boldsymbol{O}$，则 $\boldsymbol{B}$ 的列向量均为齐次线性方程组 $\boldsymbol{Ax}=\boldsymbol{0}$ 的解向量.

**证明** 记 $\boldsymbol{B}=(\boldsymbol{\beta}_1,\boldsymbol{\beta}_2,\cdots,\boldsymbol{\beta}_s)$，则 $\boldsymbol{AB}=\boldsymbol{A}(\boldsymbol{\beta}_1,\boldsymbol{\beta}_2,\cdots,\boldsymbol{\beta}_s)=(\boldsymbol{A\beta}_1,\boldsymbol{A\beta}_2,\cdots,\boldsymbol{A\beta}_s)$，$\boldsymbol{AB}=\boldsymbol{O}$ 化为 $(\boldsymbol{A\beta}_1,\boldsymbol{A\beta}_2,\cdots,\boldsymbol{A\beta}_s)=(\boldsymbol{0},\boldsymbol{0},\cdots,\boldsymbol{0})$.

根据矩阵相等的定义得 $\boldsymbol{A\beta}_1=\boldsymbol{0}$，$\boldsymbol{A\beta}_2=\boldsymbol{0},\cdots,\boldsymbol{A\beta}_s=\boldsymbol{0}$，这说明 $\boldsymbol{B}$ 的列向量 $\boldsymbol{\beta}_1,\boldsymbol{\beta}_2,\cdots,\boldsymbol{\beta}_s$ 均为方程组 $\boldsymbol{Ax}=\boldsymbol{0}$ 的解向量.

**推论** 设 $\boldsymbol{A}$ 是 $m\times n$ 矩阵，$\boldsymbol{B}$ 是 $n\times s$ 矩阵，若 $\boldsymbol{AB}=\boldsymbol{O}$，且 $\boldsymbol{B}\neq\boldsymbol{O}$，则齐次线性方程组 $\boldsymbol{Ax}=\boldsymbol{0}$ 有非零解.

**例 4.11** 设 $\boldsymbol{A}=\begin{pmatrix}1&2&-2\\4&t&3\\3&-1&1\end{pmatrix}$，$\boldsymbol{B}$ 为三阶非零矩阵，且 $\boldsymbol{AB}=\boldsymbol{O}$，求 $t$.

**解** 由 $\boldsymbol{AB}=\boldsymbol{O}$ 且 $\boldsymbol{B}\neq\boldsymbol{O}$，说明齐次线性方程组 $\boldsymbol{Ax}=\boldsymbol{0}$ 有非零解.

对于 $3\times 3$ 矩阵 $\boldsymbol{A}$，要使 $\boldsymbol{Ax}=\boldsymbol{0}$ 有非零解，其等价条件是 $|\boldsymbol{A}|=0$.

$$|\boldsymbol{A}|=\begin{vmatrix}1&2&-2\\4&t&3\\3&-1&1\end{vmatrix}=\begin{vmatrix}1&0&0\\4&t+3&11\\3&0&7\end{vmatrix}=7(t+3)=0,$$

故 $t=-3$.

#### 2. 解矩阵方程

设有矩阵方程 $\boldsymbol{Ax}=\boldsymbol{B}$，若 $\boldsymbol{A}$ 可逆，可将方程两边同时左乘 $\boldsymbol{A}^{-1}$，可得解 $\boldsymbol{x}=\boldsymbol{A}^{-1}\boldsymbol{B}$. 利用初等变换的性质，如果对矩阵 $(\boldsymbol{A},\boldsymbol{B})$ 施行初等行变换，只要把 $\boldsymbol{A}$ 化为 $\boldsymbol{E}$，就可以把 $\boldsymbol{B}$ 化为 $\boldsymbol{A}^{-1}\boldsymbol{B}$，即得 $\boldsymbol{x}=\boldsymbol{A}^{-1}\boldsymbol{B}$，此时 $\boldsymbol{x}$ 是唯一的.

若 $\boldsymbol{A}$ 不是方阵，或 $\boldsymbol{A}$ 不可逆时，可以令 $\boldsymbol{x}=(\boldsymbol{x}_1,\boldsymbol{x}_2,\cdots,\boldsymbol{x}_s)$，$\boldsymbol{B}=(\boldsymbol{b}_1,\boldsymbol{b}_2,\cdots,\boldsymbol{b}_s)$，这里 $\boldsymbol{x}_1,\boldsymbol{x}_2,\cdots,\boldsymbol{x}_s$ 和 $\boldsymbol{b}_1,\boldsymbol{b}_2,\cdots,\boldsymbol{b}_s$ 均为列向量，将 $\boldsymbol{Ax}=\boldsymbol{B}$ 化为 $s$ 个方程组 $\boldsymbol{Ax}_i=\boldsymbol{b}_i(i=1,2,\cdots,s)$，解出 $\boldsymbol{x}_1,\boldsymbol{x}_2,\cdots,\boldsymbol{x}_s$，此时 $\boldsymbol{x}$ 不唯一，这里就不再论述了.（此方法对于 $\boldsymbol{A}$ 是可逆矩阵也适用.）

**例 4.12** 设 $\boldsymbol{\alpha}=\begin{pmatrix}1\\2\\1\end{pmatrix}$，$\boldsymbol{\beta}=\begin{pmatrix}1\\\frac{1}{2}\\0\end{pmatrix}$，$\boldsymbol{\gamma}=\begin{pmatrix}0\\0\\8\end{pmatrix}$，$\boldsymbol{A}=\boldsymbol{\alpha\beta}^{\mathrm{T}}$，$\boldsymbol{B}=\boldsymbol{\beta}^{\mathrm{T}}\boldsymbol{\alpha}$，其中 $\boldsymbol{\beta}^{\mathrm{T}}$ 是 $\boldsymbol{\beta}$ 的转置矩阵，求解矩阵方程 $2\boldsymbol{B}^2\boldsymbol{A}^2\boldsymbol{x}=\boldsymbol{A}^4\boldsymbol{x}+\boldsymbol{B}^4\boldsymbol{x}+\boldsymbol{\gamma}$.

**解** 由题设得 $\boldsymbol{A}=\begin{pmatrix}1\\2\\1\end{pmatrix}\left(1,\frac{1}{2},0\right)=\begin{pmatrix}1&\frac{1}{2}&0\\2&1&0\\1&\frac{1}{2}&0\end{pmatrix}$，$\boldsymbol{B}=\left(1,\frac{1}{2},0\right)\begin{pmatrix}1\\2\\1\end{pmatrix}=2$，

又 $\boldsymbol{A}^2=\boldsymbol{\alpha\beta}^{\mathrm{T}}\boldsymbol{\alpha\beta}^{\mathrm{T}}=\boldsymbol{\alpha}(\boldsymbol{\beta}^{\mathrm{T}}\boldsymbol{\alpha})\boldsymbol{\beta}^{\mathrm{T}}=2\boldsymbol{A}$，$\boldsymbol{A}^4=8\boldsymbol{A}$，

代入原方程，得 $16\boldsymbol{Ax}=8\boldsymbol{Ax}+16\boldsymbol{x}+\boldsymbol{\gamma}$，

即 $8(\boldsymbol{A}-2\boldsymbol{E})\boldsymbol{x}=\boldsymbol{\gamma}$（其中 $\boldsymbol{E}$ 是三阶单位矩阵），也即 $(\boldsymbol{A}-2\boldsymbol{E})\boldsymbol{x}=\frac{1}{8}\boldsymbol{\gamma}$.

$$\boldsymbol{A}-2\boldsymbol{E}=\begin{pmatrix}-1&\frac{1}{2}&0\\2&-1&0\\1&\frac{1}{2}&-2\end{pmatrix},$$

令 $\boldsymbol{x}=(x_1,x_2,x_3)^{\mathrm{T}}$，有

$$\begin{pmatrix}-1&\frac{1}{2}&0\\2&-1&0\\1&\frac{1}{2}&-2\end{pmatrix}\begin{pmatrix}x_1\\x_2\\x_3\end{pmatrix}=\begin{pmatrix}0\\0\\1\end{pmatrix},$$

得到非齐次线性方程组

$$\begin{cases}-x_1+\frac{1}{2}x_2=0,\\2x_1-x_2=0,\\x_1+\frac{1}{2}x_2-2x_3=1,\end{cases}$$

可得

$$\begin{pmatrix}-1&\frac{1}{2}&0&0\\2&-1&0&0\\1&\frac{1}{2}&-2&1\end{pmatrix}\to\begin{pmatrix}1&-\frac{1}{2}&0&0\\0&1&-2&1\\0&0&0&0\end{pmatrix}\to\begin{pmatrix}1&0&-1&\frac{1}{2}\\0&1&-2&1\\0&0&0&0\end{pmatrix},$$

得同解方程组

$$\begin{cases}x_1=x_3+\frac{1}{2},\\x_2=2x_3+1,\end{cases}$$

对应的齐次方程组的基础解系为 $\boldsymbol{\xi}=(1,2,1)^{\mathrm{T}}$，非齐次方程组的特解为 $\boldsymbol{\eta}^*=\left(0,0,-\frac{1}{2}\right)^{\mathrm{T}}$，于是所求矩阵方程的解为 $\boldsymbol{x}=k\boldsymbol{\xi}+\boldsymbol{\eta}^*=c\,(1,2,1)^{\mathrm{T}}+\left(0,0,-\frac{1}{2}\right)^{\mathrm{T}}$（$c$ 为任意常数）.

### 4.4.4 同解与公共解

1. 同解

线性方程组有下列3种变换，称为线性方程组的初等变换.

(1) 换法变换：交换两个方程的位置.

(2) 倍法变换：某个方程的两端同乘以一个非零常数.

(3) 消法变换：把一个方程的若干倍加到另一个方程上去.

在线性方程组的3种初等变换下，线性方程组的同解性不变，从而对于线性方程组的同解性有以下结论.

(1) 齐次线性方程组 $\boldsymbol{Ax}=\boldsymbol{0}$ 和 $\boldsymbol{Bx}=\boldsymbol{0}$ 同解的充分必要条件为 $r(\boldsymbol{A})=r\begin{pmatrix}\boldsymbol{A}\\ \boldsymbol{B}\end{pmatrix}=r(\boldsymbol{B})$.

(2) 非齐次线性方程组 $\boldsymbol{Ax}=\boldsymbol{b}_1$ 和 $\boldsymbol{Bx}=\boldsymbol{b}_2$ 有解，则它们同解的充分必要条件为 $r(\boldsymbol{A})=r\begin{pmatrix}\boldsymbol{A} & \boldsymbol{b}_1\\ \boldsymbol{B} & \boldsymbol{b}_2\end{pmatrix}=r(\boldsymbol{B})$.

(3)常见的同解方程组如下.

① 若 $\boldsymbol{P}$ 为 $n$ 阶可逆矩阵，则 $\boldsymbol{Ax}=\boldsymbol{0}$ 和 $\boldsymbol{PAx}=\boldsymbol{0}$ 同解，$\boldsymbol{Ax}=\boldsymbol{b}$ 和 $\boldsymbol{PAx}=\boldsymbol{Pb}$ 同解，且 $r(\boldsymbol{A})=r(\boldsymbol{PA})$.

② 若 $\boldsymbol{A}$ 为 $m\times n$ 实矩阵，则 $\boldsymbol{Ax}=\boldsymbol{0}$ 和 $\boldsymbol{A}^{\mathrm{T}}\boldsymbol{Ax}=\boldsymbol{0}$ 同解，且 $r(\boldsymbol{A})=r(\boldsymbol{A}^{\mathrm{T}}\boldsymbol{A})$.

③ 若 $\boldsymbol{A}$ 为 $n$ 阶实对称矩阵，则 $\boldsymbol{Ax}=\boldsymbol{0}$ 和 $\boldsymbol{A}^2\boldsymbol{x}=\boldsymbol{0}$ 同解，且 $r(\boldsymbol{A})=r(\boldsymbol{A}^2)$.

④ 若 $\boldsymbol{A}$ 为 $n$ 阶方阵，则 $\boldsymbol{A}^n\boldsymbol{x}=\boldsymbol{0}$ 和 $\boldsymbol{A}^{n+1}\boldsymbol{x}=\boldsymbol{0}$ 同解，且 $r(\boldsymbol{A}^n)=r(\boldsymbol{A}^{n+1})$.

现以②中方程组为例，论证它们的同解性.

一方面，若 $\boldsymbol{\alpha}$ 为 $\boldsymbol{Ax}=\boldsymbol{0}$ 的解，即 $\boldsymbol{A\alpha}=\boldsymbol{0}$，则 $\boldsymbol{A}^{\mathrm{T}}\boldsymbol{A\alpha}=\boldsymbol{A}^{\mathrm{T}}\boldsymbol{0}=\boldsymbol{0}$，$\boldsymbol{\alpha}$ 必为 $\boldsymbol{A}^{\mathrm{T}}\boldsymbol{Ax}=\boldsymbol{0}$ 的解.

另一方面，若 $\boldsymbol{\beta}$ 为 $\boldsymbol{A}^{\mathrm{T}}\boldsymbol{Ax}=\boldsymbol{0}$ 的解，即 $\boldsymbol{A}^{\mathrm{T}}\boldsymbol{A\beta}=\boldsymbol{0}$，两边同乘 $\boldsymbol{\beta}^{\mathrm{T}}$，有 $\boldsymbol{\beta}^{\mathrm{T}}\boldsymbol{A}^{\mathrm{T}}\boldsymbol{A\beta}=\boldsymbol{0}$.

设 $\boldsymbol{A\beta}=\begin{pmatrix}y_1\\ y_2\\ \vdots\\ y_m\end{pmatrix}$，则 $(\boldsymbol{A\beta})^{\mathrm{T}}\boldsymbol{A\beta}=y_1^2+y_2^2+\cdots+y_m^2=0$，得 $y_1=y_2=\cdots=y_m=0$，即有 $\boldsymbol{A\beta}=\boldsymbol{0}$，所以 $\boldsymbol{\beta}$ 必为 $\boldsymbol{Ax}=\boldsymbol{0}$ 的解. 故方程组 $\boldsymbol{Ax}=\boldsymbol{0}$ 和 $\boldsymbol{A}^{\mathrm{T}}\boldsymbol{Ax}=\boldsymbol{0}$ 同解.

**例 4.13** 设方程组 Ⅰ：$\begin{cases}x_1+2x_2-x_3+x_4=l,\\ 3x_1+mx_2+3x_3+2x_4=-11,\\ 2x_1+2x_2+nx_3+x_4=-4\end{cases}$ 与方程组 Ⅱ：$\begin{cases}x_1+3x_3=-2,\\ x_2-2x_3=5,\\ x_4=-10\end{cases}$ 是同解方程组，试确定方程组 Ⅰ 中参数 $l,m,n$ 的值并求解该方程组.

**解** Ⅱ 中令 $x_3=1$，易找到 Ⅱ 的一个特解 $\boldsymbol{\eta}=\begin{pmatrix}-5\\ 7\\ 1\\ -10\end{pmatrix}$，由于 Ⅰ 与 Ⅱ 同解，所以 $\boldsymbol{\eta}$ 满足 Ⅰ.

把 $\boldsymbol{\eta}$ 代入 Ⅰ 得

$$\begin{cases}-5+14-1-10=l,\\ -15+7m+3-20=-11,\\ -10+14+n-10=-4,\end{cases}$$

解得

$$\begin{cases} l=-2, \\ m=3, \\ n=2. \end{cases}$$

将Ⅱ与Ⅰ合并为一个方程组，对其增广矩阵施行初等行变换，得

$$\begin{pmatrix} 1 & 0 & 3 & 0 & -2 \\ 0 & 1 & -2 & 0 & 5 \\ 0 & 0 & 0 & 1 & -10 \\ 1 & 2 & -1 & 1 & -2 \\ 3 & 3 & 3 & 2 & -11 \\ 2 & 2 & 2 & 1 & -4 \end{pmatrix} \to \begin{pmatrix} 1 & 0 & 3 & 0 & -2 \\ 0 & 1 & -2 & 0 & 5 \\ 0 & 0 & 0 & 1 & -10 \\ 0 & 2 & -4 & 1 & 0 \\ 0 & 3 & -6 & 2 & -5 \\ 0 & 2 & -4 & 1 & 0 \end{pmatrix} \to$$

$$\begin{pmatrix} 1 & 0 & 3 & 0 & -2 \\ 0 & 1 & -2 & 0 & 5 \\ 0 & 0 & 0 & 1 & -10 \\ 0 & 0 & 0 & 1 & -10 \\ 0 & 0 & 0 & 2 & -20 \\ 0 & 0 & 0 & 0 & 0 \end{pmatrix} \to \begin{pmatrix} 1 & 0 & 3 & 0 & -2 \\ 0 & 1 & -2 & 0 & 5 \\ 0 & 0 & 0 & 1 & -10 \\ 0 & 0 & 0 & 0 & 0 \\ 0 & 0 & 0 & 0 & 0 \\ 0 & 0 & 0 & 0 & 0 \end{pmatrix}.$$

对应的导出组的同解方程组为$\begin{cases} x_1=-3x_3, \\ x_2=2x_3, \\ x_4=0, \end{cases}$其基础解系为$\begin{pmatrix} -3 \\ 2 \\ 1 \\ 0 \end{pmatrix}$，非齐次线性方程组的同解方程组为$\begin{cases} x_1=-3x_3-2, \\ x_2=2x_3+5, \\ x_4=-10, \end{cases}$得其中一个特解为$\begin{pmatrix} -2 \\ 5 \\ 0 \\ -10 \end{pmatrix}$.

Ⅰ与Ⅱ同解，其解为$\begin{pmatrix} -2 \\ 5 \\ 0 \\ -10 \end{pmatrix}+k\begin{pmatrix} -3 \\ 2 \\ 1 \\ 0 \end{pmatrix}$，$k$为任意常数.

### 2. 公共解

**例 4.14** 设线性方程组Ⅰ：$\begin{cases} x_1+x_2+x_3=0, \\ x_1+2x_2+ax_3=0, \\ x_1+4x_2+a^2x_3=0 \end{cases}$与方程Ⅱ：$x_1+2x_2+x_3=a-1$有公共解，求$a$的值及所有公共解.

**解** 联立Ⅰ和Ⅱ，得$\begin{cases} x_1+x_2+x_3=0, \\ x_1+2x_2+ax_3=0, \\ x_1+4x_2+a^2x_3=0, \\ x_1+2x_2+x_3=a-1. \end{cases}$

$$\overline{A}=\begin{pmatrix}1&1&1&0\\1&2&a&0\\1&4&a^2&0\\1&2&1&a-1\end{pmatrix}\to\begin{pmatrix}1&1&1&0\\0&1&a-1&0\\0&3&a^2-1&0\\0&1&0&a-1\end{pmatrix}\to\begin{pmatrix}1&1&1&0\\0&1&0&a-1\\0&1&a-1&0\\0&3&a^2-1&0\end{pmatrix}\to$$

$$\begin{pmatrix}1&1&1&0\\0&1&0&a-1\\0&0&a-1&1-a\\0&0&a^2-1&-3(a-1)\end{pmatrix}\to\begin{pmatrix}1&1&1&0\\0&1&0&a-1\\0&0&a-1&1-a\\0&0&0&(a-1)(a-2)\end{pmatrix},$$

因为有解，故 $a=1$ 或者 $a=2$.

当 $a=1$ 时，$\overline{A}\to\begin{pmatrix}1&1&1&0\\0&1&0&0\\0&0&0&0\\0&0&0&0\end{pmatrix}\to\begin{pmatrix}1&0&1&0\\0&1&0&0\\0&0&0&0\\0&0&0&0\end{pmatrix}$，同解方程组为 $\begin{cases}x_1=-x_3,\\x_2=0,\end{cases}$ 公共解为 $k(-1,0,1)^{\mathrm{T}}$.

当 $a=2$ 时，$\overline{A}\to\begin{pmatrix}1&1&1&0\\0&1&0&1\\0&0&1&-1\\0&0&0&0\end{pmatrix}\to\begin{pmatrix}1&0&1&-1\\0&1&0&1\\0&0&1&-1\\0&0&0&0\end{pmatrix}\to\begin{pmatrix}1&0&0&0\\0&1&0&1\\0&0&1&-1\\0&0&0&0\end{pmatrix}$，同解方程组为 $\begin{cases}x_1=0,\\x_2=1,\\x_3=-1,\end{cases}$ 有唯一公共解 $(0,1,-1)^{\mathrm{T}}$.

公共解的求解一般包括以下两种类型.

(1) 由两个方程组合并为一个新的方程组，求公共解.

若已知两个方程组 Ⅰ，Ⅱ 的一般表达式，只需把这两个方程组 Ⅰ，Ⅱ 合并为一个新的方程组 Ⅲ，此新的方程组的通解即为已知方程组的公共解.

(2) 由同解表达式相等求公共解.

若已知方程组 Ⅰ 的基础解系及方程组 Ⅱ 的一般表达式，则只需把方程组 Ⅰ 的通解代入方程组 Ⅱ，即可求得两个方程组的公共解.

## 同步习题 4.4

### 基础题

1. 选择题.

(1) 设 $A^2=E$，$E$ 为单位矩阵，则下列结论正确的是(　　).

A. $A-E$ 可逆　　B. $A+E$ 可逆

C. $A\neq E$ 时，$A+E$ 可逆　　D. $A\neq E$ 时，$A+E$ 不可逆

(2) 已知 $\beta_1,\beta_2$ 是非齐次线性方程组 $Ax=b$ 的两个不同的解，$\alpha_1,\alpha_2$ 是对应齐次线性方程组 $Ax=0$ 的基础解系，$k_1,k_2$ 为任意常数，则方程组 $Ax=b$ 的通解必是(　　).

A. $k_1\boldsymbol{\alpha}_1+k_2(\boldsymbol{\alpha}_1+\boldsymbol{\alpha}_2)+\dfrac{\boldsymbol{\beta}_1-\boldsymbol{\beta}_2}{2}$　　B. $k_1\boldsymbol{\alpha}_1+k_2(\boldsymbol{\alpha}_1-\boldsymbol{\alpha}_2)+\dfrac{\boldsymbol{\beta}_1+\boldsymbol{\beta}_2}{2}$

C. $k_1\boldsymbol{\alpha}_1+k_2(\boldsymbol{\beta}_1+\boldsymbol{\beta}_2)+\dfrac{\boldsymbol{\beta}_1-\boldsymbol{\beta}_2}{2}$　　D. $k_1\boldsymbol{\alpha}_1+k_2(\boldsymbol{\beta}_1-\boldsymbol{\beta}_2)+\dfrac{\boldsymbol{\beta}_1+\boldsymbol{\beta}_2}{2}$

(3) 设 $\boldsymbol{A}$ 为 $m\times n$ 矩阵，则与 $\boldsymbol{Ax}=\boldsymbol{b}$ 同解的方程组是(　　).

A. $m=n$ 时，$\boldsymbol{A}^{\mathrm{T}}\boldsymbol{x}=\boldsymbol{b}$

B. $\boldsymbol{QAx}=\boldsymbol{Qb}$，其中 $\boldsymbol{Q}$ 为可逆矩阵

C. $r(\boldsymbol{A})=r(\overline{\boldsymbol{A}})$，由 $\boldsymbol{Ax}=\boldsymbol{b}$ 前 $r$ 个方程组成的方程组

D. $r(\boldsymbol{A})=r(\boldsymbol{C})$，$\boldsymbol{C}_{m\times n}\boldsymbol{x}=\boldsymbol{b}$

(4) 设 $\boldsymbol{A}$ 为 $n$ 阶实矩阵，$\boldsymbol{A}^{\mathrm{T}}$ 是 $\boldsymbol{A}$ 的转置矩阵，则对于线性方程组Ⅰ：$\boldsymbol{Ax}=\boldsymbol{0}$ 和Ⅱ：$\boldsymbol{A}^{\mathrm{T}}\boldsymbol{Ax}=\boldsymbol{0}$，必有(　　).

A. Ⅱ的解是Ⅰ的解，Ⅰ的解也是Ⅱ的解

B. Ⅱ的解是Ⅰ的解，但Ⅰ的解不是Ⅱ的解

C. Ⅱ的解不是Ⅰ的解，Ⅰ的解也不是Ⅱ的解

D. Ⅰ的解是Ⅱ的解，但Ⅱ的解不是Ⅰ的解

2. 设四元非齐次线性方程组 $\boldsymbol{Ax}=\boldsymbol{b}$ 的系数矩阵 $\boldsymbol{A}$ 的秩为 3，$\boldsymbol{\eta}_1,\boldsymbol{\eta}_2,\boldsymbol{\eta}_3$ 是它的 3 个特解，且 $\boldsymbol{\eta}_1=(2,3,4,5)^{\mathrm{T}},\boldsymbol{\eta}_2+\boldsymbol{\eta}_3=(1,2,3,4)^{\mathrm{T}}$，求 $\boldsymbol{Ax}=\boldsymbol{b}$ 的通解.

微课：同步习题 4.4
基础题 2

3. 设方程组Ⅰ为 $\begin{cases}x_1+x_4=0,\\x_2+x_3=0,\end{cases}$ 方程组Ⅱ为 $\begin{cases}x_1+2x_3=0,\\2x_2+x_4=0,\end{cases}$ 求Ⅰ与Ⅱ的公共解.

4. 已知方程组 $\begin{pmatrix}\lambda & 1 & 1\\0 & \lambda-1 & 0\\1 & 1 & \lambda\end{pmatrix}\begin{pmatrix}x_1\\x_2\\x_3\end{pmatrix}=\begin{pmatrix}a\\1\\1\end{pmatrix}$ 存在两个不同的解.

(1) 求 $\lambda,a$.

(2) 求其通解.

5. 已知 $\boldsymbol{\alpha}_1=(1,4,0,2)^{\mathrm{T}},\boldsymbol{\alpha}_2=(2,7,1,3)^{\mathrm{T}},\boldsymbol{\alpha}_3=(0,1,-1,a)^{\mathrm{T}},\boldsymbol{\beta}=(3,10,b,4)^{\mathrm{T}}$，问 $a$，$b$ 取何值时；

(1) $\boldsymbol{\beta}$ 不能由 $\boldsymbol{\alpha}_1,\boldsymbol{\alpha}_2,\boldsymbol{\alpha}_3$ 线性表示；

(2) $\boldsymbol{\beta}$ 可由 $\boldsymbol{\alpha}_1,\boldsymbol{\alpha}_2,\boldsymbol{\alpha}_3$ 线性表示，并写出表示式.

## 提高题

1. 选择题.

(1) 已知 $\boldsymbol{A}=\begin{pmatrix}1 & 2 & 3\\2 & 4 & t\\3 & 6 & 9\end{pmatrix}$，$\boldsymbol{B}$ 为三阶非零矩阵，且满足 $\boldsymbol{BA}=\boldsymbol{O}$，则(　　).

A. $t=6$ 时，$\boldsymbol{B}$ 的秩必为 1　　B. $t=6$ 时，$\boldsymbol{B}$ 的秩必为 2

C. $t\neq6$ 时，$\boldsymbol{B}$ 的秩必为 1　　D. $t\neq6$ 时，$\boldsymbol{B}$ 的秩必为 2

微课：同步习题 4.4
提高题 1(1)

(2) 齐次线性方程组 $\begin{cases}\lambda x_1+x_2+\lambda^2x_3=0,\\ x_1+\lambda x_2+x_3=0,\\ x_1+x_2+\lambda x_3=0\end{cases}$ 的系数矩阵为 $\boldsymbol{A}$，若存在三阶矩阵 $\boldsymbol{B}\neq\boldsymbol{O}$，使 $\boldsymbol{AB}=\boldsymbol{O}$，则(　　).

A. $\lambda=-2$ 且 $|\boldsymbol{B}|=0$　　　　B. $\lambda=-2$ 且 $|\boldsymbol{B}|\neq0$

C. $\lambda=1$ 且 $|\boldsymbol{B}|=0$　　　　D. $\lambda=1$ 且 $|\boldsymbol{B}|\neq0$

2. 设四元方程组Ⅰ：$\begin{cases}x_1+x_2=0,\\ x_3-x_4=0,\end{cases}$ 已知齐次线性方程组Ⅱ的通解为 $k_1(0,1,1,0)^{\mathrm{T}}+k_2(-1,2,2,1)^{\mathrm{T}}$.

(1) 求方程组Ⅰ的基础解系.

(2) 线性方程组Ⅰ和Ⅱ是否有非零公共解？若有，则求出所有的非零公共解；若没有，则说明理由.

3. (中国古代问题) 今有物不知数，三三数之剩一，五五数之剩二，七七数之剩三，问：物几何？

## 4.5　经济学中的案例

**例 4.15**　在投入产出模型中，假设一个经济系统包括 3 个部门，在某一个生产周期内各部门间的消耗系数及最终产品数如表 4.1 所示，求各部门的总产品数.

扩展阅读：里昂惕夫

**表 4.1**

| 生产部门 | 消耗系数 | | | 最终产品 |
|---|---|---|---|---|
| | 1 | 2 | 3 | |
| 1 | 0.25 | 0.1 | 0.1 | 245 |
| 2 | 0.2 | 0.2 | 0.1 | 90 |
| 3 | 0.1 | 0.1 | 0.2 | 175 |

**解**　设 $x_i(i=1,2,3)$ 表示第 $i$ 个部门的总产品数. 已知消耗矩阵

$$\boldsymbol{A}=\begin{pmatrix}0.25 & 0.1 & 0.1\\ 0.2 & 0.2 & 0.1\\ 0.1 & 0.1 & 0.2\end{pmatrix},$$

且 $\boldsymbol{y}=(245,\ 90,\ 175)^{\mathrm{T}}$. 由式 4.4 有 $\boldsymbol{x}=\boldsymbol{Ax}+\boldsymbol{y}$.

又因为 $\boldsymbol{E}-\boldsymbol{A}=\begin{pmatrix}0.75 & -0.1 & -0.1\\ -0.2 & 0.8 & -0.1\\ -0.1 & -0.1 & 0.8\end{pmatrix}$，可以求得

$$(\boldsymbol{E}-\boldsymbol{A})^{-1}=\frac{10}{891}\begin{pmatrix}126 & 18 & 18\\34 & 118 & 19\\20 & 17 & 116\end{pmatrix},$$

所以 $\boldsymbol{x}=(\boldsymbol{E}-\boldsymbol{A})^{-1}\boldsymbol{y}=\frac{10}{891}\begin{pmatrix}126 & 18 & 18\\34 & 118 & 19\\20 & 17 & 116\end{pmatrix}\begin{pmatrix}245\\90\\175\end{pmatrix}=\begin{pmatrix}400\\250\\300\end{pmatrix}$.

**注** 当部门很多时，可以借助计算机求解.

**例 4.16** 一制造商生产 3 种不同的产品 A,B,C，每种产品都需要经过两种机器 M 和 N 加工. 每种产品每生产 1t，所需使用两种机器的时间如表 4.2 所示，机器 M 每星期最多使用 80h，机器 N 每星期最多使用 60h. 假设制造商可以卖出每周生产的所有产品，并且希望机器持续运转. 问：在一周内，每种产品需要生产多少吨，才能使机器被充分利用?

表 4.2

单位：h

| 项目 | 产品 A | 产品 B | 产品 C |
|---|---|---|---|
| 机器 M | 2 | 3 | 4 |
| 机器 N | 2 | 2 | 3 |

**解** 设产品 A,B,C 一周内生产的吨数分别为 $x_1,x_2,x_3$，依题意可得方程组

$$\begin{cases}2x_1+3x_2+4x_3=80,\\2x_1+2x_2+3x_3=60,\end{cases}$$

对上述方程组的增广矩阵进行初等行变换，得

$$\overline{\boldsymbol{A}}=\begin{pmatrix}2 & 3 & 4 & 80\\2 & 2 & 3 & 60\end{pmatrix}\to\begin{pmatrix}1 & 0 & \frac{1}{2} & 10\\0 & 1 & 1 & 20\end{pmatrix},$$

解得方程组的全部解为 $\begin{cases}x_1=-\frac{1}{2}c+10,\\x_2=-c+20,\\x_3=c,\end{cases}$

由题意知 $x_1\geqslant0,x_2\geqslant0,x_3\geqslant0$ 且 $x_1,x_2,x_3$ 均为整数，从而可得 $0\leqslant c\leqslant20$，且 $c$ 为偶数.

## 第 4 章思维导图

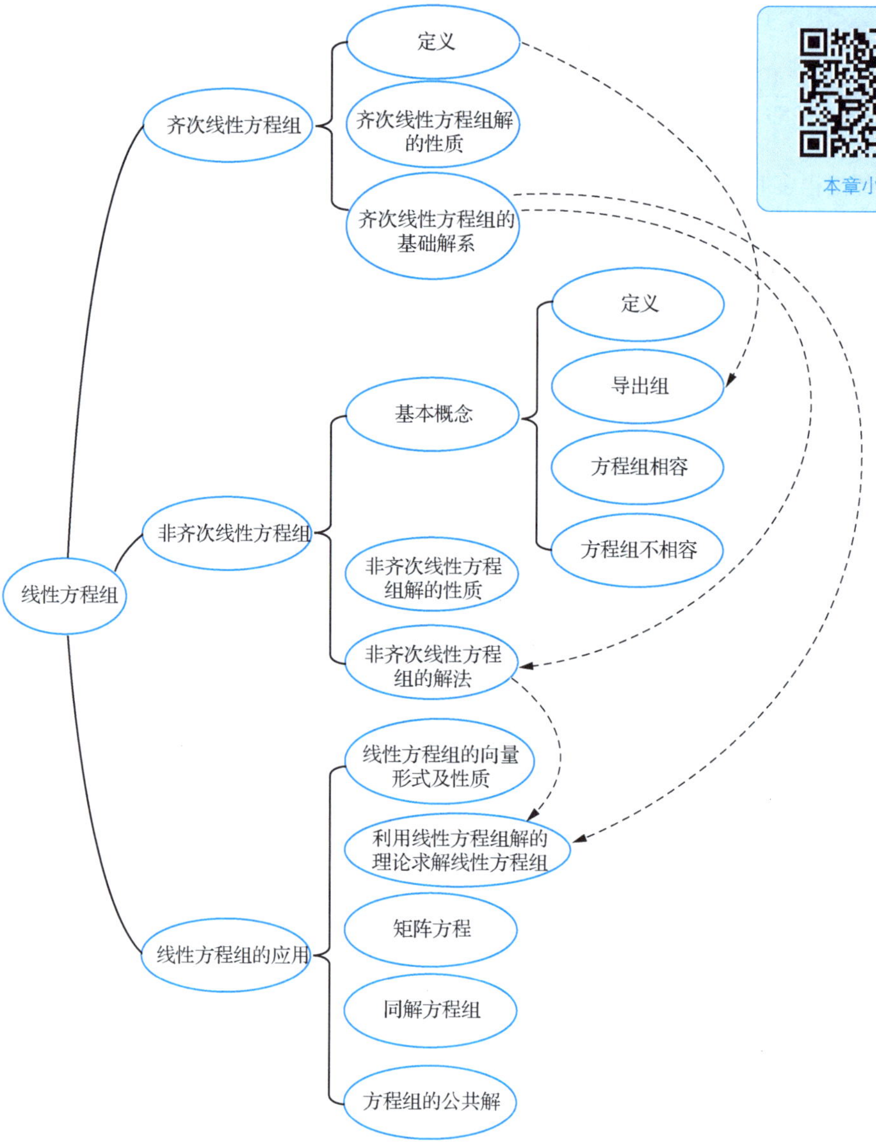


本章小结

### 中国数学学者

#### 个人成就

控制科学家，中国科学院院士，第十三届全国人民代表大会常务委员会副秘书长，曾任中国科学院数学与系统科学研究院院长. 郭雷解决了自适应控制中随机自适应跟踪、极点配置与 LQG 控制等几个基本的理论问题，解决了最小二乘自校正调节器的稳定性和收敛性这一国际著名难题.

郭雷

# 第 4 章总复习题

**1. 选择题**：(1)~(5)小题，每小题 4 分，共 20 分．下列每小题给出的 4 个选项中，只有一个选项是符合题目要求的．

(1)(2021305)设 $\boldsymbol{A}=(\boldsymbol{\alpha}_1,\boldsymbol{\alpha}_2,\boldsymbol{\alpha}_3,\boldsymbol{\alpha}_4)$ 为四阶正交矩阵，若矩阵 $\boldsymbol{B}=\begin{pmatrix}\boldsymbol{\alpha}_1^{\mathrm{T}}\\ \boldsymbol{\alpha}_2^{\mathrm{T}}\\ \boldsymbol{\alpha}_3^{\mathrm{T}}\end{pmatrix},\boldsymbol{\beta}=\begin{pmatrix}1\\1\\1\end{pmatrix}$，$k$ 表示任意常数，则线性方程组 $\boldsymbol{Bx}=\boldsymbol{\beta}$ 的通解 $\boldsymbol{x}=(\quad)$．

A. $\boldsymbol{\alpha}_2+\boldsymbol{\alpha}_3+\boldsymbol{\alpha}_4+k\boldsymbol{\alpha}_1$　　B. $\boldsymbol{\alpha}_1+\boldsymbol{\alpha}_3+\boldsymbol{\alpha}_4+k\boldsymbol{\alpha}_2$

C. $\boldsymbol{\alpha}_1+\boldsymbol{\alpha}_2+\boldsymbol{\alpha}_4+k\boldsymbol{\alpha}_3$　　D. $\boldsymbol{\alpha}_1+\boldsymbol{\alpha}_2+\boldsymbol{\alpha}_3+k\boldsymbol{\alpha}_4$

(2)(2020304)设四阶矩阵 $\boldsymbol{A}=(a_{ij})$ 不可逆，$a_{12}$ 的代数余子式 $A_{12}\neq 0$，$\boldsymbol{\alpha}_1,\boldsymbol{\alpha}_2,\boldsymbol{\alpha}_3,\boldsymbol{\alpha}_4$ 为矩阵 $\boldsymbol{A}$ 的列向量组，$\boldsymbol{A}^*$ 为 $\boldsymbol{A}$ 的伴随矩阵，则方程组 $\boldsymbol{A}^*\boldsymbol{x}=\boldsymbol{0}$ 的通解为(　　)．

A. $\boldsymbol{x}=k_1\boldsymbol{\alpha}_1+k_2\boldsymbol{\alpha}_2+k_3\boldsymbol{\alpha}_3$，其中 $k_1,k_2,k_3$ 为任意常数

B. $\boldsymbol{x}=k_1\boldsymbol{\alpha}_1+k_2\boldsymbol{\alpha}_2+k_3\boldsymbol{\alpha}_4$，其中 $k_1,k_2,k_3$ 为任意常数

C. $\boldsymbol{x}=k_1\boldsymbol{\alpha}_1+k_2\boldsymbol{\alpha}_3+k_3\boldsymbol{\alpha}_4$，其中 $k_1,k_2,k_3$ 为任意常数

D. $\boldsymbol{x}=k_1\boldsymbol{\alpha}_2+k_2\boldsymbol{\alpha}_3+k_3\boldsymbol{\alpha}_4$，其中 $k_1,k_2,k_3$ 为任意常数

(3)(2019304)设 $\boldsymbol{A}$ 是四阶矩阵，$\boldsymbol{A}^*$ 为 $\boldsymbol{A}$ 的伴随矩阵，若线性方程组 $\boldsymbol{Ax}=\boldsymbol{0}$ 的基础解系中只有 2 个向量，则 $r(\boldsymbol{A}^*)=(\quad)$．

A. 0　　B. 1　　C. 2　　D. 3

(4)(2015304)设矩阵 $\boldsymbol{A}=\begin{pmatrix}1&1&1\\1&2&a\\1&4&a^2\end{pmatrix},\boldsymbol{b}=\begin{pmatrix}1\\d\\d^2\end{pmatrix}$．若集合 $\Omega=\{1,2\}$，则线性方程组 $\boldsymbol{Ax}=\boldsymbol{b}$ 有无穷多解的充分必要条件为(　　)．

A. $a\notin\Omega,d\notin\Omega$　　B. $a\notin\Omega,d\in\Omega$

C. $a\in\Omega,d\notin\Omega$　　D. $a\in\Omega,d\in\Omega$

(5)(2011304)设 $\boldsymbol{A}$ 为 $4\times3$ 矩阵，$\boldsymbol{\eta}_1,\boldsymbol{\eta}_2,\boldsymbol{\eta}_3$ 是非齐次线性方程组 $\boldsymbol{Ax}=\boldsymbol{\beta}$ 的 3 个线性无关的解，$k_1,k_2$ 为任意常数，则 $\boldsymbol{Ax}=\boldsymbol{\beta}$ 的通解为(　　)．

A. $\dfrac{\boldsymbol{\eta}_1+\boldsymbol{\eta}_2}{2}+k_1(\boldsymbol{\eta}_2-\boldsymbol{\eta}_1)$　　B. $\dfrac{\boldsymbol{\eta}_2-\boldsymbol{\eta}_3}{2}+k_2(\boldsymbol{\eta}_2-\boldsymbol{\eta}_1)$

C. $\dfrac{\boldsymbol{\eta}_2+\boldsymbol{\eta}_3}{2}+k_1(\boldsymbol{\eta}_3-\boldsymbol{\eta}_1)+k_2(\boldsymbol{\eta}_2-\boldsymbol{\eta}_1)$　　D. $\dfrac{\boldsymbol{\eta}_2-\boldsymbol{\eta}_3}{2}+k_1(\boldsymbol{\eta}_3-\boldsymbol{\eta}_1)+k_2(\boldsymbol{\eta}_2-\boldsymbol{\eta}_1)$

**2. 填空题**：(6)~(10)小题，每小题 4 分，共 20 分．

(6)(2019304)已知矩阵 $\boldsymbol{A}=\begin{pmatrix}1&0&-1\\1&1&-1\\0&1&a^2-1\end{pmatrix},\boldsymbol{b}=\begin{pmatrix}0\\1\\a\end{pmatrix}$，若线性方程组 $\boldsymbol{Ax}=\boldsymbol{b}$ 有无穷多解，则 $a=$__________．

(7)(2019104)设 $\boldsymbol{A}=(\boldsymbol{\alpha}_1,\boldsymbol{\alpha}_2,\boldsymbol{\alpha}_3)$ 为三阶矩阵，若 $\boldsymbol{\alpha}_1,\boldsymbol{\alpha}_2$ 线性无关，且 $\boldsymbol{\alpha}_3=-\boldsymbol{\alpha}_1+2\boldsymbol{\alpha}_2$，则线性方程组 $\boldsymbol{Ax}=\boldsymbol{0}$ 的通解为__________．

微课：总复习题 2(7)

(8) (2001203) 已知方程组 $\begin{pmatrix} a & 1 & 1 \\ 1 & a & 1 \\ 1 & 1 & a \end{pmatrix}\begin{pmatrix} x_1 \\ x_2 \\ x_3 \end{pmatrix}=\begin{pmatrix} 1 \\ 1 \\ -2 \end{pmatrix}$ 有无穷多解，则 $a=$________.

(9) (2000103) 已知方程组 $\begin{pmatrix} 1 & 2 & 1 \\ 2 & 3 & a+2 \\ 1 & a & -2 \end{pmatrix}\begin{pmatrix} x_1 \\ x_2 \\ x_3 \end{pmatrix}=\begin{pmatrix} 1 \\ 3 \\ 0 \end{pmatrix}$ 无解，则 $a=$________.

(10) (2019304 改编) 设 $\boldsymbol{A}$ 为四阶矩阵，$\boldsymbol{A}^*$ 为 $\boldsymbol{A}$ 的伴随矩阵，若线性方程组 $\boldsymbol{Ax}=\boldsymbol{0}$ 的基础解系中只有 2 个解向量，则 $r(\boldsymbol{A}^*)=$________.

**3. 解答题：** (11) ~ (16) 小题，每小题 10 分，共 60 分. 解答时应写出文字说明、证明过程或演算步骤.

(11) (2018311) 已知 $a$ 是常数，且矩阵 $\boldsymbol{A}=\begin{pmatrix} 1 & 2 & a \\ 1 & 3 & 0 \\ 2 & 7 & -a \end{pmatrix}$ 可经初等列变换化为 $\boldsymbol{B}=\begin{pmatrix} 1 & a & 2 \\ 0 & 1 & 1 \\ -1 & 1 & 1 \end{pmatrix}$.

① 求 $a$.

② 求满足 $\boldsymbol{AP}=\boldsymbol{B}$ 的可逆矩阵 $\boldsymbol{P}$.

(12) (2017311) 设三阶矩阵 $\boldsymbol{A}=(\boldsymbol{\alpha}_1,\boldsymbol{\alpha}_2,\boldsymbol{\alpha}_3)$ 有 3 个不同的特征值，且 $\boldsymbol{\alpha}_3=\boldsymbol{\alpha}_1+2\boldsymbol{\alpha}_2$.

① 证明：$r(\boldsymbol{A})=2$.

② 若 $\boldsymbol{\beta}=\boldsymbol{\alpha}_1+\boldsymbol{\alpha}_2+\boldsymbol{\alpha}_3$，求方程组 $\boldsymbol{Ax}=\boldsymbol{\beta}$ 的通解.（本小题需用到第 5 章知识.）

(13) (2016311) 设矩阵 $\boldsymbol{A}=\begin{pmatrix} 1 & 1 & 1-a \\ 1 & 0 & a \\ a+1 & 1 & a+1 \end{pmatrix}, \boldsymbol{\beta}=\begin{pmatrix} 0 \\ 1 \\ 2a-2 \end{pmatrix}$，且方程组 $\boldsymbol{Ax}=\boldsymbol{\beta}$ 无解.

① 求 $a$ 的值.

② 求方程组 $\boldsymbol{A}^{\mathrm{T}}\boldsymbol{Ax}=\boldsymbol{A}^{\mathrm{T}}\boldsymbol{\beta}$ 的通解.

微课：总复习题 3(13)

(14) (2014311) 设 $\boldsymbol{A}=\begin{pmatrix} 1 & -2 & 3 & -4 \\ 0 & 1 & -1 & 1 \\ 1 & 2 & 0 & -3 \end{pmatrix}$，$\boldsymbol{E}$ 为三阶单位矩阵.

① 求方程组 $\boldsymbol{Ax}=\boldsymbol{0}$ 的一个基础解系.

② 求满足 $\boldsymbol{AB}=\boldsymbol{E}$ 的所有矩阵 $\boldsymbol{B}$.

(15) (2013311) 设 $\boldsymbol{A}=\begin{pmatrix} 1 & a \\ 1 & 0 \end{pmatrix}, \boldsymbol{B}=\begin{pmatrix} 0 & 1 \\ 1 & b \end{pmatrix}$，当 $a,b$ 为何值时，存在矩阵 $\boldsymbol{C}$，使 $\boldsymbol{AC}-\boldsymbol{CA}=\boldsymbol{B}$？并求所有矩阵 $\boldsymbol{C}$.

(16) (2009311) 设 $\boldsymbol{A}=\begin{pmatrix} 1 & -1 & -1 \\ -1 & 1 & 1 \\ 0 & -4 & -2 \end{pmatrix}, \boldsymbol{\xi}_1=\begin{pmatrix} -1 \\ 1 \\ -2 \end{pmatrix}$.

① 求满足 $\boldsymbol{A\xi}_2=\boldsymbol{\xi}_1, \boldsymbol{A}^2\boldsymbol{\xi}_3=\boldsymbol{\xi}_1$ 的所有向量 $\boldsymbol{\xi}_2,\boldsymbol{\xi}_3$.

② 对于①中的任意向量 $\boldsymbol{\xi}_2,\boldsymbol{\xi}_3$，证明：$\boldsymbol{\xi}_1,\boldsymbol{\xi}_2,\boldsymbol{\xi}_3$ 线性无关.

# 第5章 相似矩阵及二次型

二次型理论起源于解析几何中对二次曲线和二次曲面的研究. 在许多经济问题中, 在建立数学模型时, 也常常要求把 $n$ 个变量的二次齐次多项式通过适当的线性变换化成平方和的形式. 本章将围绕二次型理论展开介绍.

本章导学

## 5.1 从一个经济问题谈起——利益的最大化

现从企业的均衡条件——利润最大的充分必要条件出发, 来说明二次型理论在经济学研究中的重要性, 这个问题的本身其实是条件极值问题.

设某个企业用 $n-m(n>m)$ 种生产要素生产 $m$ 种产品, 生产要素和产品的数量分别用 $y_1, y_2, \cdots, y_{n-m}$ 和 $x_1, x_2, \cdots, x_m$ 表示. 假定产品和生产要素的价格完全由市场决定, 企业根据价格情况进行生产. 设生产要素与产品的价格分别为 $q_1, q_2, \cdots, q_{n-m}$ 和 $p_1, p_2, \cdots, p_m$. 假定在生产技术条件给定时, 表示生产要素和产品关系的生产函数

$$f(x_1, x_2, \cdots, x_m, y_1, y_2, \cdots, y_{n-m})=0 \tag{5.1}$$

也随之确定. 由于对企业来说, 生产要素可看成负的产品, 所以可设 $y_i=-x_{m+i}(i=1,2,\cdots,n-m)$, 从而式(5.1)可写成

$$f(x_1, x_2, \cdots, x_m, -x_{m+1}, -x_{m+2}, \cdots, -x_n)=f(\boldsymbol{x})=0,$$

利润

$$V=\sum_{i=1}^{m} p_i x_i-\sum_{i=1}^{n-m} q_i y_i=\sum_{i=1}^{n} p_i x_i=\boldsymbol{p x}^{\mathrm{T}},$$

其中 $p_{i+m}=q_i(i=1,2,\cdots,n-m)$, $\boldsymbol{p}=(p_1, p_2, \cdots, p_n)$, $\boldsymbol{x}=(x_1, x_2, \cdots, x_n)$.

企业的目的是在 $f(\boldsymbol{x})=0$ 的条件下最大化利润 $V$. 利用拉格朗日乘数法, $V$ 有极值的必要条件为

$$\mathrm{d}[\boldsymbol{p x}^{\mathrm{T}}-\lambda f(\boldsymbol{x})]=0,$$

即

$$\sum_{i=1}^{n}(p_i-\lambda f_i) \mathrm{d} x_i-f(\boldsymbol{x}) \mathrm{d} \lambda=0.$$

由 $f(\boldsymbol{x})=0$ 可知,

$$p_i-\lambda f_i=0(i=1,2,\cdots,n), \tag{5.2}$$

其中 $f_i=\dfrac{\partial f}{\partial x_i}(i=1,2,\cdots,n)$. 由多元函数微分学中的泰勒公式可以证明，由式(5.2)解得的 $\boldsymbol{x}=(x_1,x_2,\cdots,x_n)$ 为极大值点的充分条件为在 $\mathrm{d}f(\boldsymbol{x})=\sum\limits_{i=1}^{n}f_i\mathrm{d}x_i=0$ 条件下，使

$$\mathrm{d}^2f(\boldsymbol{x})=\sum_{i=1}^{n}\sum_{j=1}^{n}f_{ij}\mathrm{d}x_i\mathrm{d}x_j>0, \tag{5.3}$$

其中 $f_{ij}=\dfrac{\partial^2 f}{\partial x_i\partial x_j}(i,j=1,2,\cdots,n)$，即二次型[式(5.3)]为正定的，从而充分条件基本上归结为相应的二次型[式(5.3)]为正定的. 这个问题将在本章中得到解答.

## 5.2　特征值与特征向量

在实际问题中，经常会遇到这样的问题：对于一个给定的 $n$ 阶方阵 $\boldsymbol{A}$，是否存在非零列向量 $\boldsymbol{x}$，使 $\boldsymbol{Ax}$ 与 $\boldsymbol{x}$ 平行，即是否存在常数 $\lambda$，使 $\boldsymbol{Ax}=\lambda\boldsymbol{x}$ 成立？在数学上，这就是矩阵的特征值与特征向量问题. 它们不仅在专业数学和应用数学中有重要应用，在工程设计和数量经济分析等多个领域也有广泛应用.

### 5.2.1　特征值与特征向量的概念

**定义 5.1**　设 $\boldsymbol{A}$ 是 $n$ 阶方阵，如果存在数 $\lambda$ 和 $n$ 维非零列向量 $\boldsymbol{x}$，使关系式

$$\boldsymbol{Ax}=\lambda\boldsymbol{x} \tag{5.4}$$

成立，那么称 $\lambda$ 为方阵 $\boldsymbol{A}$ 的**特征值**，非零列向量 $\boldsymbol{x}$ 称为 $\boldsymbol{A}$ 的对应于特征值 $\lambda$ 的**特征向量**.

例如，对于任意 $n$ 维非零列向量 $\boldsymbol{x}$，由于 $\boldsymbol{Ex}=1\boldsymbol{x}$，所以 1 是 $n$ 阶单位矩阵 $\boldsymbol{E}$ 的特征值，任意 $n$ 维非零列向量 $\boldsymbol{x}$ 都是 $\boldsymbol{E}$ 的对应于特征值 1 的特征向量.

式 (5.4)可以写成

$$(\lambda\boldsymbol{E}-\boldsymbol{A})\boldsymbol{x}=\boldsymbol{0} \tag{5.5}$$

这是 $n$ 个方程 $n$ 个未知量的齐次线性方程组，它有非零解的充分必要条件是系数行列式

$$|\lambda\boldsymbol{E}-\boldsymbol{A}|=0 \tag{5.6}$$

即

$$\begin{vmatrix}\lambda-a_{11} & -a_{12} & \cdots & -a_{1n}\\ -a_{21} & \lambda-a_{22} & \cdots & -a_{2n}\\ \vdots & \vdots & & \vdots\\ -a_{n1} & -a_{n2} & \cdots & \lambda-a_{nn}\end{vmatrix}=0.$$

上式是以 $\lambda$ 为未知量的一元 $n$ 次方程，称为方阵 $\boldsymbol{A}$ 的**特征方程**. 其左端 $|\lambda\boldsymbol{E}-\boldsymbol{A}|$ 是关于 $\lambda$ 的 $n$ 次多项式，称为方阵 $\boldsymbol{A}$ 的**特征多项式**，记作 $f_A(\lambda)$. $\lambda\boldsymbol{E}-\boldsymbol{A}$ 称为 $\boldsymbol{A}$ 的**特征矩阵**.

显然，$\boldsymbol{A}$ 的特征值就是特征方程的解，$\boldsymbol{A}$ 的特征向量就是齐次线性方程组[式(5.5)]的非零解向量. 在复数范围内特征方程恒有解，其解的个数等于特征方程的次数(重根按重数计算)，因此，$n$ 阶方阵 $\boldsymbol{A}$ 在复数域内有 $n$ 个特征值.

**例 5.1**　求 $\boldsymbol{A}=\begin{pmatrix}1 & 4\\ 1 & -2\end{pmatrix}$ 的特征值和特征向量.

**解**　$\boldsymbol{A}$ 的特征多项式为

$$|\lambda\boldsymbol{E}-\boldsymbol{A}|=\begin{vmatrix}\lambda-1 & -4\\ -1 & \lambda+2\end{vmatrix}=(\lambda-1)(\lambda+2)-4=\lambda^2+\lambda-6,$$

所以 $\boldsymbol{A}$ 的特征值为 $\lambda_1=2,\lambda_2=-3$.

当 $\lambda_1=2$ 时，解方程组 $(2\boldsymbol{E}-\boldsymbol{A})\boldsymbol{x}=\boldsymbol{0}$，由

$$2\boldsymbol{E}-\boldsymbol{A}=\begin{pmatrix}1&-4\\-1&4\end{pmatrix}\xrightarrow{r}\begin{pmatrix}1&-4\\0&0\end{pmatrix},$$

得基础解系 $\boldsymbol{p}_1=\begin{pmatrix}4\\1\end{pmatrix}$，所以对应于 $\lambda_1=2$ 的全部特征向量为 $k_1\boldsymbol{p}_1(k_1\neq0)$.

当 $\lambda_2=-3$ 时，解方程组 $(-3\boldsymbol{E}-\boldsymbol{A})\boldsymbol{x}=\boldsymbol{0}$，由

$$-3\boldsymbol{E}-\boldsymbol{A}=\begin{pmatrix}-4&-4\\-1&-1\end{pmatrix}\xrightarrow{r}\begin{pmatrix}1&1\\0&0\end{pmatrix},$$

得基础解系 $\boldsymbol{p}_2=\begin{pmatrix}1\\-1\end{pmatrix}$，所以对应于 $\lambda_2=-3$ 的全部特征向量为 $k_2\boldsymbol{p}_2(k_2\neq0)$.

**例 5.2** 求矩阵 $\boldsymbol{A}=\begin{pmatrix}3&2&-2\\1&-1&-1\\4&2&-3\end{pmatrix}$ 的特征值和特征向量.

**解** $\boldsymbol{A}$ 的特征多项式为

$$|\lambda\boldsymbol{E}-\boldsymbol{A}|=\begin{vmatrix}\lambda-3&-2&2\\-1&\lambda+1&1\\-4&-2&\lambda+3\end{vmatrix}=(\lambda-1)(\lambda+1)^2,$$

所以 $\boldsymbol{A}$ 的特征值为 $\lambda_1=1,\lambda_2=\lambda_3=-1$.

当 $\lambda_1=1$ 时，解方程组 $(\boldsymbol{E}-\boldsymbol{A})\boldsymbol{x}=\boldsymbol{0}$，由

$$\boldsymbol{E}-\boldsymbol{A}=\begin{pmatrix}-2&-2&2\\-1&2&1\\-4&-2&4\end{pmatrix}\xrightarrow{r}\begin{pmatrix}1&0&-1\\0&1&0\\0&0&0\end{pmatrix},$$

得基础解系 $\boldsymbol{p}_1=\begin{pmatrix}1\\0\\1\end{pmatrix}$，所以对应于 $\lambda_1=1$ 的全部特征向量为 $k_1\boldsymbol{p}_1(k_1\neq0)$.

当 $\lambda_2=\lambda_3=-1$ 时，解方程组 $(-\boldsymbol{E}-\boldsymbol{A})\boldsymbol{x}=\boldsymbol{0}$，由

$$-\boldsymbol{E}-\boldsymbol{A}=\begin{pmatrix}-4&-2&2\\-1&0&1\\-4&-2&2\end{pmatrix}\xrightarrow{r}\begin{pmatrix}1&0&-1\\0&1&1\\0&0&0\end{pmatrix},$$

得基础解系 $\boldsymbol{p}_2=\begin{pmatrix}1\\-1\\1\end{pmatrix}$，所以对应于 $\lambda_2=\lambda_3=-1$ 的全部特征向量为 $k_2\boldsymbol{p}_2(k_2\neq0)$.

**例 5.3** 求矩阵 $\boldsymbol{A}=\begin{pmatrix}0&1&1\\1&0&1\\1&1&0\end{pmatrix}$ 的特征值和特征向量.

**解** $\boldsymbol{A}$ 的特征多项式为

$$|\lambda\boldsymbol{E}-\boldsymbol{A}|=\begin{vmatrix}\lambda&-1&-1\\-1&\lambda&-1\\-1&-1&\lambda\end{vmatrix}=(\lambda-2)\begin{vmatrix}1&-1&-1\\1&\lambda&-1\\1&-1&\lambda\end{vmatrix}=(\lambda-2)\begin{vmatrix}1&-1&-1\\0&\lambda+1&0\\0&0&\lambda+1\end{vmatrix}=(\lambda-2)(\lambda+1)^2,$$

所以 $\boldsymbol{A}$ 的特征值为 $\lambda_1=2,\lambda_2=\lambda_3=-1$.

当 $\lambda_1=2$ 时，解方程组 $(2\boldsymbol{E}-\boldsymbol{A})\boldsymbol{x}=\boldsymbol{0}$，由

$$2\boldsymbol{E}-\boldsymbol{A}=\begin{pmatrix}2&-1&-1\\-1&2&-1\\-1&-1&2\end{pmatrix}\xrightarrow{r}\begin{pmatrix}1&0&-1\\0&1&-1\\0&0&0\end{pmatrix},$$

得基础解系 $\boldsymbol{p}_1=\begin{pmatrix}1\\1\\1\end{pmatrix}$，所以对应于 $\lambda_1=2$ 的全部特征向量为 $k\boldsymbol{p}_1(k\neq0)$.

当 $\lambda_2=\lambda_3=-1$ 时，解方程组 $(\boldsymbol{E}+\boldsymbol{A})\boldsymbol{x}=\boldsymbol{0}$，由

$$\boldsymbol{E}+\boldsymbol{A}=\begin{pmatrix}1&1&1\\1&1&1\\1&1&1\end{pmatrix}\xrightarrow{r}\begin{pmatrix}1&1&1\\0&0&0\\0&0&0\end{pmatrix},$$

得基础解系 $\boldsymbol{p}_2=\begin{pmatrix}1\\-1\\0\end{pmatrix},\boldsymbol{p}_3=\begin{pmatrix}1\\0\\-1\end{pmatrix}$，所以对应于 $\lambda_2=\lambda_3=-1$ 的全部特征向量为 $k_2\boldsymbol{p}_2+k_3\boldsymbol{p}_3(k_2,k_3$ 不同时为 $0)$.

从例 5.2、例 5.3 可以看出，例 5.2 中的特征值-1 与例 5.3 中的特征值-1 都是相应特征方程的二重根，但例 5.2 中的特征值-1 有 1 个线性无关的特征向量，而例 5.3 中的特征值-1 有 2 个线性无关的特征向量. 一般地，$n$ 阶矩阵 $\boldsymbol{A}$ 必有 $n$ 个特征值(重根按重数计算)，单根的特征值必有一个线性无关的特征向量；但对于 $r$ 重根的特征值，其对应的线性无关的特征向量的个数，有可能为 $r$ 个，也有可能少于 $r$ 个，需由矩阵 $\boldsymbol{A}$ 的结构确定.

### 5.2.2 特征值与特征向量的性质

**性质 5.1** 设矩阵 $\boldsymbol{A}=(a_{ij})_{n\times n}$ 的特征值为 $\lambda_1,\lambda_2,\cdots,\lambda_n$，则

(1) $\lambda_1+\lambda_2+\cdots+\lambda_n=a_{11}+a_{22}+\cdots+a_{nn}$；

(2) $\lambda_1\lambda_2\cdots\lambda_n=|\boldsymbol{A}|$.

该性质的证明要用到一元 $n$ 次方程根与系数之间的关系，在此不予证明.

【即时提问 5.1】 已知 $\boldsymbol{A}$ 是 $n$ 阶方阵，且 $\boldsymbol{A}\boldsymbol{x}=\boldsymbol{0}$ 有非零解，则 $\boldsymbol{A}$ 必有一个特征值是 0. 这种说法是否正确？请说明理由.

**定义 5.2** 设矩阵 $\boldsymbol{A}=(a_{ij})_{n\times n}$，称 $a_{11}+a_{22}+\cdots+a_{nn}$ 为 $\boldsymbol{A}$ 的**迹**，记为 $\operatorname{tr}\boldsymbol{A}$.

**性质 5.2** 矩阵 $\boldsymbol{A}$ 和 $\boldsymbol{A}^{\mathrm{T}}$ 有相同的特征值.

**证明** 因为

$$|\lambda\boldsymbol{E}-\boldsymbol{A}^{\mathrm{T}}|=|(\lambda\boldsymbol{E}-\boldsymbol{A})^{\mathrm{T}}|=|\lambda\boldsymbol{E}-\boldsymbol{A}|,$$

所以 $\boldsymbol{A}$ 和 $\boldsymbol{A}^{\mathrm{T}}$ 有相同的特征多项式，从而它们有相同的特征值.

**性质 5.3** 设 $\boldsymbol{A}$ 是 $n$ 阶可逆矩阵，则

(1) $\boldsymbol{A}$ 的特征值都不为零；

(2) 若 $\lambda$ 是 $\boldsymbol{A}$ 的特征值，则 $\lambda^{-1}$ 是 $\boldsymbol{A}^{-1}$ 的特征值.

**证明** (1) 设 $\boldsymbol{A}$ 的全部特征值为 $\lambda_1,\lambda_2,\cdots,\lambda_n$. 由性质 5.1 知，$\lambda_1\lambda_2\cdots\lambda_n=|\boldsymbol{A}|$，因为 $\boldsymbol{A}$ 可逆，所以 $|\boldsymbol{A}|\neq0$. 故 $\lambda_1,\lambda_2,\cdots,\lambda_n$ 都不为零.

(2) 设 $\boldsymbol{\xi}$ 是 $\boldsymbol{A}$ 的属于 $\lambda$ 的特征向量，则 $\boldsymbol{A}\boldsymbol{\xi}=\lambda\boldsymbol{\xi}$. 根据(1)，$\lambda\neq0$，于是有

$$\boldsymbol{\xi}=\frac{1}{\lambda}\boldsymbol{A}\boldsymbol{\xi},$$

用$\boldsymbol{A}^{-1}$同时左乘上式的两边，得

$$\boldsymbol{A}^{-1}\boldsymbol{\xi}=\frac{1}{\lambda}\boldsymbol{\xi},$$

由$\boldsymbol{\xi}\neq\boldsymbol{0}$知，$\lambda^{-1}$是$\boldsymbol{A}^{-1}$的特征值.

**例 5.4** 设$\lambda$是$n$阶方阵$\boldsymbol{A}$的特征值，证明：$\lambda^2$是$\boldsymbol{A}^2$的特征值.

**证明** 因为$\lambda$是$\boldsymbol{A}$的特征值，故有$n$维列向量$\boldsymbol{x}\neq\boldsymbol{0}$，使$\boldsymbol{A}\boldsymbol{x}=\lambda\boldsymbol{x}$，于是

$$\boldsymbol{A}^2\boldsymbol{x}=\boldsymbol{A}(\boldsymbol{A}\boldsymbol{x})=\boldsymbol{A}(\lambda\boldsymbol{x})=\lambda(\boldsymbol{A}\boldsymbol{x})=\lambda^2\boldsymbol{x},$$

所以$\lambda^2$是$\boldsymbol{A}^2$的特征值.

类似地，可以证明下列性质.

**性质 5.4** 设$f(x)=a_mx^m+\cdots+a_1x+a_0$是关于$x$的多项式，$\boldsymbol{A}$是$n$阶方阵，此时

$$f(\boldsymbol{A})=a_m\boldsymbol{A}^m+\cdots+a_1\boldsymbol{A}+a_0\boldsymbol{E},$$

若$\lambda$是$\boldsymbol{A}$的特征值，则$f(\lambda)$是$f(\boldsymbol{A})$的特征值.

**例 5.5** 已知三阶方阵$\boldsymbol{A}$的特征值为$-1,1,2$，求$|\boldsymbol{A}^3-5\boldsymbol{A}^2|$.

**解** 设$f(x)=x^3-5x^2$，则$f(\boldsymbol{A})=\boldsymbol{A}^3-5\boldsymbol{A}^2$. 由性质 5.4 知，$f(\boldsymbol{A})$的全部特征值为$f(-1)=-6,f(1)=-4,f(2)=-12$，因此，

$$|\boldsymbol{A}^3-5\boldsymbol{A}^2|=(-6)\times(-4)\times(-12)=-288.$$

**定理 5.1** 设$\lambda_1,\lambda_2,\cdots,\lambda_m$是$n$阶方阵$\boldsymbol{A}$的$m$个特征值，$\boldsymbol{x}_1,\boldsymbol{x}_2,\cdots,\boldsymbol{x}_m$依次是对应的特征向量. 如果$\lambda_1,\lambda_2,\cdots,\lambda_m$互不相等，则$\boldsymbol{x}_1,\boldsymbol{x}_2,\cdots,\boldsymbol{x}_m$线性无关.

**证明** 用数学归纳法. 当$m=1$时，显然成立.

假设当$m=k$时结论成立，即向量组$\boldsymbol{x}_1,\boldsymbol{x}_2,\cdots,\boldsymbol{x}_k$线性无关. 下面证明向量组$\boldsymbol{x}_1,\boldsymbol{x}_2,\cdots,\boldsymbol{x}_k,\boldsymbol{x}_{k+1}$线性无关. 令

$$p_1\boldsymbol{x}_1+p_2\boldsymbol{x}_2+\cdots+p_k\boldsymbol{x}_k+p_{k+1}\boldsymbol{x}_{k+1}=\boldsymbol{0}, \tag{5.7}$$

用$\boldsymbol{A}$左乘式(5.7)两端，得

$$p_1\boldsymbol{A}\boldsymbol{x}_1+p_2\boldsymbol{A}\boldsymbol{x}_2+\cdots+p_k\boldsymbol{A}\boldsymbol{x}_k+p_{k+1}\boldsymbol{A}\boldsymbol{x}_{k+1}=\boldsymbol{0},$$

即

$$p_1\lambda_1\boldsymbol{x}_1+p_2\lambda_2\boldsymbol{x}_2+\cdots+p_k\lambda_k\boldsymbol{x}_k+p_{k+1}\lambda_{k+1}\boldsymbol{x}_{k+1}=\boldsymbol{0}. \tag{5.8}$$

式(5.8)减去式(5.7)的$\lambda_{k+1}$倍，得

$$p_1(\lambda_1-\lambda_{k+1})\boldsymbol{x}_1+p_2(\lambda_2-\lambda_{k+1})\boldsymbol{x}_2+\cdots+p_k(\lambda_k-\lambda_{k+1})\boldsymbol{x}_k=\boldsymbol{0},$$

由于$\boldsymbol{x}_1,\boldsymbol{x}_2,\cdots,\boldsymbol{x}_k$线性无关，故$p_i(\lambda_i-\lambda_{k+1})=0(i=1,2,\cdots,k)$. 而$\lambda_i-\lambda_{k+1}\neq0$，所以$p_i=0(i=1,2,\cdots,k)$，代入式(5.7)得$p_{k+1}\boldsymbol{x}_{k+1}=\boldsymbol{0}$. 又由于$\boldsymbol{x}_{k+1}\neq\boldsymbol{0}$，所以$p_{k+1}=0$. 因此，向量组$\boldsymbol{x}_1,\boldsymbol{x}_2,\cdots,\boldsymbol{x}_k,\boldsymbol{x}_{k+1}$线性无关.

**例 5.6** 已知$\boldsymbol{A}$为$n$阶方阵，$\lambda_1,\lambda_2$是$\boldsymbol{A}$的两个不同的特征值，$\boldsymbol{x}_1,\boldsymbol{x}_2$是$\boldsymbol{A}$的分别对应于$\lambda_1,\lambda_2$的特征向量，证明：$\boldsymbol{x}_1+\boldsymbol{x}_2$不是$\boldsymbol{A}$的特征向量.

**证明** 用反证法.

因为$\boldsymbol{A}\boldsymbol{x}_1=\lambda_1\boldsymbol{x}_1,\boldsymbol{A}\boldsymbol{x}_2=\lambda_2\boldsymbol{x}_2,\lambda_1\neq\lambda_2$，所以有

$$\boldsymbol{A}(\boldsymbol{x}_1+\boldsymbol{x}_2)=\lambda_1\boldsymbol{x}_1+\lambda_2\boldsymbol{x}_2. \tag{5.9}$$

若$\boldsymbol{x}_1+\boldsymbol{x}_2$是$\boldsymbol{A}$的特征向量，设对应的特征值为$\lambda$，则有

$$A(x_1+x_2)=\lambda(x_1+x_2)=\lambda x_1+\lambda x_2. \tag{5.10}$$

由式 (5.9) 和式(5.10)得

$$\lambda_1 x_1+\lambda_2 x_2=\lambda x_1+\lambda x_2,$$

即

$$(\lambda-\lambda_1)x_1+(\lambda-\lambda_2)x_2=\mathbf{0}.$$

因为 $x_1, x_2$ 线性无关，所以 $\lambda-\lambda_1=0$，$\lambda-\lambda_2=0$，从而 $\lambda_1=\lambda_2$. 这与条件 $\lambda_1\neq\lambda_2$ 矛盾，故 $x_1+x_2$ 不是 $A$ 的特征向量.

## 同步习题 5.2

### 基础题

1. 填空题.

(1) 已知矩阵 $A=\begin{pmatrix}1&1&1&1\\1&1&1&1\\1&1&1&1\\1&1&1&1\end{pmatrix}$，则 $A$ 的非零特征值是________.

(2) 已知三阶方阵 $A$ 的特征值为 1,2,3，则 $A$ 的迹为________，$(2A^2)^{-1}$ 的特征值为________.

(3) 已知三阶方阵 $A$ 的特征值为 −1,1,3，则 $|A^3-2A+2E|=$________.

(4) 已知矩阵 $A=\begin{pmatrix}1&-1&1\\2&4&a\\-3&-3&5\end{pmatrix}$ 的特征值为 6,2,2，则 $a=$________.

(5) 已知三阶矩阵 $E+A, 2E-A, E+2A$ 均为奇异矩阵，则 $|A|=$________.

2. 求下列矩阵的特征值与特征向量.

(1) $\begin{pmatrix}1&0&0\\0&2&0\\0&0&3\end{pmatrix}$.　(2) $\begin{pmatrix}0&0&1\\0&1&0\\1&0&0\end{pmatrix}$.　(3) $\begin{pmatrix}2&0&0\\0&2&3\\0&0&2\end{pmatrix}$.

3. 设 $\lambda_1=12$ 是矩阵 $A=\begin{pmatrix}7&4&-1\\4&7&-1\\-4&a&4\end{pmatrix}$ 的一个特征值，求常数 $a$ 及 $A$ 的其余特征值.

4. 设矩阵 $A$ 满足 $A^2=E$，证明：$A$ 的特征值只能是 1 或 −1.

5. 设 $\lambda$ 是 $n$ 阶可逆方阵 $A$ 的特征值，证明：$\dfrac{|A|}{\lambda}$ 是 $A^*$ 的特征值.

6. 如果矩阵 $A$ 满足 $A^2=A$，则称 $A$ 是幂等矩阵，证明：$5E-A$ 可逆.

微课：同步习题 5.2
基础题 6

### 提高题

1. 设 $A$ 为 $n$ 阶 $(n\geqslant 2)$ 可逆矩阵，$\lambda$ 是 $A$ 的一个特征值，则 $A$ 的伴随矩阵 $A^*$ 的伴随矩阵 $(A^*)^*$ 的特征值之一是(　　).

A. $\lambda^{-1}|A|^n$　　B. $\lambda|A|$　　C. $\lambda|A|^{n-2}$　　D. $\lambda^{-1}|A|$

2. 设 $\lambda_1,\lambda_2$ 是矩阵 $\boldsymbol{A}$ 的两个不同的特征值，对应的特征向量为 $\boldsymbol{x}_1,\boldsymbol{x}_2$，则 $\boldsymbol{x}_1,\boldsymbol{A}(\boldsymbol{x}_1+\boldsymbol{x}_2)$ 线性无关的充分必要条件是(　　).

A. $\lambda_1=0$　　B. $\lambda_2=0$　　C. $\lambda_1\neq0$　　D. $\lambda_2\neq0$

3. 已知 $\boldsymbol{A}$ 的各列元素之和为-1，则下列说法正确的是(　　).

A. $\boldsymbol{A}$ 有一个特征值-1，且对应的特征向量为 $(1,1,\cdots,1)^{\mathrm{T}}$

B. $\boldsymbol{A}$ 有一个特征值-1，但不一定有对应的特征向量 $(1,1,\cdots,1)^{\mathrm{T}}$

C. -1 不是 $\boldsymbol{A}$ 的一个特征值

D. 仅由题设条件无法确定 $\boldsymbol{A}$ 是否有一个特征值-1

4. 设矩阵 $\boldsymbol{A}=\begin{pmatrix} a & -1 & c \\ 5 & b & 3 \\ 1-c & 0 & -a \end{pmatrix}$，其行列式 $|\boldsymbol{A}|=-1$，又 $\boldsymbol{A}$ 的伴随矩阵 $\boldsymbol{A}^*$ 有一个特征值 $\lambda_0$，属于 $\lambda_0$ 的一个特征向量为 $\boldsymbol{\alpha}=(-1,-1,1)^{\mathrm{T}}$，求 $a,b,c$ 和 $\lambda_0$ 的值.

## 5.3 相似矩阵

矩阵的相似是同阶方阵之间的一种重要关系，矩阵的相似关系实质上是矩阵的一种分解. 本节首先介绍相似矩阵的定义和性质，然后讨论 $n$ 阶方阵与对角阵相似的条件和方法，最后给出 $n$ 阶方阵对角化在求解微分方程组等方面的应用.

### 5.3.1 相似矩阵的定义及性质

**定义 5.3** 设 $\boldsymbol{A},\boldsymbol{B}$ 都是 $n$ 阶方阵，若存在可逆矩阵 $\boldsymbol{P}$，使 $\boldsymbol{P}^{-1}\boldsymbol{A}\boldsymbol{P}=\boldsymbol{B}$，则称 $\boldsymbol{B}$ 是 $\boldsymbol{A}$ 的相似矩阵，或称矩阵 $\boldsymbol{A}$ 与 $\boldsymbol{B}$ 相似，记作 $\boldsymbol{A}\sim\boldsymbol{B}$. 对 $\boldsymbol{A}$ 进行运算 $\boldsymbol{P}^{-1}\boldsymbol{A}\boldsymbol{P}$，称为对 $\boldsymbol{A}$ 进行相似变换. 可逆矩阵 $\boldsymbol{P}$ 称为把 $\boldsymbol{A}$ 变成 $\boldsymbol{B}$ 的相似变换矩阵.

性质 5.5　矩阵的相似有以下性质.

(1) 自反性：对于任意 $n$ 阶方阵 $\boldsymbol{A}$，$\boldsymbol{A}$ 与 $\boldsymbol{A}$ 相似.

(2) 对称性：若 $\boldsymbol{A}$ 与 $\boldsymbol{B}$ 相似，则 $\boldsymbol{B}$ 与 $\boldsymbol{A}$ 相似.

(3) 传递性：若 $\boldsymbol{A}$ 与 $\boldsymbol{B}$ 相似，$\boldsymbol{B}$ 与 $\boldsymbol{C}$ 相似，则 $\boldsymbol{A}$ 与 $\boldsymbol{C}$ 相似.

**证明**　(1)和(2)显然成立，下面证明(3).

若 $\boldsymbol{A}$ 与 $\boldsymbol{B}$ 相似，$\boldsymbol{B}$ 与 $\boldsymbol{C}$ 相似，则存在可逆矩阵 $\boldsymbol{P}$ 和 $\boldsymbol{Q}$，使

$$\boldsymbol{P}^{-1}\boldsymbol{A}\boldsymbol{P}=\boldsymbol{B},\boldsymbol{Q}^{-1}\boldsymbol{B}\boldsymbol{Q}=\boldsymbol{C},$$

从而有

$$\boldsymbol{C}=\boldsymbol{Q}^{-1}\boldsymbol{B}\boldsymbol{Q}=\boldsymbol{Q}^{-1}(\boldsymbol{P}^{-1}\boldsymbol{A}\boldsymbol{P})\boldsymbol{Q}=(\boldsymbol{Q}^{-1}\boldsymbol{P}^{-1})A(\boldsymbol{P}\boldsymbol{Q})=(\boldsymbol{P}\boldsymbol{Q})^{-1}A(\boldsymbol{P}\boldsymbol{Q}),$$

所以 $\boldsymbol{A}$ 与 $\boldsymbol{C}$ 相似.

**例 5.7**　设 $\boldsymbol{A}$ 与 $\boldsymbol{B}$ 相似，证明：$\boldsymbol{A}^2$ 与 $\boldsymbol{B}^2$ 相似.

**证明**　若 $\boldsymbol{A}$ 与 $\boldsymbol{B}$ 相似，则存在可逆矩阵 $\boldsymbol{P}$，使 $\boldsymbol{P}^{-1}\boldsymbol{A}\boldsymbol{P}=\boldsymbol{B}$，从而

$$\boldsymbol{B}^2=(\boldsymbol{P}^{-1}\boldsymbol{A}\boldsymbol{P})^2=\boldsymbol{P}^{-1}\boldsymbol{A}\boldsymbol{P}\cdot\boldsymbol{P}^{-1}\boldsymbol{A}\boldsymbol{P}=\boldsymbol{P}^{-1}\boldsymbol{A}^2\boldsymbol{P},$$

所以 $\boldsymbol{A}^2$ 与 $\boldsymbol{B}^2$ 相似.

性质 5.6　(1) 若 $\boldsymbol{A}\sim\boldsymbol{B}$，则 $\boldsymbol{A}^{\mathrm{T}}\sim\boldsymbol{B}^{\mathrm{T}}$.

(2) 若 $\boldsymbol{A}\sim\boldsymbol{B}$，设 $f(x)$ 是一个多项式，则 $f(\boldsymbol{A})\sim f(\boldsymbol{B})$.

(3) 若 $A \sim B$，且 $A$ 可逆，则 $B$ 也可逆，且 $A^{-1} \sim B^{-1}$.

利用与例 5.7 类似的方法可证明性质 5.6.

**定理 5.2**　若 $n$ 阶方阵 $A$ 与 $B$ 相似，则 $A$ 与 $B$ 的特征多项式相同.

**证明**　因 $A$ 与 $B$ 相似，即有可逆矩阵 $P$，使 $P^{-1}AP=B$，于是

$$|\lambda E-B|=|P^{-1}(\lambda E)P-P^{-1}AP|=|P^{-1}(\lambda E-A)P|=|P^{-1}||\lambda E-A||P|=|\lambda E-A|.$$

**推论 1**　若 $A$ 与 $B$ 相似，则 $A$ 与 $B$ 的特征值相同，进而 $A$ 与 $B$ 的行列式相等.

但是，推论的逆命题未必成立. 例如，矩阵

$$E=\begin{pmatrix}1 & 0\\ 0 & 1\end{pmatrix} \text{ 和 } A=\begin{pmatrix}1 & 1\\ 0 & 1\end{pmatrix}$$

都以 1 为二重特征值，但对于任何可逆矩阵 $P$，都有 $P^{-1}EP=E\neq A$，故 $A$ 和 $E$ 不相似.

**推论 2**　若 $n$ 阶矩阵 $A$ 与对角矩阵(简称对角阵)

$$\Lambda=\begin{pmatrix}\lambda_1 & & & \\ & \lambda_2 & & \\ & & \ddots & \\ & & & \lambda_n\end{pmatrix}$$

相似，则 $\lambda_1,\lambda_2,\cdots,\lambda_n$ 是 $A$ 的 $n$ 个特征值.

### 5.3.2　方阵的相似对角化

**定义 5.4**　若方阵 $A$ 能与一个对角阵 $\Lambda$ 相似，则称 $A$ 可以**相似对角化**，简称 $A$ 可对角化.

**定理 5.3**　$n$ 阶方阵 $A$ 可以相似对角化的充分必要条件是 $A$ 有 $n$ 个线性无关的特征向量.

**证明**　必要性　设与 $A$ 相似的对角阵为

$$\Lambda=\begin{pmatrix}\lambda_1 & & & \\ & \lambda_2 & & \\ & & \ddots & \\ & & & \lambda_n\end{pmatrix},$$

则存在一个可逆矩阵 $P$，使 $P^{-1}AP=\Lambda$. 两边左乘 $P$，得 $AP=P\Lambda$. 将矩阵 $P$ 按列分块，记为 $P=(x_1,x_2,\cdots,x_n)$，那么

$$A(x_1,x_2,\cdots,x_n)=(x_1,x_2,\cdots,x_n)\begin{pmatrix}\lambda_1 & & & \\ & \lambda_2 & & \\ & & \ddots & \\ & & & \lambda_n\end{pmatrix},$$

或

$$(Ax_1,Ax_2,\cdots,Ax_n)=(\lambda_1x_1,\lambda_2x_2,\cdots,\lambda_nx_n),$$

从而有

$$Ax_i=\lambda_ix_i(i=1,2,\cdots,n),$$

即 $\lambda_i$ 是 $A$ 的特征值，$P$ 的列向量 $x_i$ 就是 $A$ 的对应于特征值 $\lambda_i$ 的特征向量. 又因为 $P$ 是可逆矩阵，所以 $x_1,x_2,\cdots,x_n$ 线性无关.

充分性　假设方阵 $A$ 有 $n$ 个线性无关的特征向量 $x_1,x_2,\cdots,x_n$，令 $P=(x_1,x_2,\cdots,x_n)$，即

$$Ax_i=\lambda_ix_i(i=1,2,\cdots,n),$$

则

$$AP=A(x_1,x_2,\cdots,x_n)=(Ax_1,Ax_2,\cdots,Ax_n)$$

$$= (\lambda_1 \boldsymbol{x}_1, \ \lambda_2 \boldsymbol{x}_2, \ \cdots, \ \lambda_n \boldsymbol{x}_n)$$

$$= (\boldsymbol{x}_1, \boldsymbol{x}_2, \cdots, \boldsymbol{x}_n) \begin{pmatrix} \lambda_1 & & & \\ & \lambda_2 & & \\ & & \ddots & \\ & & & \lambda_n \end{pmatrix} = \boldsymbol{P\Lambda},$$

从而 $\boldsymbol{P}^{-1}\boldsymbol{AP}=\boldsymbol{\Lambda}$.

**推论 1** 如果 $n$ 阶方阵 $\boldsymbol{A}$ 的 $n$ 个特征值互不相等，则 $\boldsymbol{A}$ 与对角阵相似.

当矩阵 $\boldsymbol{A}$ 的特征方程有重根时，就不一定有 $n$ 个线性无关的特征向量，从而不一定能对角化. 例如，在例 5.2 中，矩阵 $\boldsymbol{A}$ 的特征方程有二重特征值 $\lambda_2=\lambda_3=-1$，但却只能找到一个线性无关的特征向量，因此，例 5.2 中的矩阵 $\boldsymbol{A}$ 不能对角化；而在例 5.3 中，矩阵 $\boldsymbol{A}$ 的特征方程也有二重特征值 $\lambda_2=\lambda_3=-1$，但因能找到两个线性无关的特征向量，所以例 5.3 中的矩阵 $\boldsymbol{A}$ 可对角化.

**推论 2** $n$ 阶方阵 $\boldsymbol{A}$ 可对角化的充分必要条件是对应于 $\boldsymbol{A}$ 的每个特征值的线性无关的特征向量的个数恰好等于该特征值的重数，即设 $\lambda_i$ 是方阵 $\boldsymbol{A}$ 的 $k_i$ 重根，则 $\boldsymbol{A}$ 与对角阵 $\boldsymbol{\Lambda}$ 相似当且仅当

$$r(\lambda_i \boldsymbol{E}-\boldsymbol{A}) = n-k_i (i=1,2,\cdots,n).$$

此外，由定理 5.3 的证明可见，$\boldsymbol{A}$ 的 $n$ 个线性无关的特征向量 $\boldsymbol{x}_1,\boldsymbol{x}_2,\cdots,\boldsymbol{x}_n$ 所构成的矩阵 $\boldsymbol{P}=(\boldsymbol{x}_1,\boldsymbol{x}_2,\cdots,\boldsymbol{x}_n)$，恰好就是 $\boldsymbol{A}$ 到 $\boldsymbol{\Lambda}=\begin{pmatrix} \lambda_1 & & & \\ & \lambda_2 & & \\ & & \ddots & \\ & & & \lambda_n \end{pmatrix}$ 的相似变换矩阵.

【即时提问 5.2】 $n$ 阶方阵 $\boldsymbol{A}$ 具有 $n$ 个不同的特征值是 $\boldsymbol{A}$ 与对角阵相似的充分必要条件. 这种说法是否正确？请说明理由.

**例 5.8** 已知

$$\boldsymbol{A}=\begin{pmatrix} 4 & 6 & 0 \\ -3 & -5 & 0 \\ -3 & -6 & 1 \end{pmatrix}.$$

（1）求可逆矩阵 $\boldsymbol{P}$，使 $\boldsymbol{P}^{-1}\boldsymbol{AP}=\boldsymbol{\Lambda}$ 为对角阵.

（2）计算 $\boldsymbol{A}^{10}$.

**解** （1）$\boldsymbol{A}$ 的特征多项式为

$$|\lambda \boldsymbol{E}-\boldsymbol{A}| = \begin{vmatrix} \lambda-4 & -6 & 0 \\ 3 & \lambda+5 & 0 \\ 3 & 6 & \lambda-1 \end{vmatrix} = (\lambda-1)^2(\lambda+2),$$

所以 $\boldsymbol{A}$ 的特征值为 $\lambda_1=-2,\lambda_2=\lambda_3=1$.

当 $\lambda_1=-2$ 时，解方程组 $(2\boldsymbol{E}+\boldsymbol{A})\boldsymbol{x}=\boldsymbol{0}$，由

$$2\boldsymbol{E}+\boldsymbol{A}=\begin{pmatrix} 6 & 6 & 0 \\ -3 & -3 & 0 \\ -3 & -6 & 3 \end{pmatrix} \xrightarrow{r} \begin{pmatrix} 1 & 0 & 1 \\ 0 & 1 & -1 \\ 0 & 0 & 0 \end{pmatrix},$$

得基础解系 $\boldsymbol{p}_1=\begin{pmatrix} -1 \\ 1 \\ 1 \end{pmatrix}$.

当 $\lambda_2=\lambda_3=1$ 时，解方程组 $(\boldsymbol{E}-\boldsymbol{A})\boldsymbol{x}=\boldsymbol{0}$，由

$$\boldsymbol{E}-\boldsymbol{A}=\begin{pmatrix}-3&-6&0\\3&6&0\\3&6&0\end{pmatrix}\xrightarrow{r}\begin{pmatrix}1&2&0\\0&0&0\\0&0&0\end{pmatrix},$$

得基础解系 $\boldsymbol{p}_2=\begin{pmatrix}-2\\1\\0\end{pmatrix},\boldsymbol{p}_3=\begin{pmatrix}0\\0\\1\end{pmatrix}$，将 $\boldsymbol{p}_1,\boldsymbol{p}_2,\boldsymbol{p}_3$ 构成可逆矩阵，得

$$\boldsymbol{P}=(\boldsymbol{p}_1,\boldsymbol{p}_2,\boldsymbol{p}_3)=\begin{pmatrix}-1&-2&0\\1&1&0\\1&0&1\end{pmatrix},$$

则 $\boldsymbol{P}^{-1}\boldsymbol{A}\boldsymbol{P}=\begin{pmatrix}-2&&\\&1&\\&&1\end{pmatrix}=\boldsymbol{\Lambda}$.

（2）由（1）中的讨论可得 $\boldsymbol{A}=\boldsymbol{P}\boldsymbol{\Lambda}\boldsymbol{P}^{-1}$，故

$$\begin{aligned}\boldsymbol{A}^{10}&=(\boldsymbol{P}\boldsymbol{\Lambda}\boldsymbol{P}^{-1})^{10}=(\boldsymbol{P}\boldsymbol{\Lambda}\boldsymbol{P}^{-1})(\boldsymbol{P}\boldsymbol{\Lambda}\boldsymbol{P}^{-1})\cdots(\boldsymbol{P}\boldsymbol{\Lambda}\boldsymbol{P}^{-1})=\boldsymbol{P}\boldsymbol{\Lambda}^{10}\boldsymbol{P}^{-1}\\&=\begin{pmatrix}-1&-2&0\\1&1&0\\1&0&1\end{pmatrix}\begin{pmatrix}-2&&\\&1&\\&&1\end{pmatrix}^{10}\begin{pmatrix}-1&-2&0\\1&1&0\\1&0&1\end{pmatrix}^{-1}\\&=\begin{pmatrix}-1&-2&0\\1&1&0\\1&0&1\end{pmatrix}\begin{pmatrix}2^{10}&&\\&1&\\&&1\end{pmatrix}\begin{pmatrix}1&2&0\\-1&-1&0\\-1&-2&1\end{pmatrix}\\&=\begin{pmatrix}2-2^{10}&2-2^{11}&0\\2^{10}-1&2^{11}-1&0\\2^{10}-1&2^{11}-2&1\end{pmatrix}.\end{aligned}$$

**例 5.9**　求解一阶线性常系数微分方程组

$$\begin{cases}\dfrac{\mathrm{d}x_1}{\mathrm{d}t}=x_2,\\[2mm]\dfrac{\mathrm{d}x_2}{\mathrm{d}t}=x_3,\\[2mm]\dfrac{\mathrm{d}x_3}{\mathrm{d}t}=-6x_1-11x_2-6x_3.\end{cases}$$

**解**　把微分方程组改写成矩阵形式，为

$$\frac{\mathrm{d}\boldsymbol{x}}{\mathrm{d}t}=\boldsymbol{A}\boldsymbol{x},$$

其中

$$\boldsymbol{x}=\begin{pmatrix}x_1\\x_2\\x_3\end{pmatrix},\frac{\mathrm{d}\boldsymbol{x}}{\mathrm{d}t}=\begin{pmatrix}\dfrac{\mathrm{d}x_1}{\mathrm{d}t}\\[2mm]\dfrac{\mathrm{d}x_2}{\mathrm{d}t}\\[2mm]\dfrac{\mathrm{d}x_3}{\mathrm{d}t}\end{pmatrix},\boldsymbol{A}=\begin{pmatrix}0&1&0\\0&0&1\\-6&-11&-6\end{pmatrix}.$$

易求得矩阵 $\boldsymbol{A}$ 的特征值为 $\lambda_1=-1,\lambda_2=-2,\lambda_3=-3$. 由于 $\boldsymbol{A}$ 的 3 个特征值互不相同，所以 $\boldsymbol{A}$ 可对角化. 可求得对应于 $\lambda_1,\lambda_2,\lambda_3$ 的特征向量分别为 $\boldsymbol{p}_1=\begin{pmatrix}1\\-1\\1\end{pmatrix},\boldsymbol{p}_2=\begin{pmatrix}1\\-2\\4\end{pmatrix},\boldsymbol{p}_3=\begin{pmatrix}1\\-3\\9\end{pmatrix}$,

令 $\boldsymbol{P}=\begin{pmatrix}1&1&1\\-1&-2&-3\\1&4&9\end{pmatrix}$，则 $\boldsymbol{P}^{-1}\boldsymbol{A}\boldsymbol{P}=\begin{pmatrix}-1&&\\&-2&\\&&-3\end{pmatrix}$.

再令 $\boldsymbol{x}=\boldsymbol{P}\boldsymbol{y},\boldsymbol{y}=\begin{pmatrix}y_1\\y_2\\y_3\end{pmatrix}$，则 $\frac{\mathrm{d}\boldsymbol{y}}{\mathrm{d}t}=\boldsymbol{P}^{-1}\frac{\mathrm{d}\boldsymbol{x}}{\mathrm{d}t}=\boldsymbol{P}^{-1}\boldsymbol{A}\boldsymbol{x}=\boldsymbol{P}^{-1}\boldsymbol{A}\boldsymbol{P}\boldsymbol{y}=\begin{pmatrix}-1&&\\&-2&\\&&-3\end{pmatrix}\boldsymbol{y}$. 从而

$$\begin{cases}\frac{\mathrm{d}y_1}{\mathrm{d}t}=-y_1,\\ \frac{\mathrm{d}y_2}{\mathrm{d}t}=-2y_2,\\ \frac{\mathrm{d}y_3}{\mathrm{d}t}=-3y_3,.\end{cases}$$

易求得一般解为 $y_1=c_1\mathrm{e}^{-t},y_2=c_2\mathrm{e}^{-2t},y_3=c_3\mathrm{e}^{-3t}$，再由 $\boldsymbol{x}=\boldsymbol{P}\boldsymbol{y}$ 求得原微分方程组的一般解为

$$\begin{cases}x_1=c_1\mathrm{e}^{-t}+c_2\mathrm{e}^{-2t}+c_3\mathrm{e}^{-3t},\\ x_2=-c_1\mathrm{e}^{-t}-2c_2\mathrm{e}^{-2t}-3c_3\mathrm{e}^{-3t},\\ x_3=c_1\mathrm{e}^{-t}+4c_2\mathrm{e}^{-2t}+9c_3\mathrm{e}^{-3t},\end{cases}$$

其中，$c_1,c_2,c_3$ 为任意常数.

## 同步习题 5.3

### 基础题

1. 选择题.

(1) 若矩阵 $\boldsymbol{A}=\begin{pmatrix}4&2\\x&5\end{pmatrix}$ 与 $\boldsymbol{B}=\begin{pmatrix}6&2\\-1&3\end{pmatrix}$ 相似，则 $x$ 的值为(　　).

A. -1　　B. 1　　C. 0　　D. 2

(2) 若 $\boldsymbol{A}$ 与 $\boldsymbol{B}$ 相似，则(　　).

A. $\lambda\boldsymbol{E}-\boldsymbol{A}=\lambda\boldsymbol{E}-\boldsymbol{B}$　　B. $|\lambda\boldsymbol{E}+\boldsymbol{A}|=|\lambda\boldsymbol{E}+\boldsymbol{B}|$

C. $\boldsymbol{A}^*=\boldsymbol{B}^*$　　D. $\boldsymbol{A}^{-1}=\boldsymbol{B}^{-1}$

(3) 设 $\boldsymbol{A}\sim\begin{pmatrix}-1&0\\0&2\end{pmatrix}$，则 $|\boldsymbol{A}-\boldsymbol{E}|=$(　　).

A. -1　　B. 0　　C. 1　　D. -2

(4) 对应于 $n$ 阶方阵的每个 $k$ 重特征值，$\boldsymbol{A}$ 有 $m$ 个线性无关的特征向量，则(　　).

A. 当 $m=k$ 时，$\boldsymbol{A}$ 与对角阵相似

B. 当 $m>k$ 时，$\boldsymbol{A}$ 与对角阵相似

C. 当 $m<k$ 时，$\boldsymbol{A}$ 与对角阵相似

D. $\boldsymbol{A}$ 是否与对角阵相似，与 $k,m$ 无关

2. 已知$\boldsymbol{A}=\begin{pmatrix}-2&0&0\\2&x&2\\3&1&1\end{pmatrix}$与$\boldsymbol{B}=\begin{pmatrix}-1&0&0\\0&2&0\\0&0&y\end{pmatrix}$相似.

(1) 求 $x$ 和 $y$.

(2) 求可逆矩阵 $\boldsymbol{P}$，使 $\boldsymbol{P}^{-1}\boldsymbol{AP}=\boldsymbol{B}$.

3. 设$\boldsymbol{A}=\begin{pmatrix}0&0&1\\x&1&y\\1&0&0\end{pmatrix}$有 3 个线性无关的特征向量，求 $x$ 与 $y$ 应满足的条件.

4. 设$\boldsymbol{A}=\begin{pmatrix}1&4&-2\\0&-1&0\\1&2&-2\end{pmatrix}$，求 $\boldsymbol{A}^{2013}$.

微课：同步习题 5.3 基础题 3

5. 设$\boldsymbol{A}=\begin{pmatrix}3&1\\5&-1\end{pmatrix}$.

(1) $\boldsymbol{A}$ 是否与对角阵相似？若相似，将 $\boldsymbol{A}$ 对角化.

(2) 求 $\boldsymbol{A}^{50}\begin{pmatrix}1\\-5\end{pmatrix}$.

6. 设$\boldsymbol{\xi}=\begin{pmatrix}1\\1\\-1\end{pmatrix}$是矩阵$\boldsymbol{A}=\begin{pmatrix}2&-1&2\\5&a&3\\-1&b&-2\end{pmatrix}$的一个特征向量.

(1) 确定参数 $a,b$.

(2) 判断 $\boldsymbol{A}$ 能否与对角阵相似.

7. 设 $\boldsymbol{A}$ 与 $\boldsymbol{B}$ 都是 $n$ 阶方阵，且 $\boldsymbol{A}$ 可逆，证明：$\boldsymbol{AB}$ 与 $\boldsymbol{BA}$ 相似.

## 提高题

1. 填空题.

(1) 已知$\boldsymbol{A}=\begin{pmatrix}1&-1&1\\2&4&-2\\-3&-3&a\end{pmatrix}$与$\boldsymbol{B}=\begin{pmatrix}2&0&0\\0&2&0\\0&0&b\end{pmatrix}$相似，则 $a=$________，$b=$________.

(2) 设$\boldsymbol{\alpha}=\begin{pmatrix}1\\3\\2\end{pmatrix}$,$\boldsymbol{\beta}=\begin{pmatrix}1\\-1\\2\end{pmatrix}$，若 $\boldsymbol{A}$ 与 $\boldsymbol{\alpha\beta}^{\mathrm{T}}$ 相似，则$(2\boldsymbol{A}+\boldsymbol{E})^{*}$的特征值是________.

微课：同步习题 5.3 提高题 1(2)

(3) 设矩阵$\boldsymbol{A}\sim\boldsymbol{\Lambda}=\begin{pmatrix}2&&&\\&3&&\\&&1&\\&&&1\end{pmatrix}$，则 $\boldsymbol{E}-\boldsymbol{A}^2\sim$________，$r(\boldsymbol{E}-\boldsymbol{A}^2)=$________.

(4) $\boldsymbol{x}$ 是矩阵 $\boldsymbol{A}$ 的特征向量，则 $\boldsymbol{P}^{-1}\boldsymbol{AP}$ 的特征向量为________.

2. 已知三阶方阵 $\boldsymbol{A}$ 的 3 个特征值为 1,1,2，对应的特征向量为$(1,2,1)^{\mathrm{T}}$,$(1,1,0)^{\mathrm{T}}$,$(2,0,-1)^{\mathrm{T}}$，问：$\boldsymbol{A}$ 是否与对角阵 $\boldsymbol{\Lambda}$ 相似？如果相似，求 $\boldsymbol{A}$,$\boldsymbol{\Lambda}$ 及可逆矩阵 $\boldsymbol{P}$，使$\boldsymbol{A}=\boldsymbol{P\Lambda P}^{-1}$.

3. 若矩阵 $A=\begin{pmatrix}2&2&0\\8&2&a\\0&0&6\end{pmatrix}$ 相似于对角阵 $\Lambda$，试确定常数 $a$ 的值，并求可逆矩阵 $P$，使 $P^{-1}AP=\Lambda$.

4. 设 $A$ 为三阶方阵，已知 $A\begin{pmatrix}1&0\\1&0\\0&1\end{pmatrix}=\begin{pmatrix}2&0\\2&0\\0&1\end{pmatrix}$，$x=\begin{pmatrix}1\\-1\\0\end{pmatrix}$ 是齐次线性方程组 $Ax=0$ 的解.

(1) 求矩阵 $A$ 的所有特征值和特征向量.

(2) 判断矩阵 $A$ 是否与对角阵 $\Lambda$ 相似，若相似，求出 $\Lambda$ 及使 $P^{-1}AP=\Lambda$ 的可逆矩阵 $P$.

## 5.4 实对称矩阵的相似矩阵

根据 5.3 节的内容可知，要判断一般的 $n$ 阶方阵 $A$ 是否可对角化，关键在于判断该矩阵是否具有 $n$ 个线性无关的特征向量. 但该问题比较复杂，对此不进行一般性的讨论. 本节仅讨论实对称矩阵的对角化问题，这是因为实对称矩阵具有一般矩阵所没有的特殊性质.

### 5.4.1 实对称矩阵的特征值与特征向量

实对称矩阵的特征值、特征向量除具有 5.2 节给出的性质外，还具有以下性质.

**性质 5.7** (1) 实对称矩阵的特征值一定为实数.

(2) 实对称矩阵对应于不同特征值的特征向量必相互正交.

(3) 设 $A$ 为 $n$ 阶实对称矩阵，$\lambda$ 是 $A$ 的特征方程的 $r$ 重根，则矩阵 $\lambda E-A$ 的秩 $r(\lambda E-A)=n-r$，从而对应特征值 $\lambda$ 恰有 $r$ 个线性无关的特征向量.

* **证明** 下面只给出(1)和(2) 的证明，(3)在此不予证明.

(1) 设 $\lambda$ 是实对称矩阵 $A$ 的任一特征值，对 $Ax=\lambda x$ $(x\neq 0)$ 取共轭，再取转置，并利用 $\bar{A}=A, A^{T}=A$，得

$$\bar{x}^{T}A=\bar{\lambda}\,\bar{x}^{T},$$

其中 $\bar{\lambda}$ 表示 $\lambda$ 的共轭复数，$\bar{x}$ 表示 $x$ 的共轭复向量. 上式两边右乘 $x$，利用 $Ax=\lambda x$，得

$$\lambda\,\bar{x}^{T}x=\bar{x}^{T}Ax=\bar{\lambda}\,\bar{x}^{T}x,$$

即

$$(\lambda-\bar{\lambda})\bar{x}^{T}x=0.$$

因为 $x\neq 0$，所以 $\bar{x}^{T}x=\bar{x}_1x_1+\bar{x}_2x_2+\cdots+\bar{x}_nx_n>0$，从而推出 $\lambda=\bar{\lambda}$，即任一特征值为实数.

(2) 设 $\lambda_1,\lambda_2$ 是实对称矩阵 $A$ 的两个特征值，$p_1,p_2$ 是对应的特征向量，且 $\lambda_1\neq\lambda_2$，则 $Ap_1=\lambda_1p_1, Ap_2=\lambda_2p_2$.

因为 $A$ 为实对称矩阵，所以 $\lambda_1p_1^{T}=(\lambda_1p_1)^{T}=(Ap_1)^{T}=p_1^{T}A^{T}=p_1^{T}A$，于是 $\lambda_1p_1^{T}p_2=p_1^{T}Ap_2=p_1^{T}(\lambda_2p_2)=\lambda_2p_1^{T}p_2$，即 $(\lambda_1-\lambda_2)p_1^{T}p_2=0$，由于 $\lambda_1\neq\lambda_2$，故 $p_1^{T}p_2=0$，即 $p_1$ 与 $p_2$ 正交.

### 5.4.2 实对称矩阵的正交相似对角化

由性质 5.7(3) 和定理 5.3 的推论 2 可知，实对称矩阵 $A$ 一定可以相似对角化，并且相似变换矩阵还可以是正交矩阵.

**定理 5.4** 设 $A$ 为 $n$ 阶实对称矩阵，则必存在 $n$ 阶正交矩阵 $P$，使

$$P^{-1}AP=\Lambda=\begin{pmatrix}\lambda_1 & & & \\ & \lambda_2 & & \\ & & \ddots & \\ & & & \lambda_n\end{pmatrix},$$

其中 $\lambda_1,\lambda_2,\cdots,\lambda_n$ 是 $A$ 的 $n$ 个特征值.

**证明** 设 $A$ 的所有互不相等的特征值为 $\lambda_1,\lambda_2,\cdots,\lambda_s$，它们的重数依次是 $r_1,r_2,\cdots,r_s(r_1+r_2+\cdots+r_s=n)$. 由性质 5.7(1) 和性质 5.7(3) 知，对应于特征值 $\lambda_i(i=1,2,\cdots,s)$ 恰有 $r_i$ 个线性无关的实特征向量，把它们标准正交化，即得 $r_i$ 个标准正交的特征向量. 由 $r_1+r_2+\cdots+r_s=n$ 知，这样的特征向量共有 $n$ 个：

$$p_{11},p_{12},\cdots,p_{1r_1},\cdots,p_{s1},p_{s2},\cdots p_{sr_s}. \tag{5.11}$$

由性质 5.7(2) 知，上述向量组[式(5.11)]是标准正交向量组，故可得到 $n$ 个两两正交的单位特征向量，以它们为列向量构成正交矩阵 $P$，结合定理 5.3，得

$$P^{-1}AP=\Lambda=\begin{pmatrix}\lambda_1 & & & \\ & \lambda_2 & & \\ & & \ddots & \\ & & & \lambda_n\end{pmatrix}.$$

**【即时提问 5.3】** 设三阶实对称矩阵 $A$ 满足 $A^2+A=O$，且 $r(A)=2$，试求矩阵 $A$ 的特征值.

两个 $n$ 阶矩阵间还存在一种重要的等价关系，即矩阵的合同关系. 矩阵的合同在后面二次型的研究中起着非常重要的作用.

**定义 5.5** 给定两个 $n$ 阶方阵 $A$ 和 $B$，若存在可逆矩阵 $P$，使 $P^{T}AP=B$，则称矩阵 $A$ 与矩阵 $B$ 合同，或 $A,B$ 是合同的.

**性质 5.8** 矩阵的合同有以下性质.

(1) 自反性：对于任意 $n$ 阶方阵 $A$，$A$ 与 $A$ 合同.

(2) 对称性：若 $A$ 与 $B$ 合同，则 $B$ 与 $A$ 合同.

(3) 传递性：若 $A$ 与 $B$ 合同，$B$ 与 $C$ 合同，则 $A$ 与 $C$ 合同.

由定理 5.4，易得如下推论.

**推论** 设 $A$ 为 $n$ 阶实对称矩阵，则必存在 $n$ 阶正交矩阵 $P$，使

$$P^{T}AP=\Lambda=\begin{pmatrix}\lambda_1 & & & \\ & \lambda_2 & & \\ & & \ddots & \\ & & & \lambda_n\end{pmatrix},$$

其中 $\lambda_1,\lambda_2,\cdots,\lambda_n$ 是 $A$ 的 $n$ 个特征值.

**例 5.10** 设 $A=\begin{pmatrix}3&0&0\\0&1&2\\0&2&1\end{pmatrix}$，求一个正交矩阵 $P$，使 $P^{-1}AP=\Lambda$ 为对角阵.

**解** $A$ 的特征多项式为

$$|\lambda E-A|=\begin{vmatrix}\lambda-3&0&0\\0&\lambda-1&-2\\0&-2&\lambda-1\end{vmatrix}=(\lambda-3)^2(\lambda+1),$$

所以 $\boldsymbol{A}$ 的特征值为 $\lambda_1=-1, \lambda_2=\lambda_3=3$.

当 $\lambda_1=-1$ 时，解方程组 $(\boldsymbol{E}+\boldsymbol{A})\boldsymbol{x}=\boldsymbol{0}$，由

$$\boldsymbol{A}+\boldsymbol{E}=\begin{pmatrix}4&0&0\\0&2&2\\0&2&2\end{pmatrix}\xrightarrow{r}\begin{pmatrix}1&0&0\\0&1&1\\0&0&0\end{pmatrix},$$

得基础解系 $\boldsymbol{\xi}_1=\begin{pmatrix}0\\-1\\1\end{pmatrix}$，将 $\boldsymbol{\xi}_1$ 单位化，得 $\boldsymbol{p}_1=\begin{pmatrix}0\\-\frac{1}{\sqrt{2}}\\\frac{1}{\sqrt{2}}\end{pmatrix}$.

当 $\lambda_2=\lambda_3=3$ 时，解方程组 $(3\boldsymbol{E}-\boldsymbol{A})\boldsymbol{x}=\boldsymbol{0}$，由

$$3\boldsymbol{E}-\boldsymbol{A}=\begin{pmatrix}0&0&0\\0&2&-2\\0&-2&2\end{pmatrix}\xrightarrow{r}\begin{pmatrix}0&1&-1\\0&0&0\\0&0&0\end{pmatrix},$$

得基础解系 $\boldsymbol{\xi}_1=\begin{pmatrix}1\\0\\0\end{pmatrix}, \boldsymbol{\xi}_2=\begin{pmatrix}0\\1\\1\end{pmatrix}$，$\boldsymbol{\xi}_1$ 与 $\boldsymbol{\xi}_2$ 恰好正交，将它们单位化，得 $\boldsymbol{p}_2=\begin{pmatrix}1\\0\\0\end{pmatrix}, \boldsymbol{p}_3=\begin{pmatrix}0\\\frac{1}{\sqrt{2}}\\\frac{1}{\sqrt{2}}\end{pmatrix}$.

将 $\boldsymbol{p}_1, \boldsymbol{p}_2, \boldsymbol{p}_3$ 构成正交矩阵

$$\boldsymbol{P}=(\boldsymbol{p}_1,\boldsymbol{p}_2,\boldsymbol{p}_3)=\begin{pmatrix}0&1&0\\-\frac{1}{\sqrt{2}}&0&\frac{1}{\sqrt{2}}\\\frac{1}{\sqrt{2}}&0&\frac{1}{\sqrt{2}}\end{pmatrix},$$

有 $\boldsymbol{P}^{-1}\boldsymbol{A}\boldsymbol{P}=\boldsymbol{P}^{\mathrm{T}}\boldsymbol{A}\boldsymbol{P}=\boldsymbol{\Lambda}=\begin{pmatrix}-1&&\\&3&\\&&3\end{pmatrix}$.

**例 5.11** 设矩阵 $\boldsymbol{A}$ 是三阶实对称矩阵，$\boldsymbol{A}$ 的特征值为 1,2,2，$\boldsymbol{p}_1=(1,1,0)^{\mathrm{T}}$ 与 $\boldsymbol{p}_2=(0,1,1)^{\mathrm{T}}$ 都是矩阵 $\boldsymbol{A}$ 的属于特征值 2 的特征向量. 求 $\boldsymbol{A}$ 的属于特征值 1 的特征向量，并求出矩阵 $\boldsymbol{A}$.

**解** 设 $\boldsymbol{p}_3=(x_1,x_2,x_3)^{\mathrm{T}}$ 为 $\boldsymbol{A}$ 的属于特征值 1 的特征向量. 由于 $\boldsymbol{A}$ 是实对称矩阵，则 $\boldsymbol{p}_3$ 与 $\boldsymbol{p}_1$，$\boldsymbol{p}_2$ 都正交，所以有 $\begin{cases}x_1+x_2=0,\\x_2+x_3=0,\end{cases}$ 解得基础解系为 $\boldsymbol{p}_3=\begin{pmatrix}1\\-1\\1\end{pmatrix}$.

令

$$\boldsymbol{P}=(\boldsymbol{p}_1,\boldsymbol{p}_2,\boldsymbol{p}_3)=\begin{pmatrix}1&0&1\\1&1&-1\\0&1&1\end{pmatrix},$$

则 $P^{-1}AP=\begin{pmatrix}2&&\\&2&\\&&1\end{pmatrix}$，从而 $A=P\begin{pmatrix}2&&\\&2&\\&&1\end{pmatrix}P^{-1}=\begin{pmatrix}\frac{5}{3}&\frac{1}{3}&-\frac{1}{3}\\\frac{1}{3}&\frac{5}{3}&\frac{1}{3}\\-\frac{1}{3}&\frac{1}{3}&\frac{5}{3}\end{pmatrix}$.

或用以下方法求 $A$.

将 $p_1,p_2$ 正交化，取 $\eta_1=p_1=\begin{pmatrix}1\\1\\0\end{pmatrix},\eta_2=p_2-\frac{\langle p_2,\eta_1\rangle}{\|\eta_1\|^2}\eta_1=\frac{1}{2}\begin{pmatrix}-1\\1\\2\end{pmatrix}$. 再将 $\eta_1,\eta_2$ 单位化，得 $\xi_1=\frac{1}{\sqrt{2}}\begin{pmatrix}1\\1\\0\end{pmatrix},\xi_2=\frac{1}{\sqrt{6}}\begin{pmatrix}-1\\1\\2\end{pmatrix}$，将 $p_3$ 单位化，得 $\xi_3=\frac{1}{\sqrt{3}}\begin{pmatrix}1\\-1\\1\end{pmatrix}$.

令

$$Q=(\xi_1,\xi_2,\xi_3)=\begin{pmatrix}\frac{1}{\sqrt{2}}&-\frac{1}{\sqrt{6}}&\frac{1}{\sqrt{3}}\\\frac{1}{\sqrt{2}}&\frac{1}{\sqrt{6}}&-\frac{1}{\sqrt{3}}\\0&\frac{2}{\sqrt{6}}&\frac{1}{\sqrt{3}}\end{pmatrix},$$

则

$$Q^{-1}AQ=Q^{\mathrm{T}}AQ=\begin{pmatrix}2&&\\&2&\\&&1\end{pmatrix},$$

从而

$$A=Q\begin{pmatrix}2&&\\&2&\\&&1\end{pmatrix}Q^{\mathrm{T}}=\begin{pmatrix}\frac{5}{3}&\frac{1}{3}&-\frac{1}{3}\\\frac{1}{3}&\frac{5}{3}&\frac{1}{3}\\-\frac{1}{3}&\frac{1}{3}&\frac{5}{3}\end{pmatrix}.$$

## 同步习题 5.4

### 基础题

1. 试求一个正交的相似变换矩阵，将下列实对称矩阵化为对角阵.

(1) $\begin{pmatrix}2&-2&0\\-2&1&-2\\0&-2&0\end{pmatrix}$.　　(2) $\begin{pmatrix}2&2&-2\\2&5&-4\\-2&-4&5\end{pmatrix}$.

2. 设 $A=\begin{pmatrix}3&-2\\-2&3\end{pmatrix}$，求 $\varphi(A)=A^{10}-5A^9$.

3. 设三阶实对称矩阵 $\boldsymbol{A}$ 的特征值为 1,2,3，矩阵 $\boldsymbol{A}$ 的属于特征值 1, 2 的特征向量分别是 $\boldsymbol{\alpha}_1=(-1,-1,1)^{\mathrm{T}}$，$\boldsymbol{\alpha}_2=(1,-2,-1)^{\mathrm{T}}$.

(1) 求 $\boldsymbol{A}$ 的属于特征值 3 的特征向量.

(2) 求矩阵 $\boldsymbol{A}$.

微课：同步习题 5.4 基础题 3

4. 已知矩阵 $\boldsymbol{A}=\begin{pmatrix}1&2&0\\2&1&0\\-2&a&3\end{pmatrix}$，证明：当 $a=2$ 时，矩阵 $\boldsymbol{A}$ 与对角阵 $\boldsymbol{\Lambda}$ 相似，并写出与 $\boldsymbol{A}$ 相似的对角阵 $\boldsymbol{\Lambda}$.

5. 设三阶实对称矩阵 $\boldsymbol{A}$ 的特征值为 6,3,3，与特征值 6 对应的一个特征向量为 $\boldsymbol{p}_1=(1,1,1)^{\mathrm{T}}$，求 $\boldsymbol{A}$.

**提高题**

1. 设 $\boldsymbol{A}$ 是 $n$ 阶实对称矩阵，$\boldsymbol{P}$ 是 $n$ 阶可逆矩阵. 已知 $n$ 维列向量 $\boldsymbol{\alpha}$ 是 $\boldsymbol{A}$ 的属于特征值 $\lambda$ 的特征向量，则矩阵 $(\boldsymbol{P}^{-1}\boldsymbol{AP})^{\mathrm{T}}$ 属于特征值 $\lambda$ 的特征向量是(　　).

A. $\boldsymbol{P}^{-1}\boldsymbol{\alpha}$　　B. $\boldsymbol{P}^{\mathrm{T}}\boldsymbol{\alpha}$　　C. $\boldsymbol{P\alpha}$　　D. $(\boldsymbol{P}^{-1})^{\mathrm{T}}\boldsymbol{\alpha}$

2. 设三阶实对称矩阵 $\boldsymbol{A}$ 的各行元素之和均为 3，且行列式 $|2\boldsymbol{E}-\boldsymbol{A}|=0$. 向量 $\boldsymbol{\xi}=(1,-2,1)^{\mathrm{T}}$ 是线性方程组 $\boldsymbol{Ax}=\boldsymbol{0}$ 的解. 求：(1) $\boldsymbol{A}$ 的特征值与特征向量；(2) 矩阵 $\boldsymbol{A}$.

3. 设 $\boldsymbol{A}=\begin{pmatrix}0&-1&4\\-1&3&a\\4&a&0\end{pmatrix}$，正交矩阵 $\boldsymbol{P}$ 使 $\boldsymbol{P}^{\mathrm{T}}\boldsymbol{AP}$ 为对角阵，如果 $\boldsymbol{P}$ 的第 1 列为 $\left(\frac{1}{\sqrt{6}},\frac{2}{\sqrt{6}},\frac{1}{\sqrt{6}}\right)^{\mathrm{T}}$，求 $a,\boldsymbol{P}$.

4. 设 $\boldsymbol{A}$ 是三阶实对称矩阵，且 $\boldsymbol{A}^2+2\boldsymbol{A}=\boldsymbol{O}$，若 $\boldsymbol{A}$ 的秩为 2，则 $\boldsymbol{A}$ 相似于________.

微课：同步习题 5.4 提高题 4

## 5.5 二次型

在平面解析几何中，对于二次曲线 $3x^2+4xy+3y^2=1$，为了求原点到曲线上距离最长或最短的点的坐标，可以通过适当地坐标旋转变换 $\begin{cases}x=m\cos\theta-n\sin\theta,\\y=m\sin\theta+n\cos\theta,\end{cases}$ 其中 $\theta=\frac{\pi}{4}$，将曲线方程化为标准形式 $5m^2+n^2=1$. 由于坐标旋转变换不改变图形的形状，于是从变换后的方程很容易判断曲线是椭圆，原点到曲线上距离最长或最短的点的坐标分别为 $(\pm1,0)$ 和 $\left(0,\pm\frac{1}{\sqrt{5}}\right)$. 将上面的做法加以推广，便是对二次型的研究.

### 5.5.1 二次型的概念

**定义 5.6** 含有 $n$ 个变量 $x_1,x_2,\cdots,x_n$ 的二次齐次多项式

$$f(x_1,x_2,\cdots,x_n)=a_{11}x_1^2+a_{22}x_2^2+\cdots+a_{nn}x_n^2+2a_{12}x_1x_2+2a_{13}x_1x_3+\cdots+2a_{n-1,n}x_{n-1}x_n \tag{5.12}$$

称为**二次型**.

如果所有的系数 $a_{ij}(1\leqslant i,j\leqslant n)$ 均为实数，则式(5.12)表示的二次型为实二次型；如果所有

的系数 $a_{ij}(1\leqslant i,j\leqslant n)$ 均为复数，则式(5.12)表示的二次型为复二次型．在本书中，仅讨论实二次型．特别地，如果 $n$ 元二次型 $f(x_1,x_2,\cdots,x_n)$ 只含有平方项，即

$$f(x_1,x_2,\cdots,x_n)=k_1x_1^2+k_2x_2^2+\cdots+k_nx_n^2, \tag{5.13}$$

则称式(5.13)为二次型的**标准形**．如果标准形的系数 $k_1,k_2,\cdots,k_n$ 只在 $1,-1,0$ 这 3 个数中取值，使

$$f(x_1,x_2,\cdots,x_n)=x_1^2+x_2^2+\cdots+x_p^2-x_{p+1}^2-\cdots-x_r^2, \tag{5.14}$$

则称式(5.14)为二次型的**规范形**．

### 5.5.2 二次型及其矩阵

如果规定 $a_{ij}=a_{ji}$，则当 $i\neq j$ 时，有 $2a_{ij}x_ix_j=a_{ij}x_ix_j+a_{ji}x_jx_i$，从而式(5.12)可表示为

$$\begin{aligned}f(x_1,x_2,\cdots,x_n)&=a_{11}x_1^2+a_{12}x_1x_2+a_{13}x_1x_3+\cdots+a_{1n}x_1x_n+\\&\quad a_{21}x_2x_1+a_{22}x_2^2+\cdots+a_{2n}x_2x_n+\cdots+\\&\quad a_{n1}x_nx_1+a_{n2}x_nx_2+\cdots+a_{nn}x_n^2\\&=\sum_{i=1}^{n}\sum_{j=1}^{n}a_{ij}x_ix_j.\end{aligned}$$

利用矩阵的运算规律，上式还可表示为

$$f(x_1,x_2,\cdots,x_n)=(x_1,x_2,\cdots,x_n)\begin{pmatrix}a_{11}&a_{12}&\cdots&a_{1n}\\a_{21}&a_{22}&\cdots&a_{2n}\\\vdots&\vdots&&\vdots\\a_{n1}&a_{n2}&\cdots&a_{nn}\end{pmatrix}\begin{pmatrix}x_1\\x_2\\\vdots\\x_n\end{pmatrix}, \tag{5.15}$$

称上式为二次型的**矩阵表示**．记 $\boldsymbol{A}=\begin{pmatrix}a_{11}&a_{12}&\cdots&a_{1n}\\a_{21}&a_{22}&\cdots&a_{2n}\\\vdots&\vdots&&\vdots\\a_{n1}&a_{n2}&\cdots&a_{nn}\end{pmatrix},\boldsymbol{x}=\begin{pmatrix}x_1\\x_2\\\vdots\\x_n\end{pmatrix}$，则式(5.15)可表示为矩阵形式 $f=\boldsymbol{x}^{\mathrm{T}}\boldsymbol{A}\boldsymbol{x}$，其中 $\boldsymbol{A}$ 为实对称矩阵．

在二次型的矩阵表示中，任给一个二次型，就唯一确定了一个对称矩阵；反之，任给一个对称矩阵，也可唯一确定一个二次型．这样，二次型和对称矩阵之间存在一一对应的关系，因此，把对称矩阵 $\boldsymbol{A}$ 叫作二次型 $f$ 的矩阵，二次型 $f$ 叫作对称矩阵 $\boldsymbol{A}$ 的二次型．矩阵 $\boldsymbol{A}$ 的秩就是二次型 $f$ 的**秩**．

**例 5.12** 将二次型

$$f(x_1,x_2,x_3,x_4)=x_1^2-2x_2^2+3x_3^2+8x_1x_2-4x_1x_3+3x_1x_4-4x_2x_3+x_3x_4$$

表示成矩阵形式，写出其对称矩阵，并求出二次型的秩．

**解** 设 $f=\boldsymbol{x}^{\mathrm{T}}\boldsymbol{A}\boldsymbol{x}$，则二次型的矩阵为

$$\boldsymbol{A}=\begin{pmatrix}1&4&-2&\frac{3}{2}\\4&-2&-2&0\\-2&-2&3&\frac{1}{2}\\\frac{3}{2}&0&\frac{1}{2}&0\end{pmatrix}$$

对 $\boldsymbol{A}$ 进行初等变换，不难求出 $r(\boldsymbol{A})=4$，即二次型的秩为 4．

**例 5.13** 已知对称矩阵 $A=\begin{pmatrix}1&3&-2\\3&-2&0\\-2&0&5\end{pmatrix}$，确定其二次型.

**解** $f=(x_1,x_2,x_3)\begin{pmatrix}1&3&-2\\3&-2&0\\-2&0&5\end{pmatrix}\begin{pmatrix}x_1\\x_2\\x_3\end{pmatrix}=x_1^2-2x_2^2+5x_3^2+6x_1x_2-4x_1x_3.$

【即时提问 5.4】 已知二次型 $f(x_1,x_2,x_3)=5x_1^2+5x_2^2+cx_3^2-2x_1x_2+6x_1x_3-6x_2x_3$ 的秩为 2，则参数 $c$ 的值为多少？

二次型的主要内容之一就是希望通过变量的可逆线性变换

$$\begin{cases}x_1=c_{11}y_1+c_{12}y_2+\cdots+c_{1n}y_n,\\x_2=c_{21}y_1+c_{22}y_2+\cdots+c_{2n}y_n,\\\cdots\cdots\cdots\cdots\\x_n=c_{n1}y_1+c_{n2}y_2+\cdots+c_{nn}y_n,\end{cases}\tag{5.16}$$

即 $\boldsymbol{x}=\boldsymbol{C}\boldsymbol{y}$，$|\boldsymbol{C}|\neq0$，其中

$$\boldsymbol{x}=\begin{pmatrix}x_1\\x_2\\\vdots\\x_n\end{pmatrix},\boldsymbol{C}=\begin{pmatrix}c_{11}&c_{12}&\cdots&c_{1n}\\c_{21}&c_{22}&\cdots&c_{2n}\\\vdots&\vdots&&\vdots\\c_{n1}&c_{n2}&\cdots&c_{nn}\end{pmatrix},\boldsymbol{y}=\begin{pmatrix}y_1\\y_2\\\vdots\\y_n\end{pmatrix}$$

来简化二次型.

二次型 $f=\boldsymbol{x}^{\mathrm{T}}\boldsymbol{A}\boldsymbol{x}$ 在可逆线性变换 $\boldsymbol{x}=\boldsymbol{C}\boldsymbol{y}$ 下有

$$f=\boldsymbol{x}^{\mathrm{T}}\boldsymbol{A}\boldsymbol{x}=(\boldsymbol{C}\boldsymbol{y})^{\mathrm{T}}\boldsymbol{A}(\boldsymbol{C}\boldsymbol{y})=\boldsymbol{y}^{\mathrm{T}}\boldsymbol{C}^{\mathrm{T}}\boldsymbol{A}\boldsymbol{C}\boldsymbol{y}=\boldsymbol{y}^{\mathrm{T}}(\boldsymbol{C}^{\mathrm{T}}\boldsymbol{A}\boldsymbol{C})\boldsymbol{y}=\boldsymbol{y}^{\mathrm{T}}\boldsymbol{B}\boldsymbol{y},$$

其中 $\boldsymbol{B}=\boldsymbol{C}^{\mathrm{T}}\boldsymbol{A}\boldsymbol{C}$. 显然 $\boldsymbol{B}$ 为对称矩阵. 于是矩阵 $\boldsymbol{A}$ 与矩阵 $\boldsymbol{B}$ 是合同的.

### 5.5.3 二次型化标准形

本小节要讨论的主要问题：寻求一个可逆的线性变换 $\boldsymbol{x}=\boldsymbol{C}\boldsymbol{y}$，代入二次型 $f=\boldsymbol{x}^{\mathrm{T}}\boldsymbol{A}\boldsymbol{x}$，使 $f=\boldsymbol{x}^{\mathrm{T}}\boldsymbol{A}\boldsymbol{x}$ 只含有平方项.

#### 1. 利用正交变换化二次型为标准形

**定理 5.5** 任给 $n$ 元实二次型 $f=\boldsymbol{x}^{\mathrm{T}}\boldsymbol{A}\boldsymbol{x}$，总存在正交变换 $\boldsymbol{x}=\boldsymbol{P}\boldsymbol{y}$，使二次型 $f$ 化为标准形

$$f=(\boldsymbol{P}\boldsymbol{y})^{\mathrm{T}}\boldsymbol{A}(\boldsymbol{P}\boldsymbol{y})=\boldsymbol{y}^{\mathrm{T}}(\boldsymbol{P}^{\mathrm{T}}\boldsymbol{A}\boldsymbol{P})\boldsymbol{y}=\lambda_1y_1^2+\lambda_2y_2^2+\cdots+\lambda_ny_n^2,$$

其中 $\lambda_1,\lambda_2,\cdots,\lambda_n$ 是矩阵 $\boldsymbol{A}$ 的特征值.

用正交变换法将二次型化为标准形，其特点是保持几何图形形状不变. 因此，它在理论和实际应用中都有非常重要的意义. 下面介绍利用正交变换将二次型化为标准形的具体步骤.

第一步：求出矩阵 $\boldsymbol{A}$ 的所有特征值 $\lambda_1,\lambda_2,\cdots,\lambda_n$(可能有重根).

第二步：求出矩阵 $\boldsymbol{A}$ 的每个特征值 $\lambda_i$ 对应的一组线性无关的特征向量，即求出线性方程组 $(\lambda_i\boldsymbol{E}-\boldsymbol{A})\boldsymbol{x}=\boldsymbol{0}$ 的一个基础解系，并将此基础解系进行施密特正交化(正交化、单位化).

第三步：将所有特征值 $\lambda_1,\lambda_2,\cdots,\lambda_n$ 对应的 $n$ 个标准、正交的特征向量作为列向量得到 $n$ 阶方阵，即为正交矩阵 $\boldsymbol{P}$(不唯一).

第四步：作正交变换 $\boldsymbol{x}=\boldsymbol{P}\boldsymbol{y}$，即可将二次型化为标准形

$$f=\lambda_1y_1^2+\lambda_2y_2^2+\cdots+\lambda_ny_n^2.$$

**例 5.14** 求一个正交变换 $\boldsymbol{x}=\boldsymbol{P}\boldsymbol{y}$，把二次型 $f(x_1,x_2,x_3)=2x_1^2+3x_2^2+3x_3^2+4x_2x_3$ 化为标准形.

**解** (1)写出二次型的对应矩阵 $\boldsymbol{A}=\begin{pmatrix}2&0&0\\0&3&2\\0&2&3\end{pmatrix}$,

由 $|\lambda\boldsymbol{E}-\boldsymbol{A}|=\begin{vmatrix}\lambda-2&0&0\\0&\lambda-3&-2\\0&-2&\lambda-3\end{vmatrix}=(\lambda-1)(\lambda-2)(\lambda-5)=0$，得特征值 $\lambda_1=1,\lambda_2=2,\lambda_3=5$.

(2)当 $\lambda_1=1$ 时，由 $(\boldsymbol{E}-\boldsymbol{A})\boldsymbol{x}=\boldsymbol{0}$ 得 $\begin{pmatrix}-1&0&0\\0&-2&-2\\0&-2&-2\end{pmatrix}\boldsymbol{x}=\boldsymbol{0}$，解得特征向量 $\boldsymbol{\xi}_1=\begin{pmatrix}0\\1\\-1\end{pmatrix}$；

当 $\lambda_2=2$ 时，由 $(2\boldsymbol{E}-\boldsymbol{A})\boldsymbol{x}=\boldsymbol{0}$ 得 $\begin{pmatrix}0&0&0\\0&-1&-2\\0&-2&-1\end{pmatrix}\boldsymbol{x}=\boldsymbol{0}$，解得特征向量 $\boldsymbol{\xi}_2=\begin{pmatrix}1\\0\\0\end{pmatrix}$；

当 $\lambda_3=5$ 时，由 $(5\boldsymbol{E}-\boldsymbol{A})\boldsymbol{x}=\boldsymbol{0}$ 得 $\begin{pmatrix}3&0&0\\0&2&-2\\0&-2&2\end{pmatrix}\boldsymbol{x}=\boldsymbol{0}$，解得特征向量 $\boldsymbol{\xi}_3=\begin{pmatrix}0\\1\\1\end{pmatrix}$.

(3) 因为特征值都不相等，$\boldsymbol{A}$ 是实对称的，所以 $\boldsymbol{\xi}_1,\boldsymbol{\xi}_2,\boldsymbol{\xi}_3$ 是彼此正交的. 将 $\boldsymbol{\xi}_1,\boldsymbol{\xi}_2,\boldsymbol{\xi}_3$ 单位化，得 $\boldsymbol{\eta}_1=\frac{1}{\sqrt{2}}\begin{pmatrix}0\\1\\-1\end{pmatrix},\boldsymbol{\eta}_2=\begin{pmatrix}1\\0\\0\end{pmatrix},\boldsymbol{\eta}_3=\frac{1}{\sqrt{2}}\begin{pmatrix}0\\1\\1\end{pmatrix}$，故正交矩阵为 $\boldsymbol{P}=\frac{1}{\sqrt{2}}\begin{pmatrix}0&\sqrt{2}&0\\1&0&1\\-1&0&1\end{pmatrix}$.

(4) 得到正交变换 $\boldsymbol{x}=\boldsymbol{P}\boldsymbol{y}$，进而得到所求标准形是 $f=y_1^2+2y_2^2+5y_3^2$.

**例 5.15** 针对给定的矩阵 $\boldsymbol{A}=\begin{pmatrix}1&-2&2\\-2&4&-4\\2&-4&4\end{pmatrix}$，解答下列问题.

(1) 求一个正交矩阵 $\boldsymbol{P}$，使 $\boldsymbol{P}^{\mathrm{T}}\boldsymbol{A}\boldsymbol{P}$ 成为对角矩阵.

(2) 求一个正交变换，将二次型

$$f(x_1,x_2,x_3)=x_1^2+4x_2^2+4x_3^2-4x_1x_2+4x_1x_3-8x_2x_3$$

化为标准形.

**解** (1)矩阵 $\boldsymbol{A}$ 的特征方程为 $|\lambda\boldsymbol{E}-\boldsymbol{A}|=\begin{vmatrix}\lambda-1&2&-2\\2&\lambda-4&4\\-2&4&\lambda-4\end{vmatrix}=\lambda^2(\lambda-9)=0$，因此，矩阵 $\boldsymbol{A}$ 的特征值为 $\lambda_1=\lambda_2=0$，$\lambda_3=9$.

对于 $\lambda_1=\lambda_2=0$，对应的特征向量为 $\boldsymbol{\xi}_1=\begin{pmatrix}2\\1\\0\end{pmatrix},\boldsymbol{\xi}_2=\begin{pmatrix}-2\\0\\1\end{pmatrix}$，将它们正交化，得

$$\boldsymbol{\beta}_1=\begin{pmatrix}2\\1\\0\end{pmatrix},\boldsymbol{\beta}_2=\frac{1}{5}\begin{pmatrix}-2\\4\\5\end{pmatrix}.$$

对于 $\lambda_3=9$，对应的特征向量为 $\boldsymbol{\xi}_3=\begin{pmatrix}1\\-2\\2\end{pmatrix}$，由于 $\boldsymbol{\xi}_3$ 与 $\boldsymbol{\beta}_1,\boldsymbol{\beta}_2$ 正交，故只需将 $\boldsymbol{\beta}_1,\boldsymbol{\beta}_2$，$\boldsymbol{\xi}_3$ 单

位化，得 $\boldsymbol{\alpha}_1=\begin{pmatrix}\frac{2}{\sqrt{5}}\\ \frac{1}{\sqrt{5}}\\ 0\end{pmatrix},\boldsymbol{\alpha}_2=\begin{pmatrix}-\frac{2}{3\sqrt{5}}\\ \frac{4}{3\sqrt{5}}\\ \frac{5}{3\sqrt{5}}\end{pmatrix},\boldsymbol{\alpha}_3=\begin{pmatrix}\frac{1}{3}\\ -\frac{2}{3}\\ \frac{2}{3}\end{pmatrix}$.

令正交矩阵 $\boldsymbol{P}=(\boldsymbol{\alpha}_1,\boldsymbol{\alpha}_2,\boldsymbol{\alpha}_3)=\begin{pmatrix}\frac{2}{\sqrt{5}} & -\frac{2}{3\sqrt{5}} & \frac{1}{3}\\ \frac{1}{\sqrt{5}} & \frac{4}{3\sqrt{5}} & -\frac{2}{3}\\ 0 & \frac{5}{3\sqrt{5}} & \frac{2}{3}\end{pmatrix}$，则有 $\boldsymbol{P}^{-1}\boldsymbol{AP}=\boldsymbol{P}^{\mathrm{T}}\boldsymbol{AP}=\boldsymbol{\Lambda}$，其中 $\boldsymbol{\Lambda}=\begin{pmatrix}0 & & \\ & 0 & \\ & & 9\end{pmatrix}$.

(2) 显然，该二次型的矩阵恰好为矩阵 $\boldsymbol{A}$. 因此，$\boldsymbol{P}$ 可以取(1)中得到的正交矩阵. 令 $\boldsymbol{x}=\boldsymbol{Py}$，则有 $f=\boldsymbol{x}^{\mathrm{T}}\boldsymbol{Ax}=\boldsymbol{y}^{\mathrm{T}}\boldsymbol{\Lambda y}=9y_3^2$.

**例 5.16** 方程 $3x^2+5y^2+5z^2+4xy-4xz-10yz=1$ 表示何种二次曲面?

**解** 因为 $f(x,y,z)=3x^2+5y^2+5z^2+4xy-4xz-10yz$ 是一个二次型，其矩阵 $\boldsymbol{A}=\begin{pmatrix}3 & 2 & -2\\ 2 & 5 & -5\\ -2 & -5 & 5\end{pmatrix}$，由 $|\lambda\boldsymbol{E}-\boldsymbol{A}|=0$ 得 $\lambda_1=0,\lambda_2=2,\lambda_3=11$. 原方程可化为 $2\tilde{y}^2+11\tilde{z}^2=1$，它表示椭圆柱面.

2. 利用配方法化二次型为标准形

如果只要求变换是一个可逆的线性变换，而不限于正交变换，那么还可以利用配方法化二次型为标准形.

**例 5.17** 设二次型 $f(x_1,x_2,x_3)=x_1^2+2x_2^2+x_3^2+2x_1x_2-2x_2x_3$，利用配方法将其化为标准形.

**解** 
$$\begin{aligned}f(x_1,x_2,x_3)&=x_1^2+2x_2^2+x_3^2+2x_1x_2-2x_2x_3\\&=(x_1^2+2x_1x_2+x_2^2)+(x_2^2-2x_2x_3+x_3^2)\\&=(x_1+x_2)^2+(x_2-x_3)^2.\end{aligned}$$

令 $\begin{cases}y_1=x_1+x_2,\\ y_2=x_2-x_3,\\ y_3=x_3,\end{cases}$ 把 $f$ 化为标准形 $f=y_1^2+y_2^2$.

**例 5.18** 设二次型 $f(x_1,x_2,x_3)=2x_1x_2-4x_1x_3$，利用配方法将其化为标准形，并求所用的变换矩阵.

**解** 令

$$\begin{cases}x_1=y_1+y_2,\\ x_2=y_1-y_2,\\ x_3=y_3,\end{cases}\tag{5.17}$$

则

$$
\begin{aligned}
f(x_1,x_2,x_3) &= 2x_1x_2-4x_1x_3\\
&=2(y_1+y_2)(y_1-y_2)-4(y_1+y_2)y_3\\
&=2y_1^2-2y_2^2-4y_1y_3-4y_2y_3\\
&=2(y_1-y_3)^2-2(y_2+y_3)^2.
\end{aligned}
$$

令

$$
\begin{cases}
z_1=y_1-y_3,\\
z_2=y_2+y_3,\\
z_3=y_3,
\end{cases}
$$

则

$$
\begin{cases}
y_1=z_1+z_3,\\
y_2=z_2-z_3,\\
y_3=z_3,
\end{cases}
\tag{5.18}
$$

于是有 $f=2z_1^2-2z_2^2$.

将二次型化为标准形，进行式(5.17)和式(5.18)两步的坐标变换，现将这两步分别记作 $\boldsymbol{x}=\boldsymbol{C}_1\boldsymbol{y}$ 和 $\boldsymbol{y}=\boldsymbol{C}_2\boldsymbol{z}$，其中

$$
\boldsymbol{x}=\begin{pmatrix}x_1\\x_2\\x_3\end{pmatrix},\boldsymbol{y}=\begin{pmatrix}y_1\\y_2\\y_3\end{pmatrix},\boldsymbol{z}=\begin{pmatrix}z_1\\z_2\\z_3\end{pmatrix},\boldsymbol{C}_1=\begin{pmatrix}1&1&0\\1&-1&0\\0&0&1\end{pmatrix},\boldsymbol{C}_2=\begin{pmatrix}1&0&1\\0&1&-1\\0&0&1\end{pmatrix},
$$

于是 $\boldsymbol{x}=\boldsymbol{C}_1\boldsymbol{C}_2\boldsymbol{z}$ 就是将二次型化为标准形所进行的坐标变换，故变换矩阵为

$$
\boldsymbol{C}=\boldsymbol{C}_1\boldsymbol{C}_2=\begin{pmatrix}1&1&0\\1&-1&0\\0&0&1\end{pmatrix}\begin{pmatrix}1&0&1\\0&1&-1\\0&0&1\end{pmatrix}=\begin{pmatrix}1&1&0\\1&-1&2\\0&0&1\end{pmatrix}.
$$

## 同步习题 5.5

### 基础题

1. 写出下列二次型的矩阵，并求出其秩.

(1) $f(x_1,x_2,x_3,x_4)=2x_1^2-2x_2^2+4x_3^2+x_4^2-x_1x_2+2x_1x_3+9x_1x_4+8x_2x_3+x_3x_4$.

(2) $f(x,y)=2x^2+6xy-y^2$.

(3) $f(x,y,z)=3x^2+y^2+7z^2-6xy-4xz-5yz$.

2. 写出下列矩阵对应的二次型.

(1) $\boldsymbol{A}=\begin{pmatrix}0&-1\\-1&0\end{pmatrix}$.　(2) $\boldsymbol{A}=\begin{pmatrix}-1&2&0\\2&1&-3\\0&-3&0\end{pmatrix}$.　(3) $\boldsymbol{A}=\begin{pmatrix}a_1&b\\b&a_2\end{pmatrix}$.

3. 证明：矩阵 $\begin{pmatrix}x&0&0\\0&y&0\\0&0&z\end{pmatrix}$ 与 $\begin{pmatrix}y&0&0\\0&z&0\\0&0&x\end{pmatrix}$ 合同.

微课：同步习题 5.5
基础题 3

4. 利用正交变换将下列二次型化为标准形.

(1) $f(x_1,x_2,x_3)=2x_3^2-2x_1x_2+2x_1x_3-2x_2x_3$.

(2) $f(x_1,x_2,x_3,x_4)=2x_1x_2+2x_1x_3-2x_1x_4-2x_2x_3+2x_2x_4+2x_3x_4$.

5. 利用配方法化下列二次型为标准形，并求出所用的变换矩阵.

(1) $f(x_1,x_2,x_3)=x_1x_2+x_1x_3+x_2x_3$.

(2) $f(x_1,x_2,x_3)=2x_1^2+3x_2^2+x_3^2+4x_1x_2-4x_1x_3-2x_2x_3$.

6. 已知二次型 $f=2x_1^2+3x_2^2+3x_3^2+2ax_2x_3(a>0)$ 可通过正交变换化为标准形 $f=y_1^2+2y_2^2+5y_3^2$，求参数 $a$ 及所用的正交变换矩阵.

**提高题**

1. 求二次型 $f(x_1,x_2,x_3)=2x_2^2+2x_3^2+4x_1x_2-4x_1x_3+8x_2x_3$ 的秩.

2. 已知二次型 $f(x_1,x_2,x_3)=(1-a)x_1^2+(1-a)x_2^2+2x_3^2+2(1+a)x_1x_2$ 的秩为 2.

(1) 求 $a$ 的值.

(2) 求正交变换 $\boldsymbol{x}=\boldsymbol{P}\boldsymbol{y}$，把 $f(x_1,x_2,x_3)$ 化成标准形.

(3) 求方程 $f(x_1,x_2,x_3)=0$ 的解.

## 5.6 正定二次型

本节讨论一种特殊的实二次型，即正定二次型.

### 5.6.1 正定二次型的定义

一个 $n$ 元实二次型既可以通过正交变换法化为标准形，也可以通过配方法化为标准形. 显然，标准形不唯一，但其所含的项数是确定的，因为标准形的项数等于二次型的秩.

**定理 5.6** 设有二次型 $f=\sum_{i=1}^{n}\sum_{j=1}^{n}a_{ij}x_ix_j=\boldsymbol{x}^{\mathrm{T}}\boldsymbol{A}\boldsymbol{x}(\boldsymbol{A}^{\mathrm{T}}=\boldsymbol{A})$，且它的秩为 $r$，若有两个实的可逆线性变换 $\boldsymbol{x}=\boldsymbol{P}\boldsymbol{y},\boldsymbol{x}=\boldsymbol{Q}\boldsymbol{z}$，使二次型化为 $f=\lambda_1y_1^2+\lambda_2y_2^2+\cdots+\lambda_ry_r^2(\lambda_i\neq0,i=1,2,\cdots,r)$，$f=p_1z_1^2+p_2z_2^2+\cdots+p_rz_r^2(p_i\neq0,i=1,2,\cdots,r)$，则 $\lambda_1,\lambda_2,\cdots,\lambda_r$ 和 $p_1,p_2,\cdots,p_r$ 中正数的个数相等，设为 $m$，称 $m$ 为二次型的正惯性指数；负数的个数也相等，均为 $r-m$，称 $r-m$ 为二次型的负惯性指数；称正惯性指数与负惯性指数之差 $2m-r$ 为二次型的符号差.

此定理称为惯性定理.

**定义 5.7** 设有二次型 $f=\boldsymbol{x}^{\mathrm{T}}\boldsymbol{A}\boldsymbol{x}$，若对于任意的非零列向量 $\boldsymbol{x}$，都有 $f(\boldsymbol{x})>0$，则称该二次型为正定二次型，并称矩阵 $\boldsymbol{A}$ 为正定矩阵；若对于任意的非零列向量 $\boldsymbol{x}$，都有 $f(\boldsymbol{x})<0$，则称该二次型为负定二次型，并称矩阵 $\boldsymbol{A}$ 为负定矩阵.

根据定义 5.7 知，二次型 $f(x_1,x_2,\cdots,x_n)=k_1x_1^2+k_2x_2^2+\cdots+k_nx_n^2$ 为正定二次型的充分必要条件是 $k_i>0(i=1,2,\cdots,n)$；二次型 $f=\boldsymbol{x}^{\mathrm{T}}\boldsymbol{A}\boldsymbol{x}$ 经过可逆线性变换 $\boldsymbol{x}=\boldsymbol{C}\boldsymbol{y}$ 后化为 $f=\boldsymbol{y}^{\mathrm{T}}(\boldsymbol{C}^{\mathrm{T}}\boldsymbol{A}\boldsymbol{C})\boldsymbol{y}$，其正定性保持不变.

**定理 5.7** 实二次型 $f=\boldsymbol{x}^{\mathrm{T}}\boldsymbol{A}\boldsymbol{x}$ 正定的充分必要条件是它的正惯性指数等于 $n$.

**推论** 实二次型 $f=\boldsymbol{x}^{\mathrm{T}}\boldsymbol{A}\boldsymbol{x}$ 正定的充分必要条件是 $f$ 的矩阵 $\boldsymbol{A}$ 的特征值全为正.

**例 5.19** 判定下列二次型的正定性.

(1) $f=(x_1,x_2,x_3)\begin{pmatrix}3&2&0\\2&3&0\\0&0&1\end{pmatrix}\begin{pmatrix}x_1\\x_2\\x_3\end{pmatrix}$.

(2) $f(x_1,x_2,x_3)=3x_1^2+x_2^2+3x_3^2-4x_1x_2-4x_1x_3+4x_2x_3$.

**解** (1) 由 $|\lambda E-A|=\begin{vmatrix}\lambda-3&-2&0\\-2&\lambda-3&0\\0&0&\lambda-1\end{vmatrix}=(\lambda-1)^2(\lambda-5)$，得矩阵 $A$ 的特征值为 1,1,5. 由定理 5.7 的推论可知，$f=(x_1,x_2,x_3)\begin{pmatrix}3&2&0\\2&3&0\\0&0&1\end{pmatrix}\begin{pmatrix}x_1\\x_2\\x_3\end{pmatrix}$为正定二次型.

(2)二次型的矩阵为 $A=\begin{pmatrix}3&-2&-2\\-2&1&2\\-2&2&3\end{pmatrix}$，由 $|\lambda E-A|=\begin{vmatrix}\lambda-3&2&2\\2&\lambda-1&-2\\2&-2&\lambda-3\end{vmatrix}=-(\lambda-1)(\lambda^2-6\lambda-3)$，得矩阵 $A$ 的特征值为 $1,3+2\sqrt{3}$，$3-2\sqrt{3}$，因为 $3-2\sqrt{3}<0$，所以 $A$ 不是正定矩阵，从而二次型不是正定二次型.

### 5.6.2　赫尔维茨定理

下面讨论如何使用二次型的矩阵 $A$ 的子式来判别二次型的正定性.

**定义 5.8**　位于 $n$ 阶矩阵 $A$ 的左上角的 $1,2,\cdots,n$ 阶子式

$$\Delta_1=|a_{11}|=a_{11},\Delta_2=\begin{vmatrix}a_{11}&a_{12}\\a_{21}&a_{22}\end{vmatrix},\cdots,\Delta_n=|A|,$$

分别称为矩阵 $A$ 的 $1,2,\cdots,n$ 阶顺序主子式.

**定理 5.8**　二次型 $f=x^{\mathrm{T}}Ax$ 正定的充分必要条件是 $A$ 的各阶顺序主子式全大于零；二次型 $f=x^{\mathrm{T}}Ax$ 负定的充分必要条件是奇数阶顺序主子式为负，偶数阶顺序主子式为正.

这个定理称为赫尔维茨定理.

**【即时提问 5.5】**　设 $A,B$ 都是 $n$ 阶正定矩阵，试讨论矩阵 $A+B$ 是否为正定矩阵，并说明理由.

**例 5.20**　判定下列二次型的正定性.

(1) $f(x_1,x_2,x_3)=5x_1^2+3x_2^2+x_3^2-4x_1x_2-2x_2x_3$.

(2) $f(x_1,x_2,x_3)=-5x_1^2-6x_2^2-4x_3^2+4x_1x_2+4x_1x_3$.

**解** (1) 二次型的矩阵 $A=\begin{pmatrix}5&-2&0\\-2&3&-1\\0&-1&1\end{pmatrix}$，它的各阶顺序主子式为

$$\Delta_1=a_{11}=5>0,\Delta_2=\begin{vmatrix}a_{11}&a_{12}\\a_{21}&a_{22}\end{vmatrix}=\begin{vmatrix}5&-2\\-2&3\end{vmatrix}=11>0,\Delta_3=|A|=6>0,$$

所以该二次型为正定二次型.

(2) 二次型的矩阵 $A=\begin{pmatrix}-5&2&2\\2&-6&0\\2&0&-4\end{pmatrix}$，它的一阶顺序主子式 $\Delta_1=|a_{11}|=-5<0$，显然该二次型不是正定二次型.

**例 5.21**　在实数域上讨论函数

$$f(x_1,x_2,x_3)=5x_1^2+x_2^2+5x_3^2+4x_1x_2-8x_1x_3-4x_2x_3+2x_1+3x_2-4x_3-4$$

的凹凸性，并求其极值.

**解** 设 $f(x_1,x_2,x_3)=\boldsymbol{x}^{\mathrm{T}}\boldsymbol{A}\boldsymbol{x}+\boldsymbol{B}\boldsymbol{x}+c$，其中

$$\boldsymbol{A}=\begin{pmatrix}5&2&-4\\2&1&-2\\-4&-2&5\end{pmatrix},\boldsymbol{B}=(2,3,-4),c=-4.$$

由于矩阵 $\boldsymbol{A}$ 的各阶顺序主子式分别是 $|a_{11}|=5>0$，$\begin{vmatrix}a_{11}&a_{12}\\a_{21}&a_{22}\end{vmatrix}=\begin{vmatrix}5&2\\2&1\end{vmatrix}=1>0$，$|\boldsymbol{A}|=1>0$，所以 $\boldsymbol{A}$ 是正定矩阵.

又因为 $f(x_1,x_2,x_3)$ 的黑赛矩阵 $\boldsymbol{H}_{f(\boldsymbol{x})}=\begin{pmatrix}\frac{\partial^2 f}{\partial x_1^2}&\frac{\partial^2 f}{\partial x_1\partial x_2}&\frac{\partial^2 f}{\partial x_1\partial x_3}\\\frac{\partial^2 f}{\partial x_2\partial x_1}&\frac{\partial^2 f}{\partial x_2^2}&\frac{\partial^2 f}{\partial x_2\partial x_3}\\\frac{\partial^2 f}{\partial x_3\partial x_1}&\frac{\partial^2 f}{\partial x_3\partial x_2}&\frac{\partial^2 f}{\partial x_3^2}\end{pmatrix}=\begin{pmatrix}10&4&-8\\4&2&-4\\-8&-4&10\end{pmatrix}=2\boldsymbol{A}$，显然 $\boldsymbol{H}_{f(\boldsymbol{x})}=2\boldsymbol{A}$ 的各阶顺序主子式均大于零，所以 $f(x_1,x_2,x_3)$ 为凹函数.

由 $\begin{cases}\dfrac{\partial f}{\partial x_1}=10x_1+4x_2-8x_3+2=0,\\\dfrac{\partial f}{\partial x_2}=4x_1+2x_2-4x_3+3=0,\\\dfrac{\partial f}{\partial x_3}=-8x_1-4x_2+10x_3-4=0,\end{cases}$ 得驻点 $\boldsymbol{x}=\left(2,-\dfrac{15}{2},-1\right)^{\mathrm{T}}$，

$\left|\boldsymbol{H}_{f\left(2,-\frac{15}{2},-1\right)}\right|=8>0$，故 $f(x_1,x_2,x_3)$ 在 $\boldsymbol{x}=\left(2,-\dfrac{15}{2},-1\right)^{\mathrm{T}}$ 处取得极小值 $f\left(2,-\dfrac{15}{2},-1\right)=-\dfrac{45}{4}$.

## 同步习题 5.6

### 基础题

1. 二次型 $f=3x_1^2+3x_2^2+6x_3^2+8x_1x_2-2x_2x_3$ 的正惯性指数是__________.

2. 如果实对称矩阵 $\boldsymbol{A}=\begin{pmatrix}1&\lambda&0\\\lambda&3&1\\0&1&2\end{pmatrix}$ 是正定矩阵，则 $\lambda$ 的取值范围是__________.

3. 如果二次型 $f=\boldsymbol{x}^{\mathrm{T}}\boldsymbol{A}\boldsymbol{x}$ 的矩阵 $\boldsymbol{A}$ 的特征值都是正的，则 $f=\boldsymbol{x}^{\mathrm{T}}\boldsymbol{A}\boldsymbol{x}$ 是__________二次型.

4. 判断下列二次型是否是正定的.

(1) $f(x_1,x_2,x_3)=55x_1^2+23x_2^2+6x_3^2-14x_1x_2-2x_2x_3+9x_1x_3$.

(2) $f(x_1,x_2,x_3,x_4)=x_1^2+x_2^2+8x_3^2+4x_4^2+6x_1x_2-2x_2x_3+4x_1x_3-2x_2x_4+2x_3x_4$.

微课：同步习题 5.6 基础题 2

**提高题**

1. 设二次型 $f(x_1,x_2,x_3)=x_1^2+2x_2^2+(1-k)x_3^2+2kx_1x_2+2x_1x_3$ 是正定二次型，求 $k$ 的值.

2. 已知 $\boldsymbol{A}$ 为 $n$ 阶正定矩阵，$\boldsymbol{E}$ 为 $n$ 阶单位矩阵，证明：$|\boldsymbol{A}+\boldsymbol{E}|>1$.

微课：同步习题 5.6
提高题 2

## 5.7　经济学中的案例

**例 5.22**　设某城市共有 30 万人从事农、工、商的工作，假定这个总人数在若干年内保持不变. 社会调查表明：

扩展阅读：
赫尔维茨

（1）在这 30 万人中，目前约有 15 万人从事农业、9 万人从事工业、6 万人从事商业；

（2）在从事农业的人员中，每年约有 20%改为从事工业、10%改为从事商业；

（3）在从事工业的人员中，每年约有 20%改为从事农业、10%改为从事商业；

（4）在从事商业的人员中，每年约有 10%改为从事农业、10%改为从事工业.

预测 1 年后和 2 年后从事各行业人员的人数，以及多年后，从事各行业人员总数的发展趋势.

**解**　用三维向量 $\boldsymbol{x}_i$ 表示第 $i$ 年后从事 3 种职业的人员总数（单位：万人），已知

$$\boldsymbol{x}_0=\begin{pmatrix}15\\9\\6\end{pmatrix},$$

而要求的是 $\boldsymbol{x}_1,\boldsymbol{x}_2$，并预测 $\boldsymbol{x}_n$ 的发展趋势.

用 $\boldsymbol{A}$ 来刻画各行业人员间的转移情况，有

$$\boldsymbol{A}=\begin{pmatrix}0.7&0.2&0.1\\0.2&0.7&0.1\\0.1&0.1&0.8\end{pmatrix},$$

则

$$\boldsymbol{x}_1=\boldsymbol{A}\boldsymbol{x}_0=\begin{pmatrix}12.9\\9.9\\7.2\end{pmatrix},\boldsymbol{x}_2=\boldsymbol{A}\boldsymbol{x}_1=\boldsymbol{A}^2\boldsymbol{x}_0=\begin{pmatrix}11.73\\10.23\\8.04\end{pmatrix},\boldsymbol{x}_n=\boldsymbol{A}\boldsymbol{x}_{n-1}=\boldsymbol{A}^n\boldsymbol{x}_0.$$

要分析 $\boldsymbol{x}_n$，就需要计算 $\boldsymbol{A}$ 的 $n$ 次幂. 为此，可先将 $\boldsymbol{A}$ 对角化.

$$|\lambda\boldsymbol{E}-\boldsymbol{A}|=\begin{vmatrix}\lambda-0.7&-0.2&-0.1\\-0.2&\lambda-0.7&-0.1\\-0.1&-0.1&\lambda-0.8\end{vmatrix}=(\lambda-1)(\lambda-0.7)(\lambda-0.5),$$

得 $\boldsymbol{A}$ 的特征值为 $\lambda_1=1,\lambda_2=0.7,\lambda_3=0.5$，故 $\boldsymbol{A}$ 可对角化，即有 $\boldsymbol{P}^{-1}\boldsymbol{A}\boldsymbol{P}=\boldsymbol{\Lambda}$，$\boldsymbol{A}^n=\boldsymbol{P}\boldsymbol{\Lambda}^n\boldsymbol{P}^{-1}$，其中

$$\boldsymbol{\Lambda}=\begin{pmatrix}1 & & \\ & 0.7 & \\ & & 0.5\end{pmatrix},\boldsymbol{\Lambda}^n=\begin{pmatrix}1 & & \\ & 0.7^n & \\ & & 0.5^n\end{pmatrix}.$$

当 $n\to\infty$ 时，$\boldsymbol{\Lambda}^n\to\begin{pmatrix}1 & & \\ & 0 & \\ & & 0\end{pmatrix}$，故 $\boldsymbol{A}^n=\boldsymbol{P}\begin{pmatrix}1 & & \\ & 0 & \\ & & 0\end{pmatrix}\boldsymbol{P}^{-1}$，$\boldsymbol{x}_n$ 将趋于一个确定的向量 $\boldsymbol{x}^*$. 由 $\boldsymbol{x}_n=\boldsymbol{A}\boldsymbol{x}_{n-1}$知，$\boldsymbol{x}^*$ 必满足 $\boldsymbol{x}^*=\boldsymbol{A}\boldsymbol{x}^*$，于是向量 $\boldsymbol{x}^*$ 是 $\boldsymbol{A}$ 的属于特征值 $\lambda_1=1$ 的一个特征向量，即

$$\boldsymbol{x}^*=t\begin{pmatrix}1\\1\\1\end{pmatrix}.$$

再由 $t+t+t=30\Rightarrow t=10$，故多年后，从事 3 种职业的人数将趋于相等，均为 10 万人.

**例 5.23(最优化问题)** 设 A 地区产品 1 和产品 2 的价格分别为$P_{10}=12$ 和$P_{20}=18$，那么两产品厂商的收益函数为

$$R=R(Q_1,\ Q_2)=P_{10}Q_1+P_{20}Q_2=12Q_1+18Q_2,$$

其中 $Q_i$ 表示单位时间内产品 $i$ 的产出水平. 假设这两种产品在生产上存在技术相关性，厂商的成本函数是自变量 $Q_1,Q_2$ 的二元函数，为

$$C=C(Q_1,\ Q_2)=2Q_1^2+Q_1Q_2+2Q_2^2,$$

那么厂商的利润函数为

$$L=R-C=12Q_1+18Q_2-2Q_1^2-Q_1Q_2-2Q_2^2.$$

请找出使 $L$ 最大化的产出水平 $Q_1^*$ 和 $Q_2^*$ 的组合.

例 5.23 中目标函数有两个自变量，可把实际问题归结为多元函数的极值问题. 在微积分中，已经得到了判定二元函数 $f(x,y)$ 极值存在的充分条件. 由于例 5.23 中目标函数是多元二次函数，下面介绍一种更简单的代数方法来求此类函数的最值.

对于一个一元二次函数

$$p(x)=ax^2+2bx+c(x\in\mathbf{R}),$$

其中 $a>0$，可以用代数方法——配方法求其最值. 现将此方法推广到多元二次函数

$$p(\boldsymbol{x})=p(x_1,x_2,\cdots,x_n)=\sum_{i,\ j=1}^{n}k_{ij}x_ix_j-2\sum_{i=1}^{n}b_ix_i+c,$$

其中，$\boldsymbol{x}=(x_1,x_2,\cdots,x_n)^{\mathrm{T}}\in\mathbf{R}^n$；$k_{ij}=k_{ji}\in\mathbf{R}$；$b_i\in\mathbf{R}$；$i,j=1,2,\cdots,n$；$c\in\mathbf{R}$.

类似于二次型的矩阵表示，将上式写成

$$p(\boldsymbol{x})=\boldsymbol{x}^{\mathrm{T}}\boldsymbol{K}\boldsymbol{x}-2\boldsymbol{x}^{\mathrm{T}}\boldsymbol{b}+c,$$

其中 $\boldsymbol{K}=(k_{ij})$是 $n$ 阶对称矩阵，$\boldsymbol{b}=(b_1,b_2,\cdots,b_n)^{\mathrm{T}}\in\mathbf{R}^n$ 是常数向量，$c$ 是常数.

类似于一元二次函数，在假定二次系数矩阵 $\boldsymbol{K}$ 是正定(负定)的情况下，求它的最小(最大)值. 由于 $\boldsymbol{K}$ 是正定(负定)的，所以它是可逆的. 设 $\boldsymbol{x}^*=\boldsymbol{K}^{-1}\boldsymbol{b}$，则对于任一 $\boldsymbol{x}\in\mathbf{R}^n$，都有

$$\begin{aligned}p(\boldsymbol{x})&=\boldsymbol{x}^{\mathrm{T}}\boldsymbol{K}\boldsymbol{x}-2\boldsymbol{x}^{\mathrm{T}}\boldsymbol{b}+c\\&=\boldsymbol{x}^{\mathrm{T}}\boldsymbol{K}\boldsymbol{x}-2\boldsymbol{x}^{\mathrm{T}}\boldsymbol{K}\boldsymbol{x}^*+c\\&=(\boldsymbol{x}-\boldsymbol{x}^*)^{\mathrm{T}}\boldsymbol{K}(\boldsymbol{x}-\boldsymbol{x}^*)+[c-(\boldsymbol{x}^*)^{\mathrm{T}}\boldsymbol{K}\boldsymbol{x}^*],\end{aligned}$$

中间的运算过程用到了 $\boldsymbol{K}$ 的对称性及 $\boldsymbol{x}^{\mathrm{T}}\boldsymbol{K}\boldsymbol{x}^*=(\boldsymbol{x}^*)^{\mathrm{T}}\boldsymbol{K}\boldsymbol{x}$.

设 $\boldsymbol{y}=\boldsymbol{x}-\boldsymbol{x}^*$，则上式中最后一式的第 1 项为 $\boldsymbol{y}^{\mathrm{T}}\boldsymbol{K}\boldsymbol{y}$. 又因为 $\boldsymbol{K}$ 是正定(负定)的，所以对于所

有的 $\boldsymbol{y}\neq\boldsymbol{0}$，$\boldsymbol{y}^{\mathrm{T}}\boldsymbol{K}\boldsymbol{y}>0(\boldsymbol{y}^{\mathrm{T}}\boldsymbol{K}\boldsymbol{y}<0)$. 从而第 1 项达到最小(最大)值当且仅当 $\boldsymbol{y}=\boldsymbol{0}$ 时，即 $\boldsymbol{x}=\boldsymbol{x}^*$ 时. 因为第 2 项 $[c-(\boldsymbol{x}^*)^{\mathrm{T}}\boldsymbol{K}\boldsymbol{x}^*]$ 为常数，从而当 $\boldsymbol{x}=\boldsymbol{x}^*$ 时，$p(\boldsymbol{x})$ 达到最小(最大)值，且最小(最大)值为第 2 项 $[c-(\boldsymbol{x}^*)^{\mathrm{T}}\boldsymbol{K}\boldsymbol{x}^*]$.

**定理 5.9（最值的充分条件）** 如果 $\boldsymbol{K}$ 为正定(负定)矩阵，那么二次函数

$$p(\boldsymbol{x})=\boldsymbol{x}^{\mathrm{T}}\boldsymbol{K}\boldsymbol{x}-2\boldsymbol{x}^{\mathrm{T}}\boldsymbol{b}+c$$

有唯一的最小(最大)值点 $\boldsymbol{x}^*=\boldsymbol{K}^{-1}\boldsymbol{b}$，且其最小(最大)值为

$$p(\boldsymbol{x}^*)=p(\boldsymbol{K}^{-1}\boldsymbol{b})=c-(\boldsymbol{x}^*)^{\mathrm{T}}\boldsymbol{K}\boldsymbol{x}^*.$$

**例 5.24** 求二次函数

$$p(x,y,z)=x^2+2xy+xz+2y^2+yz+2z^2+6y-7z+5$$

的最小值.

**解** 将 $p(x,y,z)$ 写成矩阵形式，则有

$$\boldsymbol{K}=\begin{pmatrix}1&1&0.5\\1&2&0.5\\0.5&0.5&2\end{pmatrix},\boldsymbol{x}=\begin{pmatrix}x\\y\\z\end{pmatrix},\boldsymbol{b}=\begin{pmatrix}0\\-3\\3.5\end{pmatrix},c=5.$$

由于 $\boldsymbol{K}$ 的各阶顺序主子式 $\Delta_1=1,\Delta_2=1,\Delta_3=\dfrac{7}{4}$（全大于零），故 $\boldsymbol{K}$ 是正定矩阵. 由定理 5.9 知，当 $\boldsymbol{x}=\boldsymbol{x}^*=\boldsymbol{K}^{-1}\boldsymbol{b}$ 时，$p(\boldsymbol{x})$ 有最小值 $p(\boldsymbol{x}^*)$.

利用 $\boldsymbol{x}^*=\boldsymbol{K}^{-1}\boldsymbol{b}$ 可知 $\boldsymbol{x}^*$ 是 $\boldsymbol{K}\boldsymbol{x}=\boldsymbol{b}$ 的解，解之得

$$\boldsymbol{x}^*=(2,-3,2)^{\mathrm{T}},$$

因此，当 $x^*=2,y^*=-3,z^*=2$ 时，$p(x,y,z)$ 有最小值

$$p(x^*,y^*,z^*)=-11.$$

现回到例 5.23，则

$$\begin{aligned}L&=-2Q_1^2-Q_1Q_2-2Q_2^2+12Q_1+18Q_2\\&=\boldsymbol{Q}^{\mathrm{T}}\begin{pmatrix}-2&-0.5\\-0.5&-2\end{pmatrix}\boldsymbol{Q}-2\boldsymbol{Q}^{\mathrm{T}}\begin{pmatrix}-6\\-9\end{pmatrix},\end{aligned}$$

其中 $\boldsymbol{Q}=(Q_1,Q_2)^{\mathrm{T}}$，$\boldsymbol{K}=\begin{pmatrix}-2&-0.5\\-0.5&-2\end{pmatrix}$ 的各阶顺序主子式为 $\Delta_1=-2<0,\Delta_2=|\boldsymbol{K}|=\dfrac{15}{4}$，故 $\boldsymbol{K}$ 是负定的，且 $L$ 的最大值向量为

$$\begin{aligned}\boldsymbol{Q}^*&=\begin{pmatrix}-2&-0.5\\-0.5&-2\end{pmatrix}^{-1}\begin{pmatrix}-6\\-9\end{pmatrix}\\&=\frac{4}{15}\begin{pmatrix}2&-0.5\\-0.5&2\end{pmatrix}\begin{pmatrix}6\\9\end{pmatrix}\\&=\begin{pmatrix}2\\4\end{pmatrix}.\end{aligned}$$

因此，当单位时间的产出水平为 $Q_1^*=2,Q_2^*=4$ 时，单位时间的利润达到最大值 $L(Q_1^*,Q_2^*)=48$.

# 第 5 章思维导图

本章小结

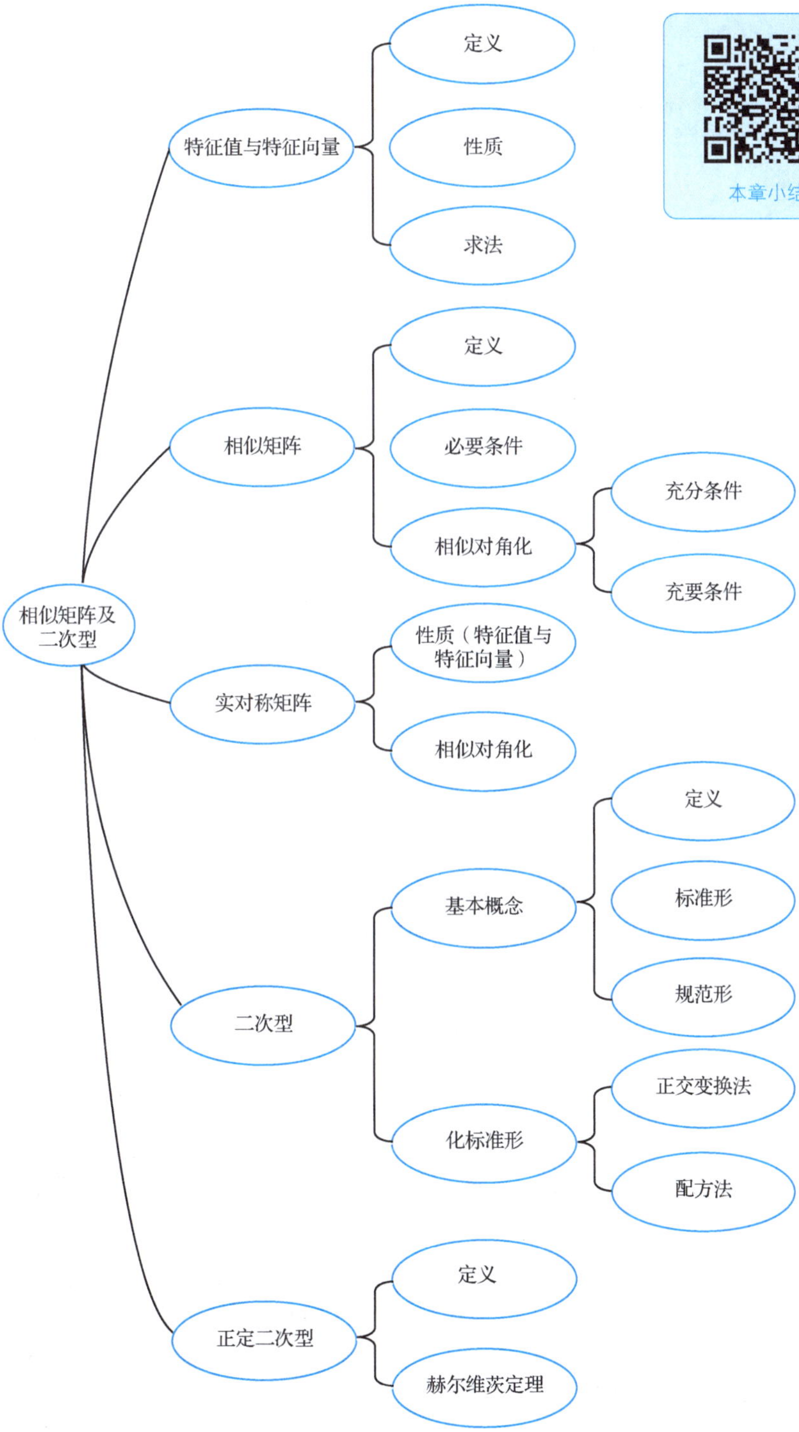
相似矩阵及二次型
特征值与特征向量
定义
性质
求法
相似矩阵
定义
必要条件
相似对角化
充分条件
充要条件
实对称矩阵
性质（特征值与特征向量）
相似对角化
二次型
基本概念
定义
标准形
规范形
化标准形
正交变换法
配方法
正定二次型
定义
赫尔维茨定理

中国数学学者

个人成就

数学家，中国科学院院士，山东大学数学与交叉科学研究中心主任，“未来科学大奖”获得者. 彭实戈在控制论和概率论方面做出了突出贡献. 他将 Feynman-Kac 路径积分理论推广到非线性情况并建立了动态非线性数学期望理论.

彭实戈

## 第 5 章总复习题

**1. 选择题**：(1)～(5) 小题，每小题 4 分，共 20 分. 下列每小题给出的 4 个选项中，只有一个选项是符合题目要求的.

(1) (2020304) 设 $\boldsymbol{A}$ 是三阶矩阵，$\boldsymbol{\alpha}_1,\boldsymbol{\alpha}_2$ 为 $\boldsymbol{A}$ 的属于特征值 1 的线性无关的特征向量，$\boldsymbol{\alpha}_3$ 为 $\boldsymbol{A}$ 的属于特征值 $-1$ 的特征向量，则满足 $\boldsymbol{P}^{-1}\boldsymbol{AP}=\begin{pmatrix}1&0&0\\0&-1&0\\0&0&1\end{pmatrix}$ 的可逆矩阵 $\boldsymbol{P}$ 为(　　).

A. $(\boldsymbol{\alpha}_1+\boldsymbol{\alpha}_3,\boldsymbol{\alpha}_2,-\boldsymbol{\alpha}_3)$　　B. $(\boldsymbol{\alpha}_1+\boldsymbol{\alpha}_2,\boldsymbol{\alpha}_2,-\boldsymbol{\alpha}_3)$

C. $(\boldsymbol{\alpha}_1+\boldsymbol{\alpha}_3,-\boldsymbol{\alpha}_3,\boldsymbol{\alpha}_2)$　　D. $(\boldsymbol{\alpha}_1+\boldsymbol{\alpha}_2,\ -\boldsymbol{\alpha}_3,\ \boldsymbol{\alpha}_2)$

(2) (2018304) 下列矩阵中与矩阵 $\begin{pmatrix}1&1&0\\0&1&1\\0&0&1\end{pmatrix}$ 相似的是(　　).

A. $\begin{pmatrix}1&1&-1\\0&1&1\\0&0&1\end{pmatrix}$　B. $\begin{pmatrix}1&0&-1\\0&1&1\\0&0&1\end{pmatrix}$　C. $\begin{pmatrix}1&1&-1\\0&1&0\\0&0&1\end{pmatrix}$　D. $\begin{pmatrix}1&0&-1\\0&1&0\\0&0&1\end{pmatrix}$

(3) (2019304) 设 $\boldsymbol{A}$ 是三阶实对称矩阵，$\boldsymbol{E}$ 是三阶单位矩阵，若 $\boldsymbol{A}^2+\boldsymbol{A}=2\boldsymbol{E}$，且 $|\boldsymbol{A}|=4$，则二次型 $\boldsymbol{x}^{\mathrm{T}}\boldsymbol{Ax}$ 的规范形为(　　).

A. $y_1^2+y_2^2+y_3^2$　　B. $y_1^2+y_2^2-y_3^2$

C. $y_1^2-y_2^2-y_3^2$　　D. $-y_1^2-y_2^2-y_3^2$

微课：总复习题 1(4)

(4) (2016304) 二次型 $f(x_1,x_2,x_3)=a(x_1^2+x_2^2+x_3^2)+2x_1x_2+2x_2x_3+2x_1x_3$ 的正负惯性指数分别为 1 和 2，则(　　).

A. $a>1$　　B. $a<-2$

C. $-2<a<1$　　D. $a=1$ 或 $a=-2$

(5) (2015304) $f(x_1,x_2,x_3)$ 在正交变换 $\boldsymbol{x}=\boldsymbol{Py}$ 下的标准形为 $2y_1^2+y_2^2-y_3^2$，其中 $\boldsymbol{P}=(\boldsymbol{e}_1,\boldsymbol{e}_2,\boldsymbol{e}_3)$. 若 $\boldsymbol{Q}=(\boldsymbol{e}_1,-\boldsymbol{e}_3,\boldsymbol{e}_2)$，则 $f(x_1,x_2,x_3)$ 在正交变换 $\boldsymbol{x}=\boldsymbol{Qy}$ 下的标准形为(　　).

A. $2y_1^2-y_2^2+y_3^2$　　B. $2y_1^2+y_2^2-y_3^2$

C. $2y_1^2-y_2^2-y_3^2$　　D. $2y_1^2+y_2^2+y_3^2$

**2. 填空题**：(6) ~ (10) 小题，每小题 4 分，共 20 分.

(6) (2015304) 设三阶矩阵 $\boldsymbol{A}$ 的特征值为 $2,-2,1$，$\boldsymbol{B}=\boldsymbol{A}^2-\boldsymbol{A}+\boldsymbol{E}$，其中 $\boldsymbol{E}$ 为三阶单位矩阵，则行列式 $|\boldsymbol{B}|=$__________.

(7) (2009304) 设 $\boldsymbol{\alpha}=(1,1,1)^{\mathrm{T}}$, $\boldsymbol{\beta}=(1,0,k)^{\mathrm{T}}$. 若矩阵 $\boldsymbol{\alpha}\boldsymbol{\beta}^{\mathrm{T}}$ 相似于 $\begin{pmatrix}3&0&0\\0&0&0\\0&0&0\end{pmatrix}$，则 $k=$_____.

(8) (2018204) 设 $\boldsymbol{A}$ 为三阶矩阵，$\boldsymbol{\alpha}_1,\boldsymbol{\alpha}_2,\boldsymbol{\alpha}_3$ 为线性无关的向量组，$\boldsymbol{A}\boldsymbol{\alpha}_1=2\boldsymbol{\alpha}_1+\boldsymbol{\alpha}_2+\boldsymbol{\alpha}_3$，$\boldsymbol{A}\boldsymbol{\alpha}_2=\boldsymbol{\alpha}_2+2\boldsymbol{\alpha}_3$，$\boldsymbol{A}\boldsymbol{\alpha}_3=-\boldsymbol{\alpha}_2+\boldsymbol{\alpha}_3$，则 $\boldsymbol{A}$ 的实特征值为__________.

(9) (2014304) 设二次型 $f(x_1,x_2,x_3)=x_1^2-x_2^2+2ax_1x_3+4x_2x_3$ 的负惯性指数为 1，则 $a$ 的取值范围是__________.

(10) (2011304) 设二次型 $f(x_1,x_2,x_3)=\boldsymbol{x}^{\mathrm{T}}\boldsymbol{A}\boldsymbol{x}$ 的秩为 1，$\boldsymbol{A}$ 中各行元素之和为 3，则 $f(x_1,x_2,x_3)$ 在正交变换 $\boldsymbol{x}=\boldsymbol{Q}\boldsymbol{y}$ 下的标准形为__________.

**3. 解答题**：(11) ~ (16) 小题，每小题 10 分，共 60 分. 解答时应写出文字说明、证明过程或演算步骤.

(11) (2020311) 设 $\boldsymbol{A}$ 为二阶矩阵，$\boldsymbol{P}=(\boldsymbol{\alpha},\boldsymbol{A}\boldsymbol{\alpha})$，其中 $\boldsymbol{\alpha}$ 是非零向量且不是 $\boldsymbol{A}$ 的特征向量.

① 证明：$\boldsymbol{P}$ 为可逆矩阵.

② 若 $\boldsymbol{A}^2\boldsymbol{\alpha}+\boldsymbol{A}\boldsymbol{\alpha}-6\boldsymbol{\alpha}=\boldsymbol{0}$，求 $\boldsymbol{P}^{-1}\boldsymbol{A}\boldsymbol{P}$，并判断 $\boldsymbol{A}$ 是否相似于对角阵.

(12) (2019311) 已知矩阵 $\boldsymbol{A}=\begin{pmatrix}-2&-2&1\\2&x&-2\\0&0&-2\end{pmatrix}$ 与 $\boldsymbol{B}=\begin{pmatrix}2&1&0\\0&-1&0\\0&0&y\end{pmatrix}$ 相似.

① 求 $x,y$.

② 求可逆矩阵 $\boldsymbol{P}$，使 $\boldsymbol{P}^{-1}\boldsymbol{A}\boldsymbol{P}=\boldsymbol{B}$.

(13) (2020311) 设二次型 $f(x_1,x_2)=x_1^2-4x_1x_2+4x_2^2$ 经正交变换 $\begin{pmatrix}x_1\\x_2\end{pmatrix}=\boldsymbol{Q}\begin{pmatrix}y_1\\y_2\end{pmatrix}$ 化为二次型 $g(y_1,y_2)=ay_1^2+4y_1y_2+by_2^2$，其中 $a\geqslant b$.

① 求 $a,b$ 的值.

② 求正交矩阵 $\boldsymbol{Q}$.

(14) (2018311) 设实二次型 $f(x_1,x_2,x_3)=(x_1-x_2+x_3)^2+(x_2+x_3)^2+(x_1+ax_3)^2$，其中 $a$ 是参数.

① 求 $f(x_1,x_2,x_3)=0$ 的解.

② 求 $f(x_1,x_2,x_3)$ 的规范形.

(15) (2017311) 设二次型 $f(x_1,x_2,x_3)=2x_1^2-x_2^2+ax_3^2+2x_1x_2-8x_1x_3+2x_2x_3$ 在正交变换 $\boldsymbol{x}=\boldsymbol{Q}\boldsymbol{y}$ 下的标准形为 $\lambda_1y_1^2+\lambda_2y_2^2$，求 $a$ 的值及一个正交矩阵 $\boldsymbol{Q}$.

微课：总复习题 3(16)

(16) (2014311) 证明 $n$ 阶矩阵 $\boldsymbol{A}=\begin{pmatrix}1&1&\cdots&1\\1&1&\cdots&1\\\vdots&\vdots&&\vdots\\1&1&\cdots&1\end{pmatrix}$ 与 $\boldsymbol{B}=\begin{pmatrix}0&0&\cdots&1\\0&0&\cdots&2\\\vdots&\vdots&&\vdots\\0&0&\cdots&n\end{pmatrix}$ 相似.

# 附录

# 使用 Python 解决经济数学问题

线性代数是学习商科专业课的重要工具，而目前最火热的 Python 作为大数据分析的主流软件之一，具有代码简洁、运行高效等特点，能够帮助学生更好、更快速地掌握基本解题思路和实际应用技巧. 在各种数据处理软件中，Python 不仅有非常强大的数据分析能力，而且还可以进行“爬虫”(数据爬取)，这些优点使 Python 成为目前进行大数据分析的主流软件之一. 下面介绍如何使用 Python 解决经济数学问题.

本附录介绍的内容是建立在 Python 3.0 以上版本的基础上的. 目前主要有两种 Python 版本：Python 2.x 是较早的旧版本，解释器的名称是 python；Python 3.x 是现在和未来主流的版本，解释器名称是 python3. Python 3.x 在设计时并没有考虑向下兼容，许多用早期 Python 版本设计的程序都无法在 Python 3.0 上正常运行. 在编程学习过程中请注意不同版本会影响结果形式，建议使用最新版本的 Python.

## 一、Python 基础知识

### 1. Python 简介

Python 是由吉多·范罗苏姆(Guido van Rossum)在 20 世纪 80 年代末至 90 年代初，在荷兰国家数学和计算机科学研究所设计出来的一种解释型、面向对象的高级程序设计语言. 它是开源的，且代码清晰、简便易学，简单的脚本任务和面向对象的大型独立应用用 Python 都可以很好地完成. Python 本身也是由诸多其他语言发展而来的，包括 ABC、Modula-3、C、C++、Algol-68、SmallTalk、Unix shell 和其他脚本语言等. 像 Perl 语言一样，Python 源代码同样遵循 GPL(GNU General Public License，GNV 通用公共许可证)协议. 现在 Python 是由一个核心开发团队在维护，吉多·范罗苏姆仍然发挥着至关重要的作用，指导其进展.

Python 是一种效率极高的语言：相比于众多其他语言，使用 Python 编写时，程序包含的代码行更少. Python 的语法也有助于创建整洁的代码：相比于使用其他语言，使用 Python 编写的代码更容易阅读、调试和扩展. Python 被应用于诸多领域——数据分析、Web 应用开发、网络爬虫、人工智能、解决商业问题等，在科学领域中也被大量用于学术研究和应用研究. 在未来发展中，Python 发挥着越来越重要的作用.

Python 的开发环境由文本编辑器和 Python 解释器组合构成. 文本编辑器用来写代码，解释器提供了一种方法来运行编写的代码. 文本编辑器可以像 Windows 上的 Notepad 一样简单，或是一个复杂的完整的集成开发环境(IDE). 本附录主要使用 Python 自带的 IDLE 编辑器，它带有图形界面，有简单的编辑和调试功能，若有更高需求可以下载第三方 Sublime Text、PyCharm 等文本编辑器. Anaconda 是一个开源的 Python 发行版本，自带 Python 解释器，并包含了 conda、Python 等 180 多个科学包及其依赖项，若使用 Anaconda 则无需另行安装 Python 相关库和安装包，Anaconda+PyCharm 是常见的开发搭配. 如有更多需求，读者可以自行下载安装，对于本附录内容而言下载安装 Python 已经足够.

### 2. 安装 Python

在 Python 官网中找到最新版本的 Python 安装包，点击进行下载. 安装过程非常简单，不管你使用的是 Windows、macOS、Linux、UNIX 还是其他操作系统，只需单击链接就可以访问相应的最新版本. 这里具体安装过程以 Windows 系统举例.（请注意，如果你的计算机是 32 位的机器，请选择 32 位的安装包，如果是 64 位的，请选择 64 位的安装包. 检查系统类型请右击“此电脑”，在弹出的快捷菜单中选择“属性”选项.）

微课：安装 Python

根据系统下载正确的安装程序，例如 64 位系统下载 Windows installer（64-bit），安装时请务必勾选复选框 Add Python（版本号）to PATH（见附图 1），这样能更轻松地配置系统.

附图 1

检查安装是否成功. 在“开始”菜单中输入“cmd”打开命令窗口（或按组合键“Win+R”再输入“cmd”），输入“python”并回车，若出现了版本号和 Python 提示符，就说明系统成功安装了 Python，如下所示.

```
C:\>python
Python 3.9.2 (tags/v3.9.2:1a79785,Feb 19 2021,13:44:55) [MSC v.1928 64 bit
(AMD64)] on win32
Type "help","copyright","credits" or "license" for more information.
>>>
```

下载好 Python 解释器，可以使用以下 3 种方式来运行 Python 代码.

（1）在命令窗口上运行.

按组合键“Win+R”→输入“cmd”打开命令窗口→在命令窗口内输入“python”，即可运行程序.

（2）使用 Python 自带的 IDLE 编辑器

IDLE 是 Python 原生自带的开发环境，是迷你版的 IDE，与以上方式不同的是它带有图形界面，有简单的编辑和调试功能，但是操作起来较麻烦. 使用方法：按组合键“Win+ R”→输入“IDLE”.

(3) 使用第三方的 Python 的 IDE

第三方的 Python 的 IDE 相对于 Python 自带的 IDLE 而言，功能更加全面，界面更加美观，操作起来更加容易. 目前比较流行的有 PyCharm、Vscode、Jupyter 等.

### 3. 相关库介绍

(1) NumPy 库

NumPy 是 Python 语言的一个扩展程序库，它支持高维度数组与矩阵运算，并针对数组运算提供大量的数学函数库. 尤其是 NumPy 中的 linalg 模块，包含丰富的线性代数函数，便于线性代数相关问题的求解. NumPy 库可以在命令窗口中直接使用"pip install numpy"命令安装.

(2) SymPy 库

SymPy 是一个 Python 的符号计算库，它用一套强大的符号计算体系来完成诸如多项式求值、求极限、解方程、求积分、解微分方程、级数展开、矩阵运算等计算问题. SymPy 库可以在命令窗口中直接使用"pip install sympy"命令安装.

## 二、在 Python 中实现问题求解

本书介绍了向量和矩阵的相关定义、运算、性质及应用. 向量和矩阵是描述线性代数中线性关系的重要工具，作为有效的数学工具，它们在经济学相关案例中有着广泛的应用.

### 1. 向量、矩阵的表示和运算

矩阵是线性代数中非常重要的概念，它在管理学、工程学等领域有广泛的应用，在数字经济等相关经济学领域有着不可替代的作用.

Python 中通常调用 NumPy 中的 array( ) 以及 mat( ) 函数表示向量和矩阵. array( ) 的调用格式为 np.array(object)，mat( ) 的调用格式为 np.mat(object)，其中 object 表示输入的数组.

Python 中还可以通过 SymPy 库中的 Matrix( ) 函数表示向量和矩阵. Matrix( ) 的调用格式为 sp.Matrix(object)，其中 object 表示输入的数组. 值得注意的是，其他表示形式的矩阵和 Matrix( ) 函数表示形式的矩阵做运算后，运算结果以 Matrix( ) 形式表示.

Python 中矩阵间的基本运算包括加法(+)、减法(-)、乘法(*)以及幂运算(**). 矩阵的转置通常使用.T 表示.

**例 1** 已知 $\boldsymbol{a}=(15,20,17)$，$\boldsymbol{b}=(16,22,9)$，$\boldsymbol{A}=\begin{pmatrix}1&2&1\\2&3&4\\3&1&2\end{pmatrix}$，$\boldsymbol{B}=\begin{pmatrix}2&3&1\\6&3&3\\3&5&6\end{pmatrix}$，计算 $\boldsymbol{a}+\boldsymbol{b}$，$2\boldsymbol{A}-3\boldsymbol{B}$，$\boldsymbol{A}^{\mathrm{T}}$，$\boldsymbol{A}^3$.

**解** 新建一个 Python file 并输入如下命令.

```
import numpy as np                                  # 导入 NumPy 库,并将其重命名为 np
import sympy as sp                                  # 导入 SymPy 库,并将其重命名为 sp
a =np.array([15,20,17])                             # 创建向量 a
b =np.mat([16,22,9])                                # 创建向量 b
print('a+b=',a+b)                                   # 计算 a+b 并打印结果
A =np.mat([[1,2,1],[2,3,4],[3,1,2]])                # 创建矩阵 A
B =sp.Matrix([[2,3,1],[6,3,3],[3,5,6]])             # 创建矩阵 B
print('2* A-3* B=\n',2* A-3* B)                     # 计算 2* A-3* B 并打印
print('A 的转置为:\n',A.T)                           # 输出 A 的矩阵
print('A^3 为:\n',A* * 3)                            # 输出 A 的三次幂
```

运行上述文件，输出如下结果.

```
a+b= [[31 42 26]]
2* A-3* B=
Matrix([[-4,-5,-1],[-14,-3,-1],[-3,-13,-14]])
```

A 的转置为:

```
[[1 2 3]
[2 3 1]
[1 4 2]]
```

A^3 为:

```
[[59  54  66]
[120 113 132]
[66  66  77]]
```

即 $\boldsymbol{a}+\boldsymbol{b}=(31,42,26)$，$2\boldsymbol{A}-3\boldsymbol{B}=\begin{pmatrix}-4 & -5 & -1\\ -14 & -3 & -1\\ -3 & -13 & -14\end{pmatrix}$，$\boldsymbol{A}^{\mathrm{T}}=\begin{pmatrix}1 & 2 & 3\\ 2 & 3 & 1\\ 1 & 4 & 2\end{pmatrix}$，

$\boldsymbol{A}^{3}=\begin{pmatrix}1 & 8 & 1\\ 8 & 27 & 64\\ 27 & 1 & 8\end{pmatrix}$.

### 2. 矩阵的初等变换

矩阵的初等变换是矩阵中极其重要的运算，它在证明矩阵的等价性以及求解线性方程组中具有重要作用.

Python 中没有直接进行矩阵初等变换的命令，我们需要对矩阵的初等行、列变换进行类封装，进而进行调用. 类的基本结构如下.

```
class <类名>():
def __init__(self,arg1,arg2,…): # 构造方法,类实例化时自动执行，输入参数 arg1,arg2,…

def fun1(arg1):                  # 定义类中方法 fun1
…
def fun2(arg1,arg2):             # 定义类中方法 fun2
…
```

封装类后，要在类的外部调用，首先通过<对象名>=<类名>(对象)实例化一个对象，然后通过 <实例名>. <方法名>(参数列表)调用类中的方法.

封装矩阵的初等变换的类如下.

```
# 封装一个初等行变换的类
class rowTransformation():
    array = ([[],[]])
    def __init__(self,array):
        self.array = array
    def __mul__(self,other):
        pass

    # 交换矩阵的两行
    def exchange_two_lines(self,x,y):
        a =self.array[x-1:x].copy()
```

```
        self.array[x-1:x] = self.array[y-1:y]
        self.array[y-1:y] = a
        return self.array

    # 以 k(不等于 0)乘以矩阵的 x 行
    def multiply(self,k,x):
        self.array[x-1:x] = k* self.array[x-1:x]
        return self.array

    # 把 x 行所有元素乘以 k 加到 y 行上去
    def k_mul_arr_add_arr(self,k,x,y):
        self.array[y-1:y] += k* self.array[x-1:x]
        return self.array
```

**例 2** 设 $\boldsymbol{A}=\begin{pmatrix}2 & 12 & -2 & 12\\ 2 & -3 & 8 & 2\\ 1 & 3 & 1 & 4\end{pmatrix}$，利用初等行变换将 $\boldsymbol{A}$ 化为行阶梯形矩阵.

**解** 新建一个 Python file，在输入封装类的代码后输入如下命令.

```
import numpy as np
A =np.array([[2,12,-2,12],[2,-3,8,2],[1,3,1,4]])
M =rowTransformation(A)                        # 矩阵 A 的实例化
M.exchange_two_lines(1,3)                      # 第一行与第三行互换
M.k_mul_arr_add_arr(-2,1,2)                    # 第二行减去第一行的 2 倍赋值到第二行
M.k_mul_arr_add_arr(-2,1,3)                    # 第三行减去 2 倍的第一行
M.multiply(1/3,2)                              # 第二行乘以 1/3, 进行归一化
M.multiply(1/2,3)                              # 第三行乘以 1/2, 进行归一化
M.exchange_two_lines(2,3)                      # 第二行与第三行互换
M.k_mul_arr_add_arr(1,2,3)                     # 第三行加上第二行赋值到第三行
print('A 的行阶梯形矩阵为:\n',M.array)          # 输出 A 的行阶梯形矩阵
```

运行上述文件，输出如下结果.

```
A 的行阶梯形矩阵为:
[[1  3  1  4]
[0  3 -2  2]
[0  0  0  0]]
```

即 $\boldsymbol{A}=\begin{pmatrix}2 & 12 & -2 & 12\\ 2 & -3 & 8 & 2\\ 1 & 3 & 1 & 4\end{pmatrix}\to\begin{pmatrix}1 & 3 & 1 & 4\\ 0 & 3 & -2 & 2\\ 0 & 0 & 0 & 0\end{pmatrix}$.

### 3. 矩阵的逆和矩阵的秩

矩阵的秩是反映矩阵固有特性的一个重要概念. 可以通过矩阵的秩计算线性方程组解的数量. 当矩阵满秩时，矩阵可逆，通过引入矩阵的逆可以加快矩阵运算的速度.

NumPy 库中的 linalg 模块中的 inv( ) 以及 matrix_rank( ) 函数可分别用于求解矩阵的逆和秩. 其调用格式分别为 np.linalg.inv(object) 和 np.linalg.matrix_rank(object)，其中 object 是输入的要计算逆或秩的矩阵.

**例 3** 设 $\boldsymbol{A}=\begin{pmatrix}1 & 0 & 1\\ -1 & 1 & 1\\ 2 & -1 & 1\end{pmatrix}$，$\boldsymbol{B}=\begin{pmatrix}0 & 1 & 1\\ 0 & 0 & 2\\ 0 & 0 & 0\end{pmatrix}$，求矩阵 $\boldsymbol{A}$ 和 $\boldsymbol{B}$ 的秩并判断它们是否可逆，若可

逆则计算其逆矩阵.

**解** 新建一个 Python file，输入如下命令.

```
import numpy as np                                # 导入 NumPy 库并重命名为 np
A =np.array([[1,0,1],[-1,1,1],[2,-1,1]])          # 创建矩阵 A
print('矩阵 A 的秩为:',np.linalg.matrix_rank(A))  # 求矩阵 A 的秩并输出
if np.linalg.matrix_rank(A) == A.shape[0]:        # 若满秩，则可逆
    print('矩阵 A 的逆为:\n',np.linalg.inv(A))    # 求矩阵 A 的逆并输出
else:                                             # 若不满秩，则不可逆
    print('矩阵 A 的逆不存在!')
B =np.array([[0,1,1],[0,0,2],[0,0,0]])            # 创建矩阵 B
print('矩阵 B 的秩为:',np.linalg.matrix_rank(B))  # 求矩阵 B 的秩并输出
if np.linalg.matrix_rank(B) == B.shape[0]:        # 若满秩，则可逆
    print('矩阵 B 的逆为:\n',np.linalg.inv(B))    # 求矩阵 B 的逆并输出
else:                                             # 若不满秩，则不可逆
    print('矩阵 B 的逆不存在!')
```

运行上述文件，输出如下结果.

```
矩阵 A 的秩为: 3
矩阵 A 的逆为:
[[ 2. -1. -1. ]
[ 3. -1. -2. ]
[-1.   1.   1. ]]
矩阵 B 的秩为: 2
矩阵 B 的逆不存在!
```

即 $r(\boldsymbol{A})=3$，$\boldsymbol{A}^{-1}=\begin{pmatrix}2&-1&-1\\3&-1&-2\\-1&1&1\end{pmatrix}$，$r(\boldsymbol{B})=2$，$\boldsymbol{B}$ 的逆不存在.

### 4. 行列式

无论是在线性代数、多项式理论，还是在微积分学中，行列式作为基本的数学工具，都有着重要的应用. 值得注意的是，当矩阵是方阵时才存在行列式.

NumPy 库中的 linalg 模块中的 np.linalg.det( ) 函数可用于求解矩阵的行列式，其调用格式为 np.linalg.det(object)，其中 object 是输入的要计算行列式的矩阵.

**例 4** 设 $\boldsymbol{A}=\begin{pmatrix}1&2&0&4\\-1&0&1&0\\0&0&2&3\\0&5&0&6\end{pmatrix}$，$\boldsymbol{B}=\begin{pmatrix}1&2&0&4\\-1&0&1&0\\0&0&2&3\end{pmatrix}$，判断矩阵 $\boldsymbol{A}$，$\boldsymbol{B}$ 是否存在行列式，若存在则计算其值.

**解** 新建一个 Python file，输入如下命令.

```
import numpy as np                                   # 导入 NumPy 库
A =np.array([[1,2,0,4],[-1,0,1,0],
             [0,0,2,3],[0,5,0,6]])                   # 输入行列式矩阵
if A.shape[0] == A.shape[1]:                         # 若为方阵，则存在行列式
    print(' |A|=',np.linalg.det(A))                  # 用 linalg.det() 函数求解行列式并输出结果
else:                                                # 若不是方阵，则行列式不存在
    print('矩阵 A 不是方阵，不存在行列式!')
B =np.array([[1,2,0,4],[-1,0,1,0],[0,0,2,3]])        # 输入行列式矩阵
```

```
if B.shape[0] == B.shape[1]:                  # 若为方阵，则存在行列式
    print('|B|=',B.linalg.det(B))             # 用 linalg.det() 函数求解行列式并输出结果
else:                                         # 若不是方阵，则行列式不存在
    print('矩阵 B 不是方阵，不存在行列式！')
```

运行上述文件，输出如下结果.

```
|A|= -0.9999999999999982
矩阵 B 不是方阵,不存在行列式!
```

即 $|\boldsymbol{A}|=-0.9999999999999982$，矩阵 $\boldsymbol{B}$ 不存在行列式.

**注** Python 的底层运算逻辑采用十六进制，因此会出现精度缺失问题，若忽略精度问题，则可以得到 $|\boldsymbol{A}|=-1$.

### 5. 矩阵的特征值与特征向量

特征值把矩阵代表的线性变换转化为数值变换，与特征值对应的特征向量是关键. 将研究复杂矩阵的性质，转化为研究特征向量，从而简化分析，这不仅在数学专业中有重要应用，在工程设计和数量经济分析等多个领域也有广泛应用.

SymPy 库中的 eigenvals( ) 函数可用于求解矩阵的特征值，其调用格式为 object.eigenvals( )；eigenvects( ) 函数则可同时输出矩阵的特征值及其对应的特征向量，其调用格式为 object.eigenvects( ). 其中 object 是输入的要计算的矩阵.

**例 5** 计算 $\boldsymbol{A}=\begin{pmatrix}0&1&1\\1&0&1\\1&1&0\end{pmatrix}$ 的特征值和特征向量.

**解** 新建一个 Python file，输入如下命令.

```
import sympy as sp                           # 导入 SymPy 库
A = sp.Matrix([[0,1,1],[1,0,1],[1,1,0]])     # 输入矩阵
val = A.eigenvals()                          # 计算矩阵的特征值
vect = A.eigenvects()                        # 计算矩阵的特征向量
print('矩阵的特征值为:\n',val)                # 输出矩阵的特征值
print('矩阵的特征向量为:\n',vect)             # 输出矩阵的特征向量
```

运行上述文件，输出如下结果.

```
矩阵的特征值为:
{2: 1,-1: 2}
矩阵的特征向量为:
[(-1,2,[Matrix([
[-1],
[ 1],
[ 0]]),Matrix([
[-1],
[ 0],
[ 1]])]),(2,1,[Matrix([
[1],
[1],
[1]])])]
```

即矩阵 $\boldsymbol{A}$ 有重数为 1 的特征值 2 和重数为 2 的特征值 $-1$. 重数为 2 的特征值 $-1$ 对应的特征向量为 $(-1,1,0)^{\mathrm{T}}$ 以及 $(-1,0,1)^{\mathrm{T}}$；重数为 1 的特征值 2 对应的特征向量为 $(1,1,1)^{\mathrm{T}}$.

### 6. 解线性方程组与矩阵对角化

线性方程组的求解是线性代数的核心内容之一，无论是在理论研究还是在现实应用中都占有非常重要的地位. 经济分析和经济管理的许多问题，最终往往可归结于解线性方程组.

(1) 解线性方程组

线性代数中的克莱姆法则可在 Python 中通过自定义函数实现. 值得注意的是使用克莱姆法则时存在行列式不能为零的局限性.

SymPy 库中 Eq( ) 和 solve( ) 函数可用于求解线性方程组. Eq( ) 函数的调用格式为 Eq(f,a)，其中 f 为含变量的代数式，a 为代数式的值. solve( ) 函数的调用格式为 solve(eqs, [x,y,…])，其中 eqs 为需要求解的线性方程组，[x,y,…] 表示方程组中的未知量.

**例 6**　利用克莱姆法则求解线性方程组 $\begin{cases} x_1+x_2+x_3=1, \\ x_1+3x_2+4x_3=-5, \\ 2x_1-x_2=1. \end{cases}$

**解**　新建一个 Python file，输入如下命令.

```
import numpy as np                                  # 导入 NumPy 库中的函数
D =np.array([[1,1,1],[1,3,4],[2,-1,0]])            # 输入系数矩阵 A
b =np.array([1,-5,1]).T                             # 输入 b
d =np.linalg.det(D)                                 # 计算系数矩阵的行列式
if d == 0:                                          # 判定是否可使用克莱姆法则
    print('行列式为零,克莱姆法则失效! ')
else:
    x = []
    for i in range(D.shape[0]):                     # 遍历将替换的列
        Di =np.array([[1,1,1],[1,3,4],[2,-1,0]])
        Di[:,i] = b                                 # 替换后的矩阵
        di =np.linalg.det(Di)                       # 计算行列式
        x.append(di / d)                            # 使用克莱姆法则
    print('解为:',x)                                # 输出解
```

运行上述文件，输出如下结果.

```
解为: [1.9999999999999993,3.000000000000001,-4.000000000000001]
```

即 $\begin{cases} x_1=2, \\ x_2=3, \\ x_3=-4. \end{cases}$

**注**　Python 的底层运算逻辑采用十六进制，因此会出现精度缺失问题，所求结果在精度要求范围内可忍受一定误差.

**例 7**　解非齐次线性方程组 $\begin{cases} x_1-x_2-x_3+x_4=0, \\ x_1-x_2+x_3-3x_4=1, \\ x_1-x_2-2x_3+3x_4=-0.5. \end{cases}$

**解**　新建一个 Python file，输入如下命令.

```
from sympy import symbols,Eq,solve                  # 从 SymPy 库中导入函数
x1,x2,x3,x4 = symbols('x1 x2 x3 x4')               # 定义变量
eqs = [Eq(x1 - x2 - x3 + x4,0),
       Eq(x1 - x2 + x3 - 3* x4,1),
```

```
       Eq(x1 - x2 - 2* x3 + 3* x4,-0.5)]       # 输入方程组
ans = solve(eqs,[x1,x2,x3,x4])                 # 求解方程组
print(ans)                                     # 输出结果
```

运行上述文件，输出如下结果.

```
{x1: x2 + x4 + 0.5,x3: 2.0* x4 + 0.5}
```

即$\begin{cases}x_1=x_2+x_4+0.5,\\x_3=2x_4+0.5.\end{cases}$

**例 8** 解非齐次线性方程组$\begin{cases}x_1-2x_2+3x_3-x_4=1,\\3x_1-x_2+5x_3-3x_4=2,\\2x_1+x_2+2x_3-2x_4=3.\end{cases}$

**解** 新建一个 Python file，输入如下命令.

```
from sympy import symbols,Eq,solve             # 从 SymPy 库中导入函数
x1,x2,x3,x4 = symbols('x1 x2 x3 x4')           # 定义变量
eqs = [Eq(x1 - 2* x2 + 3* x3 - x4,1),
       Eq(3* x1 - x2 + 5* x3 - 3* x4,2),
       Eq(2* x1 + x2 + 2* x3 - 2* x4,3)]       # 输入方程组
ans = solve(eqs,[x1,x2,x3,x4])                 # 求解方程组
print(ans)                                     # 输出结果
```

运行上述文件，输出如下结果.

```
[]
```

即方程组无解.

(2)矩阵的对角化

SymPy 库中的 diagonalize( ) 函数可用于矩阵的对角化，其调用格式为 P，D = object.diagonalize( )，其中 object 是输入的要计算的矩阵. 输出的 P 为使矩阵 object 对角化的可逆矩阵，D 为矩阵 object 对角化后的对角阵.

**例 9** 求可逆矩阵 $\boldsymbol{P}$，使矩阵 $\boldsymbol{A}=\begin{pmatrix}4&6&0\\-3&-5&0\\-3&-6&1\end{pmatrix}$对角化.

**解** 新建一个 Python file，输入如下命令.

```
from sympy import *                 # 导入 SymPy 库中的所有函数
A =Matrix([[4,6,0],
           [-3,-5,0],
           [-3,-6,1]])              # 输入矩阵
P,D =A.diagonalize()                # 计算 P 以及对角阵
print(P)                            # 输出 P
print(D)                            # 输出对角阵
```

运行上述文件，输出如下结果.

```
Matrix([[-1,-2,0],[1,1,0],[1,0,1]])
Matrix([[-2,0,0],[0,1,0],[0,0,1]])
```

即 $\boldsymbol{P}=\begin{pmatrix}-1&-2&0\\1&1&0\\1&0&1\end{pmatrix}$，对角阵为$\begin{pmatrix}-2&0&0\\0&1&0\\0&0&1\end{pmatrix}$.

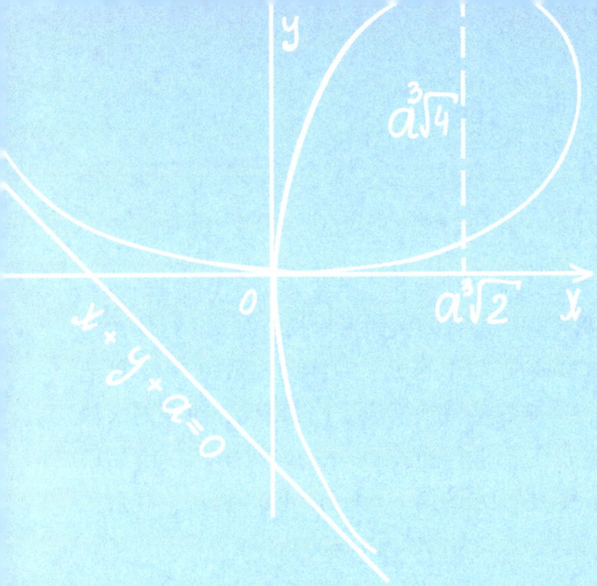


# 参考答案

## 即时提问答案

【即时提问 1.1】 错误. 理由如下.

若 $\boldsymbol{P}_1\boldsymbol{P}_2\boldsymbol{A}=\boldsymbol{B}$，则矩阵 $\boldsymbol{B}$ 是由矩阵 $\boldsymbol{A}$ 先做 $\boldsymbol{P}_2$ 对应的初等行变换，再做 $\boldsymbol{P}_1$ 对应的初等行变换得到的. 因为矩阵的乘法运算不满足交换律，所以做乘法时要特别注意运算顺序.

【即时提问 1.2】 正确. 理由如下.

由 $\boldsymbol{AB}=\boldsymbol{E}$ 知 $\boldsymbol{B}=\boldsymbol{A}^{-1}$；由 $\boldsymbol{CA}=\boldsymbol{E}$ 知 $\boldsymbol{C}=\boldsymbol{A}^{-1}$. 根据逆矩阵的唯一性可得 $\boldsymbol{B}=\boldsymbol{C}$.

【即时提问 2.1】 对. 理由如下.

因为 $n$ 阶行列式的任一项 $(-1)^{\tau(j_1j_2\cdots j_n)}a_{1j_1}a_{2j_2}a_{3j_3}\cdots a_{nj_n}$ 都必须在每一行和每一列中各取一个元素，即每项中至少有一个数为零，所以行列式的值为零.

【即时提问 2.2】 正确. 理由如下.

比 $p_i(i=1,2,\cdots,n)$ 大且排在 $p_i$ 前面的元素有 $t_i$ 个，则元素 $p_i$ 的逆序数为 $t_i$，全体元素的逆序数之和 $\sum\limits_{i=1}^{n}t_i$ 即为这个排列的逆序数.

【即时提问 2.3】 值为零. 理由如下.

由 $a_{ij}=-a_{ji}$ 可知 $a_{ii}=-a_{ii}$，即 $a_{ii}=0(i=1,2,\cdots,n)$，因此行列式可表示为

$$D=\begin{vmatrix}0 & a_{12} & a_{13} & \cdots & a_{1n}\\ -a_{12} & 0 & a_{23} & \cdots & a_{2n}\\ -a_{13} & -a_{23} & 0 & \cdots & a_{3n}\\ \vdots & \vdots & \vdots & \vdots & \vdots\\ -a_{1n} & -a_{2n} & -a_{3n} & \cdots & 0\end{vmatrix},$$

所以

$$D=\begin{vmatrix}0 & -a_{12} & -a_{13} & \cdots & -a_{1n}\\ a_{12} & 0 & -a_{23} & \cdots & -a_{2n}\\ a_{13} & a_{23} & 0 & \cdots & -a_{3n}\\ \vdots & \vdots & \vdots & \vdots & \vdots\\ a_{1n} & a_{2n} & a_{3n} & \cdots & 0\end{vmatrix}=(-1)^n\begin{vmatrix}0 & a_{12} & a_{13} & \cdots & a_{1n}\\ -a_{12} & 0 & a_{23} & \cdots & a_{2n}\\ -a_{13} & -a_{23} & 0 & \cdots & a_{3n}\\ \vdots & \vdots & \vdots & \vdots & \vdots\\ -a_{1n} & -a_{2n} & -a_{3n} & \cdots & 0\end{vmatrix}=(-1)^nD,$$

当 $n$ 为奇数时，得 $D=-1\cdot D$，所以 $D=0$.

【即时提问 2.4】 正确. 理由如下.

若 $(i,j)=(1,1)$，结论显然正确. 一般地，可将行列式的行列做如下对换：把第 $i$ 行依次与第 $i-1$ 行、第 $i-2$ 行……第 1 行对换，这样数 $a_{ij}$ 就被换成了 $(1,j)$ 元，对换的次数为 $i-1$. 再把第 $j$ 列依次与第 $j-1$ 列、第 $j-2$ 列……第 1 列对换，这样数 $a_{ij}$ 就被换成了 $(1,1)$ 元，对换的次数为 $j-1$. 总之，经 $i+j-2$ 次对换，数 $a_{ij}$ 被换成了 $(1,1)$ 元，得行列式 $D=(-1)^{i+j-2}D_1=(-1)^{i+j}D_1$. 而 $D_1$ 中 $(1,1)$ 元的余子式就是 $D$ 中 $(i,j)$ 元的余子式 $M_{ij}$. $D_1$ 的第一行除了 $(1,1)$ 元 $a_{ij}$，其余元素都为零，则 $D_1=(-1)^{1+1}a_{ij}M_{ij}=a_{ij}M_{ij}$，于是 $D=(-1)^{i+j}D_1=(-1)^{i+j}a_{ij}M_{ij}=a_{ij}A_{ij}$

【即时提问 2.5】 是 . 理由如下.

可用反证法说明：假设系数行列式不等于零，则满足克莱姆法则，齐次线性方程组只有唯一解，也就是零解，这与有非零解矛盾，故假设不成立.

【即时提问 2.6】 错误. 正确的结论为：设 $\boldsymbol{A}$ 为 $m$ 阶方阵，$\boldsymbol{B}$ 为 $n$ 阶方阵，则 $\begin{vmatrix}\boldsymbol{O} & \boldsymbol{B}\\ \boldsymbol{A} & \boldsymbol{O}\end{vmatrix}=(-1)^{mn}|\boldsymbol{A}|\cdot|\boldsymbol{B}|$. 理由如下.

结合行列式的性质，通过交换行与行可以把分块行列式 $\begin{vmatrix}\boldsymbol{O} & \boldsymbol{B}\\ \boldsymbol{A} & \boldsymbol{O}\end{vmatrix}$ 化为 $\begin{vmatrix}\boldsymbol{A} & \boldsymbol{O}\\ \boldsymbol{O} & \boldsymbol{B}\end{vmatrix}$，使用公式 $\begin{vmatrix}\boldsymbol{A} & \boldsymbol{O}\\ \boldsymbol{O} & \boldsymbol{B}\end{vmatrix}=|\boldsymbol{A}|\cdot|\boldsymbol{B}|$ 可得正确的结论 .

【即时提问 2.7】 错误. 理由如下.

性质 2.8 告诉我们：若 $\boldsymbol{A}$ 为 $m\times n$ 矩阵，$\boldsymbol{B}$ 为 $n$ 阶可逆矩阵，则 $r(\boldsymbol{AB})=r(\boldsymbol{A})$.

而问题中 $\boldsymbol{B}$ 为 $n\times s$ 矩阵，不是方阵，更谈不到可逆，所以没有对应的结果 .

【即时提问 3.1】 向量有乘法运算. 理由如下.

$n$ 维行向量即为 $1\times n$ 矩阵，$n$ 维列向量即为 $n\times 1$ 矩阵. 所以，两个向量，只要前者的列数和后者的行数相等，就可以有乘法运算 . 比如，一个 $n$ 维行向量乘以一个 $n$ 维列向量，结果是一个数；交换顺序相乘，就是一个 $n\times n$ 矩阵 .

【即时提问 3.2】 说法错误. 理由如下.

对任意向量组 $\boldsymbol{\alpha}_1,\cdots,\boldsymbol{\alpha}_m$，等式 $0\boldsymbol{\alpha}_1+\cdots+0\boldsymbol{\alpha}_m=\boldsymbol{0}$ 自然成立，但是无法判别 $\boldsymbol{\alpha}_1,\cdots,\boldsymbol{\alpha}_m$ 的线性相关性 . 当且仅当系数全为零，等式成立，才能保证线性无关 .

【即时提问 3.3】 区别主要有两点：一是定义不同，二是判别方法有别.

矩阵等价的概念是一个矩阵可以通过初等变换变成另一个矩阵；向量组等价的概念是两个向量组可以相互线性表示 . 从判别方法上，同型矩阵等价的充分必要条件是秩相同；而向量组等价可以得到秩相同，反之却不成立 .

【即时提问 3.4】 零向量. 理由如下.

一个向量如果和任何向量都正交，则它和自己也正交，而只有零向量才会和自己正交 .

【即时提问 4.1】 不正确. 理由如下.

若 $m=n$，则 $r(\boldsymbol{A}_{m\times n})=m$，即 $r(\boldsymbol{A}_{m\times n})=n$，从而齐次线性方程组 $\boldsymbol{Ax}=\boldsymbol{0}$ 只有零解；若 $m<n$，则 $r(\boldsymbol{A}_{m\times n})=m<n$，即 $r(\boldsymbol{A}_{m\times n})<n$，则齐次线性方程组 $\boldsymbol{Ax}=\boldsymbol{0}$ 有非零解 .

【即时提问 4.2】 正确. 理由如下.

因为 $\boldsymbol{\alpha}_1,\boldsymbol{\alpha}_2,\cdots,\boldsymbol{\alpha}_r$ 为 $\boldsymbol{Ax}=\boldsymbol{0}$ 的基础解系，从而 $\boldsymbol{\alpha}_1,\boldsymbol{\alpha}_2,\cdots,\boldsymbol{\alpha}_r$ 线性无关；$x_1$ 为 $\boldsymbol{Ax}=\boldsymbol{b}$ 的解，所以 $\boldsymbol{x}_1$ 不能由 $\boldsymbol{\alpha}_1,\boldsymbol{\alpha}_2,\cdots,\boldsymbol{\alpha}_r$ 线性表示，因此 $\boldsymbol{x}_1,\boldsymbol{\alpha}_1,\boldsymbol{\alpha}_2,\cdots,\boldsymbol{\alpha}_r$ 中任一向量不能由其余向量线性表示，从而 $r(\boldsymbol{x}_1,\boldsymbol{\alpha}_1,\boldsymbol{\alpha}_2,\cdots,\boldsymbol{\alpha}_r)=r+1$.

【即时提问 5.1】 正确. 理由如下.

由 $n$ 元齐次线性方程组 $\boldsymbol{Ax}=\boldsymbol{0}$ 有非零解可知，$|\boldsymbol{A}|=0$，设 $\boldsymbol{A}$ 的全部特征值为 $\lambda_1,\lambda_2,\cdots,\lambda_n$，由性质 5.1 知 $|\boldsymbol{A}|=\lambda_1\lambda_2\cdots\lambda_n$，所以 $\boldsymbol{A}$ 的 $n$ 个特征值 $\lambda_1,\lambda_2,\cdots,\lambda_n$ 中必有一个等于 0.

【即时提问 5.2】 不正确. 理由如下.

由于 $n$ 阶方阵 $\boldsymbol{A}$ 具有 $n$ 个不同的特征值，根据定理 5.1，矩阵 $\boldsymbol{A}$ 一定具有 $n$ 个线性无关的特征向量，再由定理 5.3 知，矩阵 $\boldsymbol{A}$ 一定能对角化. 但通过例 5.2 可以看到，当矩阵 $\boldsymbol{A}$ 的特征方程有重根时，矩阵 $\boldsymbol{A}$ 就不一定有 $n$ 个线性无关的特征向量，也就是不一定能对角化，从而 $n$ 阶方阵 $\boldsymbol{A}$ 具有 $n$ 个不同的特征值是 $\boldsymbol{A}$ 与对角阵相似的充分非必要条件.

【即时提问 5.3】 $\boldsymbol{A}$ 的特征值为 $-1,-1,0$. 理由如下.

由于 $\boldsymbol{A}^2+\boldsymbol{A}=\boldsymbol{O}$，因此 $\boldsymbol{A}$ 的特征值 $\lambda$ 满足 $\lambda^2+\lambda=0$，即 $\lambda=-1$ 或 $\lambda=0$，又因为 $\boldsymbol{A}$ 为 3 阶实对称矩阵且 $r(\boldsymbol{A})=2$，故 $\boldsymbol{A}$ 的特征值为 $-1,-1,0$.

【即时提问 5.4】 $c=3$. 理由如下.

二次型 $f$ 的矩阵为 $\boldsymbol{A}=\begin{pmatrix}5&-1&3\\-1&5&-3\\3&-3&c\end{pmatrix}$，由 $r(\boldsymbol{A})=2$，知 $|\boldsymbol{A}|=0$，即 $c=3$.

【即时提问 5.5】 是正定矩阵. 理由如下.

由于 $\boldsymbol{A}$，$\boldsymbol{B}$ 都是 $n$ 阶正定矩阵，所以 $(\boldsymbol{A}+\boldsymbol{B})^{\mathrm{T}}=\boldsymbol{A}^{\mathrm{T}}+\boldsymbol{B}^{\mathrm{T}}=\boldsymbol{A}+\boldsymbol{B}$，即 $\boldsymbol{A}+\boldsymbol{B}$ 是实对称阵.

对任意 $n$ 维实向量 $\boldsymbol{x}\neq\boldsymbol{0}$，$\boldsymbol{x}^{\mathrm{T}}\boldsymbol{Ax}>0$，且 $\boldsymbol{x}^{\mathrm{T}}\boldsymbol{Bx}>0$，故 $\boldsymbol{x}^{\mathrm{T}}(\boldsymbol{A}+\boldsymbol{B})\boldsymbol{x}=\boldsymbol{x}^{\mathrm{T}}\boldsymbol{Ax}+\boldsymbol{x}^{\mathrm{T}}\boldsymbol{Bx}>0$. 所以 $f=\boldsymbol{x}^{\mathrm{T}}(\boldsymbol{A}+\boldsymbol{B})x$ 是正定二次型，故 $\boldsymbol{A}+\boldsymbol{B}$ 也是正定矩阵.

## 同步习题答案

### 同步习题 1.2

【基础题】

1. (1) $\begin{pmatrix}1&0&\cdots&0\\0&1&\cdots&0\\\vdots&\vdots&&\vdots\\0&0&\cdots&1\end{pmatrix}$.　　(2) $\begin{pmatrix}\lambda_1&0&\cdots&0\\0&\lambda_2&\cdots&0\\\vdots&\vdots&&\vdots\\0&0&\cdots&\lambda_n\end{pmatrix}$.

2. D.

3. $\begin{pmatrix}0&-1&-1\\1&0&-1\\1&1&0\end{pmatrix}$.

4. $\begin{pmatrix}13 & -1\\0 & -5\end{pmatrix}$, $\begin{pmatrix}-1 & 1 & 3\\8 & -3 & 6\\4 & 0 & 12\end{pmatrix}$.

5. $\begin{pmatrix}-16 & -32\\8 & 16\end{pmatrix}$, $\begin{pmatrix}0 & 0\\0 & 0\end{pmatrix}$.

6. $\begin{pmatrix}13 & 0\\0 & 58\end{pmatrix}$.

7. D.

8. $5^{n-1}\begin{pmatrix}2 & 2 & 1\\4 & 4 & 2\\-2 & -2 & -1\end{pmatrix}$.

9. $\begin{pmatrix}\cos n\varphi & -\sin n\varphi\\\sin n\varphi & \cos n\varphi\end{pmatrix}$.

【提高题】

1. 甲、乙两人的得分情况用矩阵可表示为$\begin{pmatrix}-2 & 2 & 5\\3 & -2 & 0\end{pmatrix}$或$\begin{pmatrix}-2 & 2 & 0\\3 & -2 & 0\end{pmatrix}$.

2. 略.

3. 略.

4. A.

5. $\begin{pmatrix}a-2^{n-1} & 0 & 2^{n-1}\\0 & a & 0\\2^{n-1} & 0 & a-2^{n-1}\end{pmatrix}$.

## 同步习题 1.3

【基础题】

1. C.

2. C.

【提高题】

B.

## 同步习题 1.4

【基础题】

1. $\begin{pmatrix}0 & \frac{1}{2}\\-1 & -1\end{pmatrix}$.

2. $\begin{pmatrix} 2 & 1 & 1 \\ 5 & 3 & 2 \\ -4 & -2 & -1 \end{pmatrix}$.

3. D.

4. $\frac{1}{3}\boldsymbol{A}$.

5. $\begin{pmatrix} -2 & 0 & 1 \\ 0 & -1 & 0 \\ 0 & 0 & -2 \end{pmatrix}$.

6. $-\frac{a}{c}\boldsymbol{A}-\frac{b}{c}\boldsymbol{E}$.

7. $\begin{pmatrix} 1 & 0 & 0 \\ 2 & 0 & 0 \\ 6 & -1 & -1 \end{pmatrix}$, $\begin{pmatrix} 1 & 0 & 0 \\ 2 & 0 & 0 \\ 6 & -1 & -1 \end{pmatrix}$.

【提高题】

1. $\begin{pmatrix} 1 & 0 & 0 & 0 \\ -2 & 1 & 0 & 0 \\ 1 & -2 & 1 & 0 \\ 0 & 1 & -2 & 1 \end{pmatrix}$.

2. $\boldsymbol{E}+\boldsymbol{A}+\boldsymbol{A}^2+\cdots+\boldsymbol{A}^{k-1}$.

3. 略.

## 同步习题 1.5

【基础题】

1. $\begin{pmatrix} 1 & 2 & 5 & 2 \\ 0 & 1 & 2 & -4 \\ 0 & 0 & -4 & 3 \\ 0 & 0 & 0 & -9 \end{pmatrix}$.

2. (1) $\begin{pmatrix} -2 & 1 \\ 1 & 1 \\ 0 & 3 \end{pmatrix}$.　(2) $\begin{pmatrix} a & 0 & ac & 0 \\ 0 & a & 0 & ac \\ 1 & 0 & c+bd & 0 \\ 0 & 1 & 0 & c+bd \end{pmatrix}$.

3. (1) $\begin{pmatrix} 1 & -2 & 0 & 0 \\ -2 & 5 & 0 & 0 \\ 0 & 0 & 2 & -3 \\ 0 & 0 & -5 & 8 \end{pmatrix}$.　(2) $\begin{pmatrix} 0 & \frac{3}{2} & -\frac{1}{2} \\ 0 & -2 & 1 \\ 5 & 0 & 0 \end{pmatrix}$.

4. $\begin{pmatrix} \frac{1}{3} & 0 & 0 & 0 & 0 \\ 0 & -1 & 3 & 0 & 0 \\ 0 & 2 & -5 & 0 & 0 \\ 0 & 0 & 0 & -2 & 5 \\ 0 & 0 & 0 & 1 & -2 \end{pmatrix}$.

【提高题】

1. $\begin{pmatrix} 1 & 0 & 0 & 0 \\ -\frac{1}{2} & \frac{1}{2} & 0 & 0 \\ -\frac{1}{2} & -\frac{1}{6} & \frac{1}{3} & 0 \\ \frac{1}{8} & -\frac{5}{24} & -\frac{1}{12} & \frac{1}{4} \end{pmatrix}$.

2. $\begin{pmatrix} -1 & 2 & 5 & -5 \\ 1 & -1 & -4 & 3 \\ 0 & 0 & 2 & -1 \\ 0 & 0 & -1 & 1 \end{pmatrix}$.

## 同步习题 1.6

【基础题】

1. (1) 2. (2) 4.

2. B.

3. 1.

4. C.

【提高题】

当 $x+3y\neq0$ 且 $x-y\neq0$ 时，$r(\boldsymbol{A})=4$；

当 $x+3y=0$ 且 $x-y\neq0$ 时，$r(\boldsymbol{A})=3$；

当 $x+3y\neq0$ 且 $x-y=0$ 时，$r(\boldsymbol{A})=1$；

当 $x+3y=0$ 且 $x-y=0$ 时，$r(\boldsymbol{A})=0$.

## 同步习题 2.1

【基础题】

1. (1) 12. (2) 7. (3) 10. (4) $\frac{n(n-1)}{2}$.

2. (1) 0. (2) 负.

3. (1) −8. (2) −3. (3) 0. (4) $(a-b)^3$.

4. (1) 是，负号.　(2) 是，正号.

【提高题】

1. 0.

2. (1) B.　(2) B.　(3) D.

## 同步习题 2.2

【基础题】

1. (1) −12.　(2) 1.　(3) $4abdf$.

2. (1) C.　(2) B.

【提高题】

(1) 略.　(2) 略.

## 同步习题 2.3

【基础题】

1. (1) 6.　(2) 2.

2. (1) $-4(x+3)$.　(2) −7.　(3) $2^n+(-1)^{n+1}$.

3. 略.

【提高题】

(1) $(-1)^{n-1}\dfrac{(n+1)!}{2}$.　(2) $2n+1$.

## 同步习题 2.4

【基础题】

1. A.

2. (1) $x_1=1,x_2=0,x_3=0$.　(2) $x_1=2,x_2=-\dfrac{1}{2},x_3=\dfrac{1}{2}$.　(3) $x_1=-9,x_2=1,x_3=-1,x_4=19$.

3. (1) 系数行列式 $D=0$，$x_1=x_2=x_3=x_4=c$ 是方程组的解.

(2) 系数行列式 $D=0$，$x_1=1-c,x_2=1+c,x_3=0,x_4=c$（$c$ 为任意常数）是方程组的解.

4. $\lambda=1$ 或 $\lambda=-\dfrac{4}{5}$.

5. $\begin{pmatrix} 5 & -2 & -1 \\ -2 & 2 & 0 \\ -1 & 0 & 1 \end{pmatrix}$.

6. 0.

7. 证明略；$\dfrac{\boldsymbol{A}}{|\boldsymbol{A}|}$.

8. D.

【提高题】

1. $k\neq 2$.　2. $b=\dfrac{(a+1)^2}{4}$.　3. B.　4. A.　5. B.　6. C.

## 同步习题 3.1

【基础题】

1.（1）$(9,-1,-5)^{\mathrm{T}}$.　（2）$(-10,-4,12)^{\mathrm{T}}$.

2. $\left(-\dfrac{17}{5},\dfrac{4}{5},-\dfrac{1}{5},-\dfrac{8}{5}\right)^{\mathrm{T}}$.

3. $a=-2,b=0$.

【提高题】

$\boldsymbol{E}$.

## 同步习题 3.2

【基础题】

1. B.　2. D.　3. A.　4. D.

5.（1）线性相关.　（2）线性无关.　（3）线性相关.

6. 线性相关.

7. 2.　8. 略.　9. 略.　10. 略.

【提高题】

1. 略.　2. A.　3. 略.

4. 当 $s$ 为奇数时，向量组 $\boldsymbol{\beta}_1,\boldsymbol{\beta}_2,\cdots,\boldsymbol{\beta}_s$ 线性无关；当 $s$ 为偶数时，向量组 $\boldsymbol{\beta}_1,\boldsymbol{\beta}_2,\cdots,\boldsymbol{\beta}_s$ 线性相关.

## 同步习题 3.3

【基础题】

1. B.　2. 3.　3. 3.

4. 3；向量组 $\boldsymbol{\alpha}_1,\boldsymbol{\alpha}_2,\boldsymbol{\alpha}_3,\boldsymbol{\alpha}_4$ 的一个极大无关组为 $\boldsymbol{\alpha}_1,\boldsymbol{\alpha}_2,\boldsymbol{\alpha}_3$.

5. 3；包含 $\boldsymbol{\alpha}_1,\boldsymbol{\alpha}_5$ 的极大无关组为 $\boldsymbol{\alpha}_1,\boldsymbol{\alpha}_2,\boldsymbol{\alpha}_5$，且有 $\boldsymbol{\alpha}_3=3\boldsymbol{\alpha}_1+\boldsymbol{\alpha}_2,\boldsymbol{\alpha}_4=\boldsymbol{\alpha}_1+\boldsymbol{\alpha}_2+\boldsymbol{\alpha}_5$.

【提高题】

1. $\boldsymbol{A}^{\mathrm{T}}=(\boldsymbol{\alpha}_1,\boldsymbol{\alpha}_2,\boldsymbol{\alpha}_3,\boldsymbol{\alpha}_4)=\begin{pmatrix}1&2&3&0\\-1&-2&0&3\\2&4&6&0\\1&-2&-1&0\\0&0&1&1\end{pmatrix}\to\begin{pmatrix}1&0&0&-1\\0&1&0&-1\\0&0&1&1\\0&0&0&0\\0&0&0&0\end{pmatrix}=\boldsymbol{B}=(\boldsymbol{\beta}_1,\boldsymbol{\beta}_2,\boldsymbol{\beta}_3,\boldsymbol{\beta}_4)$. 矩阵 $\boldsymbol{B}$

的列向量组间的线性关系为 $\boldsymbol{\beta}_4=-\boldsymbol{\beta}_1-\boldsymbol{\beta}_2+\boldsymbol{\beta}_3$，所以矩阵 $\boldsymbol{A}$ 的行向量组间的关系为 $\boldsymbol{\alpha}_4=-\boldsymbol{\alpha}_1-\boldsymbol{\alpha}_2+\boldsymbol{\alpha}_3$，$\boldsymbol{\alpha}_1,\boldsymbol{\alpha}_2,\boldsymbol{\alpha}_3$ 为 $\boldsymbol{A}$ 的行向量组的一个极大无关组，且 $\boldsymbol{A}$ 的行向量组的秩为 3.

2. 向量组Ⅰ的秩为 3，表示向量组Ⅰ线性无关. 向量组Ⅱ的秩为 3，表明 $\boldsymbol{\alpha}_1,\boldsymbol{\alpha}_2,\boldsymbol{\alpha}_3,\boldsymbol{\alpha}_4$ 线性相关，且 $\boldsymbol{\alpha}_4$ 可以由 $\boldsymbol{\alpha}_1,\boldsymbol{\alpha}_2,\boldsymbol{\alpha}_3$ 线性表示. 向量组Ⅲ的秩为 4，表明 $\boldsymbol{\alpha}_1,\boldsymbol{\alpha}_2,\boldsymbol{\alpha}_3,\boldsymbol{\alpha}_5$ 线性无关，于是 $\boldsymbol{\alpha}_1,\boldsymbol{\alpha}_2,\boldsymbol{\alpha}_3,\boldsymbol{\alpha}_5-\boldsymbol{\alpha}_4$ 与 $\boldsymbol{\alpha}_1,\boldsymbol{\alpha}_2,\boldsymbol{\alpha}_3,\boldsymbol{\alpha}_5$ 的秩相等，都是 4.

## 同步习题 3.4

【基础题】

1.（1）$\frac{\pi}{2}$.　（2）$\frac{\pi}{4}$.

2.（1）$\boldsymbol{\gamma}_1=\frac{1}{\sqrt{3}}(1,1,1)^{\mathrm{T}},\boldsymbol{\gamma}_2=\frac{1}{\sqrt{2}}(-1,0,1)^{\mathrm{T}},\boldsymbol{\gamma}_3=\frac{1}{\sqrt{6}}(1,-2,1)^{\mathrm{T}}$，$\boldsymbol{\gamma}_1,\boldsymbol{\gamma}_2,\boldsymbol{\gamma}_3$ 即为所求.

（2）$\boldsymbol{\gamma}_1=\frac{1}{\sqrt{3}}(1,0,-1,1)^{\mathrm{T}},\boldsymbol{\gamma}_2=\frac{1}{\sqrt{15}}(1,-3,2,1)^{\mathrm{T}},\boldsymbol{\gamma}_3=\frac{1}{\sqrt{35}}(-1,3,3,4)^{\mathrm{T}}$，$\boldsymbol{\gamma}_1,\boldsymbol{\gamma}_2,\boldsymbol{\gamma}_3$ 即为所求.

3. $\boldsymbol{\beta}=\left(0,\frac{\sqrt{2}}{2},-\frac{\sqrt{2}}{2}\right)^{\mathrm{T}}$；$\left(\frac{\sqrt{3}}{3},\frac{\sqrt{3}}{3},\frac{\sqrt{3}}{3}\right)^{\mathrm{T}},\left(\frac{\sqrt{6}}{3},-\frac{\sqrt{6}}{6},-\frac{\sqrt{6}}{6}\right)^{\mathrm{T}},\left(0,\frac{\sqrt{2}}{2},-\frac{\sqrt{2}}{2}\right)^{\mathrm{T}}$.

【提高题】

1. 略.　2. 略.

## 同步习题 4.2

【基础题】

1. B.　2. −1.　3. 2,3,3.　4. A.　5. A.

6. $\boldsymbol{\xi}_1=(1,-1,0,0,0)^{\mathrm{T}}$，$\boldsymbol{\xi}_2=(-1,0,-1,0,1)^{\mathrm{T}}$.

7. 基础解系为 $\boldsymbol{\xi}_1=\left(-\frac{3}{2},\frac{7}{2},1,0,0\right)^{\mathrm{T}},\boldsymbol{\xi}_2=(-1,-2,0,1,0)^{\mathrm{T}}$，通解为 $c_1\boldsymbol{\xi}_1+c_2\boldsymbol{\xi}_2$，其中 $c_1,c_2$ 为任意常数.

8. 通解为 $c_1(1,-1,1,0)^{\mathrm{T}}+c_2(0,-1,0,1)^{\mathrm{T}}$，其中 $c_1,c_2$ 为任意常数.

【提高题】

1. A.　2. C.　3. D.

4. 当 $a\neq b$ 且 $a\neq(1-n)b$ 时，方程组仅有零解.

当 $a=b$ 或 $a=(1-n)b$ 时，方程组有无穷多解.

① 当 $a=b$ 时，方程组的基础解系为 $\boldsymbol{\xi}_1=(-1,1,0,\cdots,0)^{\mathrm{T}},\boldsymbol{\xi}_2=(-1,0,1,\cdots,0)^{\mathrm{T}},\cdots,\boldsymbol{\xi}_{n-1}=(-1,0,0,\cdots,1)^{\mathrm{T}}$，通解为 $c_1\boldsymbol{\xi}_1+c_2\boldsymbol{\xi}_2+\cdots+c_{n-1}\boldsymbol{\xi}_{n-1}$，其中 $c_1,c_2,\cdots,c_{n-1}$ 为任意常数.

② 当 $a=(1-n)b$ 时，方程组的基础解系为 $\boldsymbol{\xi}=(1,1,1,\cdots,1)^{\mathrm{T}}$，通解为 $c\boldsymbol{\xi}$，其中 $c$ 为任意常数.

## 同步习题 4.3

【基础题】

1. $-2$. 2. $a_1+a_2+a_3+a_4=0$. 3. A. 4. C. 5. A. 6. B.

7. $\left(\frac{13}{7},-\frac{4}{7},0,0\right)^{\mathrm{T}}+c_1\left(-\frac{3}{7},\frac{2}{7},1,0\right)^{\mathrm{T}}+c_2\left(-\frac{13}{7},\frac{4}{7},0,1\right)^{\mathrm{T}}$，其中 $c_1,c_2$ 为任意常数.

8. 当 $\lambda=-2$ 时，方程组无解.

当 $\lambda\neq-2$ 且 $\lambda\neq1$ 时，方程组有唯一解.

当 $\lambda=1$ 时，方程组有无穷多解，且通解为 $\begin{pmatrix}-2\\0\\0\end{pmatrix}+c_1\begin{pmatrix}-1\\1\\0\end{pmatrix}+c_2\begin{pmatrix}-1\\0\\1\end{pmatrix}$（$c_1,c_2$ 为任意常数）.

9. 当 $a=0$ 时，方程组有非零解；基础解系为 $\boldsymbol{\eta}_1=(-1,1,0,0)^{\mathrm{T}},\boldsymbol{\eta}_2=(-1,0,1,0)^{\mathrm{T}},\boldsymbol{\eta}_3=(-1,0,0,1)^{\mathrm{T}}$，通解为 $\boldsymbol{x}=k_1\boldsymbol{\eta}_1+k_2\boldsymbol{\eta}_2+k_3\boldsymbol{\eta}_3$，其中 $k_1,k_2,k_3$ 为任意实数.

当 $a=-10$ 时，方程组也有非零解；基础解系为 $\boldsymbol{\eta}=(1,2,3,4)^{\mathrm{T}}$，通解为 $\boldsymbol{x}=k\boldsymbol{\eta}$，其中 $k$ 为任意实数.

【提高题】

1. C.

2. D.

3. (1) 略.

(2) $a=2$，$b=-3$；$(2,-3,0,0)^{\mathrm{T}}+c_1(-2,1,1,0)^{\mathrm{T}}+c_2(4,-5,0,1)^{\mathrm{T}}$，$c_1,c_2$ 为任意常数.

4. $(0,0,-1)^{\mathrm{T}}$.

## 同步习题 4.4

【基础题】

1. (1) D. (2) B. (3) B. (4) A.

2. $\begin{pmatrix}2\\3\\4\\5\end{pmatrix}+c\begin{pmatrix}3\\4\\5\\6\end{pmatrix}$，其中 $c$ 为任意常数.

3. $c(-2,-1,1,2)^{\mathrm{T}}$，其中 $c$ 为任意常数.

4. (1) $\lambda=-1$，$a=-2$.

(2) $\left(\frac{3}{2},-\frac{1}{2},0\right)^{\mathrm{T}}+c(1,0,1)^{\mathrm{T}}$，其中 $c$ 为任意常数.

5. (1) 当 $b\neq2$ 时，$\boldsymbol{\beta}$ 不能由 $\boldsymbol{\alpha}_1,\boldsymbol{\alpha}_2,\boldsymbol{\alpha}_3$ 线性表示.

(2) 当 $b=2$ 时，$\boldsymbol{\beta}$ 可由 $\boldsymbol{\alpha}_1,\boldsymbol{\alpha}_2,\boldsymbol{\alpha}_3$ 线性表示.

① 当 $a=1$ 时，表示式为 $\boldsymbol{\beta}=(-2c-1)\boldsymbol{\alpha}_1+(c+2)\boldsymbol{\alpha}_2+c\boldsymbol{\alpha}_3$，其中 $c$ 为任意常数.

② 当 $a\neq 1$ 时，表示式为 $\boldsymbol{\beta}=-\boldsymbol{\alpha}_1+2\boldsymbol{\alpha}_2$.

【提高题】

1.（1）C.　（2）C.

2.（1）$(-1,1,0,0)^{\mathrm{T}},(0,0,1,1)^{\mathrm{T}}$.

（2）非零公共解为 $c(-1,1,1,1)^{\mathrm{T}}$，其中 $c$ 为非零常数.

3. 略.

## 同步习题 5.2

【基础题】

1.（1）4.　（2）6；$\frac{1}{2},\frac{1}{8},\frac{1}{18}$.　（3）69.　（4）−2.　（5）1.

2.（1）特征值为 $\lambda_1=1,\lambda_2=2,\lambda_3=3$.

对应于 $\lambda_1=1$ 的全部特征向量为 $k_1(1,0,0)^{\mathrm{T}}$，$k_1\neq 0$；

对应于 $\lambda_2=2$ 的全部特征向量为 $k_2(0,1,0)^{\mathrm{T}}$，$k_2\neq 0$；

对应于 $\lambda_3=3$ 的全部特征向量为 $k_3(0,0,1)^{\mathrm{T}}$，$k_3\neq 0$.

（2）特征值为 $\lambda_1=\lambda_2=1,\lambda_3=-1$.

对应于 $\lambda_1=\lambda_2=1$ 的全部特征向量为 $k_1(0,1,0)^{\mathrm{T}}+k_2(1,0,1)^{\mathrm{T}}$，$k_1,k_2$ 不全为零.

对应于 $\lambda_3=-1$ 的全部特征向量为 $k_3(-1,0,1)^{\mathrm{T}}$，$k_3\neq 0$.

（3）特征值为 $\lambda_1=\lambda_2=\lambda_3=2$.

对应于 $\lambda_1=\lambda_2=\lambda_3=2$ 的全部特征向量为 $k_1(1,0,0)^{\mathrm{T}}+k_2(0,1,0)^{\mathrm{T}}$，$k_1,k_2$ 不全为零.

3. $a=-4$，$\boldsymbol{A}$ 的其余特征值为 $\lambda_2=\lambda_3=3$.

4. 设 $\lambda$ 为 $\boldsymbol{A}$ 的特征值，$f(x)=x^2-1$，则 $f(\boldsymbol{A})=\boldsymbol{A}^2-\boldsymbol{E}=\boldsymbol{O}$，所以 $\lambda^2-1=0$，从而 $\lambda=1$ 或 $\lambda=-1$.

5. 略.

6. 略.

【提高题】

1. C.　2. D.　3. B.

4. $a=c=2$，$b=-3$，$\lambda_0=1$.

## 同步习题 5.3

【基础题】

1.（1）C.　（2）B.　（3）D.　（4）A.

2.（1）$x=0$，$y=-2$.　（2）$\boldsymbol{P}=\begin{pmatrix}0&0&1\\-2&1&0\\1&1&-1\end{pmatrix}$.

3. $x+y=0$.

4. $\boldsymbol{A}$.

5.（1）$\boldsymbol{A}$ 的特征值为 $\lambda_1=4,\lambda_2=-2$，故 $\boldsymbol{A}$ 可以相似对角化．特征值 $\lambda_1=4$ 所对应的特征向量为 $\boldsymbol{\xi}_1=\begin{pmatrix}1\\1\end{pmatrix}$．特征值 $\lambda_2=-2$ 所对应的特征向量为 $\boldsymbol{\xi}_2=\begin{pmatrix}1\\-5\end{pmatrix}$，故相似变换矩阵 $\boldsymbol{P}=\begin{pmatrix}1&1\\1&-5\end{pmatrix}$，$\boldsymbol{P}^{-1}\boldsymbol{A}\boldsymbol{P}=\begin{pmatrix}4&0\\0&-2\end{pmatrix}$．

（2）$2^{50}\begin{pmatrix}1\\-5\end{pmatrix}$．

6.（1）$a=-3,b=0$．（2）$\boldsymbol{A}$ 不能与对角阵相似．

7. 因为 $\boldsymbol{BA}=\boldsymbol{A}^{-1}(\boldsymbol{AB})\boldsymbol{A}$，所以 $\boldsymbol{AB}$ 与 $\boldsymbol{BA}$ 相似．

【提高题】

1.（1）5，6．（2）5,5,1．

（3）$\begin{pmatrix}-3&&&\\&-8&&\\&&0&\\&&&0\end{pmatrix}$，2．（4）$\boldsymbol{P}^{-1}\boldsymbol{x}$．

2. 由于 $\begin{vmatrix}1&1&2\\2&1&0\\1&0&-1\end{vmatrix}=-1\neq0$，所以 $(1,2,1)^{\mathrm T},(1,1,0)^{\mathrm T},(2,0,-1)^{\mathrm T}$ 线性无关，故 $\boldsymbol{A}$ 与对角阵 $\boldsymbol{\Lambda}$ 相似．

令 $\boldsymbol{P}=\begin{pmatrix}1&1&2\\2&1&0\\1&0&-1\end{pmatrix}$，则 $\boldsymbol{P}^{-1}\boldsymbol{A}\boldsymbol{P}=\boldsymbol{\Lambda}=\begin{pmatrix}1&&\\&1&\\&&2\end{pmatrix}$，$\boldsymbol{A}=\boldsymbol{P}\boldsymbol{\Lambda}\boldsymbol{P}^{-1}=\begin{pmatrix}3&-2&2\\0&1&0\\-1&1&0\end{pmatrix}$．

3. $a=0$，$\boldsymbol{P}=\begin{pmatrix}0&1&1\\0&2&-2\\1&0&0\end{pmatrix}$，$\boldsymbol{P}^{-1}\boldsymbol{A}\boldsymbol{P}=\boldsymbol{\Lambda}=\begin{pmatrix}6&&\\&6&\\&&-2\end{pmatrix}$．

4.（1）$\boldsymbol{A}$ 的特征值为 $\lambda_1=2,\lambda_2=1,\lambda_3=0$．对应于特征值 $\lambda_1=2$，$\lambda_2=1$ 的全部特征向量分别为 $k_1\boldsymbol{p}_1=k_1(1,1,0)^{\mathrm T},k_2\boldsymbol{p}_2=k_2(0,0,1)^{\mathrm T},k_1,k_2\neq0$；对应于特征值 $\lambda_3=0$ 的全部特征向量为 $k_3\boldsymbol{p}_3=k_3(1,-1,0)^{\mathrm T},k_3\neq0$．

（2）由于 $\boldsymbol{A}$ 有 3 个互不相等的特征值 $\lambda_1=2,\lambda_2=1,\lambda_3=0$，所以 $\boldsymbol{A}$ 与对角阵 $\boldsymbol{\Lambda}$ 相似．令 $\boldsymbol{P}=\begin{pmatrix}1&0&1\\1&0&-1\\0&1&0\end{pmatrix}$，则 $\boldsymbol{P}^{-1}\boldsymbol{A}\boldsymbol{P}=\boldsymbol{\Lambda}=\begin{pmatrix}2&&\\&1&\\&&0\end{pmatrix}$．

## 同步习题 5.4

【基础题】

1.（1）$\boldsymbol{P}=\dfrac{1}{3}\begin{pmatrix}1&-2&2\\2&-1&-2\\2&2&1\end{pmatrix}$，$\boldsymbol{P}^{-1}\boldsymbol{A}\boldsymbol{P}=\begin{pmatrix}-2&&\\&1&\\&&4\end{pmatrix}$．

（2）$\boldsymbol{P}=\begin{pmatrix}-\frac{2}{\sqrt{5}} & \frac{2}{3\sqrt{5}} & -\frac{1}{3}\\ \frac{1}{\sqrt{5}} & \frac{4}{3\sqrt{5}} & -\frac{2}{3}\\ 0 & \frac{5}{3\sqrt{5}} & \frac{2}{3}\end{pmatrix}$，$\boldsymbol{P}^{-1}\boldsymbol{AP}=\begin{pmatrix}1 & & \\ & 1 & \\ & & 10\end{pmatrix}$.

2. $-2\begin{pmatrix}1 & 1\\ 1 & 1\end{pmatrix}$.

3.（1）$k(1,0,1)^{\mathrm{T}},k\neq 0$.　（2）$\frac{1}{6}\begin{pmatrix}13 & -2 & 5\\ -2 & 10 & 2\\ 5 & 2 & 13\end{pmatrix}$.

4. $\boldsymbol{A}$ 的所有特征值为 $\lambda_1=-1,\lambda_2=\lambda_3=3$，所以矩阵 $\boldsymbol{A}$ 与对角阵 $\boldsymbol{\Lambda}$ 相似当且仅当 $r(3\boldsymbol{E}-\boldsymbol{A})=3-2=1$ 时. 而

$$3\boldsymbol{E}-\boldsymbol{A}=\begin{pmatrix}2 & -2 & 0\\ -2 & 2 & 0\\ 2 & -a & 0\end{pmatrix}\to\begin{pmatrix}0 & 0 & 0\\ 1 & -1 & 0\\ 0 & a-2 & 0\end{pmatrix},$$

故当 $a=2$ 时，矩阵 $\boldsymbol{A}$ 与对角阵 $\boldsymbol{\Lambda}$ 相似，且 $\boldsymbol{\Lambda}=\begin{pmatrix}-1 & & \\ & 3 & \\ & & 3\end{pmatrix}$ 或 $\boldsymbol{\Lambda}=\begin{pmatrix}3 & & \\ & 3 & \\ & & -1\end{pmatrix}$.

5. $\begin{pmatrix}4 & 1 & 1\\ 1 & 4 & 1\\ 1 & 1 & 4\end{pmatrix}$.

【提高题】

1. B.

2.（1）$\boldsymbol{A}$ 的特征值为 $\lambda_1=3,\lambda_2=0,\lambda_3=2$.

对应于 $\lambda_1=3$ 的全部特征向量为 $k_1\boldsymbol{p}_1=k_1(1,1,1)^{\mathrm{T}}$，$k_1\neq 0$.

对应于 $\lambda_2=0$ 的全部特征向量为 $k_2\boldsymbol{\xi}=k_2(1,-2,1)^{\mathrm{T}},k_2\neq 0$.

对应于 $\lambda_3=2$ 的全部特征向量为 $k_3\boldsymbol{p}_3=k_3(1,0,-1)^{\mathrm{T}},k_3\neq 0$.

（2）$\begin{pmatrix}2 & 1 & 0\\ 1 & 1 & 1\\ 0 & 1 & 2\end{pmatrix}$.

3. $a=-1$，$\boldsymbol{P}=\begin{pmatrix}\frac{1}{\sqrt{6}} & \frac{1}{\sqrt{3}} & \frac{1}{\sqrt{2}}\\ \frac{2}{\sqrt{6}} & -\frac{1}{\sqrt{3}} & 0\\ \frac{1}{\sqrt{6}} & \frac{1}{\sqrt{3}} & -\frac{1}{\sqrt{2}}\end{pmatrix}$.

4. $\begin{pmatrix} -2 & 0 & 0 \\ 0 & -2 & 0 \\ 0 & 0 & 0 \end{pmatrix}$.

## 同步习题 5.5

【基础题】

1. (1) $\boldsymbol{A}=\begin{pmatrix} 2 & -\frac{1}{2} & 1 & \frac{9}{2} \\ -\frac{1}{2} & -2 & 4 & 0 \\ 1 & 4 & 4 & \frac{1}{2} \\ \frac{9}{2} & 0 & \frac{1}{2} & 1 \end{pmatrix}$, 4.　(2) $\boldsymbol{A}=\begin{pmatrix} 2 & 3 \\ 3 & -1 \end{pmatrix}$, 2.

(3) $\boldsymbol{A}=\begin{pmatrix} 3 & -3 & -2 \\ -3 & 1 & -\frac{5}{2} \\ -2 & -\frac{5}{2} & 7 \end{pmatrix}$, 3.

2. (1) $f(x_1,x_2)=-2x_1x_2$.　(2) $f(x_1,x_2,x_3)=-x_1^2+x_2^2+4x_1x_2-6x_2x_3$.

(3) $f(x_1,x_2)=a_1x_1^2+a_2x_2^2+2bx_1x_2$.

3. 略.

4. (1) $f=3y_1^2-y_2^2$.　(2) $f=-3y_1^2+y_2^2+y_3^2+y_4^2$.

5. (1) $f=z_1^2-z_2^2+z_3^2$, $\begin{pmatrix} 1 & 1 & -1 \\ 1 & -1 & -1 \\ 0 & 0 & 1 \end{pmatrix}$.　(2) $f=2y_1^2+y_2^2-5y_3^2$, $\begin{pmatrix} 1 & -1 & -1 \\ 0 & 1 & 2 \\ 0 & 0 & 1 \end{pmatrix}$.

6. $a=2$, $\boldsymbol{Q}=\begin{pmatrix} 0 & 1 & 0 \\ \frac{1}{\sqrt{2}} & 0 & \frac{1}{\sqrt{2}} \\ -\frac{1}{\sqrt{2}} & 0 & \frac{1}{\sqrt{2}} \end{pmatrix}$.

【提高题】

1. 2.

2. (1) $a=0$.

(2) 取 $\boldsymbol{P}=\begin{pmatrix} \frac{1}{\sqrt{2}} & 0 & \frac{1}{\sqrt{2}} \\ \frac{1}{\sqrt{2}} & 0 & -\frac{1}{\sqrt{2}} \\ 0 & 1 & 0 \end{pmatrix}$, 则 $f=2y_1^2+2y_2^2$.

(3) $k(1,-1,0)^{T}$, $k$ 为任意常数.

### 同步习题 5.6

【基础题】

1. 2.

2. $-\sqrt{\frac{5}{2}}<\lambda<\sqrt{\frac{5}{2}}$.

3. 正定.

4. (1) 是. (2) 否.

【提高题】

1. $-1<k<0$.

2. 略.

## 总复习题答案

### 第 1 章总复习题

1. 选择题.

(1) C. (2) B. (3) A. (4) B. (5) A.

(6) D. (7) C. (8) C. (9) B. (10) C.

2. 填空题.

(11) 1. (12) -1. (13) -3. (14) $\mathbf{0}$. (15) $\begin{pmatrix}1&0&0&0\\-1&2&0&0\\0&-2&3&0\\0&0&-3&4\end{pmatrix}$.

3. 解答题.

(16) ① 0. ② $\begin{pmatrix}3&1&-2\\1&1&-1\\2&1&-1\end{pmatrix}$. (17) ① 略. ② $\begin{pmatrix}0&2&0\\-1&-1&0\\0&0&-2\end{pmatrix}$.

(18) $\begin{pmatrix}1&2&5\\0&1&2\\0&0&1\end{pmatrix}$. (19) 略.

### 第 2 章总复习题

1. 选择题.

(1) B. (2) C. (3) A. (4) D. (5) D.

2. 填空题.

(6) $-5$.

(7) $a^2(a^2-4)$.

(8) $\lambda^4+\lambda^3+2\lambda^2+3\lambda+4$.

(9) $\lambda^2(\lambda-4)$.

(10) $1+(-1)^{n+1}a_1a_2\cdots a_{n-1}a_n$.

3. 解答题.

(11) $-4$.

(12) $2^{n+1}-2$.

(13) $(n+1)a^n$.

(14) $-28$.

(15) 2.

(16) $1-a+a^2-a^3+a^4-a^5$.

## 第 3 章总复习题

1. 选择题.

(1) A.　(2) B.　(3) C.　(4) A.　(5) A.

2. 填空题.

(6) 2.　(7) 2.　(8) $\frac{1}{2}$.　(9) $-1$.　(10) 线性无关.

3. 解答题.

(11) 当 $a\neq-1$ 时，向量组Ⅰ与向量组Ⅱ等价.

当 $a=1$ 时，$\boldsymbol{\beta}_3=(3-2k)\boldsymbol{\alpha}_1+(k-2)\boldsymbol{\alpha}_2+k\boldsymbol{\alpha}_3$，其中 $k$ 为任意常数；

当 $a\neq1$ 时，$\boldsymbol{\beta}_3=\boldsymbol{\alpha}_1-\boldsymbol{\alpha}_2+\boldsymbol{\alpha}_3$.

(12) ① 5.　② $\boldsymbol{\beta}_1=2\boldsymbol{\alpha}_1+4\boldsymbol{\alpha}_2-\boldsymbol{\alpha}_3,\boldsymbol{\beta}_2=\boldsymbol{\alpha}_1+2\boldsymbol{\alpha}_2,\boldsymbol{\beta}_3=5\boldsymbol{\alpha}_1+10\boldsymbol{\alpha}_2-2\boldsymbol{\alpha}_3$.

(13) ① 假设 $\boldsymbol{\alpha}_1,\boldsymbol{\alpha}_2,\boldsymbol{\alpha}_3$ 是线性相关的. 由于 $\boldsymbol{\alpha}_1,\boldsymbol{\alpha}_2$ 是线性无关的，于是 $\boldsymbol{\alpha}_3$ 可以由 $\boldsymbol{\alpha}_1,\boldsymbol{\alpha}_2$ 线性表示，且表示式唯一. 不妨设 $\boldsymbol{\alpha}_3=k_1\boldsymbol{\alpha}_1+k_2\boldsymbol{\alpha}_2$，两边左乘 $\boldsymbol{A}$，得 $\boldsymbol{A}\boldsymbol{\alpha}_3=\boldsymbol{A}k_1\boldsymbol{\alpha}_1+\boldsymbol{A}k_2\boldsymbol{\alpha}_2\Rightarrow\boldsymbol{\alpha}_2+\boldsymbol{\alpha}_3=-k_1\boldsymbol{\alpha}_1+k_2\boldsymbol{\alpha}_2$，整理得 $\boldsymbol{\alpha}_3=-k_1\boldsymbol{\alpha}_1+(k_2-1)\boldsymbol{\alpha}_2$，这与表示式唯一矛盾，故 $\boldsymbol{\alpha}_1,\boldsymbol{\alpha}_2,\boldsymbol{\alpha}_3$ 是线性无关的.

② $\begin{pmatrix}-1&0&0\\0&1&1\\0&0&1\end{pmatrix}$.

(14) 当 $a=0$ 或 $a=-10$ 时，$\boldsymbol{\alpha}_1$，$\boldsymbol{\alpha}_2$，$\boldsymbol{\alpha}_3$，$\boldsymbol{\alpha}_4$ 线性相关.

当 $a=0$ 时，$\boldsymbol{\alpha}_1$ 为 $\boldsymbol{\alpha}_1,\boldsymbol{\alpha}_2,\boldsymbol{\alpha}_3,\boldsymbol{\alpha}_4$ 的一个极大线性无关组，且 $\boldsymbol{\alpha}_2=2\boldsymbol{\alpha}_1,\boldsymbol{\alpha}_3=3\boldsymbol{\alpha}_1,\boldsymbol{\alpha}_4=4\boldsymbol{\alpha}_1$.

当 $a=-10$ 时，$\boldsymbol{\alpha}_2,\boldsymbol{\alpha}_3,\boldsymbol{\alpha}_4$ 为 $\boldsymbol{\alpha}_1,\boldsymbol{\alpha}_2,\boldsymbol{\alpha}_3,\boldsymbol{\alpha}_4$ 的一个极大线性无关组，且 $\boldsymbol{\alpha}_1=-\boldsymbol{\alpha}_2-\boldsymbol{\alpha}_3-\boldsymbol{\alpha}_4$.

(15) ① 当 $a=0$ 时，$\boldsymbol{\beta}$ 不能由 $\boldsymbol{\alpha}_1,\boldsymbol{\alpha}_2,\boldsymbol{\alpha}_3$ 线性表示.

② 当 $a\neq0$，且 $a\neq b$ 时，$\boldsymbol{\beta}$ 可由 $\boldsymbol{\alpha}_1,\boldsymbol{\alpha}_2,\boldsymbol{\alpha}_3$ 唯一线性表示，表示式为 $\boldsymbol{\beta}=\left(1-\frac{1}{a}\right)\boldsymbol{\alpha}_1+\frac{1}{a}\boldsymbol{\alpha}_2$.

③ 当 $a=b\neq 0$ 时，$\boldsymbol{\beta}$ 可由 $\boldsymbol{\alpha}_1,\boldsymbol{\alpha}_2,\boldsymbol{\alpha}_3$ 线性表示，但表示式不唯一，表示式为 $\boldsymbol{\beta}=\left(1-\frac{1}{a}\right)\boldsymbol{\alpha}_1+\left(\frac{1}{a}+c\right)\boldsymbol{\alpha}_2+c\boldsymbol{\alpha}_3$，其中 $c$ 为任意常数.

(16) ①当 $a\neq -4$ 时，$\boldsymbol{\beta}$ 可由 $\boldsymbol{\alpha}_1,\boldsymbol{\alpha}_2,\boldsymbol{\alpha}_3$ 线性表出，且表示式唯一.

② 当 $a=-4$ 且 $3b-c\neq 1$ 时，$\boldsymbol{\beta}$ 不能由 $\boldsymbol{\alpha}_1,\boldsymbol{\alpha}_2,\boldsymbol{\alpha}_3$ 线性表示.

③ 当 $a=-4$ 且 $3b-c=1$ 时，$\boldsymbol{\beta}$ 可由 $\boldsymbol{\alpha}_1,\boldsymbol{\alpha}_2,\boldsymbol{\alpha}_3$ 线性表示，但表示式不唯一，且有 $\boldsymbol{\beta}=k\boldsymbol{\alpha}_1-(2k+b+1)\boldsymbol{\alpha}_2+(2b+1)\boldsymbol{\alpha}_3$，$k\in\mathbf{R}$.

## 第 4 章总复习题

1. 选择题.

(1) D.　(2) C.　(3) A.　(4) D.　(5) C.

2. 填空题.

(6) 1.

(7) $c(1,-2,1)^{\mathrm{T}}$，$c$ 为任意常数.

(8) −2.

(9) −1.

(10) $k(1,1,\cdots,1)^{\mathrm{T}}$，$k$ 为任意常数.

3. 解答题.

(11) ① 2.

② $\boldsymbol{P}=\begin{pmatrix}3-6c_1 & 4-6c_2 & 4-6c_3\\ -1+2c_1 & -1+2c_2 & -1+2c_3\\ c_1 & c_2 & c_3\end{pmatrix}$，其中 $c_1,c_2,c_3$ 为任意常数，且 $c_2\neq c_3$.

(12) ① 略.

② $\boldsymbol{x}=(1,1,1)^{\mathrm{T}}+k(1,2,-1)^{\mathrm{T}}$，$k$ 为任意常数.

(13) ① $a=0$.

② $\boldsymbol{x}=(1,-2,0)^{\mathrm{T}}+c(0,-1,1)^{\mathrm{T}}$，$c$ 为任意常数.

(14) ① 基础解系为 $\boldsymbol{\eta}=(-1,2,3,1)^{\mathrm{T}}$.

② $\boldsymbol{B}=\begin{pmatrix}2-k_1 & 6-k_2 & -1-k_3\\ -1+2k_1 & -3+2k_2 & 1+2k_3\\ -1+3k_1 & -4+3k_2 & 1+3k_3\\ k_1 & k_2 & k_3\end{pmatrix}$，$k_1,k_2,k_3$ 为任意常数.

(15) $a=-1$，$b=0$；$\boldsymbol{C}=\begin{pmatrix}1+k_1+k_2 & -k_1\\ k_1 & k_2\end{pmatrix}$，其中 $k_1,k_2$ 为任意实数.

(16) ① $\boldsymbol{\xi}_2=\begin{pmatrix}-\frac{1}{2}+\frac{c}{2}\\ \frac{1}{2}-\frac{c}{2}\\ c\end{pmatrix}$，其中 $c$ 为任意常数；$\boldsymbol{\xi}_3=\left(-\frac{1}{2}-a,a,b\right)^{\mathrm{T}}$，其中 $a$，$b$ 为任意常数.

② 由于 $|\boldsymbol{\xi}_1,\boldsymbol{\xi}_2,\boldsymbol{\xi}_3|=\begin{vmatrix}-1 & -\frac{1}{2}+\frac{c}{2} & -\frac{1}{2}-a\\ 1 & \frac{1}{2}-\frac{c}{2} & a\\ -2 & c & b\end{vmatrix}=-\frac{1}{2}\neq 0$，所以 $\boldsymbol{\xi}_1,\boldsymbol{\xi}_2,\boldsymbol{\xi}_3$ 线性无关.

## 第 5 章总复习题

1. 选择题.

（1）D.　（2）A.　（3）C.　（4）C.　（5）A.

2. 填空题.

（6）21.　（7）2.　（8）2.　（9）$-2\leqslant a\leqslant 2$.　（10）$3y_1^2$.

3. 解答题.

（11）① 略.

② $\boldsymbol{P}^{-1}\boldsymbol{A}\boldsymbol{P}=\begin{pmatrix}0 & 6\\ 1 & -1\end{pmatrix}$. 记 $\boldsymbol{B}=\begin{pmatrix}0 & 6\\ 1 & -1\end{pmatrix}$，则 $|\lambda\boldsymbol{E}-\boldsymbol{B}|=\begin{vmatrix}\lambda & -6\\ -1 & \lambda-1\end{vmatrix}=\lambda^2+\lambda-6$，特征值为 2，$-3$，于是 $\boldsymbol{A}$ 有 2 个不同的特征值，从而 $\boldsymbol{A}$ 可相似对角化.

（12）① $x=3$，$y=-2$.　② $\boldsymbol{P}=\begin{pmatrix}1 & -\frac{1}{3} & 1\\ -2 & -\frac{1}{3} & -2\\ 0 & 0 & -4\end{pmatrix}$.

（13）① $a=4,b=1$.　② $\boldsymbol{Q}=\begin{pmatrix}0 & 1\\ -1 & 0\end{pmatrix}$.

（14）① 如果 $a\neq 2$，$f(x_1,x_2,x_3)=0$ 只有零解 $\boldsymbol{x}=\boldsymbol{0}$.

如果 $a=2$，$f(x_1,x_2,x_3)=0$ 的解为 $\boldsymbol{x}=k(-2,-1,1)^{\mathrm{T}}$，$k$ 为任意常数.

② 当 $a\neq 2$ 时，$f(x_1,x_2,x_3)$ 的规范形为 $y_1^2+y_2^2+y_3^2$.

当 $a=2$ 时，$f(x_1,x_2,x_3)$ 的规范形为 $y_1^2+y_2^2$.

（15）$a=2$，$\boldsymbol{Q}=\begin{pmatrix}\frac{1}{\sqrt{2}} & \frac{1}{\sqrt{3}} & \frac{1}{\sqrt{6}}\\ 0 & -\frac{1}{\sqrt{3}} & \frac{2}{\sqrt{6}}\\ -\frac{1}{\sqrt{2}} & \frac{1}{\sqrt{3}} & \frac{1}{\sqrt{6}}\end{pmatrix}$，$\boldsymbol{x}^{\mathrm{T}}\boldsymbol{A}\boldsymbol{x}=\boldsymbol{y}^{\mathrm{T}}\boldsymbol{\Lambda}\boldsymbol{y}=6y_1^2-3y_2^2$.

（16）略.